사회학의 문화적 전환

과학에서 미학으로, 되살아난 고전 사회학

사회학의 SOCIOLOGY
문화적 전환

최종렬 지음

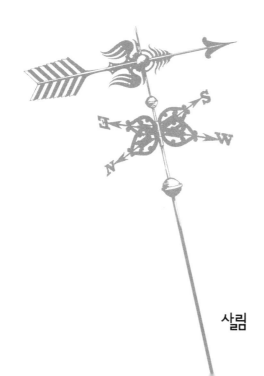

살림

머리말

　지금 적지 않은 사람들이 '사회학의 위기'를 말한다. 특히 대학 내 비인기학과로 내몰린 저간의 사정을 들어 분과학문으로서 사회학의 생명이 다했다고 말하기까지 한다. 그래서 어서 사회학도 다른 사회과학처럼 진정한 응용 '과학'으로 더욱 발전시켜야 한다고 목소리를 높인다. 그 핵심은 방법의 정교화에 있다. 정교한 방법을 통해 사회현상을 '설명'하고 '예측'하며, 더 나아가 그것을 실용적 목적을 위해 '통제'할 수 있는 과학적 학문이 되어야 한다는 것이다. 나는 이러한 주장에 맞서 사회학의 위기는 오히려 사회학이 17세기 수학적 물리학을 모델로 하여 과학의 길로 줄달음쳐 왔기 때문에 발생했다고 주장한다. 갈수록 사회는 전통적인 과학으로는 더 이상 설명도 예측도 통제도 되지 않는 미학적 상황으로 변하고 있음에도, 여전히 전통적인 과학관에 매달려 사회학을 해 온 것이 위기의 진짜 원인이라 보는 것이다. 불확실성과 애매성이 극대화되는 윤리적 상황이 일상의 삶에서 속출하고 있는데도, 사회학은 이에 눈감고 차가운 과학자의 눈으로 세계를 바라볼 뿐이었다. 이 과정에서 사회학은 윤리적 상황을 헤쳐 나가는 데 전혀 도움이 되지 않는, 소수 사회과학자들의 경력 쌓기에만 도움이 되는 지식을 생산하는 데 몰두해 왔다. 나는 사회학이 이러한 상황에서 벗어나야 한다고 보고, 이를 위해 문화적 전환을 이루어야 한다고 주장한다.

문화적 전환은 뜬금없는 말이 아니요, 사회학 창건자들의 원래 기획을 오늘에 맞게 되살리는 것이다. 사회학의 창건자들은 모두 전통적인 형이상학적 질서가 현대적인 공리주의적 질서로 전화되는 과정을 목도하고, 그 과정이 불러일으킨 '의미의 문제'를 해결하고자 씨름하였다. 삶의 궁극적 지향을 제공해 주었던 전통적인 종교적 질서가 과학혁명에 의해 패퇴당하고, 과학혁명의 사회적 실현인 시장사회가 출현하자, 사회적 삶은 공리에 대한 계산으로만 이루어지는 것처럼 보였다. 사람들의 삶을 안내해 주던 궁극적 신념이 사회적 삶의 지평에서 완전히 소멸된 것처럼 보인 것이다. 그 결과 역설적이게도 공리를 넘어선 삶의 의미가 무엇인지 묻는 문제를 야기하였다.

사회학의 창건자들이 이러한 의미의 문제를 해결하기 위해 분투하였지만, 모던 사회학자들은 이 문제를 인문학에 넘겨주고 사회학을 과학화하는 데 매진하였다. '실재와의 개념적 상응'을 추구하는 데 몰두한 것이다. 여기에는 사회학은 '사회'를 탐구하고 인문학은 '문화'를 탐구한다는 경직된 이분법이 큰 역할을 하였다. 사회 또는 사회구조는 사회적 자리들의 체계(system of social positions)로 간주되었다. 지위, 역할, 직책 간의 관계들이 사회구조의 단위들로 받아들여졌다. 사회구조는 사물화된 반면, 실존, 행위, 상징, 의미, 의례 등은 사회학의 지평에서 축출 내지 주변화되었다. 대신 상징적 인류학을 비롯한 인문학이 이를 떠맡았다. 터너(Turner, 1969)처럼 사회를 구조와 커뮤니타스(반구조)의 변증법적 과정으로 본다면, 모던 사회학은 이 중에서 커뮤니타스를 제거하고 구조만 탐구하는 반쪽 사회학의 길을 택하였다. 이따금 커뮤니타스를 탐구한다 해도, 예술이라는 자율적 하위제도로서 그렇게 할 뿐이었다. 이는 사회세계가 합리화, 탈주술화, 탈성화, 세속화, 상품화의 방향으로 일방적으로 진행된다는, 과거와의 단절을 지나치게 강조하는 계몽주의적 세계관이 사회학을 지배하였기 때문에 발생한 것이다.

80~90년대 포스트모더니즘에 대한 논쟁이 불붙으면서, 모던 사회학의 근본적 전제를 허무는 주장들이 나오기 시작했다. 공적인 사회세계에서 억압되고 배제되었던 신념, 도덕, 정서가 되돌아오고 있다는 것이 그 핵심이다. 모던 사회의 이상이 분화와 자율성이었음에도 불구하고, 실제 발전에 있어서는 수단-목적 합리성의 경제논리가 정치 영역, 종교 영역, 지식 영역을 식민화하였다. 하지만 포스트모던 사회로 접어들면서 공리주의적 생산의 원리가 그렇게 축출하고자 했던 신념, 도덕, 정서가 되돌아와 오히려 그것을 비공리주의적 활동으로 침윤시키고 있다. 모든 에너지를 성장에 쏟아붓고도 남아도는 잉여가 낳는 동요가 이를 다시 불러들인 것이다. 성장하는 데 쓰고도 남은 잉여 에너지는 개인뿐만 아니라 사회전체도 동요의 상태에 빠트린다. 그것이 극단으로 되어 개인과 사회전체가 폭발하지 않기 위해서는 무조건적 소모를 행해야만 한다. 죽었던 신념, 도덕, 정서가 되살아나 공리주의적 활동과 뒤죽박죽 뒤섞여 파괴와 소모의 잔치판을 벌인다.

상황이 이러함에도 불구하고, 아직도 사회학은 기존의 모던 사회학의 틀 안에 머물러 연구를 하고 있다. 모던 주류 사회학은 존재론적으로 사물화된 사회를 이론적으로 전제하고, 그와 유사하게 사물화된 객관적 연구자로 하여금 객관적 도구를 사용해서 사회를 있는 그대로 재현(representation)하기를 원했다. 이러한 전제는 수단-목적 합리성의 무한연쇄로 나타나는 공리주의적 질서를 사회세계 전면에 구축하려는 자유주의의 기획과 일맥상통하는 것이었다. 이 점에 있어서는 자유주의의 사물화된 질서를 비판하고자 하는 비판사회학에서도 역시 매한가지였다. 다만 전자에서는 그것을 인간의 복리를 위한 안정된 질서의 구축으로 보았다면, 후자는 소외 기제로 보았다는 점에서만 차이가 날 뿐이다. 하지만 이제 자유주의가 내파되면서 오히려 공리주의적 질서가 쫓아내었던 것들이 다시 사회세계의 전면에 되돌아오고 있다. 의미와 상징이 바로 그것이다. 복합연계성(complex connectivity)으로 뒤얽힌 리좀같은 사회세계는 끊임없는 '윤리적 상황'을 만들어 인간을 해석의 고통 속으로 몰아넣고 있다. 윤리적 상황은 사실 다른 동물과 달리 자연에 의한 결정력이 보다 일반적일 뿐만 아니라 상대적으로 약한 인간의 실존적 조건과 관련되어 있다. 그렇기에 불확실하고 애매한 상황은 오로지 인간만이 처하는 것이다(Geertz, 1973). 하지만 정지된 사물을 거울에 있는 그대로 반영하고자 하는 모던 사회학은 이러한 윤리적 상황을 헤쳐 나가는 것은 말할 것도 없고 그것을 탐구하는 데에도 무기력하다. 이제 모던 사회학은 행위자들이 어떤 문화자원을 어떻게 사용하여 윤리적 상황을 정의하고 그 정의에 따라 어떻게 문제를 해소하는지 탐구하기 위해 문화적 전환을 이루어 문화사회학이 되어야 한다.

사회학은 다른 사회과학과 마찬가지로 모던의 산물인 동시에 모던을 구성한 담론이다. 모던의 산물로서 사회학은 모든 제도가 그랬듯이 종교로부터 분화됨으로써 탄생되었다. 동시에 사회학은 과학을 모델로 하여 모던 사회를 구성하고자 하는 담론이었다. 모던 사회학, 그중에서도 계몽주의에 기반한 모던 사회학은 사물화된 세계를 전제한다. 이 사물화된 세계는 뉴턴에 의해 정초된 고전물리학과 역학에 의존한다. 이에 따르면 세계는 유사수학적 법칙을 따라 움직이는 초시간적 또는 비시간적 기계와 흡사하다. 사회학은 이러한 연구대상을 연구하기 위해 그 자신도 사물화되어야만 했다. 사물화된 방법론을 통해 사물화된 세계를 측정하고, 그 안에서 유사수학적 법칙을 찾고자 애를 써 왔다.

사회학이 모델로 삼은 과학은 크게 보아 이론과학과 경험과학으로 갈린다. 이론과학은 논박불가능한 제일원리로부터 다른 모든 명제들을 필연적으로 차례차례 끌어내고 종국에는 절대적으로 확실한 지식의 거대한 추상적인 체계를 수립하려고 한다. 콩트의 삼단계 역사발전론이 대표적인데, 현재 이런 거대한 기획을 따르는 주류 사회학자는 거의 없다. 하지만 사회학을 '사회물리학'으로 만들려는 그의 꿈은 여전히 주류 사회학을 지배하고 있다. 경험과학은 경험적으로 확인가능한 지식을 축적함으로써 언젠가 통일된 지식체를 만들기를 꿈꾼다. 모든 변수들이 알려질 수 있다면 통일된 지식체가 가능하다고 믿기 때문에 보다 많은 변수들을 다룰 수 있는 통계 방법 개발에 열을 올리고 있다. 현재 주류 사회학자들의 대다수가 이를 따르고 있다. 문제는 과학을 모델로 하는 사회학은 사회세계가 근본적 차원에서 안정적인 체계를 유지하고 있는 것으로 본다는 점이다. 그런 점에서 고전물리학의 모델을 여전히 따르고 있다. 정작 자연과학자들은 고전물리학 모델을 버린 지 오래인데도 말이다(Agger, 2000: 34-35). 이런 사물화된 존재론에 걸맞게 방법론 역시도 사물화된 세계를 있는 그대로 측정하는 것에 집중되어 있다. 방법은 철저히 객관적이고 가치중립적인 거울로 여겨진다. 그 결과 '방법물신주의(method fetishism)'가 팽배한다. 대개, 이론은 검증가능한 변수들의 관계(명제)로 초라하게 축소된다.

연구자가 탐구하는 사회세계는 산문적 수사는 최소화되는 대신, 공식(formula), 테이블, 등식(equations), 도표(charts), 산점도(scatterplots), 회귀(regressions)와 같은 매우 간명하고 정적인 도식(figure)으로 표상된다. 이러한 도식은 마치 사회세계가 이 도식이 표상하는 것과 같이 정적이고 법칙적인 것으로 여겨지게 만드는 '과학 아우라(science aura)'를 창출한다. 간단명료(parsimony)야말로 과학의 이상이다. 우리는 과학 아우라에 취해 그 도식을 보고 그 사회세계에 대해 과학적으로 설명할 수 있게 되었다고 믿는다. 이제 주류 사회학자들은 변수들 간의 관계맺음, 즉 등식 또는 모델을 만드는 데 주력하고, 이를 경험적으로 검증해 보려고 한다. 그래서 변수들 간의 상관관계(correlation), 즉 동시발생성의 통계학적 유의미를 측정해 본다. 사실 상관관계란 우스꽝스러운 개념이다. 사회세계에서 사실 상관되지 않은 것이 무엇 있으랴! 사회학자가 애초부터 상관관계가 있다고 여기고 골라온 변수들이 상관관계가 없다면 오히려 그의 안목을 의심해야 할 것이다. 중요한 것은 변수들의 상관관계의 통계학적 유의미성을 따지는 것이 아니라, 오히려 변수들로 환원될 수 없는 사회적 삶의 의미를 확인하는 것 아닌가?

어쨌든 주류 사회학자는 여기에서 더 나아가 변이에 대한 설명 (explanation of variance), 즉 독립변수가 종속변수에 어느 정도 영향을 미치는지 확인하느라 바쁘다. 예를 들어 수입(income)의 변이를 설명하는 데 어떤 변수들이 동원될 것인가 관심을 갖고 있는 주류 사회학자가 있다고 하자. 그는 아마 교육수준, 젠더, 나이, 거주지역, 종교 등을 독립변수로 사용하여 수입의 변이를 설명할 것이다. 물론 위의 변수들은 수입과 모두 상관관계가 있을 것이 틀림없다. 그럼 어떤 변수가 얼마만큼 수입의 변이에 영향을 미치는가? 아마 교육수준이 수입의 변이에 영향을 미치는 주요 독립변수가 될 것이지만, 조작적 정의를 어떻게 하느냐에 따라서 그 정도는 다르게 나타날 것이다. 동시에 수입의 변이를 결정하는 모든 변수들을 찾아내어 완전한 체계를 구성하게 된다면, 회귀분석을 통해 각 변수들이 수입의 변이에 영향을 미치는 정확한 정도가 모두 밝혀질 것이다. 하지만 불행히도 이를 완성한 주류 사회학자는 아직 없다. 그럼에

10

도 불구하고 주류 사회학자는 언젠가 모든 변수가 밝혀지면 수입의 변이에 대한 완벽한 설명을 해내는 지식체를 건설할 수 있다고 믿으며, 오늘도 경험연구를 계속하고 있다(Agger, 2000: 99-100).

물론 주류 사회학이 아주 쓸모없다는 것은 아니다. 사회에는 유독 사물화된 영역이 있을 것이며, 이를 탐구하는 데에는 주류사회학이 더 적절할 수도 있다. 문제는 주류 사회학이 과학적 표상을 실재에 대한 있는 그대로의 재현이라고 주장하고, 진리의 독점적인 지위를 누리려고 하는 것이다. 전문적인 학술지는 물론, 연구기관에서도 모두 이런 방식으로 표상된 '진리'를 원하고 그에 대한 보상을 한다. 하지만 이는 사실 수학적 방법이라는 특정의 수사를 사용해서 가공한 특정의 표상일 뿐이다. 무엇을 표상하느냐보다 사실 어떻게 표상하느냐가 더 중요하다고 할 수 있다. 그런 점에서 수사는 모든 표상에서 빠질 수 없는 내재적 요소이다. 과학적 표상은 되도록 이야기를 최소화하게끔 연구대상을 인과의 연쇄로 표상하려고 한다. 그래야 원인을 파악하고 대책을 세울 수 있다고 믿으니까. 그런 점에서 설명-예측-통제의 삼박자를 겨냥하는 과학적 수사는 사회공학적 마인드를 가진 국가기관이나 기업에 잘 복무한다. 수사와 표상이라는 관점에서는, 주류 사회학자는 자신들이 쓰는 방식이 그 대상의 의미에 어떤 영향을 미치는지 거의 관심을 기울이지 않는다. 자신들은 주어진 모델에 따라 경험적 자료를 측정하고 검증하는 일만 맡는 과학자이지, 수사학자가 아니라는 것이다. 마치 토마스 쿤의 정상과학하에서 작업하는 과학자들처럼 그들은 연구의 전범을 따라 자신들의 연구를 실행할 뿐이다. 그 전범이 가정하고 있는 근본적인 가정, 즉 이 세계가 사회물리학이 가정하는 바와 같이 정말 그렇게 사물화된 세계인가에 대해서는 의문을 품지 않는다. 현재 사회학에서 가장 광범하게 쓰이는 회귀등식은 '사회적 사실'에 대한 특정한 의미를 전달하는 것으로 끝나는 것이 아니다. 사회적 행위가 인과적으로 발생했다고 하는 인식 자체를 포함하는 이론적 언명이기도 하다(Agger, 2000: 105). 과연 사회적 행위는 선행변수들에 의해 인과적으로 발생한 것인가?

어떤 방법론을 쓰든 그 바탕에는 경험적으로 논박불가능한 근본적인 전제(presuppositions)에 기초하고 있다는 점에서 과학적 사회학을 주창하는 사회학자들을 유별나게 비난할 필요는 없다. 문제는 사회물리학이 그리는 사물화된 사회세계의 모델을 가지고는 복합연계성으로 이루어진 지구화된 미학적 현실을 탐구하는 데 적합하지 않다는 것이다. 현재 우리는 구조와 커뮤니타스를 이분화시킬 수 없는 포스트모던 사회성에 접어들고 있다. 구조와 커뮤니타스의 이분법이 해체되어 양자가 차연적 관계를 맺게 된 현실에 주목해야 한다. 이 차연적 관계에서는 역치단계 자체가 소멸하여, 역설적이게도 사회가 항상적인 역치단계에 놓이게 된다. 사물화된 사회세계의 모델이 더 이상 통하지 않게 된 것이다.

과학적 사회학은 또한 이론적 논의와 윤리적 고찰을 불필요한 사족으로 만들어 버린다는 점에서 문제다. 그래서 대학원에 들어온 학생들은 골치 아픈 고전 사회학자들에 대한 공부는 대충하고, 바로 양적 방법을 터득해 경험 자료를 분석하는 길로 나가 뚝딱 논문 쓰고 일자리를 잡는 데 여념이 없다. 물론 취업이 어려운 시기 취업시장에서 그나마 통할 수 있는 양적 방법을 학생들에게 특화시키는 것을 이해 못하는 바는 아니다. 하지만 사회학이 자꾸 방법, 그것도 양적 방법으로 축소되는 것은 길게 보면 그 자신에 치명적인 해를 끼칠 것이다. 사회통계가 아무리 세련됐다 해도 경제학에서 쓰는 통계만 할 것인가? 또 그 많은 경제학자가 있음에도 한 치 앞의 미래를, 통제는커녕, 예측조차 못하는가? 현재 한국사회학계에는 방법을 전공했다는 학자는 많은데, 이론을 전공했다는 학자는 별로 없다. 또 이론을 전공했다고 해도 곧이곧대로 믿어 주지 않는다. 이론은 대학원생 시절 누구나 하는 것 아니냐는 식의 생각이 지배적인 것이다. 이론의 빈곤은 우리의 사유의 지평을 좁히고, 단순명료한 지식만이 살아남는 세계를 만들 것이다.

주류 사회학과 척을 지고 있는 비판사회학 역시 사회세계가 사물화되었음을 가정하기는 매한가지이다. 루카치의 물화론에서 기원하여 프랑크푸르트 학파의 '지배' 개념을 거쳐 알튀세의 이데올로기적 국가기구의 재생산론과 부르디외의 아비투스와 문화자본론에 이르기까지, 이러한 전통을 따라가면 현란한 이론적 논의에도 불구하고 사회세계는 결국 그 자체의 법칙에 의해 자동적으로 작동되고 재생산되는 기계로 보인다. 따라서 방법론적으로도 이렇게 사물화된 세계를 재생산시키는 법칙이나 세력을 밝혀내는 것이 주된 목적이 될 수밖에 없었다. 하지만 사실 모든 불평등 체계를 계급관계나 젠더관계로 환원하면 되기 때문에 특별한 방법론이 필요한 것도 아니다. 온갖 종류의 사회구조들이 어떻게 계급이나 젠더에 의해 편향되어 있는지 보여주면 그뿐이다. 비판사회학이 주류 사회학에 의해 '방법의 빈곤'으로 조롱받고 있는 이유가 여기에 있다.

이러한 비판에 대해 비판사회학은 사회세계를 도덕화·규범화함으로써 비껴가려고 한다. 구체적인 사회현상에 대한 두꺼운 기술과 치밀한 설명 대신에 유토피아에서 어긋나 있는 것처럼 보이는 사회구조에 대한 도덕적 비분강개가 앞장선다. 하지만 사회세계의 도덕화·규범화는 과학화보다 인간의 조건에 해악을 더 끼치면 끼쳤지 덜하지 않다. '세계종교(world-religion)'가 도덕적으로 지배하던 중세의 역사가 말해주듯, 사회세계의 도덕화·규범화는 인간의 조건을 경직시켜 그 지평을 좁힐 뿐만 아니라 언젠가 다시 부메랑이 되어 도덕적 칼을 휘두른 자의 목을 친다. 엄밀한 분석방법의 부재를 격앙된 도덕적 비분강개와 섣부른 이데올로기적 주장으로 가리려고 해서는 안 된다.

이렇듯 사회세계가 안정적인 사물화된 체계로 간주되자, 의미 해석의 영역인 문화에 대한 고려가 작을 수밖에 없게 되었다. 주류 사회학에서 문화는 설명의 변수에서 완전히 배제되거나 단순히 종속변수 정도로 취급되기 일쑤였다. 그나마 1970년대 이래 발전한 문화생산론적 관점은 문화를 다루긴 하지만, 문화대상의 의미를 해석학적으로 따지기보다는 어떤 사회구조에 의해 특정의 문화산물이 생산되는지 관심을 기울일 뿐이었다(cf. Peterson and Anand, 2004). 문화생산론은 중범위이론 차원에서 가치를 지니는 것이기는 하지만, 문화의 해석적 차원을 배제한 점에서 중대한 한계를 지닌다. 비판사회학 진영에서도 문화는 기껏 해야 불평등 체제를 재생산시키는 데 기능하는 상대적 자율성을 지닌 보조물에 불과하였다. 루카치와 알튀세는 말할 것도 없고, 가장 정교한 문화이론을 제출하였다고 평가받는 부르디외마저 실제 경험적 연구에서는 문화(아비투스와 문화자본)를 계급구조와 계급화된 취향 사이의 매개변수로 축소시켜 놓았을 뿐이다. 결국 문화는 그 자체의 자율적 구조를 지닌 텍스트로 여겨지지 않고, 구조화된 불평등을 재생산하는 기능적 윤활유처럼 보인다. 사정이 이러하니 문화화용론(cultural pragmatics), 즉 자율적 문화구조가 행위자의 문화자원으로 어떻게 구체적으로 활용되는지에 대해서는 덜 관심을 기울이게 된다. 여기에서 인간은 구조에 의해 결정되는 수동태이거나, 이데올로기에 기만당하는 멍청이에 불과하였다. 문화자원을 활발하게 사용하는 행위자는 사회학의 지평에서 사라지거나 희미해진다.

　·방법론적 차원에서 볼 때 문화사회학은 이러한 경향에 맞서 인간의 행위, 과정, 산물에 대한 외면적 접근에 만족하지 않고, 그 내면적 차원까지 깊숙이 들어가 그것의 의미를 밝혀주는 것을 목적으로 한다. 그런 점에서 기존의 상징적 상호작용론, 연극모형론, 현상학적 사회학, 민속방법론 등 행위를 강조하는 실용주의적 사회학과 친화성을 갖는다. 또한 구조주의

적 해석학을 통해 뒤르케임을 재해석한 뒤르케임주의 문화사회학과도 손을 잡는다. 그럼에도 불구하고 이런 사회학은 행위자가 사용하는 문화자원을 국민국가 안에 고착된 문화로 한정하는 경향이 있다. 실용주의 사회학의 경우 국민국가가 시장사회를 조절하는 자유주의를 사회세계의 모델로 했다. 뒤르케임주의 문화사회학의 경우 문화가 특정의 문화집단이나 사회구조에 고착되어 있는 것으로 보는 인류학적 문화 개념에 경도되어 있었다. 하지만 현재는 특정 장소로부터의 고착을 벗어던진 '여행하는 문화들(travelling cultures)'이 지역성에 고착된 문화들과 접촉하면서 수많은 혼종성들을 만들어 내고 있는 상황이다(Clifford, 1992). 따라서 보다 유동하는 문화 개념을 겸비한 문화사회학이 필요하다. 이를 위해서 우리는 실용주의적 사회학과 뒤르케임주의 문화사회학을 보다 급진화할 필요가 있다.

지구화가 불러일으킨 새로운 '사회적인 것'은 인간의 실존적 상황에 보다 주의를 기울이는 문화사회학을 강력히 요청한다. 사회적인 것 자체가 끊임없이 유동하는 파도와 같은 것으로 변하고 있는 상태에서, 사회세계를 일련의 수학적 법칙을 따라 작동하는 기계 아니면 스스로 재생산하는 불평등 체계로 단정해서는 안 된다. 이 세계는 기계적인 안정성을 가진 뉴턴적 세계도 아니고, 프랑크푸르트 학파가 보듯 고정되고 사물화된 세계도 아니다. 이 점에서 현재의 사회적인 것을 '풍경' 개념으로 포착한 아파두라이(Appadurai, 1996)의 논의는 귀담아 들을 만하다. 풍경이란 복합적 연계성 속에서 수많은 다차원적인 행위자들이 개입하여 만들어 가는 '유동적이며 불규칙적인' 흐름의 세계를 지칭한다. 사람풍경(ethnoscapes), 테크노풍경(technoscapes), 금융풍경(financescapes), 미디어풍경(mediascapes), 이데오풍경(ideoscapes)들은 서로 뒤섞여 복합적이고 중복적이며 이접적인(disjunctive) 질서를 만들어 가고 있는 중이다. 이렇게 복합연계성으로 이루어진 유동적인 세계에서는 개별 행위자의 행위가 중요해졌다는 점에서, 원자화된 인간의 완성이며 동시에 그것의 내파이기도 하다. 왜냐하면, 그는 복합연계성 속에서 행위를 할 때 수많은 문화적 프레임워크들을 동원해서 행위해야 하는 존재이기 때문이다. 그런 점에서 완결된, 자기격절된 원자적 개인이 아니라, 복합적 연계성 속에서 수도 없이 연결된 개인이다. 원자적 개인이 내파되었다는 것은 이걸 지칭한 것이다.

이는 기존의 사회물리학 모델을 완전히 붕괴시킨다. 바우먼(Bauman, 1992: 190)의 말을 들어 보자. "매 순간 상태는 이전 상태의 필연적인 효과도 아니고 이후 상태를 낳는 충분한 원인도 아니다. 포스트모던 조건은 덜 결정되어(underdetermined) 있는 동시에 덜 결정적(underdetermining)이기도 하다. 포스트모던 조건은 시간을 '풀어헤친다.' 과거의 구속적인 영향을 약화시키고 미래의 식민화를 방지한다." 이러한 상황은 애매성, 즉 윤리적 상황을 극대화시켜 놓는다. 외부에서 주어진 보편적 도덕은 더 이상 유효하지 않기에, 스스로 자신의 윤리를 만들어야만 한다. 근대 시대에 사회제도나 사회조직에 양도되었던 도덕의 창출, 선택과 책임이라는 문제가 다시 개인에게 되돌려지게 된 것이다(Bauman, 1993, 1998). 이러한 상황은 문제적 상황, 즉 너무도 당연시되는 배경적 기대가 근본적으로 흔들리는 상황이며, 그래서 상황을 정의하는 기존의 문화범주가 더 이상 작동하지 않는 상황이기도 하다. 따라서 성찰성이 극대화된다. 이럴수록 리얼(real)한 문화범주 대신 상상적인(imaginary) 문화자원을 필요로 한다. 수많은 '상상의 공동체들'을 통해 이러한 상황을 정의하고 그 문제상황을 해소하는 윤리적 작업이 시시각각으로 요구된다.

이제 사회학은 방법물신주의에서 벗어나 문화적 전환을 이루어 실제 사람들의 윤리적 상황을 타개하는 데 도움을 주어야 한다. 현재 공리주의적 질서가 내파되어 지금까지 생산과 성장에 삶의 의미를 두고 살아 왔던 사람들의 삶에 의미의 위기가 초래되었다. 그렇다면 사회학의 창건자들을 따라 우리도 이러한 삶의 의미의 위기를 진단하고 새로운 삶의 의미를 탐색하는 작업을 해야 한다. 사회학은 이제 과학 흉내 내기를 그만두고 문화적 전환을 이루어, '인간의 조건'(Arendt, 1958)이 무엇인지 진지하게 물어야 한다. '노동'인가, '작업'인가, 아니면 '행위'인가? 지금처럼 노동과 작업에 매몰되어 사는 것이 정말 인간의 조건인가, 아니면 동물의 조건인가? 자유주의와 신자유주의는 노동과 작업에 매몰되어 사는 것이 동물의 조건임을 분명히 보여준다. 이제 우리는 동물의 조건을 넘어 인간의 조건으로 나아가야 한다. 노동하고 작업하는 목적이 '필연성'을 벗어나고 '유용성'을 얻으려는 데 멈추어 있어서는 안 된다. 오히려 이것을 넘어 행위를 통해 '탁월성'을 입증하려는 것으로까지 나아가야 한다. 행위는, 우리 모두 서로 다르다는 점에서 동일하다는 사실을 인정함에서 출발한다. 타자가 언제나 우리 앞에 있다는 점, 즉 다원성이야말로 인간의 세계가 기계적으로 반복되지 않는 근본적인 이유이다.

다르다는 것, 다시 말해 동어반복적이지 않다는 것, 그것이 바로 상징이다. 상징은 자신 이외의 다른 것을 지칭하는 것으로, 스스로의 빈 공간을 계속해서 만들어낸다. 빈 공간을 완전히 채우는 순간, 상징은 사물이 된다. 인간은 다른 동물들과 달리 사물들로 둘러싸인 세계가 아니라, 상징의 세계에 산다. 이것이야말로 인간이 다원적일 수 있는 근본 조건이다. 표현의 자유가 단지 법적 자유에 끝나지 않는 근본적인 인간의 조건인 이유가 여기에 있다. 노동이나 작업이 결코 인간의 조건일 수는 없다. 상징이 바로 인간의 조건이다. 이러한 조건은 얼마든지 넓혀질 수 있고, 그래서 의미화 실천이 무엇보다도 중요한 것이다. 다원성은 질서의 수립을 위해 제거해야 할 대상이 아니라, 우리를 끊임없는 윤리적 성찰로 몰아가는 인간의 조건이다.

사람은 무엇으로 사는가? 아무리 도구적·물질적·제도적 강제가 강하다 해도 그것을 사는 사람들은 다 다르다고 할 수 있다. 그 이유는 그들이 사용하는 문화자원이 다르기 때문이다. 인간이 사용하는 문화자원 중 가장 중요한 것은 이야기이다. 그렇다면 사회학은 사람들이 사용하는 이야기에 주목해야 한다. 사회학자가 고안한 개념이나 방법을 강제로 부과하는 대신, 우선 사람들의 이야기에 귀를 기울여야 한다. 사람들의 이야기를 그들의 시각에서 읽고 해석하는 일이 우선적으로 요구된다. 동시에 사회학 자체도 이야기성을 회복해야 한다. 이야기에는 인물, 플롯, 사건, 장르가 있어, 인간의 삶을 특정의 극화된 방식으로 이끈다. 그래서 그 이야기를 읽게 되면 그렇게 극화된 현실에 주목하게 된다. 그러므로 이야기는 한 사회의 공적인 이슈를 만들어 낼 능력을 지닌다. 공적인 이슈는 하버마스 식으로 합리적 토론의 장에서 만들어지기보다는 모든 것이 가능한 상태에 있는 미학적인 역치기간에서 만들어진다. 이 기간에 인간의 의미화 실천이 극대화되기 때문이다. 사회학은 바로 이러한 의미화 실천이 되어야 한다. 하지만 불행히도 사회학은 한국사회에서 의미화 실천의 역할을 거의 하지 못해 왔다. 도대체 문제적 상황을 해결하기 위해 누가 사회학자의 글을 읽는가? 사회학자 이외에 누가 『한국사회학』을 읽는단 말인가? 사회학자들만이, 그것도 관심 있는 사회학자들만이 읽는 글을 쓰기 위해 우리는 왜 밤낮 고생하고 있나? 업적 쌓고, 취직하고, 승진하기 위해서? 우리 사회엔 '사회'에 관심 없는 사회학자가 왜 그리도 많은가? 설사 있다 해도, '사회적 삶의 의미'(Alexander, 2003)에 대해서 눈감은 사회학자는 또 그 얼마란 말인가?

왜 사정이 이렇게 되었는가? 사회학이 '공론장'이 아닌 '과학장'이 되기를 원했기 때문이다. 과학이 사회공학과 동연으로 변해 버린 지금, 사회학이 과학이기를 추구하는 한 몰락을 막을 길이 없다. 필연성과 유용성에 빠져 모두가 허우적거릴 때, 사회학은 사람들을 탁월성을 두고 경쟁하도록 이끄는 행위의 공론장이 되어야 한다. 사회학이 모든 가능한 의미화 실천이 되어야 하는 이유가 여기에 있다. 이를 위해서는 문화적 전환을 이루어 문화사회학이 되어야 한다.

지난 오륙 년 동안 나는 문화사회학을 한국사회학계에 도입해 보려고 계속해서 노력해 왔다. 이 책은 그런 나의 노력의 일단을 담고 있다. 이 책은 무엇보다도 '이론적'이다. 왜 사회학이 문화적 전환을 이루어야 하는지 이론적으로 정당화하는 것이 이 책의 주된 목적이기 때문이다. 하지만 여기에 나와 있는 이론적 시각이 문화사회학의 전부는 아니다. 문화사회학은 매우 다양한 지적 자원을 활용하기 때문에, 사실 하나로 묶기가 어렵다. 내가 주로 기대는 뒤르케임주의 문화사회학은 말할 것도 없고, 실용주의적 문화사회학, 문화분과 사회학, 문화연구 등 문화사회학은 여러 진영을 갖추고 있다. 하지만 이 책은 주로 뒤르케임에 뿌리를 둔 문화사회학의 입장에서 논의를 진행하였다. 나는 이후 작업에서 다른 문화사회학의 흐름도 소개하기를 게을리 하지 않을 것이다. 또한 이론에 치우치다 보니 실제 경험적인 문화사회학의 연구들이 전면에 나설 수 없었다. 이후 작업에서는 단지 이론으로서가 아닌 적실한 방법론으로서의 문화사회학을 보여주는 노력도 기울일 것이다.

이 책은 총 3부로 구성된다. 제I부 <포스트모던과 문화적 전환>에서는 사회학이 문화적 전환을 이루어야 하는 당위를 포스트모던과의 관계 속에서 끌어온다. "포스트모던: 모던에 대한 미학적 도전"은 포스트모더니즘이 단순한 지적 유행이 아니라 모던(서구) 사회 전체를 재구성할 지식 패러다임이라는 것을 보여준다. 우선 지식의 유형을 고유의 존재론, 인식론, 윤리학/정치학을 겸비한 과학, 도덕학, 미학이라는 세 패러다임으로 재구성한다. 이러한 재구성을 바탕으로 모던과 포스트모던을 정의한다. 서구의 '모던'은 계몽주의와 대항계몽주의의 두 축으로 구성되어 있는바, 계몽주의는 '과학'을 대항계몽주의는 '도덕학'을 사회와 인간을 재조직할 핵심원리로 채택하였다. 지식의 패러다임으로서의 과학과 도덕학은 '분화'라는 사회과정과 맞물리면서 모던 시대의 지배적인 사회이론으로서의 지위를 획득한다. 이런 점에서 모던은 존재론, 인식론, 윤리학/정치학의 과학화와 도덕화로 정의될 수 있다. 포스트모던은 반계몽주의의 현대적 되살림인바, 지식의 관점에서 볼 때 반계몽주의는 '미학'을 지식의 전범으로 채택한다. 지식의 패러다임으로서의 미학은 '탈분화'라는 사회과정과 엇물리면서 포스트모던 시대의 지배적인 사회이론의 지위를 요구하고 있다. 이런 점에서 서구의 포스트모던은 존재론, 인식론, 윤리학/정치학의 미학화로 정의될 수 있다. 이러한 사회의 미학화 테제는 미학으로서의 포스트모던 사회이론의 도래를 정당화하며, 구체적으로 포스트구조주의적 포스트모던 사회이론과 비판적 포스트모던 사회이론으로 현상한다. 여기서 중요한 점은 이러한 포스트모던 사회이론이 과학과 도덕학의 지식 모델에 의존했던 모던 사회이론으로서의 기존의 사회학이론을 뿌리부터 뒤흔들어 놓는다는 점이다. 따라서 사회학은 포스트모던 시대의 사회이론으로서 미학을 보다 진지하게 고려해야 한다.

"사회학, 왜 문화적 전환을 이루어야 하는가?"는 보다 구체적으로 문화적 전환이 사회학에 어떤 의미를 갖는 것인지 탐색한다. 우선 최근 사회학 내의 여러 진영에서 고조되고 있는 문화에 대한 관심이 그 핵심에 '의미의 문제'가 있음을 밝힌다. 애초에 의미에 대한 관심이 사회학에서 전혀 낯선 것은 아니었다. 오히려 의미는 모던 그 자체의 문제이며, 전통적 공동체에서 모던 사회로의 변화를 탐구하였던 맑스, 뒤르케임, 베버와 같은 사회학 창건자의 핵심적인 관심사였다. 과도한 인지주의를 지닌 모던은 세계에서 의미를 제거함으로써 역설적이게도 의미의 문제를 야기하였으며, 고전 사회학자들은 이러한 의미의 문제를 잡고 씨름하였다. 고전 사회학의 문제의식, 특히 뒤르케임의 문제의식으로 되돌아가는 것, 그것이 바로 '문화적 전환'의 핵심이다. 문화적 전환은 계열체적 관계맺음을 특화하는 구조주의적 문화적 전환과 통합체적 관계맺음을 특화하는 포스트구조주의적 문화적 전환이 있다. 최근 신뒤르케임주의 사회학자들은 사회학 내에서 구조주의적 문화적 전환을 이룬 문화사회학을 발전시키고 있다. 뒤르케임주의 문화사회학은 기존의 다소 철학적이고 추상적인 논의를 넘어, 구체적인 경험적 연구기획으로서 문화사회학을 발전시켜 나가고 있다. 하지만 뒤르케임주의 문화사회학은 문화적 전환을 이루었지만, 포스트모던 입장에서 보면 아직 그 전환이 충분하지 못하다. 통합체/환유/전위의 축이 극단적으로 활성화되어 계열체/은유/응축의 축을 우연적이고 우발적일 정도로 불안정하게 만드는 포스트모던 조건을 탐구하기 위해서는 포스트구조주의적 문화적 전환을 이루어야 한다.

"포스트모던과 문화사회학"은 포스트모던과 문화사회학의 관계를 밝힌다. 모던 사회학은 주로 전통과 모던이라는 이분법을 통해 자신의 학문적 정체성을 정의함으로써 그 지평을 좁혀 왔다. 그 결과 포스트모던을 모던과의 단절이나 연속성의 관계를 통해서만 정의하는 좁은 시각을 보여주고 있다. 이러한 좁은 틀을 벗어나기 위해서는 전통과 모던의 이분법 대신에, 고대-중세-모던의 삼분법을 채택해야 한다. 인간의 질서가 그 근본적인 차원에서 상징적이라 할 때, 고대는 주술, 중세는 세계종교, 모던은 과학이라는 상징체계를 통해 그 질서를 구성하였다. 모던 사회학은 과학이 사회세계에서 초월성, 도덕, 정서를 축출하고 오로지 인지적으로만 작동하는 사회세계를 만들 것이라는 가정하에서 이론과 연구를 수행해 왔다. 하지만 포스트모던은 이러한 근본적인 가정에 도전하고 있다. 포스트모던은 축출되었던 초월적 차원과, 가치평가적이고 정서적인 차원이 사물화된 것처럼 보였던 사회세계에 되돌아오는 것을 말하기 때문이다. 이러한 상황에서 도구적 차원으로만 사회적 행위를 설명하려는 모던 사회학의 기획은 심각한 한계에 처했다. 이제 의미와 상징이 사회적 행위를 구성하는 방식을 탐구하기 위해 사회학은 문화적 전환을 이루어 문화사회학이 되어야 한다.

제II부 <사회세계의 미학화>는 사회세계가 미학화되고 있다는 주장을 이론적 차원과 경험적 차원 모두에서 살펴본다. 먼저 **"탈상품화, 재성화, 재주술화: 도덕, 정서, 신념의 회귀"**는 일방적인 세속화 테제에 맞선 맑스, 뒤르케임, 베버를 살펴본다. 맑스는 근대의 사회세계가 상품화되는 동시에 탈상품화됨을, 뒤르케임은 탈성화되는 동시에 재성화됨을, 베버는 탈주술화되는 동시에 재주술화됨을 보여주었다. 그들 누구도 근대 세계의 출현이 의미를 제거하는 일방적인 방향으로 진행된다고 보지 않았다. 이러한 시각은 모던과 포스트모던을 바라보는 시각에 중요한 시사점을 제공한다. 의미와 상징이 중요한 역할을 하던 시기는 우리가 흔히 전통사회라 부르는 사회에 전형적으로 나타난다. 지금까지 전통은 중세의 세계종교와 동일시되었지만, 그것에 포섭되지 않는 고대의 주술도 존재한다. 따라서 전통사회를 중세의 세계종교로만 한정하지 말고 고대의 주술로까지 적극적으로 확장해야 한다. 주술과 세계종교는 미분화된 진/선/미가 그보다 더 궁극적인 '신념체계' 안에 배태되어 있다는 점에서 동일하다. 다만 주술의 경우에는 그 신념체계가 국지적으로만 힘을 발휘한다면 세계종교의 경우에는 보편적으로 작용한다는 점에서 다르다. 세계종교는 다신교적인 주술의 세계를 몰아내고 유일의 보편적인 신념체계를 구축하였기 때문이다. 모던을 지배한 과학의 경우에는 미분화한 진/선/미가 그러한 유일의 보편적인 신념체계의 배태성으로부터 벗어나와 독자적인 '가치'로 분화되었다는 점에서 차이가 난다. 또한 사회를 구성하는 지배적 원리로서의 지식의 유형을 통해 보면, 주술의 세계는 '정서적인' 성과 속의 이분법적 분류체계가, 세계종교의 세계에서는 '도덕적인' 성과 속의 이분법적 분류체계가, 과학의 세계에서는 '인지적인' 성과 속의 이분법적 분류체계가 지배적이라는 점에서 차이가 난다. 과학은 유일의 보편적인 신념체계인 종교를 해체하여 진/선/미를 그로부터 해방시키고 각각을 자율적인 가치 영역으로 분화시켜 놓았다. 동시에 공적 사회세계에서 인지적 차원만 남기고 도덕적이고 정서적 차원을 사적 영역으로 몰아내었다. 여기에는 과학이라는 '인지적 능력'이 그 어떤 것보다도 뛰어난 새로운 지식체계가 결정적인 역할을 했다. 포스트모던은 이렇게 사적 영역으로 쫓겨났던 신념, 도덕, 정서가 공적 영역과 사적 영역을 가릴 것 없이 되돌아오는 것을 말한다. 이제 사회학은 수학화를 추구하는 대신 존재론적으로나 인식론적/방법론적으로도 그리고 더 나아가 윤리적/정치적으로도 의미와 상징이 행하는 역할에 주목해야 한다.

　"불멸성 추구의 파편화와 존재의 연속성에 대한 노스탤지어"는 1997년 IMF 사태 이후 한국 사회의 문화 변동을 다룬다. 신자유주의는 한국 사회의 뜨거운 논쟁거리인데, 자유주의 신/고전경제학을 따르는 사람들은 전적으로 찬성하는 반면 맑스주의 정치경제학을 따르는 사람들은 극단적으로 반대하고 있다. 이 글은 이 두 입장이 생산중심주의에 빠져 있다는 점에서 진정한 대립이 아니라고 보고, 이에 대한 대안으로 신자유주의에 대한 문화적 해석을 시도한다. 이를 위해 두 가지의 뒤르케임 전통을 도입한다. 하나는 시장의 자기조정적 능력을 과신하는 공리주의적 질서와 국가의 통합능력을 과장하는 사회주의적 질서 모두를, 다양한 직업

집단들로 구성된 심의/성찰적 민주 조합국가의 '도덕적 조절'로 비판하는 것이다. 나머지 하나는 현대의 사회적 실재를 성과 속의 이항적 상징 체계로 구성된 이중적 질서로 보는 것이다. 이러한 뒤르케임적 시각에서 볼 때, 자유주의는 이윤동기가 도덕경제로부터 탈배태되었다가 국민국가로 재배태된 것으로, 신자유주의는 더 나아가 국민국가로부터 탈배태된 것으로 이해될 수 있다. 문화적 차원에서 볼 때, 자유주의의 핵심은 영원성 추구의 절멸과 불멸성 추구로의 선회이며, 신자유주의의 그것은 불멸성 추구의 파편화와 존재의 연속성에 대한 향수이다.

"무조건적 소모의 사회: '바다이야기'를 중심으로"는 2006년 여름 한국사회 전체를 휩쓸고 지나간 '바다이야기'를 경험적 자료로 하여 사회 세계의 미학화 테제를 살펴본다. 지금까지 '바다이야기'는 권력형 비리, 정책 입안과 실행의 실패, 또는 카지노 자본주의 정책의 결과 등으로 분석되어 왔다. 이 글은 이러한 시각 대신에 바타이유의 일반경제론을 통해 '바다이야기'를 분석한다. 바타이유의 일반경제론은 자본주의를 귀족주의적 시각에서 노예 도덕성으로 비판한 니체와 성스러움을 창출하고 갱신하는 집합의례가 사회적 삶에서 핵심적 역할을 한다는 뒤르케임을 결합하여 만들어졌다. 그 핵심은 모든 체계는 무한성장할 수 없으며, 성장이 한계에 처하면 반드시 잉여를 무조건적으로 소모해야 하는 문제에 봉착한다는 것이다. 무한성장이 생존과 번식을 위한 공리주의적 질서에 속하는 것이라면, 무조건적 소모는 성스러움을 창출하고 갱신하는 비공리주의적 질서에 속한다. 이러한 시각을 통해 볼 때, '바다이야기'는 성장으로 가지 못한 잉여를 무조건적으로 소모하는 집합의례의 하나이다. 하지만 전통적인 집합의례와 달리, 소모의 결과 성스러움이 창출되지 않고 오히려 속된 공리주의적 질서가 공고화된다. 성스러움을 창출하는 방향으로 잉여를 소모할 수 있는 방안이 시급히 요청된다.

"텔레커뮤니케이션과 사회적인 것의 미학화"는 성과 속의 이분법적 상
징적 분류체계를 핵심으로 하는 사회적인 것이 텔레테크놀로지를 통해
미학화되고 있음을 밝힌다. 모던 시대의 사회적인 것은 오이디푸스 서사
를 통해 총체성의 담론이 되는 커뮤니케이션과 그것을 공유한 남성 부르
주아 공동체에 의해 유지되었다. 오이디푸스 서사를 통해 남성은 자신의
결핍을 타자인 여성에게 투사하고 그것을 재전유함으로써 자기충족적인
정체성을 환상적으로 구성한다. 따라서 오이디푸스 서사는 낙원-상실-회
복이라는 선형적인(linear) 시간으로 구성되어 있다. 이 구성 과정은 자신
이 의미작용의 체계임을 부정하고 마치 경험적 실재에 대한 사실적 표상
임을 가장하는 커뮤니케이션을 산출하는 과정과 맞물려 있다. 여기에서
남성 부르주아 공동체는 스스로에 의해 스스로가 정의된 언어 외적 토대,
즉 성스런 존재가 된다. 데리다는 유령의 출몰이 이분법적 상징적 분류체
계보다 먼저이며, 같이 있으면서 미래에도 있다고 주장함으로써 오이디
푸스 서사를 해체할 수 있는 철학을 제출하였다. 텔레테크놀로지는 이러
한 데리다의 철학을 사회적 차원에서 실현시켰다. 텔레커뮤니케이션은
잃어버린 기원, 또는 전 기호학적 실체를 회복하려는 무의식적 욕망에 의
해 추동되지 않는다. 텔레테크놀로지는 무엇보다도 기계이며, 기계는 그
저 영속적인 차연적 운동을 하고 있을 뿐이다. 텔레테크놀로지는 모든 것
을 텔레비주얼하게 만들어서 그것을 만인에게, 모든 곳에, 언제나 전송하
려는 드라이브를 가지고 있을 뿐이다. 이제 만물은 텔레테크놀로지를 통
해 원격통신하고 있다. 인식론적으로 텔레테크놀로지는 만물을 자의적으
로 인접시켜 전송할 수 있는 능력이 있기에 이전에는 결코 표상될 수 없
었던 체계의 한계들을 차연적으로 표상시키고 있다. 성과 속의 이분법적
상징적 분류체계의 총체성이 기표들의 환유적 전위를 통해 끊임없이 침
범받기 때문에 지속적으로 전복된다. 고정된 아니 안정된 의미의 획득이

불가능하게 된 것이다. 이는 새로운 주체성 형식인 정신병자가 대량 출현하고 있는 것과 맞물려 있다. 그 결과 성과 속의 이분법적 상징적 분류체계에 기반한 연대가 근본적으로 도전받게 되었다.

"사이버공론장에서의 포스트모던 집합의례: 문갑식 기자의 블로그 사건 담론 경합을 중심으로"는 사이버공론장에서 이루어지는 사회세계의 미학화를 탐색한다. 지금까지 시민사회에 대한 규범적·제도적 접근이 한국사회학 내에 지배적이었다. 이 글은 이러한 접근에서 벗어나 시민사회의 문화적 동학에 대한 보다 경험적인 연구로 전환한다. 이를 위해 사이버공론장 안에서 이루어지는 다양한 담론 경합을 포스트모던 집합의례의 시각에서 경험적으로 분석한다. 이 글의 가정은 다음과 같다. 전통적인 집합의례에서는 집합의례가 성과 속의 이분법적 상징적 분류체계를 중심으로 이루어지며, 그 결과 그 체계가 갱신되어 참여자들 사이의 집합연대를 재강화하는 것으로 기대된다. 반면 포스트모던 집합의례에서는 성과 속의 이분법적 상징적 분류체계의 총체성이 텔레테크놀로지가 실어 나르는 기표들의 환유적 전위를 통해 끊임없이 침범받기 때문에 지속적으로 전복된다. 그 결과 성과 속의 이분법적 상징적 분류체계에 터한 연대가 근본적으로 도전받게 된다. 이러한 가정을 확인하기 위해 2004년 12월 14일 오전 11시경 「조선일보」 문갑식 기자가 자신의 블로그에 글을 올림으로써 촉발되었던 집합의례를 경험적 사례로 선택하여 분석하였다. 문갑식 기자의 블로그 사건을 둘러싼 집합의례의 과정에서 성스러운 언론제도/언론인과 속된 언론제도/언론인의 대립, 진보와 보수의 대립, 공적 영역과 사적 영역의 대립, 여성 아나운서와 여성 접대부의 대립, 팰러스중심주의와 페미니즘의 대립이 내파되었다. 집합의례의 결과 하나의 거대한 성스러운 상징체계가 창출되지도 않았고, 따라서 이를 중심으로 한 연대도 만들어지지 않았다. 대신 현실 세계의 분류가 자의적이라는 인식만이 팽배해졌다. 여기에는 아이러니의 환유적 연쇄로 특징지어지는 댓글의 연쇄가 큰 역할을 하였다. 연대 대신, 성찰성이 극대화되었다. 이러한 발견은 이 연구의 원래 가정에 잘 부합된다.

제III부 <문화연구의 사회학화>는 영국 버밍햄 학파에서 기원하여 지구적으로 확산된 '문화연구'가 사실 고전 사회학의 기획을 되살린 것이라는 입장에서, 문화연구를 사회학화하려는 시도를 담고 있다. 이러한 시도는 인문학자들이 주도한 한국의 문화연구가 왜 사회학화되어야 하는지 잘 보여준다. "초기 영국 문화연구: 고전 사회학 기획의 되살림"은 근래 들어 문화연구에 대한 관심이 증폭되어 왔지만, 사회학이 이에 대해 소극적인 태도를 보여온 것은 인문학은 '문화'를 연구하고 사회학은 '사회'를 탐구한다는 분과학문적 분리주의가 크게 작용하였음을 지적한다. 이러한 분리주의는 각 분과학문의 전문성과 자율성이라는 이름으로 대학에서 제도화되어 있기에 더욱 힘을 받아 온 것이 사실이다. 그 결과 인문학은 상상력과 허구의 영역으로 축소되고, 사회학은 사회학대로 실증주의적 탐구로 좁혀지는 결과를 낳았다. 이 글은 이러한 분리주의가 고전 사회학의 원래 기획에도 맞지 않을 뿐만 아니라, 이후의 사회학 발전에도 치명적인 해악을 끼칠 것이라 주장한다. 사회학이 이를 벗어나기 위해서는 사회와 문화의 이분법적 대립을 넘어서야 하는데, 초기 영국 문화연구는 좋은 본보기가 될 만하다. 초기 영국 문화연구는 우선 이차대전 이후 벌어지고 있는 사회와 문화의 대규모 구조적 변동에 대한 탐구를 수행하였다. 그리고 이러한 대전환을 사람들이 어떻게 살아가는지 그리고 동시에 그것이 인간 주체성에 어떠한 변형을 일으키는지 탐구하였다. 이러한 탐구는 구조적 변동이 애매성과 불확실성을 산출하여 윤리적/정치적 영역을 확대시켜 놓았기 때문에 이에 대응하기 위하여 이루어진 것이다. 이렇게 볼 때, 초기 영국의 문화연구는 전통적 공동체에서 모던 사회로의 대전환과 그에 따른 주체성의 변화를 탐구한 고전 사회학자들의 문제틀과 다를 바 없다. 이러한 문제틀은, 지구화의 진행과 그에 따른 주체성의 변화를 겪고 있으며, 그래서 애매성과 불확실성이 증대되어 새로운 윤리적/정치적 영역이 열리고 있는 현 상황에도 여전히 유효한 연구틀이라 할 수 있다.

마지막 "포스트모던 미국사회학의 문화연구: 정치경제학과 담론이론의 학제적 연구를 향하여"는 문화연구를 사회학화하려는 미국 사회학자들의 시도를 다룬다. 구체적으로 영국에서 시작되어 지구적으로 확산일로에 있는 문화연구의 핵심성격과 발전과정을 서술하고, 포스트모던 미국 사회학이 문화연구를 어떻게 수용했는지, 그리고 그 향후 전망은 어떠한지를 밝힌다. 초기 영국 문화연구는 전후 영국 사회와 문화의 대규모 구조적 변동과 그에 대응하는 노동계급을 위시한 주변인들의 삶의 전략에 관심을 가졌다. 이를 위해 역사학적, 문화기술지적(ethnographic), 문학적 접근을 포괄하는 학제적 연구를 활용하였고, 주변적 존재들의 시각에서 인간과 사회를 보다 평등하게 재구성하려는 윤리적 · 정치적 관심을 지니고 있었다. 사회학을 '과학'으로 만드는 데에만 몰두해 온 미국 주류 사회학은 사회가 텍스트화되었다는 포스트모더니즘의 도전을 거의 무시한 반면, 비판적 사회학과 상호작용론적 사회학과 같은 비주류 사회학은 이 도전에 대한 대응으로 초기 영국 문화연구의 기획을 받아들여 포스트모던 시대의 문화연구로 발전시켜 왔다. 그렇다고 포스트모던 미국 사회학의 문화연구가 초기 영국 문화연구를 그냥 되풀이한 것만은 아니다. 오히려 그것을 포스트모던 시대의 문화를 탐구하는 일종의 '문화사회학'으로 변형시켰다.

나는 박사 논문으로 『포스트모던 미국사회학 : 미학적 도전에 대한 대응(*Postmodern American Sociology: A Response to the Aesthetic*

28

Challenge)」을 썼다. 이 논문은 매우 이론적인데 반해, 여기에 한데 모은 글들은 그 논문의 문제의식을 보다 구체화해서 일단이나마 풀어 놓은 것이다. 나는 책을 내기 위해 다시 한 번 글들을 읽어 보면서, 내가 얼마나 미학에 끌리는 자인지 절실히 느낄 수 있었다. 이 세상의 모든 질서, 즉 분류체계는 자의적이다! 그럼에도 불구하고 왜 이렇게 필연적인 것처럼 느껴지는가? 독자들이 이 책을 읽고 잠시 동안이나마 역치단계를 맛본다면, 나의 일차적 목적은 다한 것이다.

이 책은 <한국문화사회학회>가 첫 번째로 펴내는 총서이다. 그런 점에서 개인적으로 막중한 책임과 부담을 느낀다. 이 책이 <한국문화사회학회>에 짐이 되지 말고, 이후 총서의 발전에 밑거름이 되길 간절히 바란다. 부족한 책을 기꺼이 첫 번째 총서로 만들어 준 총서기획위원들께 감사를 드린다. 여기 한 권의 책으로 묶인 글들은 사실 매달 네 번째 금요일마다 열리는 문화사회학회 콜로키움에서 회원들과 나눈 지적 교류를 가다듬은 것이다. 특히 한국교원대 박선웅 교수와 뒤풀이에서 나눈 '진한 대화' 는 우리가 합쳐지고 갈라지는 지점을 분명하게 드러내어 나 자신의 입장을 가다듬는 데 큰 힘이 되었다. 복잡한 참고문헌을 깔끔하게 정리해 준 계명대 사회학과 대학원생 강민구와 마지막 교정에 힘을 쏟아 준 최인영에게 고마움을 표한다. 간단하지 않은 글들을 말끔하게 교열해 준 이진영 씨에게도 감사를 드린다. 마지막으로 기꺼이 출판을 맡아준 살림출판사에 고마움을 전한다.

계명대학교 사회관 413호 연구실에서
최종렬

차 례

I
포스트모던과 문화적 전환

1 포스트모던
: 모던에 대한 미학적 도전[1]

I. 머리말

최근 수십 년간 서구인들은 '모던'의 한계와 그에 대한 새로운 대안에 대한 논의를 '포스트모던'이란 용어로 진행시켜 왔다.[2] 90년대에 한국에도 이 중 일부분이 수입되어 학문세계는 물론 대중매체의 호들갑스런 주제로 오르내렸던 적이 있다. 지금은 대중매체의 주된 관심에서는 멀어져 버렸지만, 문학을 비롯하여 미술, 건축, 영화, 철학 등 인문학 전반에 미친 포스트모더니즘의 영향은 새로운 패러다임을 형성할 정도로 그 영향이 크다. 그럼에도 불구하고 사회학을 위시한 사회과학은 포스트모더니즘으로부터 별다른 영향을 받지 않은 듯하다. 그 주된 이유는 포스트모더니즘이 기존 사회(과)학의 근본적인 가정들에 정면으로 도전하기 때문이다. 이 도전을 받아들이게 된다면, 사회학을 비롯한 제반 사회과학들은 분과학문으로 누려 왔던 기존의 정체성에 심각한 손상을 입을 것이라는 두려움이 깔려 있다. 그 결과 포스트모더니즘을 인문학만의 일이라거나 또는 수입된 여러 사조들 중의 하나로 폄하하게 된다. 이 글은 포스트모던을 이처럼 단지 인문학만의 일이라거나 단순히 수입된 일개 사조가 아니라, 모던 (서구) 사회 전체를 재구성할 지식 패러다임이라는 것을 보여 주려 한다.

나의 이러한 시도는 단지 지식사적 지도를 그려 보려는 인식론적 관심에서만 비롯된 것은 아니다. 서구 문명에 강제 편입된 이래 한국은 싫든 좋든, 전통과 모던이라는 서구의 이분법적 담론 속에 살아왔다. 이러한 이분법에서 전통은 부정적이고 청산되어야 할 과거로, 모던은 긍정적이고 수용되어야 할 미래로 간주되었다. 전통은 동양이며 모던은 곧 서구로 등치되어 온 굴절의 역사 속에, 이제야 한국인은 나름대로 '모던화' 되었다고 자부하게 되었다. 이러한 상황에서 서구는 오히려 모던을 넘어서려는 노력을 가하고 있어, 한국인에게 혼란을 던져 주고 있다. 이에 대해 어떤 이들은, 서구가 왜 이러한 노력을 하게 되었는지 지식사적 차원에서 거시적으로 바라보려는 시도를 하기보다, 한국 전통에서 비슷한 몇몇을 따와 "여기 봐라, 우리도 이미 포스트모던적 사유가 있었다."고 목소리를 높이곤 하였다. 전통의 복원이란 이름으로 노자와 장자가 되살아나고, 그들의 포스트모던 사유가 새로운 사회철학으로 칭송받기에 이르렀다.

나는 물론 이러한 노력이 지닌 일부 긍정적 성격을 완전히 부정하는 것은 아니다. 하지만 지식사적 맥락과 역사적/사회적 맥락을 제거한 채, 텍스트 내적분석을 일삼는 극단적인 '텍스트주의' 에는 동의할 수 없다. 텍스트주의는, 텍스트를 자기지시적 체계 안에서 일어나는 차이들의 무한한 의미작용 연쇄로 보아, 텍스트의 담론적 · 사회역사적 맥락을 제거하고 그것의 다의적 성격과 독자의 창조적 해석 능력을 과장한다. 기의로서의 전통적 고전들의 메시지는 기표들의 무한한 연쇄 속의 한 계기에 불과해 어떠한 확정된 의미도 없다. 고정된 의미를 보증하는 저자는 죽었으며, 읽기는 항상 열려 있고, 파편적이긴 하지만 능동적인 읽기가 가능하다. 하지만 동서양 텍스트들에 대한 내적 분석을 통해 눈에 띄는 유사성과 차이를 비교한다고 해서, 각각의 텍스트가 속한 보다 큰 담론적 질서 및 그것의 사회역사적 맥락의 유사성과 차이가 확인되는 것은 아니다. 텍스트는 스스로 말하지 않기에, 일차적으로 그것의 지적 맥락인 담론적 질서를 따져야 한다.[3]

이 글에서는 포스트모더니즘이라는 담론이 서구의 지식사적 지형에서 어떤 위치를 점하고 있는지 맥락적으로 파악하는 일에 주력할 것이다. 서구의 지식사적 지형을 파악하고, 이 지형 안에서 모던 기획과 포스트모던을 이해하려는 노력은 일차적으로 서구의 모던 기획을 따라가는 데 급급해 온 한국의 상황에서 성찰적 시간을 갖기 위해서이다. 이러한 성찰은 단지 인식론적 문제로 끝나는 것이 아니라, 우리는 지금 어디에 있으며, 어떻게 살아가는 것이 좋은 삶이며, 또 그 삶을 어떻게 이루어 낼 것인가 하는 윤리적/정치적 문제와 맞닿아 있다.

나의 기본적인 주장은 다음과 같다. 서구의 '모던'은 계몽주의와 대항계몽주의(Counter-Enlightenment)의 두 축으로 구성되어 있다. 지식의 관점에서 볼 때, 계몽주의는 '과학'을 대항계몽주의는 '도덕학'을 각각 지식의 전범으로 채택하였다. 하지만 '미학'을 축으로 하는 포스트모던 사회가 출현하여 기존의 사회구성의 원리의 두 축인 과학과 도덕학에 도전하게 되었다. 사회의 미학화는 과학과 도덕학의 지식 모델에 의존했던 모던 전반을 흔들어 놓는다. 이는 미학으로서의 포스트모던 사회이론의 도래를 정당화한다.

II장에서는 지식의 세 패러다임인 과학, 도덕학, 미학을 존재론, 인식론, 윤리학/정치학을 통해 이념형적 형태로 재구성하여 제시한다. III장에서는 계몽주의, 대항계몽주의, 반계몽주의(Anti-Enlightenment)를 각각 존재론, 인식론, 윤리학/정치학의 과학화, 도덕화, 미학화로 정의한다. 그리고 모던을 과학화와 도덕화로 정의하고, 사회학이 이러한 모던 기획의 하나로 등장하였음을 보여준다. IV장에서는 포스트모던을 미학적 도전으로 정의하고, 미학을 사회이론으로 만든 두 이론인 포스트구조주의적 포스트모던 사회이론과 비판적 포스트모던 사회이론의 주장을 논한다. 결론인 V장에서는 기존 사회학의 뿌리를 흔드는 미학적 도전을 분화와 탈분화를 통해 살펴보고, 한국 사회학이 이에 대한 보다 진지한 접근을 할 필요가 있음을 지적한다.

II. 지식의 세 패러다임

서구 철학사를 볼 때 그리스 시대부터 서구인들은 이미 세 가지 인간 능력에 따라 세 가지 지식 범주를 나누었다. 인지적 능력에 기반한 이론적 지식, 도덕적 능력에 기반한 실천적 지식, 그리고 미학적 능력에 기반한 미학적 지식이 바로 그 범주이다(Taylor, 1955). 이를 최초로 정식화한 이는 아리스토텔레스인데, 중세 시대를 겪으면서 이러한 지식의 세 양식은 종교에 포섭되어 미분화된 하위 영역으로 퇴보하였다.

근대에 와서는 칸트가 이를 각각의 독자적인 선험적 원리를 지닌 순수이성, 실천이성, 미학적 판단으로 재정립하였다. 지식을 이렇게 분화시킨 이유는 인식론적으로 볼 때 지식이 종교적 토대를 잃음으로 해서 지식의 정당성을 가능케 하는 새로운 토대가 필요하였기 때문이다. 제도적인 면에서 볼 때는, 사회전반이 카톨릭 종교라는 '제도'로부터 분화과정을 겪어 각자 자율적인 영역으로 되어 가리라는 믿음, 그리고 이에 상응하여 과학, 도덕학, 미학 역시 종교라는 독점적 '진리'로부터 분화되어 독자적이며 자율적인 지식의 영역을 형성했으면 하는 소망과 연결되어 있다(Habermas, 1995).

나는 이러한 전통을 따라 지식을 과학, 도덕학, 미학 등 세 유형으로 구분할 것이다. 우선적으로 칸트의 순수이성, 실천이성, 미학적 판단을 재정의하는 것에서 출발할 수 있다. 나는 칸트의 순수이성을 이론과학으로 재정의할 것이다. 칸트는 실천이성을 기술적 실천이성(the technically practical)과 도덕적 실천이성(the morally practical)으로 나누었는데(Kant, 1993: 25, 1951: 9), 나는 이를 각각 경험과학과 도덕학으로 재정의할 것이다. 칸트는 미학적 판단을 아름다움(the beautiful)과 숭고(the sublime)로 나누었는데(Kant, 1951: 82), 나는 여기에서 숭고만을 미학이라 재정의할 것이다.[4]

각 지식 모델은 고유의 존재론, 인식론, 윤리학/정치학을 포괄하고 있다는 점에서 패러다임이라 불릴 수 있다. 존재론은 거시적 차원에서는 "사회적 우주 또는 사회의 본질은 무엇인가?" 묻고, 미시적 차원에서는 "사회적 인간의 본질은 무엇인가?" 질문한다. 인식론은 "탐구자와 알려지는 것 간의 관계는 무엇인가?"라는 질문을 던진다. 언어의 문제가 등장한 이래, 인식론은 존재와 언어의 관계, 메타 언어의 존재 여부, 표상에서의 저자의 자리, 지식과 권력의 문제 등으로 나타난다. 윤리학/정치학은 우선적으로 시간성과 관련된다. 시간성이 순환적이냐, 선형적이냐, 평면적이냐에 따라 규범적 관심이 달라지기 때문이다.[5] 윤리학이 바람직한 삶이 무엇이며 어떻게 그러한 삶을 살 것인가를 다룬다면, 정치학은 바람직한 삶을 약호화하고 실현시키기 위해 어떤 조정된 또는 협력된 행위가 가능한지를 따진다.

1. 과학

1) 이론과학

이론과학은 경험과는 무관하게 획득되는 지식을 추구한다. 이는 지식 주체가 경험의 도움을 받지 않고도 진리(보편성)를 알 수 있는 선험적 종합능력(마음의 구조)을 가지고 있기에 가능한데, 그 이유는 마음의 구조가 그 외부에 있는 보편성의 구조와 동일하기 때문이다. 그렇다고 외부의 현실이 그냥 보편성의 형태로 주어지는 것은 아니고, 항상 특수성과의 관계 속에서 현상한다. 보편성과 특수성의 관계에는 초월주의(transcendentalism)와 본질주의(essentialism)라는 두 가지 이론형식이 있다. 초월주의는 보편성(이념, 형상, 본질)이라는 진짜 세계를 특수성(현실, 물질, 현상)이라는 환상의 세계와 날카롭게 구분하고, 후자를 전자에 대한 그림자로 간주한다. 본질주의는 이 두 세계를 결합하여, 보편성이라는 진짜 세계가 환상적인 세계 속에 육화 내지는 실현된 것으로 본다.

인식론적으로도 양자는 구분된다. 초월주의는 특수성의 환상적 세계에서 보편성의 진짜 세계로 상승할 수 있는 마음의 능력을 강조하고, 탈육화된 마음에 적합한 추상적이며 아무 사심 없는 추론적인 지식을 생산하는 것을 목표로 한다. 본질주의는 경험세계의 비합리적 배열을 합리적 용어로 인식하는 마음의 능력을 강조하고, 모든 필연적인 파생물의 원천이 되는 단순하고 논박불가능한 선험적 제일원리를 발견하는 것을 목표로 한다. 이론과학은 언어를 진리(실재)를 반영하거나 아무런 왜곡없이 전달하는 도구로 여긴다. 언어는 기호, 즉 자신 이외의 다른 것을 표상하는 어떤 것이 되지 못하고, 바로 실재가 된다. 탐구자는 자신에게서 주관적 요소를 완전히 제거하는 초월적 의식, 실재의 언어를 완전히 '알고' 말하는 존재이다. 따라서 탐구는 권력 외부에 존재한다. 이론과학이 생산한 지식은 경험적 검증에 의해 논박될 수 없다. 왜냐하면 감각기관의 구조를 통해서는 그 지식을 파악할 수 없기 때문이다.

이론과학은 시간이 인류의 복지증진을 향해 진보적으로 움직인다는, 선형적 시간 개념을 옹호한다. 삶의 이상은 자존적 실체로 살아가는 것인데, 이는 자신의 본질을 통해 우연적 요소들을 완전히 통제할 때만 가능하다. 정치적으로는, 신과 같은 중앙이 전체의 평형상태를 유지하기 위해 다른 모든 부분들을 통제하는 중앙집권적 절대주의를 옹호한다.

2) 경험과학

경험과학은 세계가 반복적·지속적·영속적·동일적 성격(보편성)을 지니는데, 이것이 경험적으로 관찰가능하다고 믿는다. 하지만 이론과학과 달리, 경험과학은 질서정연하게 구조화되어 있는 것은 인간의 마음이 아니라 외부 세계의 구조이며, 이는 인간존재 이전에 그리고 그와 무관하게 존재한다고 믿는다. 이 외부세계의 구조는 불변적이고 보편적인 객관적 실체로서 시공간을 초월해 모든 인간에게 타당하다. 이 구조는 운동상태에 있는 특수성들의 집합으로 이루어져 있다. 이 속에서는 그 어떤 것도 그냥 발생하지 않는다. 특수성들의 모든 조합은 특수성들이 다른 특수성들에게 미친 이전의 영향에 의해 발생한 것이다. 이런 의미에서 경험세계는 목적론적으로가 아니라 기계적으로 결정된다. 이 안정된 거대 기계 안에서 입력과 출력은 항상 계산가능하다.

인식론적으로 경험과학은 특수자들의 유형들을 선험적으로 알 수 있는 마음의 능력을 부인한다. 우리에게 주어진 것은 다양한 특수성들뿐이며, 그것으로부터 우리는 보편성을 찾는 노력을 시작해야 한다. 다시 말해 지식은 반드시 감각경험으로부터 시작하여 경험적 일반화를 이끌어내는 것으로 끝마쳐야 한다. 지식은 감각 또는 경험에서 나오는 파생물이지 마음의 구성물이 아니다. 감각이나 경험은 오류의 가능성이 있지만, 다양한 기술적 장치를 통해 이를 극복할 수 있다. 이런 의미에서 경험과학은 제일원인에 대한 추구를 포기하고, 자연과학에서 발견되는 자연적 원인들처럼 제이원인들을 찾고자 한다. 경험과학은 이론과학과 달리, 진리보다는 출력을 극대화하고 입력을 극소화하는 효율성에 관심을 갖는다. 지식은 수행성을 증대시키는 한에서만 가치를 갖는다. 인식적 주장의 옳고 그름이 수행성의 정도에 종속된다. 연구자들이 축적한 엄청난 양의 경험적 발견들을 통일된 지식체로 변형시키기를 원한다. 모든 변수들이 알려질 수 있다면, 통일된 지식체가 가능하다고 믿는다. 탐구자는 인간 주체인 동시에 저자, 즉 문장의 주어이다. 언어는 기호의 체계, 즉 지시체가 제거된 형식언어가 된다. 수학적 언어가 언어의 전범이다. 여기에서 말하는 주체는 완전히 사라지고, 문장의 주어가 전면에 나선다. 따라서 메타언어가 가능하게 된다. 텍스트는 말하는 주체와는 무관한 자기완결적 텍스트가 된다. 여기에서도 권력은 지식 외부에 놓여 있다.

경험과학은 선형적 시간 개념을 믿지만, 이론과학과 달리 인간의 복지를 향한 역사의 운동이 목적론적으로가 아니라 기계적으로 결정된다고 주장한다. 쾌락의 최대화와 고통의 최소화라는 모든 개인들을 지배하는 보편적 법칙에 따라 사는 것이 좋은 삶이다. 효용의 극대화 법칙에 따라 자유롭게 연합하고 이산하는 원자적 개인이 주체가 되는 자유주의가 정치적 이상이다.

2. 도덕학

도덕학은 다원적 존재론을 전제한다. 다양한 시대와 사회에 따라 많은 객관적 목적들과 궁극적인 가치들이 존재하는데, 이것들은 때로 서로 양립불가능할 수 있다. 심지어 한 집단 내에서도 양립불가능한 객관적 목적들과 궁극적인 가치들이 존재할 수 있다. 그것들이 객관적이고 변경불가능한 자연적 사실들에 기초한 것이 아니라, 인간이 만든 것이기 때문이다. 이런 점에서 도덕학은 결정론보다 자유를 강조한다. 도덕학의 핵심은 인간이 자신의 운명을 선택하는 것을 허용할 정도로 세계가 비결정되어 있다는 주장에 있다. 도덕학에는 명목론과 실재론의 두 가지 유형이 있다. 명목론적 도덕학이 세계의 비결정적 성격을 강조한다면, 실재론적 도덕학은 인간실천의 맥락적 성격에 주목한다. 명목론적 도덕학은 언어가 현실을 구성하는 힘을 인정하지만, 양자 간의 관계는 열려 있다고 본다. 실재론적 도덕학은 언어를 구성하는 현실의 힘을 인정하지만, 역시 양자 간의 관계가 열려 있다고 본다. 이러한 차이에도 불구하고 양자는 연구의 대상과 주체가 특정 시대, 특정 사회의 문화와 제도적 삶의 일부로 간주되어야 한다는 주장을 공유한다.

인식론적으로 도덕학은 이미 존재하는 현실을 반영 또는 표상하려고 시도하지 않는다. 대신 현실이 특정 시대, 특정 사회에서 담론적으로/사회적으로 형성되는 과정을 탐구한다. 지식의 타당성을 재는 주요 기준은 논리적 정합성도 수행성도 아닌 실제적 결과이다. 탐구자는 구체적인 사회와 문화 속에 살고 있는 육화된 존재이다. 따라서 그의 발화는 항상 구체적인 발화의 자리들에서 행해지는, 이를테면 편벽된 발화이다. 메타언어는 존재하지 않는다. 모든 발화는 메타언어의 자리를 차지하려는 투쟁으로 변한다. 당연히 권력은 언어 내부에 있다.

도덕학은 각 사회가 그 사회 고유의 시간 개념을 가지고 있다고 주장한다. 그런 점에서 역사에는 보편적인 단일 방향이 존재하지 않는다. 각 사회가 가지고 있는 시간성 안에서 사는 것이 중요하다. 이것이 의미하는 바는, 개인들이 자신들의 개인성을 잃지 않으면서 문화적으로 통일된 공동체적 집단에 완전히 참여하는 것이다. 사회의 다른 성원들과의 커뮤니케이션은 자유와 필연을 교섭하는 열쇠이다. 개인들과 사회가 서로를 형성하는 참여 민주주의가 그 정치적 이상이다.

3. 미학[6]

존재론적으로 미학은 보편성은 말할 것도 없고, 객관적으로 지속되는 실재가 존재한다는 것을 부인한다. 자유롭게 흐르는 과정 중에 다양한 방식으로 다양한 현상 속에 자신을 드러내는 자연적 힘만이 존재할 뿐이다. 이 자연적 힘은 결코 충족되지 않는 끊임없는 활동 그 자체이다. 따라서 존재와 비존재의 경계가 무너진다.

인식론적으로 미학은 사고(로고스, 언어)를 존재(사물, 자연)와 동일시하는 것을 거부한다. 언어와 사물 간에는 아무런 상응이 존재하지 않는다. 사물 그 자체는 항상 언어 이상의 것이기 때문이다. 사물 그 자체를 언어의 형식 속에 얼어붙게 만들려는 노력은 부질 없는 짓이다. 그 결과 사물의 진리를 파악하게 해 주는 전지적 시점을 찾으려는 노력도 쓸데없는 짓이다. 미학은 표현될 수 없는 것을 표현하려 한다. 분명한 형식과 정체성의 한계 또는 경계를 가로지르는 파격(破格)은 표현할 수 없는 것을 표현하려는 탁월한 지적 활동이다. 인간 행위에 특정의 가능성만 부여하는 질서에 대한 모든 환상을 전복시키기 때문이다.

미학은 시간에 어떤 방향성이 존재한다는 것을 믿지 않는다. 과거, 현재, 미래의 분화란 객관적으로 존재하지 않는다. 따라서 미래의 보상을 위해 현재의 욕망을 통제하려는 전통적인 도덕은 그 의미를 상실한다. 온갖 종류의 구속으로부터 자신을 해방시키는 것이야말로 진정한 윤리이다. 정치적인 면에서 볼 때 미학은 모든 위계적 조직도 거부하는 아나키즘을 그 이상으로 삼는다. 모든 사회적 조직화는 커뮤니케이션의 가능성에 의존하지만, 의미작용의 끝없는 환유적 전위과정은 이를 좌절시킨다. 그런 점에서 사회적 조직화는 의미작용을 제한하는 폭력이다.

III. 모던: 과학화와 도덕화

나는 이러한 지식의 패러다임을 가지고 모던을 정의할 수 있다고 믿는다. 단적으로 말해 지식의 관점에서 볼 때, 모던은 존재론, 인식론, 윤리학/정치학을 과학화·도덕화하려는 시도이다. 과학화로서의 모던은 계몽주의에 나타나고, 도덕화로서의 모던은 대항계몽주의에 나타난다. 흔히들 모던을 계몽주의로만 축소하고, 작금에 나타나는 온갖 병폐를 계몽주의 탓으로 돌리는 경향이 있는데 이는 명백히 잘못된 것이다. 모던은 계몽주의와 대항계몽주의 두 축으로 구성되어 있기 때문이다.[7]

1. 계몽주의: 존재론, 인식론, 윤리학/정치학의 과학화

계몽주의는 우선적으로 뉴턴에 빚져 있다. 뉴턴은 운동의 세 법칙(관성의 법칙, 힘의 법칙, 동일 반작용의 법칙)과 보편적 중력이론을 통해 지상과 천상의 운동 모두를 설명하였을 뿐만 아니라, 관찰과 실험을 통해 그 설명을 뒷받침하였다. 뉴턴은 보편적 법칙을 관찰된 사실에 대한 분석을 통해 얻었고, 그로부터 수학적 결과를 연역하였다. 더 나아가 뉴턴은 관찰과 실험을 통해 보편적 법칙으로부터 논리적으로 파생된 것이 경험과 일치한다는 것을 증명하였다. 이렇듯 뉴턴은 보편적 법칙이 경험적 자료와 일치한다는 점을 보여줌으로써 이성과 경험이 상호모순되지 않음을 증명하였다. 뉴턴은 앞에서 말한 상대적으로 적은 몇 개의 법칙을 통해 모든 현상의 운동을 설명할 뿐만 아니라, 우주에 있는 모든 물질체의 모든 소립자의 속성들과 운동들을 엄밀하고 단순하게 결정지을 수 있는 가능성을 만들어 놓았다. 그 결과 세계는 몇 가지 보편적 법칙을 따라 합리적, 즉 수학적으로 운동하는 거대 기계로 간주되었다.

계몽주의는 이러한 뉴턴적 과학을 인간과 사회에 적용하려 하였다. 계몽주의의 대표적 인물의 하나인 콩도르세는 1793년에 펴낸 그의 주 저서 『인간마음의 진보에 대한 역사적 초상의 스케치』에서 다음과 같이 주장한다. "자연과학에 대한 믿음의 유일한 토대는 우주현상을 지배하는 일반 법칙이, 알려졌든 알려지지 않았든 간에, 필연적이며 항상적이라는 생각이다. 왜 이러한 원리가 자연의 작용에는 들어맞고 인간의 지적 · 도덕적 역량의 발전에는 맞지 말란 말인가?"(Condorcet, 1976: 258) 계몽주의 철학자들은 보편적 법칙으로 사회와 인간을 합리적으로 재조직함으로써 당대에 만연한 온갖 갈등을 뿌리뽑으려는 강한 윤리적 · 정치적 관심을 지니고 있었다(Toulmin, 1990). 다시 말해, 사회와 인간을 수학적 법칙에 따라 합리적으로 운동하는 기계로 만들고 싶어 했다. 그 속에서는 정신적이고 지적인 혼돈, 편견과 미신의 지배, 검증되지 않은 독단에 대한 맹목적인 믿음, 억압체제의 우스꽝스러움과 잔인함이 끝장날 것이다(Berlin, 1991: 5).

뉴턴 과학의 핵심은 '수학적 물리학'으로, 그 주된 특징은 이성과 경험을 종합시켰다는 점에 있다. 하지만 뉴턴의 수학적 물리학을 사회와 인간에 적용함에 있어, 계몽주의자들은 두 갈래로 갈린다. 합리주의자들은 '수학적' 성격을 강조한 반면, 경험주의자들은 '물리학적' 성격을 강조한 것이다. 합리주의자들은 근본적인 공리의 존재를 당연시하고, 인간의 마음이 그것을 선험적으로 알 수 있다고 주장한다. 반면 경험주의자들은 물리학의 경우에서처럼 몇 가지 사례에 대한 분석이 근본적인 공리를 드러내 줄 것이라 믿는다. 그럼에도 불구하고 양측은 모두 근본적인 공리로부터 인간 사회에 대한 총체적 과학을 연역적으로 발전시킬 수 있다고 믿었다. 다만 근본적인 공리를 어떻게 획득하느냐에 대해서 차이를 보였다. 이런 의미에서 계몽주의는 합리주의와 경험주의의 종합으로 볼 수 있다.

이렇듯 계몽주의는 그 성격상 복합적인 것이지만, 분석적으로는 합리주의적 계몽주의와 경험주의적 계몽주의로 나뉠 수 있다. 실제로 합리주의와 경험주의의 종합을 달성함에 있어 계몽주의는 내적 모순을 드러내었다. 이러한 모순은 뉴턴에게서 이미 예견된 것이었다. 수학적 법칙을 따라 운동하는 기계적 세계? 그럼 누가 이러한 보편적 법칙을 만들었단 말인가? 뉴턴은 자기조절적인 기계적 세계를 누가, 왜 만들었는지에 대해 답변을 하지 못하였다. 뉴턴은 단지 신이 세계를 작동시켰고, 그 후 뒤로 물러 앉아 스스로 자연법칙을 따라 합리적으로 운동하도록 내버려 두었다고 추론하였다. 이렇듯 합리주의와 경험주의의 종합은 완전한 것이 아니었고, 이후의 지성사의 전개를 통해 양자는 더욱 분리되게 된다.

합리주의적 계몽주의는 이론과학을 지식의 전범으로 삼았다.[8] 과학혁명은 우주를 물질로 구성된 기계로 봄으로써 정신적/의미적 차원을 제거하였는데, 합리주의적 계몽주의는 과학혁명의 물질적 함의는 받아들이는 동시에 신이라는 토대를 보지함으로써 정신적/의미적 차원을 되살리려 하였다. 실체(substance)라고 이름을 바꾼 새로운 '신'의 토대에 의존하여 합리주의적 계몽주의는 지식의 추상적인 거대 체계를 수립하고자 노력하였다.[9] 이 거대한 체계에서는 모든 존재들이 신에 의존하듯이, 모든 명제들은 제일원리에 의존한다. 신과 제일원리는 감각에 호소함이 없이 단지 선험적 추론만으로도 알려질 수 있다. 합리주의적 계몽주의는 우주와 인간에 대한 일관되고 포괄적인 설명을 구축하고자 하였다. 하지만 지고의 존재가 없이는 이 설명 전체가 위태로울 것이다. 모든 설명이 종국에는 지고의 존재에 의존하기 때문이다. 따라서 지고의 존재는 지식의 포괄적인 체계를 수립시키는 토대로 기능한다.

경험주의적 계몽주의는 경험과학을 지식의 전범으로 삼았다.[10] 경험주의적 계몽주의 역시 과학혁명의 한 결과로 출현하였다. 신의 문제에 대해 경험주의적 계몽주의는 온건한 무신론적 입장을 취한다. 만약 신이 존재한다면, 그 신은 의인화된 기독교적 신이 아니라 뉴턴적인 수학적 신이거나 데카르트적인 동인(efficient cause)이다. 이렇듯 온건한 입장을 취한 까닭은, 만일 신이 존재하지 않는다고 가정하면 전 우주가 부조리한 것으로 변하고 말 것이기 때문이다. 따라서 최종원인은 거부하면서도, 제일원인의 문제는 옆으로 밀어 놓는 방식을 취했다. 경험주의적 계몽주의는 우주가 합리적으로 작동하고 있다는 믿음은 유지하면서도, 합리주의적 계몽주의와 달리 선험적 지식의 가능성은 거부하였다. 마음이 외부의 감각적 자극 없이도 그 자체로부터 관념을 발생시킬 수 있다는 본유론(innatism)을 수용하지 않았기 때문이다. 오히려 모든 지식은 그 출발점에서 반드시 감각적 경험으로부터 나온다고 믿었다.

계몽주의는 인간역사가 진보를 향해 선형적으로 나아가고 있다고 믿었다. 합리주의자들은 이러한 운동이 목적론적으로 결정된다고 보았던 반면, 경험주의자들은 기계주의적으로 규정된다고 보았다. 양자 모두에 있어, 시공간을 넘어 타당한 보편적 도덕이 존재하는 것으로 간주되었다. 합리주의자들에게 이러한 윤리학은 미래의 보상을 위해 마음으로 몸을 통제하는 것으로 나타났다. 경험주의자들에게는 쾌락의 극대화와 고통의 최소화라는 보편적 법칙을 따라 사는 것을 뜻했다. 정치적인 면에서 볼 때, 합리주의자들은 모든 존재들이 유일한 지고의 존재로 향해져 있는 중앙집중화된 전체주의를 선호하였고, 경험주의자들은 공리주의 원리를 공유한 모든 개인들이 그들의 자연권을 누리는 자유주의를 옹호하였다. 결국, 합리주의자들과 경험주의자들 모두 개인들이 사회에 완전히 통합되어 있는 것을 이상으로 삼았다.

2. 대항계몽주의: 존재론, 인식론, 윤리학/정치학의 도덕화

대항계몽주의는 계몽주의에 대항하는 운동이지만, 근본에 있어서는 극단적인 합리주의를 보완하려는 성격이 강하다(Berlin, 1979; Berlin and Jahanbegloo, 1992). 대항계몽주의는 뉴턴적 과학을 사회와 인간에 적용하려는 계몽주의의 기획에 회의적이다. 가장 큰 이유는, 인간세계는 자연세계와 다르다고 믿기 때문이다. 인간세계는 자연세계와 다른 법칙이 있으며, 이 법칙은 인간이 역사 속에서 만들었다는 점에서 상대적이다. 따라서 시공간을 초월하여 절대적으로 타당한 법칙은 존재하지 않는다. 뉴턴적 과학과 같은 보편타당한 절대적 법칙을 인간 사회에 적용할 수는 없다. 중세의 기독교적 신념체계가 무너지면서 생긴 가치 공백과 혼돈은 과학이라는 또 다른 일원론적 절대주의를 강제로 부과한다고 해서 해결되는 것은 아니다. 인간세계에서 가치의 갈등과 대립은 피할 수 없는 것이며, 중요한 것은 서로의 가치를 용인하는 다원론적 태도이다. 이러한 믿음을 바탕으로 대항계몽주의는 과학 대신에, 르네상스로 인해 되살아난 도덕학을 사회와 인간을 구성하는 주요 지식 패러다임으로 채택한다.

대항 계몽주의는 비코(Vico, 1668-1744)에서 기원하며, 해만(Hamann, 1730-1788)과 헤르더(Herder, 1744-1803)에게 이어진다(Berlin, 1976, 1979, 1993). 사실 비코는 대항계몽주의의 핵심을 이미 다 마련해 놓았다. 비코는 인간 사회의 영역을 자연의 영역과 구분하며, 따라서 뉴턴적 과학을 인간 사회의 영역에 적용하는 것에 회의적이었다. 비코는 인간은 자연이라는 외적 세계를 이해할 수 없다고 주장하였다. 외적 세계는 인간이 만들지 않았기 때문이다. 인간은 오로지 자신이 창조한 것만을 이해할 수 있다. 단순한 관찰자인 인간은 자신이 창조하지 않은 자연을 이해할 수 없다(Vico, 1968: 96). 따라서 자신이 창조하지 않은 것을 관찰하고 해석할 따름이다. 오로지 신만이 자연을 완전히 이해할 수 있다. 그가 자연을 창조하였기 때문이다. 신의 존재 여부에 대해서도 비코는 불가지론적 입장을 옹호한다. 신은 인간의 역량을 넘어서 있다. 물리적 자연의 본성도 역시 신이 창조하였기에 인간의 지평선 외부에 있다. 인간은 오로지 자신이 만든 사회세계만을 알 수 있다. 이런 식으로 비코는 관심을 자연에서 인간으로 돌려놓았다. 비코는 모던 사회에서 인간의 실천을 중시하는 지식, 즉 도덕학의 원형을 제시하였다.

비코는 인간의 정신적 삶과 사회의 제도적 삶은 모두 발흥, 성장, 쇠퇴, 몰락이라는 순환적 운동을 한다고 보았다. 다양한 문화공동체가 존재하며, 각각은 고유의 맥락에 묶인 고유의 윤리학을 갖는다. 보편적인 도덕은 없지만, 물질적이 아닌 정신적인 삶을 사는 것이 이상화된다. 공동체의 정신적 삶을 통해 개인의 몸을 통제해야 한다. 정치적으로는 다원적 민주주의를 주창한다. 자유(개인의 자발적 활동)와 필연(사회제도의 규제)은 서로 모순되지 않는다. 모든 개인들이 그 자신의 내적 삶을 지닌 경건한 예술가들이기 때문이다. 이런 의미에서, 모든 개인들은 그들의 개인성을 사회의 정신적 공동체에 맞게 자발적으로 조정할 수 있을 정도로 충분히 사회화되어야 한다.

3. 반계몽주의: 존재론, 인식론, 윤리학/정치학의 미학화

반계몽주의는 낭만주의 운동의 두 흐름 중 하나에 기원한다. 낭만주의의 한 흐름이 도덕학을 지식의 전범으로 삼았다면, 다른 흐름은 미학을 선택하였다.[11] 이러한 미학적 낭만주의는 사회와 인간에 대한 어떠한 사회적, 정치적, 종교적 조직화도 반자연적이라고 비판한다. 반계몽주의는 사실 과학혁명이 낳은 물질주의의 극단이다. 이에 따르면, 자연은 창조와 파괴의 영속적인 흐름의 법칙 이외에는 어떠한 보편적 법칙도 갖지 않는다(Berlin, 1999: 119-120).

미학적 낭만주의를 대표하는 인물 중의 하나는 사드(Marquis de Sade, 1740-1814)이다. 사드는 쇼펜하우어와 니체 이전에 이미 미학을 지식의 전범으로 제출하였다. 사드는 계몽주의뿐만 아니라, 서구 문명 전반을 뒤집어 놓는다. 사드는 우주에서 의미를 제거하는 데 그치지 않고, 그것을 부조리하고 무의미한 것으로 만들어 버린다. 결과적으로 인간을 사회적, 정치적, 종교적, 윤리적 규제로부터 완전히 해방시킨다. 사드가 이러한 입장을 내놓게 된 것은, 그가 홀바흐를 비롯한 물질론자들로부터 지대한 영향을 받은 극단적인 물질주의자란 점에서 설명이 된다. 사드는 신의 존재에 대해 무신론적 입장을 취한다. 신이란 존재하지 않는다, 의인화된 기독교적 신도, 뉴턴적 수학적 신도, 데카르트적 동인(efficient cause)도. 물질론을 취한 경험주의자들보다 더 나아가, 사드는 우주와 인간을 지배하는 보편적으로 질서 지워진 법이 존재한다는 것을 믿지 않았다. 그런 점에서 제일원인과 최종원인, 더 나아가 제이원인도 모두 제거된다. 남는 것은 창조와 파괴라는 자연의 무한한 흐름뿐이다. 이러한 흐름을 막고 결정화시키려는 어떠한 노력도 반자연적이다.[12]

역사에는 출발점(제일원인)도 없고 종착점(최종원인)도 없기 때문에 아무런 방향도 있을 수 없다. 창조와 파괴라는 영원한 두 과정의 흐름만이 있을 뿐이다. 그런 세계에서 좋은 삶이란 세속화된 쾌락을 극단적으로 즐기는 것이다. 인간은 목적과 도덕적 가치를 박탈당한 부조리하고 무의미한 세계에 살고 있기 때문에 어떠한 도덕적 구속으로부터도 완전히 자유롭다. 도덕은 환상 아니면 습속일 뿐이다. 진정한 도덕은 끊임없이 흐르는, 즉 충족을 모르는 욕망을 따라 사는 것이다. 정치적으로 볼 때 이는 극단적인 아나키즘으로 귀결된다. 욕망을 규제하고 사회성 속에 위계화시키려는 국가의 노력은 반자연적이다. 강자가 약자를 착취하고 파괴하는 것은 새로운 창조를 위한 전제조건이다. 국가가 이를 방해하는 어떤 일을 해서도 안 된다. 가만히 내버려 두는 것이 장기적으로 보면 파괴와 창조의 무한한 흐름이라는 자연법칙에 잘 들어맞는다.

4. 모던 사회이론으로서의 사회학이론

모던 시대에 사회와 인간을 구성하는 지배적인 사회이론의 지위를 획득한 것은 계몽주의이며, 대항계몽주의는 그에 대한 하나의 대안적 사회이론으로 존재해 왔고, 반계몽주의는 사회이론의 지평에서 배제되어 왔다. 흔히 대립적·보완적 쌍으로 등장하는 문명(civilization)과 문화(culture) 또는 사회와 문화는 모던의 두 축인 계몽주의와 대항계몽주의를 지칭하는 것이다. 문명과 사회는 모던 시대에 일어난 산업혁명의 테크놀로지적 성취와 그에 수반하는 산업화를 지칭한다. 이는 과학화로서의 계몽주의와 일치하는 것이다. 이때 문화는 테크놀로지와 산업화가 지닌 물질주의의 비인간적 또는 소외적 성격에 대항하는 인간 삶의 표현적 측면을 지칭하게 된다(Grisword, 1994: 3-10). 표현을 한다는 것은, 외면과 다른 내적 세계를 가질 때에만 가능하다. 이렇듯 문화는 뉴턴적 물질세계(사회)에 대립하는 정신적 힘으로 존재한다. 그런 의미에서 문화는 도덕화로서의 대항계몽주의를 지칭하는 것이다.

서구의 모던 사회이론은 과학화로서의 계몽주의를 주로 하고 도덕화로서의 대항계몽주의를 비주류로 하여 발전하였다. 이러한 발전에 보다 직접적인 영향을 미친 것은 19세기 사회이론들의 지형학이다. 여기서 다시 과학을 이론과학과 경험과학으로 분류해서 보는 것이 유용하다. 이론과학에서는 실증주의적 유기체론(positivistic organicism)이 대표적으로 등장한다.[13] 실증주의적 유기체론은 관념론적 사회론과 실증주의적 사회개혁 프로그램이 통합된 것이다(Martindale, 1966: 4). 관념론적 사회론은 사회를 유기체와 같은 살아 있는 실체로 보는데, 이 실체의 핵심은 물질이 아닌 관념이라 보았다(Maus, 1962: 36-43). 인간 역시 살아 있는 유기체로서, 다른 유기체들과 달리 그 핵심은 '관념' 또는 의식이다. 실증주의적 사회개혁 프로그램은 자연과학의 방법을 인간 사회 영역에 적용하여 인간 사회를 평화적으로 개혁하고 합리적으로 조직하려는 시도이다. 양자 간의 통합은 사실 모순적인 것이지만, 19세기 당시 지배적이었던 진화론적 생물학은 양자 간의 결합을 가능케 하였다.[14]

소위 기능주의적 사회학은 이러한 19세기 실증주의적 유기체론에 뿌리를 두고 있다. 사회학의 창건자로 종종 간주되는 생시몽, 콩트, 뒤르케임의 실증주의적 유기체론이 모두 여기에 빚지고 있으며, 나중에는 파슨즈의 구조기능주의와 사이버네틱 이론이 이러한 전통을 이어받는다. 관념은 정보로, 하위체계들 간의 통합은 통제된 커뮤니케이션으로 옷을 갈아입는다. 이차대전 후 미국을 위시한 서구 자본주의 국가들의 지속적인 성장과 안정을 통해 실증주의적 유기체론은 활짝 개화한다. 60년대 이후 많은 도전에 직면하여 한동안 잠복상태에 있던 실증주의적 유기체론은 알렉산더 등의 신기능주의를 통해 되살아난다.

기능주의적 사회학 일반은 다음과 같은 근본적 가정들을 지니고 있다. 1) 사회세계는 자기유지적 체계로서, 각 부분들은 통합된 전체를 형성하게끔 질서 있게 기능적으로 상호 연결되어 있다. 2) 인간은 기능적 필요

조건을 충족시키는 하위체계들을 겸비한 행위체계이다. 그의 행위는 이러한 하위체계들 간의 교환과 조정에 의해 결정된다. 3) 관념의 질서 및 연계는 사물의 질서 및 연계와 동일하며, 따라서 관념의 질서와 연계를 수립하는 것이 중요하다. 개별적 관념은 전 체계를 구성하는 다른 관념들과 연결되지 않는 한 중요하지 않으며, 따라서 한 개념은 그것이 속한 전 체계와 일관성을 지녀야 한다. 궁극적인 목적은, 모든 체계들이 공유한 보편적 특성들을 표상하는 개념들의 거대한 체계를 만드는 것인바, 이 체계 안에서, 개념들은 명제들에서 서로 논리적으로 연결되어 있어야 한다. 4) 인간은 사회의 유기적 전체에 복무하기 위해 자신들을 억제하거나 부정해야 한다. 모두 적절히 사회화된 개인들이 각각의 고유의 기능을 수행하는 평형상태가 정치적 이상이지만, 역기능이 있을 때에는 과학적 지식으로 무장한 테크노크라트가 그것을 교정해야 한다.

19세기 경험과학에서는 고전 정치경제학과 공리주의가 뉴턴적인 수학적 물리학을 이어받는다. 스미스, 맬서스, 리카도, 밀 부자(제임스 밀과 스튜어트 밀) 등으로 대표되는 고전 정치경제학은 인간의 자기이익(self-interest)이 뉴턴의 중력원리의 상응물이라고 주장한다. 벤담의 공리주의는 이와 유사하게 인간의 행위는 쾌락을 극대화하고 고통을 최소화하려는 원리에 의해 지배당한다고 주장한다. 이러한 경험과학은 19세기 중엽 다윈의 진화론의 도전에 직면한다. 그전에는 과학의 전범이 물리학이었다면, 이 당시는 다윈의 진화론이 계기가 되어 생물학이 그 자리를 차지하였다. 하지만 이러한 혼란은 어렵지 않게 극복될 수 있는 것이었다. 물리학이나 생물학이나 결국 자연과학이라는 점에서는 차이가 없었기 때문이다(Gordon, 1991: 494-495). 따라서 다윈의 자연선택이론이 원자적 개인들 간의 생존투쟁과 최적의 존재의 승리라는 개인주의적 이야기로 변신한다. 그 결과 사회성은 개인으로 축소되며, 모든 종류의 인간활동은 자연선택이나 적자생존이라는 단순한 법칙으로 환원된다. 19세기 후반 경험과학은 통계학의 발전으로 새로운 국면에 처한다. 통계학이 도입되기 이전에 경험과학은 사회현상이 자연현상과 마찬가지로 아무런 변이도 허용하지 않는 기계적 법칙을 따른다고 보았다. 하지만 실질적인 발견들은 이러한 주장과 어긋나는 경우가 많았다. 통계학은 사회현상이 그 본질상 확률적이라고 주장함으로써 이러한 모순을 해결하였다. 사회현상은 이제 절대법칙이 아닌 확률법칙에 의해 지배되는 것으로 간주되었다. 사실들을 수집하고 그것들을 일반법칙으로 정식화하는 일이 중요해졌다. 과거 사회현상들에 대한 일반법칙에 기반해서 미래의 사회현상을 예측하고, 더 나아가 통제하는 사회공학이 과학 그 자체와 동일시되었다. 모던 시대의 테크노크라시는 모두 그 본질상 사회공학자들에 의한 지배이다.

이러한 경험과학의 발전은 사회학에서도 실증주의적 사회학으로 발전되어 나타난다. 실증주의적 사회학은 뉴턴적 물리학을 모델로 하여 사회와 인간에 대한 보편적 법칙을 찾고, 소수의 보편법칙을 통해 사회와 인간 모두를 설명하려 한다. 이와 더불어, 신실증주의적 사회학은 절대법칙 대신에 통계학을 모델로 한 경험적 일반화를 추구한다(Hinkle, 1980, 1994). 실증주의적 사회학은 교환이론, 합리적 선택이론, 네트워크 이론을 통해 발전한다. 실증주의적 사회학 일반은 다음과 같은 근본적 가정들을 가지고 있다. 1) 뉴턴적 물리학을 따르는 사회학자들은 사회세계가 모든 부분들이 수학적 운동법칙을 따라 작동하는 기계와 같이 질서정연하게 통합되어 있다고 믿는다. 신실증주의 사회학자들은 수학적 운동법칙을 통계학적 운동법칙으로 바꿔볼 뿐 사회세계가 질서정연하게 통합되어 있다는 근본 가정은 공유하고 있다. 2) 인간은 쾌락을 극대화하고 고통을 최소화하는 공리주의적 원리에 의해 그 행위가 기계적으로 결정된다. 따라서 모든 인간은 동일하며, 그들 간의 상호작용은 안정적이고 지속적이며, 따라서 예측가능하다. 3) 인식론적으로 실증주의 사회학은 사회연구가 가치중립적인 객관적 활동이며, 연구자는 객관적이고 초월적인 가치중립적 자리를 차지해야 한다고 주장한다. 현실을 있는 그대로 측정하기 위한 투명한 도구인 형식언어, 예컨대 변수, 가설, 분석단위, 인과적 설명 등을 사용한다. 4) 윤리학에 있어서, 실증주의 사회학은 보상과 처벌의 사회체계를 따라 공리적 원리를 조정해야 한다고 주장한다. 정치적으로도 적자생존의 원리를 따라 움직이는 시장체제가 능력있는 개인들을 배양함으로써 사회 전체를 보다 생존력이 강한 상태로 이끈다는 부르주아 자유주의를 주창한다.

도덕학으로서의 대항계몽주의의 전통 역시 19세기 후반에 유럽과 미국 모두에서 새로운 모습으로 나타난다. 딜타이(Wilhelm Dilthey), 그린(Thomas Hill Green), 시지윅(Henry Sidgwick), 푸이예(Alfred Fouillée), 제임스(William James) 등이 그 대표적 인물들이다(Kloppenberg, 1986). 이들은 기본적으로 포스트 다윈주의자로서, 경험과학자들과는 다르게 다윈의 자연선택이론을 해석한다. 우선 의식적인 인간존재의 적응능력을 강조하며, 또한 인간과 사회를 설명할 때 우연성이 중요하다는 점을 밝힌다(Wiener, 1965). 따라서 진화는 단선적인 발전이 아니라, 분기(分岐)하는 과정, 즉 다양성을 만들어 나가는 과정으로 해석된다. 어디로 분기할 것인가를 결정하는 것은 추상적 원리라기보다는 구체적인 맥락이다.

이러한 19세기판 대항계몽주의는 사회학으로도 뿌리를 내려 상호작용론적 사회학과 비판적 사회학으로 발전되어 나온다. (미국의) 비판적 사회학과 상호작용론적 사회학은 모두 실용주의에 뿌리를 두고 있다. 포스트다윈주의의 하나인 실용주의는 인간과 환경이 서로를 구성한다는 입장을 제출한다. 인간은 상황의 긴박함에 맞게 자기 행위를 변화시키고, 또한 상황을 자신의 실제적 필요를 충족시키도록 변형시키는 능동적이며 유연한 존재이다(Shalin, 1986: 11). 인간과 환경 모두 비결정된 열린 과정이며, 인간의 실제 행위를 통해서 인간과 환경이 모두 형성된다. 여기에서 세상에 대한 지식이란 영원한 진리에의 추구도 아니고 순수한 사실들의 맹목적인 축적도 아니다. 오히려 인간으로 하여금 환경에 더 잘 적응하도록 도와주는 도구이다. 실용주의는 통일된 하나의 학파인 것은 아니지만, 사회에게도 개인에게도 우선권을 주지 않는다는 점에서는 모두 공통된다. 하지만 강조점의 차이에 따라 사회를 강조하는 현실주의적 실용주의와 개인을 강조하는 명목주의적 실용주의로 나뉜다. 초기 미국 사회학에서는 이를 받아들여 각각 사회적 상호작용론 집단과 심리적 상호작용론 집단으로 현상한다(Lewis and Smith, 1980). 이후에는 사회적 상호작용론은 밀스(C. Wright Mills)를 거쳐, 맑스주의 사회학, 페미니즘적 사회학 등 비판적 사회학으로 발전한다. 심리적 상호작용론 집단은 상징적 상호작용론, 연극모형론, 현상학적 사회학, 민속방법론 등의 상호작용론적 사회학으로 발전한다.

비판적 사회학과 상호작용론적 사회학은 다음과 같은 근본적 가정들을 가지고 있다. 1) 사회세계는 질서 있게 반복되는/지속되는 유형을 보여주는데, 이 유형은 자연적인 것이 아니라 인간에 의해 만들어진 것으로 협상가능하다. 2) 사회적 자아를 가진다는 사실이 인간을 다른 동물로부터 구분시키는 결정적 표지이다. 사회적 자아를 통해 인간은 사회적 장 안에서 해석, 정의, 행위하는 주체가 된다. 따라서 이들 간의 상호작용은 안정적이고 지속적이다. 3) 연구자가 피연구자들의 세계에 들어가서 그들이 무엇을 하는지 동시에 왜 하는지를 탐구할 때 그들의 사회적 현실이 가장 잘 파악될 수 있다. 표상의 특권적 자리는 객관적인 초월적인 자리가 아니라, 가치가 개입되는 특정의 자리이다. 4) 더불어 사는 보다 진보적인 상태를 위해, 자기규제적이고 자기부정적인 도덕이 필요하다. 사회로부터 누구도 소외되지 않는 참여민주주의가 요망된다.

Ⅳ. 포스트모던: 미학화

반계몽주의는 모던 시대에 사회와 인간을 구성하는 사회이론의 지위를 획득하지 못하였는데, 이는 사회학이 이를 거의 배제해 온 사실과도 짝이 맞는다. 포스트모더니즘은 반계몽주의의 전통을 이어받았지만, 그와 달리 사회이론의 지위를 획득하였다. 그렇다고 포스트모더니즘이 애초부터 사회이론으로 출발한 것은 아니다. 오히려 사회이론과 무관하게 건축학, 문학, 무용, 음악 등의 미학 내적 운동으로 시작되었다(Bertens, 1995). 반계몽주의와 마찬가지로 포스트모더니즘은 포스트모던 시대의 문화현상에 대한 광범한 텍스트 내적 분석을 통해 존재론, 인식론, 윤리학/정치학이 미학화하고 있음을 증거하였다. 포스트모던 사회이론은 이러한 '미학화' 테제를 사회적 차원으로 끌어내어 설명한다. 사회이론으로서의 포스트모더니즘은 크게 보아 포스트구조주의적 포스트모던 사회이론과 비판적 포스트모던 사회이론으로 나뉜다. 양 진영 모두 현 서구 사회에서 존재론, 인식론, 윤리학/정치학이 미학화되고 있다는 점에 동의한다. 하지만 그것을 탐구하는 방법론에서 차이를 보인다. 포스트구조주의적 포스트모던 사회이론은 미학화는 '미학'의 입장에서 파악하는 것이 타당하다고 주장한다. 구체적으로 말해, 사회를 언어, 즉 무한한 의미작용의 연쇄로 보고, 사회는 언어학을 통해 가장 잘 탐구될 수 있다고 주장한다. 반면 비판적 포스트모던 사회이론은 '도덕학'의 입장에서 미학화를 탐구하고자 한다. 구체적으로 말해, 사회를 맑스주의의 토대와 상부구조의 틀로 보아 현 선진 서구 자본주의 사회를 자본의 가장 발달한 형태로 간주하고, 이는 정치경제학을 통해 가장 잘 탐구될 수 있다고 믿는다.

1. 포스트구조주의적 포스트모던 사회이론

포스트구조주의는 1970년대 이후 서구 선진자본주의 사회의 물적 토대의 변화 속에 위치 지워질 때 비로소 사회이론이 된다. 이에 따르면, 변화의 핵심은 전자매체 커뮤니케이션의 발달과 그로 인한 사회와 인간의 언어화 또는 텍스트화이다. 전자매체라는 새로운 커뮤니케이션 테크놀로지는 기존의 경계들을 유지시키며 통합시켜 온 위계적인 이원적 코드를 해체시킨다. 그 핵심적 코드는 남성/여성, 마음/몸, 문화/자연, 생산/소비(재생산), 공적 영역/사적 영역 등이며, 이 코드는 다른 기표들의 의미를 규정하는 주인기표의 역할을 수행한다. 따라서 사회는 몇 개의 주인기표를 따라 구성된 단일의 거대담론에 의해 지배된다. 이 거대담론을 재생산하는 주요 제도는 가족, 자본주의적 경제체제, 국민국가 등이다. 하지만 전자매체의 눈부신 발전은 기존 제도가 지녔던 사회구성적 힘을 해체 내지는 약화시킨다. 전자매체의 도달력(到達力)은 공간(예컨대, 국민국가의 공간)의 한계를 넘어서며, 그 도달횟수, 변전의 속도, 재생가능성은 시간의 한계도 넘어선다. 그 결과 전자매체의 메시지는 탈공간화되고 탈시간화된, 순수기표가 된다. 순수기표는 다른 기표와의 연쇄 속에서만 그 의미를 갖지만, 모든 연쇄는 다시 언제라도 다른 기표에 의해 부가될 수 있기 때문에 그 확정적 의미는 항상 지연된다. 이것이 전자매체의 다의미성을 가능케 하는 근본 동력이다. 다의미성의 바다에서 기존의 제도가 주입하는 이원적 코드는 중화 내지는 무화된다.

포스트구조주의적 포스트모던 사회이론의 대표적 주자는 리요타르,

들뢰즈와 가타리, 그리고 보드리야르이다.[15] 그들은 모두 포스트구조주의를 이차대전 이후 서구사회의 제도적 변화와 연결시킨다. 리요타르는, 비록 암시적이긴 하지만, 모던 지식에 대한 자신의 비판을 이차대전 이후 서구 사회에서 발생한 제도적 변화와 연결시킨다. 그는 이 변화를 포스트 산업사회 이론을 통해 본다(Lyotard, 1984). 들뢰즈와 가타리는 주체성의 형식을 사회구조 안에 집어넣어 이해한다. 이에 따르면 조울증과 편집증이 전제군주기계의 산물이고, 히스테리아는 토지기계의 산물이며, 정신분열증은 자본주의기계의 산물이다(Deleuze and Guattari, 1983). 그리고 보드리야르는 포스트구조주의를 모의조작의 시뮬라크라 시대 안에 집어넣어 이해한다(Baudrillard, 1994).

1) 존재론의 성격

리요타르는 사회를 하나의 거대기계로 보는, 즉 하나의 거대언어가 사회적 유대로 기능한다고 보는 모던 모델은 그 실효성을 다했다고 주장한다. 그 이유는 사회적 유대가 무수히 많은 언어게임의 교차에 의해 짜여지는 옷감처럼 되어 버렸기 때문이다(Lyotard, 1984: 65). 다시 말해 사회성이 언어게임들의 유연한 네트워크로 변화하였다는 것이다. 그 제도적 이유는 고유의 언어게임을 가진 다양한 하위집단들이 번성하였다는 것, 그리고 더욱 중요한 것은 그 언어게임들은 통약불가능할 수도 있다는 것이다. 이러한 상태에서 인간은 다양한 언어게임이 교차하는 지점들에서 그 모습을 드러내고, 곧 다른 교차점으로 이동한다. 따라서 인간의 정체성은 안정되지 않고, 커뮤니케이션 순환로를 따라 떠돌다 멈추고, 또 떠돌다 멈추고를 반복한다(Lyotard, 1984: 15). 이러한 인간 간의 커뮤니케이션은 일시적일 뿐만 아니라 깨지기 쉽다.

들뢰즈와 가타리는 자본주의의 탈영토화와 재영토화의 부단한 싸이클이, 사회성을 비선형적으로 지속적 운동을 하는 상태에 놓인 복합적인 몸의 강도들(bodily intensities)로 변화시킨다고 주장한다. 이 운동은 다차원적으로 그리고 비연속적으로 이루어진다는 점에서 전통적인 사회성의 운동과는 그 성격이 완전히 다르다. 시장의 양적 계산이 사회의 토대인 의미와 신념체계를 대체한다. 사회성의 이러한 변화는 인간 주체를 정신분열자로 만든다. 정신분열증은 고정된 의미에 의해 한계 지워지지 않는 창조적인 의미작용이다. 정신분열자는 한 코드에서 다른 코드로 자유롭게 이동하면서 모든 코드들을 뒤죽박죽으로 만든다. 이미 한번 통과했던 코드 자체마저도 매번 통과할 때마다 새로운 강도를 가진 경험이 된다(Deleuze and Guattari, 1983: 15). 정신분열자는 정보유통의 순환 속에서 순간적인 자리 점유하기를 통해 형성된다(Deleuze and Guattari, 1987: 458).

보드리야르는 포스트모던 사회에서는 기호와 코드가 사회성을 구성하는 일차적 힘이라고 주장하고, 기호와 코드의 성격이 모의조작의 단계에까지 왔다고 주장한다. 이 단계에서 사회성은 브라운 운동의 부조리 속에 던져진 개별 원자들로 해체된다(Baudrillard, 1983: 67). 사회체계는 여론조사와 선거 등을 통해 사회성을 생산하려는 노력을 계속하고 있지만, 대중들은 자신들을 표현하는 것이 아니라 서베이당할 뿐이다. 대중들은 성찰하는 것이 아니라 테스트당할 뿐이다(Baudrillard, 1983: 20). 따라서 사회성을 생산하려는 사회체계의 노력은 대중들을 표상한다기보다는 모의조작할 뿐이다. 후기저작인 『운명적인 전략』에서 보드리야르는 사드적 세계관을 드러낸다: "이 세계에는 우연이란 존재하지 않는다. 아무것도 죽지 않았으며, 아무것도 비활성적이 아니며, 아무것도 단절적, 무관적, 요행적이 아니다. 그와 반대로 만물이 운명적으로 감탄할 정도로 연결되어 있다. 하지만 합리적 관계(이 관계는 운명적도 아니며 감탄할 정도도 아니다)를 따라서가 아니라 부단한 형태변환의 싸이클을 따라 연결되어 있다"(Baudrillard, 1990b: 150). 보드리야르는 텔레비전과 같은 전자매체가 인간 주체를 순수 스크린으로 변형시켰다고 주장한다. 맥루한을 따라 보드리야르는 미디어를 모든 내용이 형식으로 내파되는 사이버네틱 소란으로 본다. 미디어는 모든 내용을 중화시키고 해소함으로써 의미를 지워 버린다. 사이버네틱 소란의 집중투하의 대상이 된 인간은 미디어의 단말기로 변한다. 미디어를 수동적으로 소비하기만 하는 수동적인 대중 사이에 안정적이고 지속적인 상호작용이란 애초부터 험난한 것이다.

2) 인식론의 성격

리요타르는 과학, 도덕학, 미학을 모두 포괄하여 총체화하는 경험은 종국에는 테러로 귀결된다고 주장한다. 그에 따르면, 모던 과학적 지식은 두 거대서사에 의존함으로써 인간의 모든 능력을 단 하나의 통일성으로 총체화하기를 원한다. 진보라는 관념과 국가의 건강을 증진시킨다는 교육이라는 개념이 바로 그것이다. 하지만 과학이 그 자신의 게임만을 즐기는 언어게임임이 밝혀진 포스트산업사회에서, 그것은 더 이상 다른 언어게임들을 정당화하지는 못한다(Lyotard, 1984: 40). 이러한 새로운 상황은 거대서사에 의해 자신을 정당화할 필요가 없어진 새로운 언어들을 증식시킨다. 다양한 작은 서사들은 그 자신의 지식을 생산하며, 그 지식의 정당성은 그 자신의 언어적 실천과 커뮤니케이션 상호작용에서 끌어올 뿐이다(Lyotard, 1984: 41).

들뢰즈와 가타리는 제일원리들로부터 체계적인 지식을 세우려는 전통적인 토대주의적 인식론을 거부한다. 개념은 그 자체 이외의 주체도 대상도 가지지 않는다. 오히려 개념은 하나의 행위다. 의미를 고정시키는 동일성의 표상작용(x =x =not y) 대신에 의미의 열림을 지향하는 유목민적 떠돌음, 즉 기표의 무한한 환유적 연쇄(…+y+z+a+…)를 채택해야만 한다. 세계를 다양한 요소들로 구성된 체계로 보고, 그 요소들을 이 체계를 비추는 자기반영으로 보는 기존의 이론화 작업은 폐기되어야 한다. 각 요소들은 그 자체로 독자적이며, 같이 묶이더라도 위계화되지 않고 고유의 이질성을 유지한 채 다중성을 형성해야만 한다(Massumi, 1996: 7).

보드리야르는 표상과 실재 간의 경계가 내파되었기 때문에 기호는 더 이상 어떤 것을 표상하지 않으며 현실에 그 상응물을 지니고 있지도 않다고 주장한다(Baudrillard, 1983: 19). 표상의 시대는 전자매체가 생산하는 모의조작된 리얼리티의 광범위한 확산에 의해 종지부를 찍었다. 시뮬레이션, 즉 모의조작이 표상을 대체한 것이다. 하이퍼리얼리티 즉 모의조작된 리얼리티는 자신의 지시체, 토대, 또는 원천을 상실하였다. 이러한 시대에 주체와 대상이라는 전통적인 구분은 시효를 상실했으며, 따라서 그러한 구분에 기반한 분과학문들도 무의미해졌다.

3) 윤리학/정치학의 성격

리요타르는 인류의 보편사라는 관념으로 인간세계와 비인간세계의 사건들을 조직하는 일이 현재에는 더 이상 유효하지 않다고 주장한다(Lyotard, 1993: 24). 발생한 사건이나 사례는 일단 한번 발생한 이후로는 절대로 이전과 동일하지 않기 때문이다. 그런 의미에서 사건은 담론, 즉 개념에 의한 표상과정을 분쇄시킨다. 그 결과 사건은 절대로 보편적인 역사의 주체에 의해 서술될 수 없다. 리요타르는 또한 마음에 의한 몸의 욕망의 통제를 강조하는 자존성이라는 도덕적 이상을 거부한다. 프로이트 및 라캉과 달리 리요타르는 욕망을 결핍으로 규정하지 않고 긍정성으로 정의한다. 욕망은 닿는 것은 무엇이든지 혼돈시키고, 분쇄시키며, 경계를 넘고, 변형시킨다. 따라서 욕망을 통제해서 자존적인 존재가 되는 것은 애초부터 불가능하다. 정치적으로, 리요타르는 흡수 또는 배제라는 동일성의 정치학을 거부한다. 쌍방의 갈등이 반드시 해소될 필요도 없고, 해소되지도 않는다. 정치학은 절대적인 차이들 간의 다리를 놓으려고 시도해서는 안 된다(Lyotard, 1992: xi). 오히려 동일한 언어를 말할 수 없는 자들을 침묵시키는 부정의에 저항해야 한다.

들뢰즈와 가타리는 시간의 질서 자체를 거부한다. 시작도 없고 끝도 없으며, 항상 중간, 사물들의 사이만 있을 뿐이다. "어디에서 와서 어디로 가는가?"라는 질문은 완전히 무의미한 질문이다(Deleuze and Guattari, 1987: 25). 자존적 존재라는 도덕적 이상은 자기부정을 내면화하고 오이디푸스 권위에 복종하는 것에 다름 아니다. 오이디푸스화를 통해 인간은 자존적인 존재가 되는 것이 아니라, 파시즘을 원하게 된다. 오히려 필요한 것은 무의식을 정신분열화시키는 것이다. "파괴하라, 오이디푸스를, 에고의 환영을, 수퍼에고, 죄의식, 법, 거세의 꼭두각시를"(Deleuze and Guattari, 1983: 311). 들뢰즈와 가타리 역시 동일성의 정치학을 거부한다. 대신 사회성을 전(前)사회적으로 또는 탈사회적으로 구성하여 그곳에 아무런 위계도 없게 만드는 것이 필요하다.

보드리야르는 현대사회에서 시간성 개념 자체가 사라져 버렸다고 주장한다. 발전의 역사적 경로를 추적케 하는 결정된 형식은 존재하지 않는다. 만물이 비결정성에 노출되어 있다. 보드리야르는 행위의 주체를 주체가 아닌 대상에게 돌림으로써 전통적인 도덕성을 우스꽝스러운 것으로 만든다. 대상들의 체계 속에서 자존성이라는 도덕적 이상은 증발한다. 대중들은 대상들의 기호가치를 소비함으로써 행복과 쾌락을 추구할 의무가 있다. 재미 도덕성(fun morality)이 자존성의 도덕적 이상을 대체한다. 모든 사회성원들을 사회체계 안에 흡수하려는 동일성의 정치학도 폐기될 수밖에 없다. 동일성의 정치학은 고도의 순응만을 강제할 뿐이다. 대중들은 이미 동일성의 정치학에 저항하고 있다. 대중들의 무관심과 무기력은 사회체계에 참여하기를 거부하는 그들의 진정한 전략, 즉 저항의 형식이다(Baudrillard, 1990b: 99). 이런 점에서 사회성 외부에 머물러 있는 것이 진정한 정치학이다.

2. 비판적 포스트모던 사회이론

비판적 포스트모던 사회이론은 포스트구조주의적 포스트모던 사회이론과 미묘한 관계를 맺고 있다. 한편으로는 언어가 지시체를 표상하지 않는 점에는 동의한다. 하지만 이를 순전히 인식론적 문제로 다루지 않고, 역사적 문제로 다룬다. 다시 말해 언어가 지시체를 표상하지 않게 만들어 버린 물적 토대의 변화에 주목한다. 포스트구조주의적 포스트모던 사회이론과 달리 맑스의 정치경제학을 포기하지 않은 비판적 포스트모던 사회이론은, 자본의 가치증식과정의 변화를 추적함으로써 물적 토대의 변화를 가늠하려 한다. 그러고 나서 언어가 지시체를 잃어버린 사회적 현상을 이러한 물적 토대의 변화 안에 위치 지움으로써 이해하려고 한다. 자본운동의 법칙을 추적한다는 점에서 비판적 포스트모던 사회이론은 본질주의적 이론과학을 채택하는 듯이 보이지만, 역사의 필연적인 단계적 발전론이라는 기계주의적 맑스주의, 또는 통속화한 과학적 맑스주의를 거부한다는 점에서 본질주의적 이론과학과 거리를 둔다. 오히려 하나의 텍스트에 대해 텍스트 내적인 분석에 머무는 것은 반대하고, 그것을 컨텍스트 속에 넣어 이해하려 한다는 점에서 도덕학을 채택한다고 볼 수 있다.

크게 보아 비판적 포스트모던 사회이론은 헤겔주의-맑스주의적 진영과 포스트포디즘적 진영으로 나뉜다. 헤겔주의적 맑시즘은 프랑크푸르트학파에 의해 발전되었는데, 이 학파는 시장 자본주의에서 조직화된 또는 독점/국가 자본주의 단계로 넘어가는 이행기에 대해 이론적 작업을 수행하였다. 프랑크푸르트 학파는 국가 자본주의의 전체주의적 형식과 민주주의 형식에서 경제가 국가와 맺는 관계를 탐구하였고, 그 과정에서 소비주의 이론과 소비사회의 발전에 대한 새로운 이론들을 만들어 내었다(Held, 1980; Jay, 1973; Kellner, 1989). 헤겔주의-맑스주의적 포스트모던 사회이론은 이 전통을 이어받아, 말기 자본주의의 포스트모던 시기에서 토대와 상부구조가 맺는 관계를 탐구하였다. 프레드릭 제임슨(Fredric Jameson)이 이 경향을 대표한다. 하지만 제임슨은 프랑크푸르트 학파의 전통에서 정치경제학적 논의를 사장시킨 채 물화와 상품화 이론만을 받아들이고, 이를 포스트구조주의와 결합시킨다. 그 결과 자본의 운동 그 자체는 상대적으로 무시하는 반면, 말기 자본주의의 문화논리, 즉 새로운 형태의 물화와 상품화에는 과도한 관심을 퍼붓는다.

이와 달리 포스트포디즘적 포스트모던 사회이론은 자본의 운동 그 자체, 그리고 그것이 사회 전반에 미치는 영향을 직접적으로 탐구한다. 데이빗 하비(David Harvey)가 이 경향을 대표한다. 그는 자본주의의 조절양식의 변화와 그것이 사회의 다른 영역들에 미치는 영향에 초점을 맞춘다. 물화와 상품화의 확대 속에 자본주의가 '순조롭게' 발전하고 있다고 주장함으로써 실질적인 저항과 미래 유토피아의 탐색을 불가능 또는 험난한 것으로 보이게 한 제임슨과 달리, 하비는 자본축적 구조의 내적 불안정성과 병리성을 지적하고, 그로 인한 자본축적의 위기에 주목한다.

1) 존재론의 성격

만델(Mandel, 1993)을 따라 제임슨은 자본주의 발전에서 근본적인 세계기를 구분한다. 시장 자본주의, 독점 자본주의(또는 제국주의), 그리고 다국적 자본주의가 바로 그것이다. 다국적 자본주의는 말기 자본주의

(Late Capitalism)로서 지금까지 상품화되지 않았던 영역들인 '자연'과 '무의식'에까지 자본이 확대된, 가장 순수한 형태의 자본주의이다. 녹색 혁명을 통해 전(前)자본주의적 제삼세계의 농업을 파괴시키고, 미디어와 광고산업을 통해 무의식을 자본화한다(Jameson, 1984: 78). 자본의 상품화 논리에 의한 자연과 무의식의 식민화는 기표와 기의의 급진적인 분리와 상응한다. 단어들과 기표들이 의미작용으로부터 해방되고, 그 결과 모든 계열체적 질서와 시간상의 유의미한 관계가 붕괴된다. 사회성은 절대적인 분절과 무정부성으로 퇴각한다. 하부구조에서 상부구조에 이르기까지 사회의 모든 것이 이미지와 기호로 충만한 의미 투쟁의 영역, 즉 문화적이 된다(Jameson, 1985: 201). 실재와 상상 간의 구분이 사라지고, 그 결과 깊이 없는 미학화한 환각적 현실이 출현한다. 이 현실을 지배하는 것은 자본의 확대 논리이다. 자본의 가치증식이 미학적 혁신과 실험에 의존하게 되었기 때문이다(Jameson, 1984: 56). 이러한 시대에 주체의 '소외'는 주체의 '분절'에 의해 대체된다(Jameson, 1984: 63). 기표들을 시간적 질서로 연결할 수 없는, 라캉이 말하는 정신분열자가 된다(Jameson, 1984: 71). 기표의 즉물성 속에서 일종의 행복감에 젖어 살게 된다(Jameson, 1984: 64).

하비 역시 사회성이 분산되고, 유동적이며, 유연하게 되었다는 점을 인정하고, 자본의 과도축적 경향이야말로 그것을 추동하는 근본적 힘이라 주장한다. 맑스를 따라 하비는 자본주의하에서 과도축적 경향, 즉 유휴자본과 유휴노동의 공급이 사회적으로 유용한 임무를 수행할 수 있도록 결합되지 못하고 따로 존재하게 되는 상황이 결코 제거될 수 없다고 주장한다(Harvey, 1989: 180). 이를 해결하는 방법이 세 가지 있다. 상품, 생산력, 화폐가치의 평가절하가 그 첫 번째요, 조절체계의 제도화를 통한 거시경제적 통제가 그 두 번째이며, 시간적·공간적 전위를 통한 과도축적의 흡수가 마지막이다(Harvey, 1989: 181-182). 포디즘은 위의 세 전략을 모두 사용하였지만, 가장 결정적인 것은 국가 '내부에서의' 시간적 · 공간적 전위이며, 이를 통해 전후 경제적 풍요가 가능하였다. 하지만 1973~1975년, 그리고 1980~1982년을 통해 포디즘은 그 경직성 때문에 축적의 위기에 봉착했고, 이후 지구적 차원에서 축적의 문제를 해결하려는 '유연한 축적(flexible accumulation)'이 출현하게 되었다. 유연한 축적은 부문 간의, 그리고 지역 간의 불균등한 발전을 새로 유형화하는 한편, 사적 · 공적 의사결정의 시간을 줄이고 그 결정을 인공위성 커뮤니케이션과 물류비용의 축소를 통해 재빠르게 더 많은 지역으로 전파하게끔 시간-공간을 압축한다(Harvey, 1989: 147). 그중 근본적인 것은 시간-공간의 압축이다. 자본의 회전수의 가속화는 패션, 생산물, 생산기술, 노동과정, 사상과 이데올로기, 가치와 기존의 실천의 휘발성과 일시성을 가속화시킴으로써 시간과 공간의 의미를 변경시킨다. 맑스가 말했듯이, 견고한 모든 것이 공기로 녹아 버린다. 이러한 상황은 생산자로서의 인간과 소비자로서의 인간 모두를 변형시킨다. 노동과정의 강도가 강화되고 동시에 탈숙련화와 재숙련화의 경향도 가속화되어, 생산자로서의 인간은 불안정성에 극도로 노출된다. 커뮤니케이션과 정보의 가속화와 분배기술의 합리화는 시장에서 상품의 유통을 가속화시키고, 전자은행과 크레딧카드는 화폐의 흐름을 가속화시킨다. 더욱 중요한 것은 유통되는 상품의 이미지적 성격인바, 오락, 구경, 행복 등의 이미지를 담은 상품들이 마치 빛의 속도로 변전하면서 소비자를 공격하게 되면서 소비자는 일시적으로 창조된 이미지의 세계 속에 떠돌게 된다(Harvey, 1989: 285-289).

2) 인식론의 성격

제임슨은 깊이가 표면 또는 다중적인 표면들에 의해 대체되면서 '깊이 모델'을 선호했던 전통적인 인식론이 위기에 처하게 되었다는 점을 지적한다. 본질과 현상의 변증법, 프로이트의 잠재성과 명시성 모델, 진정성과 비진정성이라는 실존주의적 모델, 그리고 기표와 기의의 기호학적 모델 등이 그 대표적인 경우들이다. 포스트모던 시대에는 더 이상 깊이가 없기에, 그것을 표상하려던 인식론도 당연히 설 자리를 잃게 된다. 따라서 허위의식과 진실, 이데올로기와 과학의 구분도 흐려진다. 이에 대한 대안으로 제임슨은 미학을 제시하는데, 이 미학은 단순히 개인들의 주관적 경험만을 다루는 것이 아니라 지구적 자본주의하에서 자신이 어떠한 자리를 차지하고 있는가를 가늠하게 해 주는 미학이다. 제임슨은 이를 '인식론적 지도그리기'라 이름 붙인다(Jameson, 1984: 92). 인식론적 지도그리기는 변화하고 있는 사회적 공간을 구상적으로 그리는 것이지, 이미 있는 사회적 공간에 대한 추상적 지도를 만드는 것이 아니다. 말기 자본주의하의 변화하고 있는 사회적 공간은 극도로 분절되어 있기 때문에, 추상적 지도를 만드는 것 자체가 불가능하다. 우선 필요한 것은 분절을 그 극한까지 밀고 들어가 이해하려는 전략이며, 그를 통해 보다 포괄적이고 총체적인 지도를 만들어 낼 단초를 마련할 수 있을 것이다.

하비는 인식론의 토대를 마련해 주는 것이 시간과 공간 개념이라 믿고 (칸트가 말했듯이) 이 개념이 역사적으로 변화한다는 점에 주목하여 시간과 공간 개념이 압축되는 역사적 변화를 추적한다. 시간과 공간의 압축은 고정된 시간과 공간 개념에 의존했던 기존의 인식론을 거꾸러뜨린다. 하지만 이것이 곧 알고자 하는 행위를 포기시키는 것은 아니다. 맑스주의자답게, 하비는 시간·공간의 압축을 물질적·사회적 조건과의 관계 속에서 이해하려고 노력한다. 물질적·사회적 조건의 핵심은 자본축적의 법칙이며, 따라서 여전히 정치경제학이 유용하다. 작금에는 투기자본의 활성화가 시간공간을 압축시킨 주요 동인인바, 그 결과를 미리 예측할 수는 없다. 각 사회구성체는 고유의 역사적·사회적 맥락을 지니고 있기 때문이다. 그런 점에서 하비는 단계론적인 발전론을 주장하는 통속화된 정치경제학을 거부한다.

3) 윤리학/정치학의 성격

제임슨은 시간이 영속적인 현재, 즉 공간이 되었다고 주장한다 (Stephenson, 1989: 46). 그 결과 사적 시간뿐만 아니라 공적 시간(역사)에서도 역사성이 쇠락하였다. 이러한 상황에서 일종의 행복감에 젖어 있는 분절된 주체들에게 기존의 윤리학과 정치학이 호소력을 가질 리가 없다. 하지만 제임슨은 이를 과도기적인 현상으로 이해한다. 지구적 차원에서 주체가 차지하는 자리를 가늠하게 해 주는 새로운 이야기가 만들어질 때, 현재의 역사성, 즉 시간성이 드러날 것이며 다시 새로운 윤리학과 정치학이 만들어질 수 있을 것이다. 이 새로운 윤리학과 정치학은 모든 인간이 자유로워지는 유토피아에 대한 꿈에 기반할 것이다(Jameson, 1988: 355).

하비 역시 생산, 교환, 소비의 회전수의 가속화로 인해 시간성 개념이 근본적으로 변화하였음을 인정한다. 휘발성과 일시성이 선형적, 축적적, 진보적 시간성 개념을 대체하였고, 그 결과 어떠한 견고한 연속성 개념도 견지하기 힘들게 되어 버렸다. 즉각적 엑스터시의 미학이 미래의 보상에 대한 약속에 기반한 기존의 윤리학을 무너뜨렸다. 계급에 기반한 정치학 역시 낡은 것처럼 보인다. 이러한 상황에서 중요한 것은 차이와 타자성을 본질에 의해 통제되어야 할 현상으로 보지 않고, 그 자체로 인정하는 것이다(Harvey, 1989: 355).

V. 맺음말

나는 지금까지 모던을 존재론, 인식론, 윤리학/정치학을 과학화·도덕화하려는 노력으로, 모던 사회이론을 이를 사회적 차원에서 실현하려는 기획으로 정의하였다. 나는 또한 포스트모던 사회이론이 존재론, 인식론, 윤리학/정치학이 기존의 과학화와 도덕화의 틀을 넘어 미학화되고 있다고 주장함으로써 모던과 모던 사회이론 전체에 도전하고 있음을 보여주었다.

나는 포스트모던 사회이론의 이러한 주장이 사회적 차원에서 설명되고 있다는 점에 주목한다. 특정의 담론이 사회이론으로 발전하기 위해서는 그것을 사회적 차원에서 실현하는 과정이 존재해야 한다. 과학과 도덕학을 사회이론의 전범으로 삼았던 모던 사회이론은 '분화'라는 사회과정이 있었기에 모던 시대에 지배적인 사회이론이 되었다. 분화란 원래 생물학에서 사용하는 용어로서 고등생물일수록 각자 고유의 특수한 기능을 지닌 다양한 하위체계들을 지니는 것처럼 사회 역시 발전할수록 국가, 시장(시민사회), 문화 등 각자 고유한 기능을 지닌 다양한 하위체계들을 산출해 낼 것이라는 가정이 깔려 있다. 여기서 중요한 것은, 각 하위체계들은 기능적으로 상호의존적이어서 사회를 기능적으로 통합된 하나의 체계로 만든다는 가정이다. 분화 개념은 기능의 특수화가 자동적으로 통합을 수반한다고 전제한다.

하지만 모던 시기에는 이러한 주장이 현실과 모순되어 나타나는 경우가 많았다. 특히 공황이 그러한데, 이 문제를 해결하는 과정에서 시장에 대한 국가의 개입이 일상화되었다. 엄밀하게 말해 사실 시장에 대한 국가의 개입은 분화 개념에 어긋나는 것이다. 한 하위체계가 다른 하위체계의 자율성을 침해하여 종속시키기 때문이다. 사회통합을 위해 각 하위체계를 종속화시키려는 시도는, 합리화와 관료화를 통해 사회를 예측가능한, 안정된 체계로 재구성하고자 하는 사회적 과정으로 나타난다. 이 과정은 세계에 대한 과학적 지식을 지닌 국가관료 집단의 장기적 계획에 의해 합리적으로 진행된다. 생물학적 메타포를 쓰면, 국가관료 집단이 사회전체를 기획하고 통제하는 두뇌의 역할을 떠맡은 것이다. 국가관료 집단은 개별적인 국민국가 안에서 각 하위체계들의 경계를 유지시키는 동시에, 사회전체를 통합하는 이중의 역할을 떠맡는다. 각 하위체계들은 각자의 고유한 기능을 수행할 수 있고, 이 기능이 다른 하위체계들의 기능들과 갈등할 때 국가가 조정자의 역할을 맡는다. 한 하위체계가 자신의 고유의 기능을 넘어서 다른 영역에 침범하면, 국가의 통제가 어김없이 뒤따른다. 하위체계들 간의 조정이 우선적으로 명령과 복종이라는 관료적 커뮤니케이션 모델을 따라 이루어진 것이다. 개인보다 조직이, 자유보다 안전이, 창조보다 일관성이, 개인의 복지보다 조직의 효율성이 더 중요한 이러한 사회체계에서, 인간은 지배적인 사회적 규범을 완전히 내면화한 사회적 인간, 즉 그의 미래의 행위가 조직의 규범을 통해 예측가능한 조직인이 된다.

전후 선진자본주의 나라들이 누린 전례 없는 호황은 국가/독점 자본주의, 조직화된 자본주의, 복지국가 자본주의, 포디즘적 자본주의 등 다양한 명칭으로 불리우고 있지만, 사실 그 핵심은 국민국가가 행사한 이러한 '통합적/조정적' 기능이다. 이제는 사회의 외부에는 아무것도 존재하지 않는다. 모든 것이 사회 안으로 통합되어 버렸기 때문이다. (이미 충분히) 사회화된 개인들의 행위에 대한 인과적 설명을 통해, 그들의 미래의 행위를 예측하고, 더 나아가 사회전체의 생존능력 내지는 수행성을 극대화하는 방향으로 그것을 통제할 수 있는 듯이 보였다. 마침내 만물이 수학적 법칙에 따라 기계적으로 운동하는 뉴턴의 우주처럼 사회세계를 구성하려는 계몽주의자들의 꿈이 이루어진 듯하였다. 이러한 분화라는 제도적 차원을 염두에 두었을 때, 우리는 왜 그토록 과학적 패러다임이 모던 시대에 지배적인 자리를 차지하게 되었는가를 알 수 있다. 사회학에서 실증주의와 기능주의가 주류 자리를 차지한 것은 이 같은 맥락에서이다.

하지만 앞에서 보았듯이 포스트모던 사회이론은 미학을 사회이론으로 변형시켰다. 모던 사회이론이 사회적 분화과정과의 관련 속에서 이해될 수 있듯이, 포스트모던 사회이론은 서구사회에서 진행된 '탈분화(dedifferentiation)' 과정과의 연관 속에서 파악될 수 있다. 탈분화란 분화와 마찬가지로 생물학에서 기원한 용어로, 원래 전문화된 세포나 티슈가 보다 단순하고 비전문화된 형태로 후퇴하는 것을 말한다. 사회학에서 말하는 탈분화란, 분화가 너무나 고도로 진행되어서 오히려 각 하위체계가 지닌 특수한 기능이 흐려지게 되고 결과적으로 다른 하위체계들과의 경계도 무너지게 되는 과정을 말한다. 분화가 경계를 세우는 것이라면, 탈분화는 경계를 무너뜨리는 것이다. 미분화 역시 경계가 없기는 마찬가지이지만, 그 경우에는 모든 것이 하나의 축을 따라 엮여져 있다. 하지만 탈분화의 경우에는 하위부분들이 너무 세밀하게 쪼개져서 그들 간에 실질적인 경계가 없이 자유롭고 예측불가능한 흐름만이 있을 뿐이다. 이러한 흐름은 '의미작용(signification)'의 과다를 가져오고, 결국에는 '커뮤니케이션'의 붕괴로 치닫는다.[16] 과다한 의미작용은 소음이 되기 때문이다. 이 속에서 하위체계들의 기능의 특수화와 그들 간의 통합은 애초에 기대하기 어려운 것이다.

사회적 과정으로서의 탈분화의 핵심은 하위체계들 간의 조정/통합 기능을 수행하던 국민국가의 힘이 초국가적 자본의 운동과 그 사회적 결과에 의해 약화/중화/무화되어, 삶의 거시적/미시적 차원 모두에서 불확실성을 극대화시켰다는 점이다. 그 결과 통합(나)/배제(너)의 이분법에 토대를 두고 인간과 사회를 구성했던 이전의 질서가 산개/해체되면서, 그 동안 표상될 수 없었던 '미학적 타자들'이 출몰하게 되었다.

이러한 변화는 기존 사회학이론의 근본적인 가정들을 뿌리부터 흔들어 놓는다. 기존 사회학이론이 지닌 전통적인 사회성 개념은, 사회성이 갈수록 조절적/통제적/정상적/일상적이 될 거라는 믿음에 기반하고 있다. 이러한 믿음의 뿌리는 뉴턴에서 비롯되어 발전되어 나온 19세기 열역학(thermodynamics)에 닿아 있다. 이 낡은 모델(과학)은, 특정 시간의 우주의 상태를 결정하는 모든 변수들을 파악한다면 또 다른 특정 시간의 우주의 상태를 '예측'할 수 있다는 허구에 뿌리박고 있다. 여기에는 모든 부분들이 체계이며, 모든 체계들은 정례의 유형을 따라 운동하며, 따라서 미래는 현재라는 정상적/지속적인 운동의 연장에 불과하다(Lyotard 1984: 55).

문제는 이러한 사회성 개념들에 뿌리를 둔 기존의 사회학이 탈분화과정을 이해하고 설명하는 데 유효한가 하는 점이다. 탈분화를 미학이 사회적으로 실현되는 과정으로 이해한다면, 과학과 도덕학을 모델로 택한 사회학으로 이 과정을 탐구하는 것이 과연 적합한 것인가 의문이 따라붙지 않을 수 없다. 서구의 포스트모던 사회학자들은 모두 이러한 질문에 대답하고자 하였다. 그 과정에서 현재 미학을 사회이론으로 재구성하는 작업을 하고 있다. 이렇듯 포스트모더니즘을 존재론, 인식론, 윤리학/정치학의 미학화로 정의한다면, 포스트모던은 결코 한국 사회(과)학계에서 보듯 단지 인문학만의 일이라거나 단순한 수입된 일개 사조로 낮춰 볼 일만은 아니다. 한국 사회학계가 포스트모던에 대해 보다 진지하게 접근할 필요가 여기에 있다.

2 사회학, 왜 문화적 전환을 이루어야 하는가?[1]

I. 머리말

문화의 시대란 소리가 여기저기서 들려온다. 온갖 문화담론들이 서로를 증폭시키며 소리를 높이고 있다. 사회학도 예외가 아닌 듯, 근래 들어 부쩍 문화에 대해 말하는 사회학자들이 많아졌다. 실증주의적 경향을 지닌 주류 사회자들은 여러 독립변수들이 문화산물의 생산에 어떠한 인과적 영향을 미치는지 탐구하는, 하위분과 사회학으로서의 '문화분과 사회학'을 1970년대 이래로 계속해서 발전시켜 왔다(Crane, 1994; DiMaggio, 1977, 1982; Fine, 1992; Hirsch, 1972; Pescosolido, Graduerholz and Milkie, 1997; Peterson, 1976, 1994; Peterson and Berger, 1975). 비판적 사회학자들도 맑스, 프랑크푸르트 학파, 버밍햄 학파의 문화연구를 포스트구조주의와 포스트모더니즘을 통해 현대적 버전으로 되살려 사회학적 문화연구(cultural studies)로 발전시키고 있다(Agger, 1991, 1992a; Long, 1997; Lembo, 1997; Seidman, 1996; 최종렬,

2003a.). 상징적 상호작용론적 전통을 발전시키는 학자들(Becker and McCall 1993; Denzin, 1991, 1992, 1996; Fine and Sandstrom, 1993; Swidler, 1986, 2001; Eliasoph and Lichterman, 2003; Sewell, 1992)과 상징의 자율성을 강조한 후기 뒤르케임을 되살린 학자들(Alexander, 1988, 2003; Smith, 1991; Collins, 2004a, 2004b; Jacobs, 1996; Jacobs and Smith, 1997; Somers, 1995; Schwartz, 1991, 1996; 박선웅, 1998a, 1998b, 2007)은 기존 사회학을 대체하는 거대한 패러다임으로서 '문화사회학'을 발전시키고자 하고 있다(Wolff, 2002). 이렇게 다양한 흐름들은 그 지적 뿌리에 있어서는 서로 다르지만, '의미의 문제'야말로 문화의 핵심이라고 한입으로 부르짖고 있다.

의미에서 면제된 '사회구조' 내지는 '사회제도'만을 말하던 사회학이 갑자기 왜 의미의 문제를 심각하게 말하기 시작한 것일까? 어떤 인문학자들은 이를 뒷북치기 좋아하는 사회학의 병폐가 또 다시 발휘된 것이라 냉소적으로 보기도 한다. 사회학 내 주류 사회학자들은 문화를 말하는 사회학자들을 '딴따라' 정도로 취급하며 그 경박한 '스타일'을 조롱할 뿐만 아니라, 전혀 과학적이지도 체계적이지도 않은 '소프트한' 방법론에 의심의 눈초리를 던지기도 한다. 하지만 문제는 그렇게 간단한 것이 아니다. 나는 문화에 대한 관심이 증폭되기 시작한 것이 소위 포스트모던이라는 광풍이 불기 시작한 때와 일치하고 있다는 점에 주목한다. 포스트모던을 존재론, 인식론, 윤리학/정치학의 미학화로 정의한다면(최종렬, 2003b; Choi, 2004), 의미의 문제에서 볼 때 중요한 것은 포스트모던 시대에서 모던을 구성한 주된 축인 과학적 질서의 '자의적 성격'이 적나라하게 드러났다는 점이다. 모던은 사회세계를 과학적 질서, 즉 수학적 법칙을 따르는 원자적 인간들의 '인과관계의 연쇄'로 규정함으로써 '의미'의 문제를 제거하였는데, 포스트모던은 이렇게 축출되었던 '의미'가 사회세계에 다시 되돌아오고 있음을 증거하고 있다. 존재론적으로, 의미가 투명한 과학적 질서를 다시 의미작용으로 침윤시켜 그것을 자의성, 애매성, 가역성으로 전환시키고 있다. 그렇다면 방법론적으로 볼 때 의미를 배제하고 사회세계를 탐구하는 것은 잘못된 것일 것이다. 이는 단순히 사회세계가 존재론적으로 변화하고 있고, 그래서 이를 탐구할 새로운 방법론이 필요한 것으로 그치는 문제가 아니다. 보다 근원적으로 어떻게 사는 것이 유의미하고 윤리적인지, 즉 '선한 삶(good life)'인지 묻는 것이 핵심적인 문제로 등장하였다. 모던의 공리주의적 질서는 애초에 도덕적 정당화에 치명적인 약점을 지니지만(Bellah et al, 1996), 그 경제적 효율성 덕분에 가려 있다가 시장주의가 지구화하면서 부를 양극화시키고 사회적 연대를 해치게 됨에 따라 다시 전면에 등장한 것이다. 또한 '선한 삶'을 정의한다 해도, 이를 어떻게 집합적 차원에서 실현할 것인가 하는 정치적 문제를 야기한다.

사실 이러한 상황은 맑스, 뒤르케임, 베버와 같은 고전 사회학자들이 처했던 상황과 매우 흡사한 것이다. 애초에 의미에 대한 관심이 사회학에서 전혀 낯선 것은 아니었다. 오히려 의미는 모던 그 자체의 문제이며, 전통적 공동체에서 모던 사회로의 변화를 탐구하였던 맑스, 뒤르케임, 베버와 같은 사회학 창건자의 핵심적인 관심사였다. 맑스의 '상품화', 뒤르케임의 '아노미', 베버의 '탈주술화'는 모두 전통적인 공동체에서 현대적인 사회로 전환함에 따라 의미 또는 상징이 행사하던 힘이 약화됨을 지적하고 있다. 하지만 그들은 동시에 이러한 과정이 일방적으로 진행되리라고는 보지 않았다. 맑스는 일반적인 등가적 교환이 지배하는 자본주의 사회에서마저도, 자본주의 이전 사회에서 상품이 영혼을 가지는 것과 마찬가지로 그 물신적 성격을 회복하고 있음을 지적하였다. 뒤르케임 역시 현대사회에서 새로운 기관의 분화와 기능이 발전함에 따라 기존의 가치체계 또는 도덕성을 무력화시킨다고 보았지만, 이러한 아노미적 상황은 일시적인 것이며 곧 새로운 이분법적 상징적 분류체계가 공리주의적 질서 이상의 도덕적 질서를 만들어 갈 것이라 보았다. 베버 또한 세계가 아무리 탈주술화되고 주지주의화되어도 '유의미한 코스모스에 대한 형이상학적 욕구'는 사라지지 않는다고 보았다. 줄여 말하면, 과도한 인지주의(excessive cognitivism)를 지닌 모던은 세계에서 의미를 제거함으로써 역설적이게도 의미의 문제를 야기하였으며, 고전 사회학자들은 이러한 의미의 문제를 잡고 씨름하였다(Seidman, 1983a, 1983b. 1983c). 이러한 점에서 본다면 의미의 문제에 다시 관심을 돌린 근래의 문화사회학은 원래 사회학의 창건자들의 기획으로 되돌아가고 있다고 할 수 있다. 문화에 관심을 기울이는 것이 결코 단순한 유행이 아닌 것이다. 보다 넓은 문명사적 관점을 가져야 할 필요가 있다.

이렇게 고전 사회학의 문제의식, 특히 뒤르케임의 문제의식으로 되돌아가는 것, 그것이 바로 '문화적 전환'의 핵심이다(최종렬, 2007). 문화적 전환은 두 가지의 종류가 존재한다. 첫째는 계열체적(paradigmatic) 관계맺음을 특화하는 구조주의적 문화적 전환이 있다. 다른 하나는 통합체적(syntagmatic) 관계맺음을 특화하는 포스트구조주의적 문화적 전환이 있다. 고전 사회학자들은 의미의 문제를 던져 놓았지만, 이를 다룰 방법론을 충분히 발전시키지 않았다. 따라서 문화적 전환을 이룬 사회학은 의미의 문제를 다룰 수 있는 방법론을 구체적으로 발전시켜야 한다. 실제 현재 발전 중인 문화사회학은 기존의 다소 철학적이고 추상적인 논의를 넘어, 구체적인 경험적 연구기획으로서 문화사회학을 발전시켜 나가고 있다. II절에서는 계몽주의의 기획으로서 사회학의 핵심을 종교적 질서로부터 과학적 질서로의 전환이라는 측면에서 논의할 것이다. III절에서는 의미의 문제를 제기함으로써 문화적 전환의 단초를 마련한 고전 사회학의 기획을 살펴보고, 이를 이어받아 언어적 전환이 일어났음을 보여줄 것이다. IV절에서는 구조주의적인 문화적 전환을 이룬 뒤르케임주의 문화사회학의 대표적인 연구들을 소개할 것이다. V절에서는 포스트구조주의적 문화적 전환을 이룬 포스트모던 문화사회학의 모습을 그려볼 것이다. 맺음말인 VI절에서는 문화로 전환한 사회학의 앞날을 가늠해 볼 것이다.

II. 모던 사회학의 기획

1. 계몽주의 사회학의 기획

모던 사회학, 특히 계몽주의에 기반한 사회학은 전통과 현대의 이분법에 의지하고 있다. 퇴니스의 게마인샤프트/게젤샤프트의 이분법이 대표적이다. 이를 이어 성/속, 사회/개인, 지위/사회계급, 공동체/결사체 등의 이분법이 이어진다. 그 핵심은 현대 사회는 이전의 사회적 질서와 완전히 다른 새로운 질서, 즉 속, 개인, 사회계급, 결사체로 이루어진 질서라는 것이다. 현대 산업사회는 필요와 결핍을 전통적인 자연적 공동체와 완전히 다른 혁명적이고 독특한 방식으로 충족시킨다. '사회', 즉 새로 출현한 시민사회는 부르주아의 '공리주의적 질서'에 터하고 있다 (Turner, 1996: 4-5). 이 공리주의적 질서는 이전의 귀족의 기독교라는 '종교적 질서'로부터 근본적으로 단절한 것이라고 계몽주의자들은 주장하였다. 따라서 계몽주의 전통을 따르는 사회학은 중세의 전통적인 종교적 질서로부터 근대의 새로운 부르주아 사회의 '공리주의적 질서'로 전환하는 과정을 이해하고 설명하는 과정에서 만들어졌다고 할 수 있다.

중세의 전통적인 공동체는 '존재의 거대한 연쇄'라는 코스모폴리스에 기반하고 있었다(Lovejoy, 1964). 초자연적 신의 섭리라는 틀로 해석된 자연적 질서를 인간적 질서로 응축, 즉 겹쳐 놓는 것이 중세 코스모폴리스의 핵심이다. 중세 코스모폴리스, 즉 가톨릭 종교는 '인지적 차원', '정서적 차원', '도덕적 차원'을 모두 하나의 일관된 '신념체계 안에' 포괄하는 분류체계이다. 그 신념체계의 핵심은 창조주가 완전성의 정도에 따라 그 위치가 정해지는 존재들의 위계적 우주를 창조하였다는 것이다. 존재의 거대한 연쇄인 우주는 그 자체로 살아 있는 유기체로서, 우주를 우주이게 만드는 자신의 고유한 형상을 지닌다. 우주의 전 요소는 지극한 보편적 형상을 실현하기 위해 운동한다. 살아 있는 유기체로서의 모든 실체는 완전성의 정도에 따라 위계적으로 조직되어 있다. 이러한 위계적 조직에서 신은 최상층에, 천사는 그 바로 밑에, 인간은 그 다음 밑에 있으며, 계속해서 완전성의 정도에 따라 아래로 내려가면 식충류가 바닥에 있다. 모든 존재는 신이라는 지극한 존재에 의해 부여된 형상을 실현하는 과정 중에 있다. 인간 역시 마찬가지이지만, 다만 특이점이 있다면 다른 존재들과 달리 영혼을 가지고 있어 신의 세계에 참여하는 정도가 높다는 것이다. 따라서 신과 천사를 제외하면, 오로지 인간만이 합리적이다. 이러한 신념체계를 위반하는 인지적 분류(진), 도덕적 분류(선), 정서적 분류(미)는 상상할 수조차 없다. 가치가 신념체계 안에 배태되어 있어, 아직 자율성을 획득하고 있지 못한 것이다. 진/선/미가 모두 창조주의 섭리 안에서만 의미 있다.

그런데 뉴턴의 수학적 물리학으로 대표되는 17세기 과학혁명은 이렇게 의미로 충만한 존재의 거대한 연쇄를 보편적인 수학적 법칙을 따라 합법칙적으로 운동하는 원자적 물질의 무한한 인과연쇄로 바꾸어 버렸다. 그 결과 특정의 맥락에 배태되어 있는 질적으로 고유한 존재들이 그 맥락으로부터 해방된, 양적으로 측정 가능하고 비교 가능한 원자적 물질로 되어 버렸다. 이러한 전환의 핵심은, 세계에서 '인지적' 차원만 남기고 '정서적' 차원과 '도덕적' 차원을 제거하였다는 것이다. 정서는 주관적이며 도덕은 맥락적이기 때문에, 양자 모두 시공간의 국지성을 넘어 보편성을 획득하기 어렵다. 따라서 특정 시공간의 맥락에서 배태된 정서와 도덕으로 무장한 사람들이 그렇지 않은 다른 사람들과 뒤섞이면 정서적 흥분과 도덕적 분개를 야기하는 싸움이 일어나기 쉽다. 산업화와 도시화로 인해 각 지역공동체에 뿌리박고 있던 사람들이 도시로 몰려들었을 때, 바로 이러한 일들이 일어났다. 그렇다면 이들을 어떻게 질서 있는 사회로 재구성할 것인가? 과학혁명이 낳은 수학적 물리학이라는 새로운 자연적 질서는 이에 대한 모델을 제공해 주었다. 수학적 물리학으로 분류된 세계에는 정서적 차원과 도덕적 차원이 제거되어 있고 인지적 차원만 남아 있기 때문에 보편성을 획득할 수 있다. 자연세계도 그러할진대, 사회세계라고 특별히 다를 이유가 없다. 정서적이고 도덕적인 차원은 사적 영역으로 축출되어야 한다.

수학적 물리학이라는 새로운 자연적 질서는 부르주아가 만들어 가고 있는 시장사회의 질서로 바로 겹쳐진다. 이 점에서 (시장)사회도 역시 또 다른 형태의 코스모폴리스라 할 수 있다(Toulmin, 1990). 코스모폴리스의 핵심은 인간세계에 질서는 자연적으로 주어지지 않으며, 따라서 모든 인간의 사회조직은 그 토대가 취약할 수밖에 없다는 깨달음에 있다. 이를 극복하기 위해서는 절대적인 토대를 만들어야 하는데, 중세의 서구인들은 '기독교의 눈으로 해석된 자연적 질서'를, 근대의 서구인들은 '수학적 물리학으로 해석된 자연적 질서'를 각각 그 토대로 하고자 하였다. 결국 사회적 질서의 자의성을 극복하기 위해 '유대-기독교'와 '수학적 물리학'이라는 해석틀에 의해 '자의적으로 해석된' 자연적 질서를 그 질서의 모델로 채택하는 것이다. 이는 인식론적 차원에서는 불확실성, 애매성, 다양성을 확실성, 명료성, 일원성으로 제어하기 위한 것이다. 더 나아가 윤리적/정치적 차원에서는 주체의 자기동일성을 위협하는 타자를 설명, 예측, 통제하기 위한 것이다. 실제로 17세기에 이르면 가톨릭이라고 하는 보편적인 토대가 개신교의 도전으로 쪼개져서 내용적 차원에서 논박불가능한 제일원리(irrefutable first principles)를 수립하는 것이 더 이상 불가능하게 되었다. 자신의 종교적 토대만이 보편적이라고 주장하는 가톨릭 진영과 프로테스탄트 진영의 30년 전쟁이 이를 극명하게 보여준다. 내용적 차원에서 제일원리에 대한 합의에 이를 수 없다면, 남은 것은 형식적 차원에서 제일원리에 대한 합의를 도출하는 것이다. 수학과 기하학은 이에 대한 좋은 모델을 제공한다. 수학과 기하학은 애매성, 불확실성, 다양성 등을 제거하여 논리적으로 필연적인 거대한 명제들의 연역체계를 수립가능하게 하기 때문이다. 따라서 근대 세계에 이르러 존재의 거대한 연쇄라는 코스모폴리스가 수학적 물리학에 터한 코스모폴리스로 대체되었다. 새로운 코스모폴리스가 이전의 그것과 다른 점이 있다면, 공적인 사회세계에서 '인지적' 차원만 남기고 '정서적'이고 '도덕적'인 차원을 추방하였다는 것뿐이다.

2. 계몽주의의 계승으로서의 모던 주류 사회학

현재 사회학을 지배하는 지식의 패러다임은 계몽주의 전통을 따르는 (신)실증주의적 사회학이며, 이는 특히 앵글로-미국적 사회학에서 전형적으로 나타난다. 그 핵심은 뉴턴의 수학적 물리학을 사회세계에 적용하는 것이다. 실증주의적 사회학은 뉴턴적 물리학을 모델로 하여 사회와 인간에 대한 보편적 법칙을 찾고, 소수의 보편법칙을 통해 사회와 인간 모두를 설명하려 한다. 이와 더불어, 신실증주의적 사회학은 절대법칙 대신에 통계학을 모델로 한 경험적 일반화를 추구한다. 통계학이 도입되기 이전에 경험과학은 사회현상이 자연현상과 마찬가지로 아무런 변이도 허용하지 않는 기계적 법칙을 따른다고 보았다. 하지만 실질적인 발견들은 이러한 주장과 어긋나는 경우가 많았다. 통계학은 사회현상이 그 본질상 확률적이라고 주장함으로써 이러한 모순을 해결하였다. 사회현상은 이제 절대법칙이 아닌 확률법칙에 의해 지배되는 것으로 간주되었다. 사실들을 수집하고 그것들을 일반법칙으로 정식화하는 일이 중요해졌다. 과거 사회현상들에 대한 일반법칙에 기반해서 미래의 사회현상을 예측하고, 더 나아가 통제하는 사회공학이 과학 그 자체와 동일시되었다. 모던 시대의 테크노크라시는 모두 그 본질상 사회공학자들에 의한 지배이다 (Hinkle, 1980, 1994).

실증주의적 사회학은 교환이론, 합리적 선택이론, 네트워크 이론, 사회생태학 등을 통해 발전한다. 실증주의적 사회학 일반은 다음과 같은 근본적 가정들을 가지고 있다. "1) 뉴턴적 물리학을 따르는 사회학자들은 사회세계가 모든 부분들이 수학적 운동법칙을 따라 작동하는 기계와 같이 질서정연하게 통합되어 있다고 믿는다. 신실증주의 사회학자들은 수학적 운동법칙을 통계학적 운동법칙으로 바꿔볼 뿐 사회세계가 질서정연하게 통합되어 있다는 근본 가정은 공유하고 있다. 2) 인간은 쾌락을 극대화하고 고통을 최소화하는 공리주의적 원리에 의해 그 행위가 기계적으로 결정된다. 따라서 모든 인간은 동일하며, 그들 사이의 상호작용은 안정적이고 지속적이며, 따라서 예측가능하다. 3) 인식론적으로 실증주의 사회학은 사회연구가 가치중립적인 객관적 활동이며, 연구자는 객관적이고 초월적인 가치중립적 자리를 차지해야 한다고 주장한다. 현실을 있는 그대로 측정하기 위한 투명한 도구인 형식언어, 예컨대 변수, 가설, 분석단위, 인과적 설명 등을 사용한다. 4) 윤리학에 있어서, 실증주의 사회학은 보상과 처벌의 사회체계를 따라 공리적 원리를 조정해야 한다고 주장한다. 정치적으로도 적자생존의 원리를 따라 움직이는 시장체제가 능력 있는 개인들을 배양함으로써 사회 전체를 보다 생존력이 강한 상태로 이끈다는 부르주아 자유주의를 주창한다"(최종렬, 2003b: 230-231).

이러한 지배적인 주류 사회학에서는 양적으로 계량화하기 힘든 '의미의 문제'를 그 지평으로부터 몰아내었다. 존재론적 차원에서 완전히 상품화/세속화/탈주술화된 수학적 물리학의 사회세계를 전제로 이론을 펴나갔기 때문이다. 사람들의 자유를 옥죄었던 전통적인 종교적 신념체계로부터 단절하여 자유를 성취하고, 그들의 합리적인 계약을 통해 진보된 사회를 이루고자 했던 계몽주의자들의 꿈을 생각해 볼 때 이는 충분히 이해가 간다. 의미 또는 상징이 억압적인 종교와 동일시되는 상황에서, 의미나 상징을 연구의 기획 안으로 끌어들이기 힘들었을 것이다. 따라서 모든 사회적 현상은 의미나 상징과 관련 없이 설명되고 예측되어야만 했다. 실증주의적 사회학자들은 연역적-법칙적 설명 모델을 따라 소위 논박불가능한 공리(일반법칙)에서 출발하여 이를 독립변수라 할 선행조건과 결합하여 설명되어질 종속변수를 논리적으로 연역해 내려 한다. 그들이 꿈꾸는 것은 거대한 논리적 연역체계를 구성하는 것이다. 여기에서 진리는 연구와 가설검증을 통해 발견되어야 할 것이며, 따라서 언어나 의미는 아무런 능동적인 역할을 못한다. 반면 신실증주의적 사회학자들은 귀납적-확률적 설명 모델, 즉 무작위적 실험을 수행하는 특정의 조건하에서 특정 종류의 결과가 특수한 퍼센티지로 일어날 것이라는 통계학적 법칙을 따라 쿤(Kuhn, 1970)이 말하는 '정상과학' 하의 자연과학자처럼 이미 알고 있는 사실을 '통계학적 유의미성'으로 확인하기 위해 자료를 수집하고 실험하는 데 여념이 없다. 여기에서 진리는 물리적 현실과의 접촉을 통해 검증되어야 할 것이며, 따라서 여기서도 마찬가지로 언어나 의미는 아무런 능동적인 역할을 못한다. 양자 모두에게 있어, 언어는 단순히 실재하는 것(what is real)을 전파하기 위한 체계에 불과하다. 그 결과 양자 모두에게 있어, '의미'와 '상징'은 전혀 설명의 요소로 개입되지 않는다.

이러한 방법론은 사실 존재론적으로 사물화된 세계를 전제한다. 주류 사회학의 사회성 개념은, "사회성이 갈수록 조절적/통제적/정상적/일상적이 될 것이라는 믿음에 기반하고 있다. 이러한 믿음의 뿌리는 뉴턴에서 비롯되어 발전되어 나온 19세기 열역학에 닿아 있다. 이 낡은 모델(과학)은, 특정 시간의 우주의 상태를 결정하는 모든 변수들을 파악한다면 또 다른 특정 시간의 우주의 상태를 '예측'할 수 있다는 허구에 뿌리박고 있다. 여기에는 모든 부분들이 체계이며, 모든 체계들은 정례의 유형을 따라 운동하며, 따라서 미래는 현재라는 정상적/지속적인 운동의 연장에 불과하다"(최종렬, 2003b: 251-252). 왜 이러한 사물화된 존재론을 고집하는가? 그 이유는 과학은 타자를 '설명', '예측'하고 그리고 궁극적으로는 '통제'하는 것을 그 목적으로 하기 때문이다. 모던 주류 사회학은 수학적 물리학이라는 자연과학을 흉내 내어 타자를 물리적, 양적, 수학적 존재로 전환시킨다. 그렇게 되어야만 타자가 수학적 모델로 설명되고 예측되며, 더 나아가 통제될 수 있기 때문이다. 그런 점에서 기존의 주류 사회학은 사회공학적이다.

III. 문화적 전환, 무엇을 의미하는가?

1. 고전 사회학의 기획: 의미의 문제

고전 사회학은 이러한 모던 사회학에 분명히 반대 입장을 표명하였다.

맑스, 뒤르케임, 베버는 모두 계몽주의의 극단을 대항계몽주의를 통해 비판하고 보완하려 하였다. 문화적 전환은 이러한 고전 사회학의 기획으로 되돌아가는 것이며 그 핵심은 '의미의 문제'를 사회학의 중심으로 되돌리는 것이다. 맑스, 뒤르케임, 베버는 근대성의 출현으로 인간의 삶이 물질적 또는 경제적 차원으로 축소되어 궁극적 지향, 신념, 가치 등으로부터 완전히 벗어나 쾌락주의적, 공리주의적, 니힐리즘적 차원에 함몰되는 것을 혐오하였다. 대신 인간으로부터 정신적인 차원 또는 문화적인 차원을 되살리고자 하였다. 그렇다고 보수주의자들처럼 인지적, 도덕적, 정서적 분류를 하나의 축으로 엮어 낸 가장 포괄적이며 총체적인 분류체계인 종교를 되살려 이 문제를 해결하려고 하지는 않았다. 대항계몽주의의 영향을 받은 그들은, 모더니티가 사실 내적인 인성을 지닌 창조적 예술가들로 이루어진 도덕적 공동체를 창출할 것이라는 기대를 가지고 있었다. 그 정도와 색조에 있어 차이를 보이지만, 사회학의 아버지들은 모두 대항계몽주의를 통해 인간 삶의 영역을 보다 넓히기를 원했던 것이다(최종렬, 2004b, 2005a, 2005b).

맑스는 실재(reality)를 있는 그대로, 즉 그 신비로운 성격을 모두 벗겨 내고 있는 그대로 보고자 한다는 점에서 계몽주의 기획 일반에 동조한다고 할 수 있다.[2] 맑스에게 있어 실재란 구체적인 현장에서 노동하는 인간들이고, 관념은 그로부터 파생된 이차적 구성물이다. 실제 세계는 생산수단을 둘러싸고 벌어지는 인간관계, 그중에서도 잉여가치의 생산과 전유를 둘러싸고 벌어지는 투쟁적인 계급관계이다. 이는 엄밀하게 말해 관념의 세계, 즉 기호학적 세계와 독립하여 존재하는 실재이다. 그는 이러한 실재를 있는 그대로 보지 못하도록 만드는 상징체계를 극도로 혐오하였다. 맑스가 볼 때, 자본주의 이전 시대에는 종교가, 자본주의 시대에는 상품물신주의가 실재를 있는 그대로 보지 못하도록 만드는 주된 상징체계이다. 맑스는 모던 사회의 출현을 반기는데, 그 근본적인 이유는 과학혁명과 자본주의적 상품화가 실재를 덮고 있던 종교적 환상을 걷어 냈기 때문이다. 맑스에게 있어 종교는 사회전체의 진정한, 성스러운, 집합적인 감정을 반영하는 의미체계라기보다는, 지배집단의 물질적 이익을 정당화하는 편벽된 이데올로기이다. 종교제도들과 이데올로기는 기존의 사회적 위계를 정당화하고 견고화시킬 뿐만 아니라, 피지배집단들을 효과적으로 진정시켜 사회변동이 일어나는 것을 막는다. 단적으로 말해, 이데올로기로서 종교는 실재를 있는 그대로 보지 못하게 만든다. 종교라는 관념이 자기 실체를 가지고 실제 존재하는 투쟁적인 계급관계가 지닌 모순을 은폐하고, 또 이 모순을 지배계급의 편에서 해소하며, 그 모순을 탈역사화시켜 자연화하는 것이다. 과학혁명과 자본주의적 상품화는 모든 존재들을 교환가능한 양적인 가치들로 전환시킴으로써, 실체로 간주되어 온 종교의 환상적 성격을 폭로하였다. 그 결과 실재를 있는 그대로 볼 수 있는 길을 열었다.

하지만 상품물신주의는 다시 계급관계라는 실재를 있는 그대로 보지 못하도록 만든다. 인간은 실재를 있는 그대로 대면하지 못하고 상품물신주의를 통해 '상상적인 관계'를 맺는 것이다. 상품은 생산과정에서 노동자가 생산한 것으로 가치관계를 담고 있다. 인간의 필요(needs)를 충족시킨다는 점에서, 즉 사용가치의 측면에서 상품에는 아무런 신비가 없다. 하지만 시장을 통해 교환체계가 일어나면 상품은 '신비한 성격'을 획득한다. 여기에는 '기호화 과정'과 '탈기호화 과정'이라는 두 가지 과정이 개입된다.[3] 첫 번째 기호화 과정에서는 상품의 가치가 '생산과정'의 족쇄를 풀어내고 다른 상품과의 관계에서 얻어지는 가격으로 나타난다. 따라서 상품의 가치는 실재, 즉 구체적인 현장에서 노동하는 인간들의 생산물과 독립되어 교환관계에서 다른 상품과의 관계에서 그 가치를 얻는 것처럼 보여진다. 가격관계에서는 한 상품의 가치는 다른 상품과의 관계를 통해 자기의 가치를 얻는다. 그런 점에서 가치는 기호학적이다. 기호란 자기 이외의 다른 것을 지칭하는 것이기 때문에, 순전히 관계적 가치만을 지닌다. 두 번째 탈기호화 과정에서는 여기에서 한발 더 나아가, 상품이 관계적 속성을 부정하고 마치 그 자체 내재적인 속성으로부터 가치가 나오는 것처럼 여겨지게 된다. 여기에서는 상품의 가치가 '생산과정'과 '교환과정' 모두로부터 벗어나 자기만의 독특한 질로 나타난다. 그런 점에서 탈기호화 과정은 상품이 그 자체의 독특한 '영혼'을 회복하는 과정이다. 탈기호화 과정으로서의 상품물신주의에서는, 한 상품의 가치가 생산과정으로부터 나오는 것도 아니요, 다른 상품과의 관계 속에서 나오는 것도 아니다. 오히려 그 스스로부터 가치가 나온다. 여기에 바로 문화 혹은 '상부구조'의 자율성이 있다. 맑스는 역설적이게도 문화의 자율성을 인정하게 된 것이다. 탈기호화 과정으로서의 상품물신주의는 상품이 스스로에 의해 정의되는 비기호학적 실체(substance)로 변화되는 과정을 말한다. 비기호학적 실체는 I=I라는 동음반복에 의해 자기를 정의하기 때문에 인간의 이해를 넘어서는 '신비로움'을 낳는다. 비기호학적 실체가 지니는 신비한 성격은 그것을 소유하거나 근접한 사람에게 막강한 권력을 가져다준다. 마나가 그 대표적인 경우이다. 과학혁명은 이러한 주술화된 세계를 해체시켜 버렸지만, 자본주의는 이를 상품물신주의를 통해 재주술화하고 있는 것이다.

맑스는 비록 상품물신주의의 탈기호화 과정에 대한 정교한 이론을 가다듬지는 않았지만, 우리는 이를 하나의 힌트로 하여 이후 자본주의의 발전을 가늠할 수 있다. 기호화 과정은 상품으로부터 질적인 독특성, 즉 그 영혼을 빼앗아 다른 그 무엇과도 교환가능한 물질로 만든다. 따라서 모든 존재가 시장에서 다른 상품과의 관계적 가치만을 지니는 부르주아의 공리주의적 질서가 수립된다. 여기에는 아무런 의미도 상징도 필요 없다. 오로지 시장에서의 계산가능한 가격관계만이 있을 뿐이다. 하지만 이러한 질서는 공동체의 형성을 어렵게 만든다. 투명한 계산만 있다면 아무런 신비도 없으며, 그렇게 되면 신비감을 둘러싸고 공동체가 형성될 수 없게 된다. 따라서 사라진 신비감을 회복할 필요가 있다. 이것을 상품물신주의의 두 번째 과정인 탈기호화 과정이 행하고 있는 것이다. 탈기호화 과정으로서의 상품물신주의는 실재, 즉 생산의 장에서의 사회관계를 있는 그대로 보지 못하게 하는 환각이다. 이 환각이 '기호 외적 토대'(I=I)가 되어, 상품물신주의라는 거대한 상징체계를 구성하여 사회세계를 틀 지우게 된다는 것을 미리 본 것이다. 그래서 맑스는 환각이라는 기호학적 토대를 '진정한' 기호 외적 토대인 실재로 뒤바꿈으로써 상품물신주의를 붕괴시키고 싶어 했다. 하지만 이후 소비사회에서 나타나듯 환각을 중심으로 구성되는 상품물신주의라는 상징체계가 얼마나 강력할지를 미처 예상하지 못하였다. 더 나아가 환각을 통한 자아상실과 대상에의 몰입이 오히려 역설적이게도 일상을 살아가게 하는 근본적인 힘이 된다는 것을 미처 생각하지 못하였다.

집합의례를 행하면서 환각을 경험하는 것(집합흥분), 또 그 경험을 핵으로 하여 상징체계를 구성하는 것(집합의식)이 사회세계의 근본적인 힘이 된다는 것을 인식하였다는 점에서 뒤르케임(Durkheim, 1995)은 맑스와 다르다. 뒤르케임 역시 종교에 대한 연구를 수행하였는데, 맑스와 달리 종교를 허상이나 환각으로 보지 않고 실제적인 것으로 보았다. 실재 그 자체, 즉 인간화되지 않은 세계는 무질서이며 오로지 종교와 같은 상징적 분류체계를 통해서만 인간화된 질서가 가능하다고 뒤르케임은 보았다. 결국 그는 인간 사회의 질서가 근본적인 차원에서 상징적임을 인정한 것이다. 뒤르케임은 여기서 머물지 않고 이 상징적 질서가 자의적임을 인식하였다. 그는 오스트레일리아 씨족의 성스러운 대상인 츄링가가 그 자체 내적인 속성에 의해 성스러운 의미를 얻는 것이 아니라는 점에 주목하고, 그렇다면 내재적으로는 아무런 성스러운 의미를 지니지 않은 대상이 어떻게 성스러운 대상인 츄링가로 전환하는가 묻는다. 이는 속된 세계에서 성스러운 세계로 들어가는 역치단계에서 존재론적 대전환을 이루기 때문에 가능하다고 대답한다. 이상적으로 볼 때, 속된 세계와 성스러운 세계는 시공간적으로 완벽하게 분리되어 있다. 성스러운 세계는 의례를 행하는 특정 시간과, 지성소와 같은 특정의 공간에만 존재하기 때문이다. 이 두 세계는 아무렇게나 섞일 수 없다. 성스러운 세계에 들어가기 위해서는 대상이든 인간이든 상관없이 속된 존재로부터 성스러운 존재로의 '근본적인 존재론적 전환'을 반드시 겪어야 한다. 따라서 어떠한 성스러운 의미를 지니지 않던 대상이 성스러운 대상인 츄링가로 전환하기 위해서는 근본적인 존재론적 전환을 겪어야 한다.

집합의례는 성스러운 세계에 들어가기 위한 실천으로서, 그 과정에서 일상생활에서 겪을 수 없었던 집합흥분을 얻게 된다. 이러한 집합흥분은 집합의식이라는 이분법적 상징적 분류체계를 형성하는 데 핵심적인 역할을 수행한다. 집합의례 기간 동안에 성과 속은 뒤섞이기에 정서적인 흥분을 불러일으킨다. 하지만 흥분은 감정이기에 쉽게 사라질 수 있다. 따라서 감정이 이렇게 쉽게 증발하지 않도록, 집합흥분을 지속적으로 불러일으킬 수 있는 상징이 필요하다. 이러한 성스러운 집합흥분을 불러일으키도록 고안된 것이 바로 츄링가이다. 집합의례 과정 중에 그 집단의 토템적 표지를 츄링가에 새김으로써, 츄링가가 그 집단의 성스러움을 표상하도록 존재가 전환된다. 결국 츄링가는 집합적인 의례를 통해 성스러운 의미를 획득하게 된 '초월적 기의'의 대행자이다. 기호인 츄링가는 스스로를 지칭하지 않고, 자기 이외의 다른 것, 즉 '집단의 성스러운 감정과 의식'을 지칭하게 된다. 다시 말해, 츄링가는 실재인 '집단의 성스러운 감정과 의식'을 지칭하게 된 것이다. 실재의 대행자가 된 츄링가는 일상의 속된 세계에서 막강한 물질적 힘을 지닌다. 여기서 물질적이라 함은 물리적이라는 것이 아니라, 츄링가를 접촉 내지는 소유한 인간의 사고와 행위에 '실제적인' 효과를 낳는다는 말이다. 그 이유는 무엇일까? 기호를 단순한 관념 또는 표상의 체계로 보는 형식주의적 기호학과 달리, 뒤르케임은 기호를 '표상과 감정의 이중적 체계'로 본다. 츄링가라는 기호는 집단의 성원들에게 단순히 성스러운 관념들(ideas, representation)만을 불러내는 것에 그치는 것이 아니라 성스러운 느낌들(feelings)을 일깨운다. 표상은 인지적인 것이지만, 감정은 정서적이고 도덕적인 것이다. 집합흥분을 일깨우지 못하는 집합의식이 실제적인 힘을 발휘하지 못하는 이유가 여기에 있다(최종렬, 2004a).

뒤르케임 역시 많은 근대론자들과 마찬가지로 모던 세계로 접어들면서, 인지적/정서적/도덕적 차원을 모두 포괄했던 가톨릭 신념체계가 붕괴되어 각각 자율성을 지닌 인지적 영역, 정서적 영역, 도덕적 영역으로 분화된다는 점에 동의하였다. 하지만 인지적인 분류체계가 공적 영역을 지배하고, 정서적이고 도덕적인 분류체계가 사적 영역으로 개인화되어 버린다는 입장에는 동의하지 않았다. 그는 공적 영역에서도 정서적이고 도덕적인 차원이 지닌 중요성과 역할이 사라지지 않는다고 보았다. 쇼펜하우어의 영향을 받은 뒤르케임은 욕망이 끝이 없다는 점을 잘 인식하고 있었고, 공리주의적 질서(인지적 틀)를 핵으로 하는 모던 세계가 인간의 욕망을 조절하였던 기존의 정서적/도덕적 틀을 깨부수고 무한한 욕망의 운동을 풀어헤쳐 놓았음을 인식하고 있었다. 하지만 이러한 아노미적 상황은 전통적 공동체에서 모던 사회로 전환하는 과정에서 나오는 일시적인 현상으로서 공리주의적 질서(인지적 틀)를 조절할 새로운 정서적/도덕적 틀이 출현할 것이라 보았다. 이러한 뒤르케임의 주장은 그의 종교 개념 정의에서 분명히 드러난다. "종교는 성스러운 것, 즉 격리되고 금지된 것과 관련된 신념과 실천의 통일된 체계이다. 신념과 실천은 그것을 믿는 모든 사람들, 즉 교회라 불리는 하나의 도덕적 공동체를 만든다"(Durkheim, 1995: 44). 종교는 가용한 일련의 우연한 의미작용 요소들을 절합(articulation)함으로써 성과 속으로 이분화된 사회적 현실을 구성하고, 그 안에 주체와 대상의 정체성을 마련한다. 이것이 의미하는 바는 인간은 항상 이분법적 상징적 분류체계를 통해 실재를 구성하고, 그 안에 자신의 성스러운 정체성의 자리를 만든다는 것이다. 뒤르케임은 전통적 공동체나 모던 사회 모두 이 점에 있어서는 동일하다고 생각하였다. 잘 알다시피 뒤르케임은 프랑스 혁명에서 모던 사회의 새로운 정서적/도덕적 틀을 보았다. 프랑스 혁명과 같은 집합흥분을 낳는 격렬한 상호작용은 그 성원들을 성스럽게 할 새로운 도덕적 이상(집합의식)인 도덕적 개인주의를 출현시킬 것이라 본 것이다.

베버는 근대의 '사회생활'(사회에 대한 베버의 용어. 베버는 명목론적 입장에서 사회라는 용어 대신에 사회생활이란 용어를 사용하였다)이 탈주술화되는 과정에 있다고 보았지만, 그렇다고 해서 의미에 대한 추구가 인간의 세계로부터 완전히 제거된다고 보지는 않았다.[4] 베버에게 있어 문화란 무의미한 무한한 사건들에 인간존재의 관점에서 의미를 부여하는 것을 지칭한다. 결국 과학혁명으로 물리적 세계로 변한 인간세계에서 의미를 다시 찾으려는 노력을 문화로 본 것이다. 이는 인간의 행위가 물질적 이해관계뿐만 아니라 관념적 이해관계에 의해서도 지배된다는 베버의 생각으로부터 나온 것이다. 물질적 이해관계의 동력이 인간의 행위를 추동하지만 그 행로를 결정하는 전철수의 역할을 관념이 담당한다는 것이 베버의 생각이다. 문화와 사회생활이 맺는 관계는 주술, 세계종교, 과학의 단계에서 역사적으로 다르게 나타난다. 주술의 단계에서는 초능력이 구체적인 유형을 지닌 실물 안에 내재한다고 믿는다. 초능력은 특정 지역에 국한되는 것이 보통이어서, 모두를 포괄하는 통일된 거대체계로 발전되는 경우가 드물다. 특정의 구체적인 존재에 또한 분리된 성스러운 영역에 주술적인 힘들이 존재한다고 믿기 때문에, 그 힘들은 반드시 사회생활의 다른 영역들 안에 통합되어 있어야 한다. 주술적 힘들이 사회생활에 미치는 영향들 중의 하나는 안정성을 증대시키거나, 기존의 사회관계에 성스러운 권위를 부여함으로써 기존 질서를 강화하는 역할이다. 이는 전(前) 기호학적인 세계, 구체적인 존재 안에 내재적으로 성스러운 의미가 존재한다고 믿어지는 세계이다. 자기 이외의 다른 것을 지칭하는 것으로 믿어지지 않고, 스스로를 지칭한다고 믿어진다. 따라서 그 구체적인 존재에 대항할 수 없다. 일반적으로 말해, 전 기호학적인 세계에서는 사회가 안정 또는 견고화된다. 주술이 개인에게 미치는 힘은 실제적이다. 왜냐하면 그 힘을 믿는 자에게 막강한 힘을 주고, 마치 인과관계와 같은 실제적인 결과를 낳기 때문이다.

세계종교 단계에서는 신도의 내적 삶이 저 세상 또는 초월적인 목적을 추구하도록 방향 지워진다. 이러한 내적 재정향은 외적 행위를 변화시킬 수 있다. 5대 세계종교는 저 세상의 신 또는 영역이 존재함을 믿는다. 주술의 초능력이 국지적이라면 세계종교의 초능력은 보편적이다. 그 이유는 초월적 영역은 구체적인 존재로부터 독립된 추상적 영역으로 사회현실로부터 독립된 이상을 표상하기 때문이다. 다시 말해 초월적 세계는 사회의 질서 안에 완전히 흡수되어 있지 않다. 세계종교는 저 세상을 대리하는 이 세상의 대표자들과 제도들을 통해서 사회 안정성을 북돋울 수도 있고, 저 세상의 구원이라는 목적으로 근본적인 재정향을 이룰 수도 있다. 과학의 단계에서는 포괄적인 의미의 초월적 영역이 과학적 지식의 성장과 수단-목적 계산가능성의 기술 앞에 사라진다. 진리에 대해 독점을 주장해 왔던 세계관이 이제 사적 신념의 영역으로 후퇴한다. 이것이 바로 근대 세계의 탈주술화이다. 자연환경에 대한 지식이 증대함으로써 이러한 일이 발생하는데, 이러한 과학적 탐구는 현실의 전부가 알려질 수 있다 또는 계산될 수 있다는 신념에 기반하고 있다. 종교와 마찬가지로 과학은 총괄적인 사고체계이기를 추구한다. 하지만 종교와 달리, 과학은 세계를 저 세상적 의미가 아닌 원인이란 용어로 설명하고자 한다. 과학적 탐구를 다른 삶의 영역에 확대 적용할 때 그 효과는 가히 대단하다. 지적 세계에서 비합리적 힘들을 제거하고, 정치와 경제의 영역에서 경영과 조직의 보다 효율적인 형식들을 창출한다. 개인의 차원에서 초월적 가치에 의해 이끌어지던 행위가 모던 세계에서 점점 사라지고, 대신 즉각적인 일상의 필요를 추구하게끔 되어 버린다.

하지만 '유의미한 코스모스에 대한 형이상학적 욕구'는 결코 사라지지 않는다. 점차 일상생활이 세속화되는 것은 피할 수 없지만, 종교적 확실성을 과학적 확실성이 대체하는 데에는 한계가 있기 때문이다. 과학은 삶에 대한 우리의 통제력을 증가시켜 줄 수는 있지만, 우리의 삶을 인도할 가치들을 제공하지는 못한다. 따라서 삶의 의미는 점차 개인들이 만들어야 하는 것으로 변한다. 일상의 삶을 이해하기 위해서 가치관을 수립하고 유지하는 과업이 점차 개인들에게 떠넘겨지고 있는 것이다. 모던 사회는 뒤르케임이 말하듯 근본적인 차원에서 하나의 상징적인 이분법적 분류체계가 지배적이게 되기보다는, 다양한 가치들이 협상하고 충돌하는 다원주의의 형태를 띨 것이다. 베버에게 있어 더욱 빛나는 점은, 그가 개인들의 유의미한 코스모스에 대한 형이상학적 욕구가 '신비한' 형태를 띠게 될 것이라 보았다는 점이다. 사회세계가 탈주술화되면 될수록 삶을 살아가게 만드는 의미와 열정은 사라지게 되고, 때문에 역설적이게도 형이상학적 욕구는 더욱 강화된다. 하지만 합리적인 과학은 이러한 추구를 충족시킬 수 없기 때문에 형이상학적 욕구가 더욱 신비하고 초자연적인 힘에 의존하게 되는 것이다. 베버의 이러한 주장은 상습화된 일상의 무의미함과 무미건조함을 견뎌 내기 위해 새로운 스타일을 광적으로 쫓아다니는 현대인의 모습을 정확히 예측한 것이라 할 수 있다. 이렇듯 베버는 탈주술화와 주지주의화가 궁극적 의미에 대한 형이상학적 욕구를 없애지는 못한다고 주장한다. 하지만 이러한 형이상학적 욕구가 특정의 의미작용의 망, 즉 의미체계 또는 문화체계 또는 상징체계 안에서 이루어진다는 점을 간과하였다. 개별적인 행위자의 주관적 의미를 탐구하였지만, 그것이 의미를 띠게 만드는 보다 객관적인 의미체계의 구조에 대해서는 주의 깊게 말하지 않은 것이다.

2. 언어적 전환

지금까지 보아 왔듯이, 맑스, 뒤르케임, 베버는 근대 세계가 야기한 '의미의 문제'를 잡고 씨름하였다. 그렇다면 고전 사회학으로 되돌아가는 것이 문화적 전환이 뜻하는 전부인가? 그렇지 않다. 우선 문화적 전환은 '인간의 사회적 삶이 근본적인 차원에서 상징적 또는 기호학적이라는 점을 인정'하는 것이다. 맑스, 뒤르케임, 베버와 같은 고전 사회학자들이 전통적 공동체에서 모던 사회로 넘어갔다고 해서 사회적 삶이 완전히 상품화, 탈성화, 탈주술화되지는 않는다고 본 점은 분명 큰 이론적 자산이다. 하지만 이보다 한발 더 나아가 언어적 전환을 이루어야 하는데, 뒤르케임이 그 선봉에 선다. 사실 뒤르케임을 이은 인류학자들은 인간 삶이 근본적인 차원에서는 기호학적이라는 사고를 그 누구보다도 잘 발전시켰다. 사람들은 자신들의 경험을 이해하기 위해서 문화, 즉 상징적 유형의 조직화에 의존한다는 기어츠(Geertz, 1973) 역시 뒤르케임에 빚지고 있는 것이다. 인간에게 사회적 질서는 자연적으로 주어지지 않으며, 또 설사 주어졌다고 해도 그 질서가 아무런 의미 없이 자연적 또는 기계적으로 작동하지 않는다. 인간은 사물, 사건, 인물 등을 개개의 그 자체로 인지하지 않으며, 반드시 상징적 틀(symbolic frame) 또는 상징적 체계를 구성하여 그 안에서의 다른 요소들과의 관계맺음 속에서 인지하고, 느끼고, 가치판단한다. 이런 의미에서 데리다를 빌려 말한다면, 텍스트 외부에는 아무것도 존재하지 않는다. 문화적 전환이 두 번째로 뜻하는 것은, '이러한 관계맺음이 근본적인 차원에서 자의적임을 인정'하는 것이다. 따라서 이러한 관계맺음에 의해 구성된 상징적 질서가 근본적 차원에서 자의적임을 인정하게 된다. 이는 기존의 '의미론'을 지배해 온 실재주의(realism) 및 심리학주의와의 결정적인 결별을 뜻한다.[3]

실재주의에서는 의미가 실재에 내재해 있다고 본다면, 심리학주의에서는 영혼 또는 정신이 대상에 의미를 부여한다고 본다. 둘 다 의미의 자기동일적 원천, 즉 스스로에 의해서 스스로 규정되는 기호 외적 토대(extra-linguistic foundation)를 상정한다. 맑스가 실재주의에 가깝다면, 베버는 심리학주의에 가깝다. 뒤르케임은 이러한 토대주의로부터 벗어나 기호학으로 나아간다. 하지만 뒤르케임의 기호학은 수학적인 체계와 같이 인지적 성격만 강조하는 단순히 형식적인 기호학이 아니라, 정서적이고 도덕적인 체계라는 점에 주의를 기울인다. 이 체계는 사실 마치 종교적 의례와 같은 집합의례 기간 동안에 행해진 의미화 실천을 통해 만들어진 '자의적인 체계'이다. 집합의례와 같은 의미화 실천은 강렬한 정서적 상호작용이며, 이는 그 집단의 관념적 가치의 상징화로부터 분리되어 일어나지 않는다. 의미화 실천이 종교적 엑스터시의 집합흥분과 같은 에너지를 생산하는 이유는, 그 특정 의례 자체의 성격 때문이라기보다는 그에 부착된 상징 때문이다. 따라서 실천은 그냥 실천이 아니라 의미화 실천인 것이다. 집합의례 기간 동안 생성된 정신적 에너지는 강력한 상징들로 투사되고, 이 상징들은 다시 스스로의 자율적인 조직화를 지니고 사회세계를 조직하는 힘이 된다(Alexander and Smith, 1993).

언어적 전환 또는 문화적 전환을 이룬 후에는, 의미가 '기호들의 체계의 산물'이라는 점이 받아들여진다. 의미는 한 '체계' 내에 존재하는 '차이들 간의 관계'에 의해 자율적으로 형성된다. 차이들 사이의 관계맺음은 원칙적으로 자의적이며, 여기에는 계열체적 관계맺음과 통합체적 관계맺음의 두 종류가 있다. 의미작용이 있기 위해서는 두 관계맺음이 동시에 작동해야 한다. 하지만 어떤 관계맺음을 특화하느냐에 따라 체계의 성격을 둘러싸고 중대한 대립이 설정된다. 구조주의와 포스트구조주의의 대립이 바로 그것이다. 구조주의가 계열체적 관계맺음을 특화한다면, 포스트구조주의는 통합체적 관계맺음을 강조한다. 계열체의 축은 등가성의 원리에 따라 등가성의 연쇄를 확대함으로써 차이의 놀이를 제한하고, 그 결과 사회적/정치적 공간을 이분법으로 단순화시킨다(Torfing, 1999: 97). 계열체의 핵인 은유는 인간 주체의 형성과 관련되는데, 인간 주체는 자신 아닌 다른 어떤 것, 즉 유사한 것에 의해 의미화될 때 주체가 되기 때문이다. 반면 통합체의 축은 차이의 원리에 따라 기존의 등가성의 연쇄를 해체하여 거기서 떨어져 나온 요소들을 환유적 연쇄 속으로 통합시킨다. 통합체의 핵인 환유는 대상에 대한 인간 주체의 관계를 지칭한다. 은유에 의해 주체는 자신의 정체성을 획득하지만, 곧 환유적 연쇄의 침입에 의해 그 정체성이 증발해 버린다(Lacan, 1977). 따라서 계열체의 축을 강조하면 인간 주체가 언어를 말한다고 할 수 있지만, 통합체의 축을 중심으로 보면 거꾸로 언어가 인간 주체를 말한다고 할 수 있다. 언어적 전환을 이루었다고 말하는 사람들에는, 사실 두 부류가 있는 셈이다. 계열체적 관계맺음을 강조하는 사람들이 구조주의적 언어적 전환을 이루었다면, 통합체적 관계맺음을 강조하는 사람들은 포스트구조주의적 언어적 전환을 성취하였다.

IV. 구조주의적 언어적 전환과 뒤르케임주의 문화 사회학

근래에 제프리 알렉산더를 중심으로 미국 사회학계에서 활발하게 성장하고 있는 뒤르케임주의 문화사회학은 사회학 '내부에서' 구조주의적인 언어적 전환을 이룬 대표적인 경우이다.[6] 그 핵심은 사회세계를 제도적/사회적 차원과 문화적/상징적 차원으로 층화시키고, 후자를 전자로 환원시키지 않고 그 독자적인 자율성을 확보하는 일이다(Alexander, 2003). 사실 문화의 자율성을 확보하려는 많은 사회학이 있지만, 뒤르케임주의 문화사회학은 문화의 분석적 자율성이 구체적인 사회적 세팅에서 어떻게 구체적인 자율성으로 나타나는지 그 과정을 세밀하게 보여준다는 점에서 그 특장(特長)이 있다. 여기에서 문화는 그 자체 내적 법칙을 지니는 '상징적 유형의 체계'로 정의되며, 따라서 문화 외부의 소위 보다 근원적인 실재로 환원되지 않는다. 오히려 문화는 실재를 담론적으로 구성한다. 코드, 서사, 의례, 집합기억 등은 자율성을 지닌 문화구조의 대표적인 예들이다.

1. 코드 분석

코드 분석을 문화사회학에 끌어들인 대표적인 학자는 제프리 알렉산더와 그의 제자인 필립 스미스이다. 알렉산더와 스미스(Alexander and Smith, 1993)는 계열체적 관계맺음을 특화하는 구조주의적 기호학을 통해 미국의 시민사회 담론을 분석한다. 이들에 따르면, 문화는 상징적 세트들로 구성된 구조이다. 상징들은 일반화된 지위(generalized status)를 제공하며, 사회적/개인적/유기체적 삶의 요소들을 이해하게 해 주는 범주들을 제공하는 기호들이다. 상징들은 사회체계, 개인체계, 유기적 체계의 요소들을 지시대상으로 하지만, 그렇다고 단순히 그 요소들을 반영하는 것이 아니라 그 요소들을 자의적으로 결합시킨다. 즉 요소들을 사회체계, 개인체계, 유기적 체계로부터 끌어오지만, 그 원래 맥락에서 떼어 내어 상징들의 관계로 바꾸어 버린다. 이때 각 요소의 가치는 원래의 체계 안에서의 위치에 의해 정해지는 것이 아니라, 새로 구성된 상징체계 안의 관계적 위치에 의해 정해진다. 문화구조는 보다 가시적인 물질적 구조와 마찬가지로 행위를 유형화한다. 문화구조는 인간행위에서 유형화된 질서, 즉 일관성을 창조함으로써 행위를 유형화한다. 서사는 문화구조의 대표적인 것이지만, 서사 밑에는 개념들과 대상들을 상징적 유형으로 조직하고 그 유형들을 기호들로 전환시키는 보다 근본적인 종류의 이원적 구조가 깔려 있다.

의미는 기표들의 내적 놀이들에 의해 생산되기 때문에, 사회구조의 결정으로부터 문화의 형식적 자율성이 보장된다. 소쉬르를 사회학적으로 바꿔 말한다면, 한 기호의 자의적 지위가 뜻하는 바는, 그 기호의 의미가 그것의 사회적 지시대상(기의)으로부터 나오는 것이 아니라, 다른 상징들과의 관계로부터, 또는 하나의 담론적 코드 내부에 있는 기표들에 대한 관계로부터 나온다는 것이다. 의미를 결정하는 것은 단지 '차이'이지, 상징 외적 현실과의 '존재론적 연결'이 아니다. 따라서 상징은 이원적 관계들의 집합 내부에 위치해 있다. 유의미한 행위가 하나의 텍스트로 간주될 때, 사회의 문화적 삶은 이원적 관계들의 상호 얽힌 이원적 관계들의 망으로 간주될 수 있다. 기호세트들은 담론들로 조직된다. 이러한 담론들은 인지적인 방식으로 현실을 구조화하는 정보를 커뮤니케이트할 뿐만 아니라, 강력한 '가치평가적 임무'도 수행한다. 이원적 세트가 성과 속의 종교적인 상징학에 의해 충전될 때, 평가적 임무를 수행하게 되는 것이다. 이 상황에서, 비유들은 단순히 메마른 기호들의 관계가 아니다. 악으로부터 선을, 구역질나는 것으로부터 바람직한 것을, 악마적인 것으로부터 성스러운 것을 분리시킨다. 성스러운 상징은 순수함의 이미지들을 제공하고, 이 이미지들에 헌신하는 사람들이 해악을 받지 않도록 보호한다. 속된 상징은 해악을 체화한 상징으로서 오염의 이미지들을 제공한다. 이로부터 행위, 집단, 과정이 반드시 방어되어야 한다.

알렉산더와 스미스는 이러한 주장, 즉 한 특정의 제도적 세팅에서 지속적인 문화구조가 존재함을 보여주기 위해 미국 시민사회의 담론을 탐구한다. 그들에 따르면, 미국 시민사회의 담론은 민주적 코드와 반민주적 코드라는 성과 속의 이분법적 상징적 분류체계로 구성되어 있다. 반민주적 코드(속)의 요소들은 시민사회(민주적 코드)의 중심을 위협하는, 위험하고 오염된 것이다. 중심은 반드시 보호되어야만 한다. 따라서 속된 것으로 동일시되는 상징적 영감, 사람, 제도, 대상은 시민사회의 경계들로부터 분리되어지고 주변화되며, 때로는 파괴되어야만 한다. 시민사회의 코드들이 정치적 과정의 결과들을 결정함에 있어 중요한 역할을 하는 이유는 바로 이러한 평가적 차원 때문이다. 행위자들은 경험적인 현실을 분류하는 데 열중하며, 구체적인 '사실들'에 도덕적 성질을 부여함으로써 코드로부터 사건으로 전형화하려고 한다. 코드가 있기에 어떤 사건들을 전형화할 수 있다. 코드가 없으면, 어떤 사건들도 유의미한 전형으로 만들어질 수 없다. 자신들을 민족공동체의 가치 있는 성원들이라고 생각하는 사람들, 집단들, 제도들, 공동체들은 자신들을 성스러움과 연합된 상징적 요소들과 동일시한다. 시민사회에 대한 그들의 성원됨은 그들의 동기/행위와 기호학적 구조에서 성스러운 요소들 사이에 자신들이 만들어 내는 '유사성'에 의해 도덕적으로 보장된다. 예를 들어 워터게이트 사건을 다룰 때, 정적들은 서로 치열하게 싸우지만 민주주의와 반민주주의의 이분법적 상징적 분류체계를 공유하고 있다. 문제는 자신은 민주주의의 자리를 차지하고 정적은 반민주주의 자리에 할당하려고 한다는 점이다. 여기에서 일반화된 이분법적 코드는 말 그대로 자율적이며, 행위자들은 모두 이 코드를 공유하는 것으로 간주된다. 따라서 사회적 위기의 시기에 투쟁이 있음에도 불구하고 그 과정은 일반화된 코드를 실행(enactment) 하는 것이라 할 수 있다. 따라서 이분법적 코드 그 자체는 본질적 변화가 없는 '문화구조'로 남는다.

2. 서사 분석

'공동의 코드'는 사건과 사람들을 평가하는 비교적 안정된 체계를 제공하기 때문에 공적 발화자들 사이에 일정 정도의 상호주관성을 허용한다. 하지만 상이한 사회집단들이 공동체의 특정 사건들을 어떻게 이해하는지 파악하기 위해서는, 반드시 코드로부터 '서사'로 이동해야만 한다. 코드는 말 그대로 일반적인 공동의 코드이기 때문에, 특정의 개인이나 사회집단이 그 코드를 가지고 어떻게 행동하는지 그 구체적인 과정과 행로를 보여주지는 않는다. 이것을 보여주는 것이 바로 서사이다. 요소들을 어떤 시간적 순서로 연결시키느냐에 따라 의미는 달라질 수 있다. 코드는 상대적으로 안정적일 수 있지만, 특정의 서사적 구성으로 동원되는 것은 매우 변이가 크고 고도로 간접적인 것이다. 공동의 코드는 일상생활에서는 너무나 당연시되기 때문에 잘 드러나지 않으며, 위기에 처했을 때에만 가치의 일반화가 일어나 그 모습을 드러낸다. 위기를 확인하고 이것이 어떻게 진행되었는가를 파악하는 것은 서사 양식의 확인에도 매우 중요하다. 서사적 설명(narration)을 요구하는 사건들의 유형 중에서 가장 중요한 것들 중의 하나가 위기이기 때문이다. 어떤 사건들은 너무나 평범하여 따로 그 사건이 왜 그러한 것인지 말해 달라고 요구되지 않는다. 너무나 명백하게 자명한 사건이기 때문이다. 하지만 때로는 당연시된 배경적 가정을 깨트리는 사건들이 있는데, 그 사건들은 도대체 왜 그러한지 말해지기를 요구한다. 위기가 바로 그러한 것이다. 여기서 중요한 것은 위기의 결과가 사전에 결정된다기보다는, 대신 서사적 구성과 사건 스케줄 간의 상호작용에 달려 있다는 것이다.

서사분석의 대표적인 예는 로드니 킹 구타 사건을 다룬 제이콥스(Jacobs, 1996)에게서 찾아볼 수 있다. 제이콥스는 로드니 킹 사건에 대해 흑인신문(*Los Angeles Sentinel*, 「LA센티넬」)과 백인 주류신문(*Los Angeles Times*, 「LA타임스」)이 어떻게 다른 서사를 사용하여 그 사건을 위기로 구성하고 이를 해결하려 하는지 분석하였다. 제이콥스는 프레이(Frye, 1971)를 따라 서사적 설명 방식을 로망스, 비극, 희극, 아이러니로 나눈다. 로망스와 비극은 모두 영웅이 주인공이라는 점에서는 동일하다. 하지만 로망스의 경우 영웅이 자신과 비슷한 힘을 지닌 반영웅과 싸워 나가면서 궁극적인 승리를 이루는 반면, 비극의 경우에는 사회로부터 격리된 영웅이 그보다 더 큰 힘을 지닌 전능한 힘에 운명적으로 굴복한다. 희극의 경우 평균 또는 평균 이하의 힘을 지닌 주인공이 자신의 소망을 가로막는 사회로부터 영웅을 중심으로 조직된 사회로 나아가는 이야기이다. 마지막으로 아이러니는 주인공이 사회로부터 거리를 두고 있으며, 그의 성격은 주로 패러디나 풍자와 같은 부정성으로 드러난다. 제이콥스는 두 신문이 로드니 킹 사건을 표상하는 방식에서 동원되는 서사 양식과 그 내용이 사건을 조사하는 단계마다 다르게 나타남을 발견한다. 우선 '사

위기 구성의 서사적 형식

	서사 형식	영웅	영웅의 담론적 속성	반영웅	반영웅의 담론적 속성
「LA타임스」	로망스	시장, 시의회	반영웅에 대한 기호학적 대립	게이츠, LAPD	통제 불능, 비합리적, 기만적, 책임을 지지 않는
	비극	'세계', '민중'	격리된, 파벌들	백인, 중간계급 시민	수동적, 공포에 질린
「LA센티넬」	로망스	지방정부	반영웅에 대한 기호학적 대립	게이츠, LAPD	잔혹한, 무자비한, 비밀스런
	로망스	아프리카계 미국인 공동체	통일된, 도덕적인, 적극적인	게이츠, LAPD	잔혹한, 무자비한, 비밀스런
	비극	아프리카계 미국인 공동체	아이러니한 기억	백인, 주류사회	인종주의적, 신실하지 않은

건'을 '위기'로 전화시키는 첫 번째 단계는 위 표와 같다.

「LA타임스」와 「LA센티넬」은 모두 로망스 서사와 비극 서사를 사용하지만, 그 내용에서 중요한 차이가 있다. 「LA타임스」의 경우 로망스 서사에서 영웅은 긍정적인 담론을 통해 구성되는 것이 아니라, 오히려 반영웅인 경찰서장과 LAPD에 대한 의미 대립을 통해 구성된다. 이때 영웅은 시장과 시의회 등 백인 주류 집단이다. 반면 「LA센티넬」에서는 영웅이 단순히 반영웅에 대한 기호학적 대립을 통해 구성되는 것이 아니라, 그 자체가 긍정적인 담론을 통해 구성되기도 한다. 그리고 여기에서도 영웅은 지방정부와 같은 백인 주류 집단뿐만 아니라, 아프리카계 미국인 공동체도 등장한다. 비극 서사의 사용에 있어서도, 「LA타임스」의 경우에는 비극적 영웅이 '세계', '민중' 등 추상적인 인물이지만, 「LA센티넬」의 경우에는 '아프리카계 미국인 공동체'로 구체적으로 나타난다. 똑같은 사건이지만, 이에 대한 서사적 구성이 다름으로써 매우 중요한 차이가 생겨나는 것이다. 제이콥스는 이러한 서사적 구성이 사건을 해결하는 단계별로 어떻게 다르게 나타나는가를 보여줌으로써, 위기의 결과가 사전에 결정된다기보다는, 대신 서사적 구성과 사건 스케줄 간의 상호작용에 달려 있다는 것을 설득력 있게 보여주었다.

3. 역치단계에서의 의례분석

역치단계 동안에 이루어지는 의례에 대한 분석은 후기 뒤르케임을 계승한 메리 더글라스, 빅토르 터너 등 상징적 인류학자들의 작업을 사회학화하고자 하는 노력이다. 더글라스(Douglas, 1970)는 성과 속, 또는 순수와 오염이 상징적 분류체계의 문화 내적 원천들일 뿐만 아니라 강한 도덕적이고 정서적인 헌신의 원천임을, 그리고 사회통제의 원천임을 믿는다. 인간이 정말 사회적으로 통제될 때는 외적 강제가 무서워서가 아니라, 정서적이고 도덕적인 힘이 강제하기 때문이다. 성과 속의 경계를 깨트릴 때 타자들이 보일 정서적 흥분과 도덕적 분개에 맞서는 것은 매우 어려운 일이다. 더러움은 위생조건 또는 물질적 조건과 아무런 관련이 없다. 어떤 것이 더럽거나 오염된 것은, 그것이 지배적인 상징적 분류체계와 일치하지 않기 때문이다. 유형을 재강화하는 요소들과 연합되어 있는 순수와 대조적으로, 오염된 어떤 것은 무질서적인, 즉 제자리에서 벗어난 것이다. 반대로 기존의 패턴을 재강화하는 요소들은 순수로 분류된다. 무질서적인 것은 단순히 무작위성을 뜻하는 것이 아니라, 위험을 뜻한다. 오염된 대상들은 속과 연합되어 있다. 그렇다면 오염은 지배적인 상징적 질서를 명확하게 하고 강화하는 무기이다.

더글라스가 성-속과 사회통제 간의 관계를 강조한 반면, 빅토르 터너(Turner, 1969)는 연대와 의례를 강조하였다. 터너는 고대 사회나 현대 사회 모두에서 통과의례의 중심성을 주장하였다. 통과의례는 반 게넵(Van Gennep)의 용어인데, 상징적으로/제도적으로 구조화된 자리에서 반구조적 자리로 옮겨 갔다가 다시 되돌아오는 운동을 말한다. 반구조 또는 역치단계에서, 참여자들은 그들 자신들과 타자들에 의해서 애매하고 비결정된 속성을 가진 것으로 여겨진다. 역치단계 동안 행위자들은 긴밀하게 엮인 '동등자들의 공동체'를 형성한다. 그들은 그들의 옛 분류체계를 옆으로 밀어두기를 강요받기 때문에, 새로운 사회화 과정에 종속된 신참자들로 간주된다. 다시 모이게 되면 이러한 의례의 참여자들은 새로운 지위자리들을 차지하게 되지만, 어떤 존재론적 전환을 이미 겪은 사람으로 변해 있다. 핵심은, 통과의례 기간 동안에 근본적인 존재론적 전환을 경험한다는 것이다. 터너는 잠비아 북서쪽의 은뎀부(Ndembu)족 사이에 왕위 등극과 관련된 고대 의례과정을 분석한다. 왕에 오르기 전에 왕은 반드시 역치단계를 겪어야만 하는데, 이 기간 동안 왕과 왕비는 평범한 사람들로부터 신체적으로 격하되고 욕설로 치욕을 겪는다. 저열한 조건과 이러한 동일시가 일어난 이후에 그 부족의 가장 높은 자리를 차지하게 된 사람은 그의 권력을 남용할 가능성이 적게 된다고 믿어진다.

집합의례가 사회적 연대를 재강화한다는 주장을 사회학적으로 입증한 경우는 포클랜드 전쟁을 집합의례로 분석한 스미스(2007)를 들 수 있다. 전쟁에 대한 지금까지의 입장은 크게 보아 세 가지가 있다. 첫째는 경제적이고 지리정치학적인 힘의 결과로 설명하는 물질주의적 설명이다. 둘째는 합리화된 군대와 도구적으로 합리적인 국가가 환경에 대한 합리적 선택으로 전쟁을 설명하는 합리주의적 설명이 있다. 셋째는 전쟁을 인간 정신 안의 심리학적 요소로부터 기원하는 것으로 설명하는 심리학적 설명이 있다. 이에 대항하여 스미스는 문화가 특수하고 구체적인 역사적 시퀀스에서 어떻게 작동하는지를 분명하게 드러내 줄 수 있도록 전쟁을 문화적 사건으로 이론화한다. 아르헨티나가 포클랜드를 침공한 사건을 전쟁으로 만들기 위해서는 이것을 성공적인 의례로 만들어야 한다. 이를 위해서는 두 가지가 필요하다. 첫째, 성과 속의 구분을 구체화하는 문화적 코드가 반드시 담론의 중심으로 만들어져야 한다. 둘째, 전쟁 사건들은 반드시 코드를 통해 받아들여질 수 있는 산물로 설명되어야 한다. 코드가 포클랜드 침공을 전면적인 전쟁을 가능하도록 상황정의해야만 전쟁이 수행될 수 있다. 포클랜드 위기의 경우, 독재와 민주주의라는 근본적인 이원적 코드가 영국이 전쟁을 수행하도록 상황정의한다. 민주주의를 지키기 위해 독재와 싸우는 것으로 포클랜드 전쟁을 정당화한 것이다. 그 결과 포클랜드 전쟁은 성스러운 요소와 속된 요소를 명시하는 문화적 코드를 둘러싼 의례적 사건이 될 수 있다. 따라서 평범할 수도 있는 의례가, 성과 속의 대립이라는 코드 안에서 가치평가적인 의미로 충만하게 된다. 전쟁 기간 동안 가치의 일반화가 일어나, 영국사회의 사회적 유대를 재강화하는 결과를 낳게 된다.

반면 집합의례가 오히려 사회적 갈등을 낳는다는 입장도 사회학적으로 입증하는 사례가 있다. 그 대표적인 예 중의 하나가 갈등 이론가인 콜린스(Collins, 2004b)의 9·11테러에 대한 연구이다. 콜린스는 갈등이 연대를 생산한다는 짐멜과 코저의 주장이 몇 가지 점에서 애매하다고 말한다. 우선 갈등의 어떤 국면에서 연대가 최고조로 이르는지 보여주지 않는다. 그리고 한 집단이 그 자신이 공격받고 있다고 인지할 때인지 아니면 상대방을 공격할 때인지, 언제 연대가 가장 강하게 나타나는지 불분명하게 드러낸다. 콜린스는 모든 갈등이 높은 수준의 사회연대를 낳는 것은 아니며, 연대는 집단 내부에서의 사회적 상호작용에 의해 생산되는 것이지 외적 사건으로서의 갈등 그 자체에 의해 생산되는 것은 아니라는 점을 보여준다. 동일한 외부사건이라도, 이를 중요한 사건으로 인식할 수 있게끔 의례가 작동해야만 연대가 생길 수 있다는 것이다. 콜린스는 연대를 창조하는 것은 사회적 상호작용의 의례적 강도가 높이 올라갈 때라는 점을 보여준다. 하지만 가치의 일반화를 수반하는 집합의례는 연대와 동시에 안전에 대한 히스테리를 낳는다. 고도의 강도를 가진 정서가 집합적으로 집중될 때, 그리고 상상된 적의 공격이 예상될 때 안전에 대한 히스테리는 증대되고 가상의 적에 대한 잔학행위가 행해질 수도 있다. 콜린스는 이 기간을 '병적 흥분 구역'이라 부르며, 이 기간 동안 성과 속의 경직된 단순화가 만물을 그 블랙홀 속으로 빨아들이게 된다는 점을 지적한다.

4. 집합기억

집합기억 역시 문화구조, 즉 경험을 유의미하게 만드는 질서 지워진 상징체계로 간주되고 있다. 기존의 집합기억에 대한 입장은 크게 보아 두 가지가 있다. 첫 번째는, 과거를 현재의 관심과 필요에 의해 형성된 사회적 구성물로 보는 사회구성주의적 입장이 있다. 미드(Mead, 1929)와 알박스(Halwachs, 1980)가 대표적인 경우이다. 과거에 대한 구성주의적 입장은 과거를 단순히 짐으로 정의하고 현재를 과거로부터 해방시키려고 할 뿐만 아니라 과거와의 관련 속에서 현재의 중요성을 수립하려는 사회사상의 진보주의적 조류에 뿌리를 두고 있다. 여기에서 과거는 현재의 요구에 맞게 마음대로 주조할 수 있는 가변적인 것으로 정의된다. 두 번째는, 역사의 성스러운 성격과 그것의 성례전과 가르침의 연속성을 강조하는 보다 보수적인 입장이 있다. 현재 우리의 이해를 형성하는 것은 다름 아닌 과거이다. 모든 사회는 과거와 연속되어 있다는 느낌을 필요로 하며, 그 지속되는 기억들은 이러한 연속성을 유지시킨다. 과거에 대한 신념들이 사회의 변화보다 영속되지 않는다면, 사회의 통일성과 연속성은 파괴될 것이다. 뒤르케임이 이 입장을 대표하는데, 이에 따르면 과거의 개념들은 주기적인 기억의 의례들을 통하여 축적된다. 주기적인 기억의

의례의 기능은 과거를 현재에 복무하도록 만드는 것이 아니라, 오히려 예전에 그러했었던 것처럼 과거를 다시 한 번 살려냄으로써 과거를 재생산하는 것이다. 여기에서 과거는 제도의 연속성과의 관계에서 다소 고착된 것으로 그려진다.

　이러한 이론적 입장의 차이에 대해 집합기억을 기어츠 식의 문화체계로 봄으로써 해결하려는 슈워츠(Schwartz, 1991, 1996)의 연구는 많은 눈길을 끌고 있다.[7] 슈워츠에 따르면, 모든 문화체계와 마찬가지로 집합기억은 상징적 형식들에 표현되어 있는 전승된 개념들로서, 이러한 개념들을 통해 사람들은 사람에 대한 자신들의 지식과 태도를 소통하고, 영속화시키고, 발전시킨다. 따라서 집합기억은 사회의 필요, 문제, 공포, 심적 상태, 열망을 반영하는 것에 그치는 것이 아니다. 그와 동시에 특정의 방향으로 사람들을 정향지우는 상징체계이기도 하다. 슈워츠(Schwartz, 1996)는 이차대전 기간 동안 링컨에 대한 집합기억을 분석함으로써 이러한 주장을 경험적으로 뒷받침하고 있다. 슈워츠는 기억을 사회적 프레임으로 정의한다. 모든 공유된 기억이 적절한 상징이 되는 것은 아니다. 반드시 그 기억을 유의미한 것으로 만드는 '일차적 구조틀(primary framework)'이 있어야 한다. 일차적인 구조틀이라는 의미체계가 전제되어야만 어떤 공유된 기억이 상징적 의미를 갖게 된다. 하지만 이러한 의미는 고정되는 것이 아니다. 한 구조틀에서 이해되는 활동의 의미가 다른 구조틀에서 이해되는 활동의 의미와 비교됨으로써 원래 가졌던 의미가 변화될 수 있다. 이것이 바로 키잉(keying)이다. 1940년에 살던 미국인들의 삼분의 일은 남북전쟁에 대한 고통은 잊혀지고 링컨에 대한 긍정적인 기억이 정점에 달했던 19세기 후반에 태어난 세대이다. 이차대전이 발생할 즈음 이 세대들은 이를 남북전쟁에 키잉시켰다. 여기에는 여섯 단계가 있다. 첫째, 미국 역사상 여러 중요한 사건들 중에서 남북전쟁이라는 특정의 사건이 일차적인 구조틀로 선택되었다. 둘째, 남북전쟁의 에피소드가 이차대전의 곤경에 유관한 행위들을 끌어내도록 음미되었다. 셋째, 대조보다는 유사성에 대한 강조가 이차대전을 남북전쟁의 '반복'으로 만들도록 도왔다. 넷째, 이차대전의 참전자들은 자신들을 남북전쟁 세대와 분명하게 동일시했다. 그 세대를 선조로 보고 자신들은 계승자로 본 것이다. 다섯째, 이차대전 참전자들은 자신들과 남북전쟁의 선조들을 동일한 도덕적 목적을 위해 투쟁하고 있는 존재로 보았다. 여섯째, 복잡한 남북전쟁의 이미지가 링컨의 친숙한 이미지로 압축되었고, 이 이미지들은 실제의 링컨보다 더 크고 엄청난 인물로 되어 버렸다.

V. 포스트구조주의적 문화적 전환과 포스트모던 문화사회학

뒤르케임주의 문화사회학은 현재 사회학 내에서 문화를 '인과적 설명력'을 지닌 독립변수로 설정하여 그것이 구체적인 사회적 세팅에서 어떻게 작동하는지 보여주는 데 그 어떤 시도보다 성공한 것처럼 보인다. 하지만 '포스트모던 세팅'에서는 이러한 방법론이 잘 통하지 않는 경향이 있다. 그 근본적인 이유는, 포스트모던 세팅에서는 계열체적 관계맺음보다 통합체적 관계맺음이 더 우세하기 때문이다. 뒤르케임주의 문화사회학은 문화적 전환을 이루었지만, 포스트모던 입장에서 보면 아직 그 전환이 충분하지 못하다. 이러한 차이는 단순한 방법론적 차이에 그치는 것이 아니다. 자신이 이론작업을 하는 사회에 대한 존재론적 가정의 차이이기도 하다. 잘 알다시피 유럽에서 구조주의적 문화적 전환을 이룬 학자들, 예컨대 초기 바르트와 초기 알튀세 같은 학자들은 대개 전후 서구자본주의가 포디즘적 축적체제를 통해 안정적인 지속적 성장을 이루던 시기, 즉 이차대전 이후부터 포디즘적 축적체제가 흔들리기 직전인 1970년대 초반까지에 이르는 시기에 나온 연구에 그 터전을 두고 있다(Dosse, 1997a).

더 나아가서는 '문화'와 '사회구조'가 서로 조화를 이루는 경향이 있는 '비교적 단순한 형태'의 사회를 연구했던 구조주의적 인류학에 그 뿌리를 두고 있다(Kopytoff, 1986: 76). 한마디로 말해 문화의 자율성이라는 이론의 모형을 안정적인 사회에 두고 있는 것이다. 이 점에 있어서는 1980년대 후반부터 문화적 전환을 이루기 시작한 알렉산더로 대표되는 뒤르케임주의 문화사회학 역시 크게 다르지 않다. 이런 시기에는 아무리 혼란이 있다 해도 보다 '일반적인 차원'에서 가치의 합의가 있음을 전제하고 있다. 따라서 어떻게 사는 것이 좋은 삶인지를 근본적으로 따지는 가치의 문제에 고민을 하지 않아도 된다. 하지만 '보다 복합적인' (탈)현대 사회에서는 비록 공적인 문화가 지배적인 분류체계를 제공하는 것은 사실이지만, 그럼에도 불구하고 개인들과 소규모의 연결망을 지닌 집단들이 가지고 있는 분류체계와 끊임없이 경쟁해야 하는 상황이다(Douglas and Isherwood, 1996). 이렇듯 갈수록 다문화주의가 거부할 수 없는 지배적 흐름으로 가고 있는 요즈음 상황을 생각할 때, 시민사회에 단 하나의 이분법적 문화구조가 존재한다고 주장하는 것은 실제로 하나의 특수주의를 보편주의로 격상시키는 문제를 야기할 수도 있다(Thompson, 2004).

다원주의와 상대주의의 도전으로 시민사회의 담론에서 단 하나의 문화가 지배적인 문화구조의 역할을 하지 못해 행위의 안정적인 안내를 하지 못하는 상황은 윤리적이고 정치적인 문제를 전면에 등장하게 만든다. 하나의 문화구조가 공적 영역에 안정적인 행위의 코드를 제공하는 상황에서는 윤리적이고 정치적인 문제로 고민할 필요가 없기 때문이다. 이렇게 되면 윤리적이고 정치적인 문제가 뒤로 물러나게 되고, 문화를 설명능력을 지니는 독립변수로 만들려는 '방법론적 관심'이 전면에 나서게 된다. 그 결과 주류 사회학과 마찬가지로 사회학에서 '가치평가적인 임무'를 간과하는 결과를 낳는다. 다시 말해 가치중립적인 과학자적 태도를 유지하고 싶어 하는 것이다.

하지만 포스트구조주의적 언어적 전환을 이룬 학자들은 대개 자본주의가 새로운 축적체제에 접어들었다고 주장되는 시기, 즉 1970년대 이후부터 자본주의가 축적의 위기에 상시적으로 노출되는 시기를 이론적 작업의 모체로 하고 있다. 그들의 핵심적인 주장은 계열체/은유/응축이 지배하는 사회에서 통합체/환유/전위가 주도하는 사회로 바뀌고 있다는 것이다. 그렇다고 포스트모던 조건에서 계열체/은유/응축이 작동하지 않는다는 것은 아니다. 반복해서 말하자면, 담론은 계열체/은유/응축과 통합체/환유/전위의 두 축으로 구성되어 있기 때문에, 서로가 서로를 전제하고서만 작동할 수 있다. 다만 포스트모던 조건에서는 통합체/환유/전위의 축이 극단적으로 활성화되어 계열체/은유/응축의 축을 우연적이고 우발적일 정도로 불안정하게 만든다는 것이다. 그 결과 담론 전체가 '비결정성' 내지는 '가역성'의 상태에 놓여 있다. 가역성은 축적을 모른다. 축적될 때에만 역사가 있고, 그 경우에만 역사의 짐이 무겁다. 하지만 가역적이 될 때는 이러한 역사의 짐으로부터 자유롭다. 이러한 가역성이 있을 때에만, 우리는 죽음을 거부하는 축적된 과거에 도전할 수 있다.

이러한 주장이 단순히 철학적인 주장으로 끝나지 않는 이유는, 주로 통합체/환유/전위의 축으로 작동하는 텔레커뮤니케이션이 일상을 조직하는 강력한 힘으로 등장하였기 때문이다. 하버마스와 그 추종자들이 말하는 합리적인 공론장이 이론상으로는 시민사회의 핵심일지는 모르지만, 이제 포스트모던 일상이 텔레커뮤니케이션이라는 일차적인 구조틀을 통해 '유의미하게' 되어 가고 있다는 것은 거부할 수 없는 현실이다. 국가, 가족, 학교 등의 전통적인 시민사회의 제도들이 구사하는 구조틀들은 '성스러운 것'이 '속된 것'에 뒤섞이지 못하도록 '금지'하는 것을 일차적인 목적으로 하고 있다. 하지만 이제는 '차가운 유혹'(Baudrillard, 1990a)을 일차적인 목적으로 하는 텔레커뮤니케이션이라는 일차적인 구조틀이 전통적인 구조틀의 프레이밍(framing)하는 힘을 약화/중화/무화시키고 있다.

이러한 존재론적 전환은 '문화의 자율성'을 확보하는 방법론적 전환보다 더 근본적인 것이다. 유혹은 성과 속의 분명한 경계가 언제든지 뒤집힐 수 있는 항상적인 가역적인 상태에 놓여 있을 때 일어난다. 유혹은 원래 양자 간의 결투여서 상호 간에 도전과 내기로 이루어져 있다. 유혹이 지닌 힘은 기호들의 자의적 성격으로 인한 가역성에 있다. 미래가 이미 정해진 결투는 결코 사람들을 유혹하지 못한다. 그런 점에서 유혹의 힘은 기호학적 힘이다. 기호는 자신 이외의 다른 것을 지칭함으로써 끊임없이 자신을 빈 공간으로 만들어 도전과 내기를 이끌어 내는 것이기 때문이다. 유혹은 또한 의례의 질서에 속한다. 자의적인 것을 자연적으로 만들기 위한 갖가지 의례가 행해지는 것이다. 모든 유혹은 반드시 비기능적이고 과장되며 사치스러운 의례를 포함할 수밖에 없다. '기능 그 자체'는 하나의 기표와 하나 또는 소수의 고정된 기의와 결합되어 있기에 결코 유혹하지 못한다. '차가운 유혹'은 유혹은 유혹이되 뜨거운 집합흥분을 일으키지 않는 유혹이다. 유혹은 성과 속이 뒤집히기에 집합흥분을 낳는 것인데, 텔레커뮤니케이션에서는 클릭 몇 번으로 언제든지 시공간적 질서를 뒤바꿀 수 있기 때문에, 즉 어떤 한 구조틀을 통해 이해된 사건성을 수도 없이 많은 다른 구조틀들을 통해 이해되는 사건성에 키잉할 수 있기 때문에 전통적인 형태의 뜨거운 집합흥분을 낳지 않는다. 그럼에도 불구하고 집합흥분을 낳기 위해 갖가지 비기능적이고 과장되며 사치스러운 의례를 수행한다. 하지만 이 역시 가역적인 것이기 때문에, 의미의 과잉을 낳을 뿐 전통적인 형태의 집합흥분을 낳지 않는다(최종렬, 2004c).

텔레커뮤니케이션에 의해 단 하나의 거대한 성과 속의 상징적 분류체계가 해체된 시대에서, 사회적 삶이란 결코 최종적으로 결론이 나는 완결된 체계가 아니다. 그것은 무한한 시도로 이루어져 있는 에세이들의 연속이다. 이 에세이들을 단 하나 또는 몇 개의 근본적인 원리의 축으로 꿰어 맞추는 것은 애초부터 불가능한 것이다. 이 시대의 삶은 어쩌면 해변가에 밀려왔다 사라지는 파도처럼 잡으려면 사라지고 사라진 듯하면 다시 나타나는 것을 반복하고 있는지도 모른다(마페졸리, 1997). 그런 점에서 사회는 완결되고 폐쇄된 구조화된 텍스트가 아닌, 링크와 연결표지를 통해 끝없이 다른 텍스트들로 이동해 갈 수 있는 끝나지 않는 하이퍼텍스트이다. 하이퍼텍스트에서는 새로운 사회성을 차연[8]적으로 구성하는 다양한 코드, 서사, 의례, 집합기억이 뒤엉켜 있다. 뒤르케임주의 문화사회학이 문화구조라 불렀던 이분법적 코드, 낭만적 서사와 비극적 서사, 성화/오염 의례, 집합기억 등이 여전히 사회성을 구성하는 핵심적인 힘이라 장담할 수 없다. 하이퍼텍스트에서는 출몰하는 기표들 간에 관계맺음이 '문화구조'로 주어지지 않고, 오히려 사회행위자들이 가능한 관계맺음, 즉 링크를 만들어 내어야 한다. "하이퍼텍스트는 단위텍스트들을 다양한 유형의 링크로 연결 지워 놓은 것이지만, 링크도 단위텍스트만큼 의미작용에 직접적으로 개입한다. 따라서 링크는 단위텍스트들의 부산물이 아니며, 링크에 의해 단위텍스트는 항상 새롭게 태어난다. 어떻게 존재하느냐는 어떻게 이어지느냐에 의해 많은 부분 결정된다"(장노현, 2002: 30). 또 이러한 링크는 언제든지 가역적인 것이기 때문에 결코 '문화구조'로 안정되어 있지 않다. 끊임없이 밀려왔다 사라지기를 반복하는 조각난 파도들에 부딪혀 삶은 멀미로 울렁인다. 어찌 할 것인가? 어떻게 사는 것이 좋은 삶인가?

　사회학은 이러한 질문에 대답하고자 해야 한다. 그러기 위해서는 문화적 전환을 이루어야 한다. 문화적 전환을 이룬다는 것은 사회학이 객관성이라는 이상 뒤에 숨어 있었던 '가치평가적 차원'을 전면으로 내세워 회복하는 것이다. 다시 말해, 참과 거짓을 구분하여 진리를 생산하는 과학자만에 머무는 것이 아니라, 그 진리가 일상을 살아가는 사람들이 자신들의 '선한 삶'을 구성할 때 유의미한 자원으로 활용될 수 있도록 제공되어야만 한다. 왜 그러한가? 그 이유는 비결정성과 가역성을 항상적 조건으로 하여 불확실성이 극대화된 포스트모던 조건 때문이다. 이러한 상황은 역설적이게도 그 어느 때보다 윤리적/정치적 자유를 확대시켜 놓는다. 사람들을 서로 묶어 줄 상위규범은 더 이상 문화구조처럼 견고한 객관적 실체로 주어지는 것이 아니기 때문에, 매 순간 새로운 윤리적/정치적 문제에 직면하게 되는 것이다. 하지만 자유는 곧 존재를 짓누르는 무거운 짐으로 뒤바뀐다. 이를 해결하는 가장 손쉬운 방법은 기존의 문화구조에 기대어 윤리적/정치적 문제를 제어하는 것이다. 이러한 손쉬움 때문에, 이분법적 상징적 분류체계는 거의 모든 사회에 관찰될 정도로 편재되어 있는지도 모르며, 그래서 이것이 모든 사회성의 기능적 필수물로 여겨지기도 하는 것이다. 문제는, 그 방법을 사용해서 비결정성과 가역성하에 놓인 인간의 윤리적/정치적 문제를 해결하기에는 너무나 많은 사회적 비용을 수반한다는 것이다.

　매 순간 새롭게 만나는 도저히 참을 수 없는 타자들, 과연 이들을 어떻게 할 것인가? 초월적으로 기댈 문화구조를 미리 상정해서는 안 된다. 그렇게 될 경우, 타자는 표상될 수 없기 때문이다. 대신 가역적인 수많은 에세이들과 같은 사회성을 옹호해야 한다. 이미 근대의 공리주의적 질서를 떠받쳐 온 개인주의가 해체되어 새로운 형태의 공동체주의로 나아가고 있는지도 모른다(마페졸리, 1997). 따라서 새롭게 출현중인 사회성에 보다 깊은 관심을 기울여야 한다. 이 사회성은 공리주의적 질서와 같이 인지적인 차원에서만 분류된 체계가 아닐 것이며, 정서적이고 도덕적으로 분류된 체계이기도 할 것이다. 공리주의와 같은 인지적 분류체계는 경계 지워져 있던 모든 영역들을 부수어 단 하나의 동질적인 교환의 영역(자본주의적 시장)으로 만들어 가는 힘이다. 이에 반해 정서적이고 도덕적인 분류체계는 다시 경계들을 나누고 식별하는 개별화하는 힘이다. 그런 점에서 공리주의의 동질화하는 힘에 의해 그 고유의 질과 의미를 박탈당해 왔던 인간들과 사물들이 모두 그 고유의 질과 영혼을 회복하고 있는 중이다. 그런 점에서 '신자유주의' 운운하며 만물이 자본주의적 시장이라는 단 하나의 동질화하는 힘에 의해 무의미해져가고 있다는, 프랑크푸르트 학파 식의 과도한 인지주의적 비관주의는 명백히 잘못된 것이다. 그렇다고 포스트모던 상황에서조차 동질화하는 힘이 광범하게 진행되고 있다는 점을 무시하는 것은 아니다. 그럼에도 불구하고, 자기 고유의 독특한 분류체계를 고안해 내는 개인들과 소집단들이 광범하게 일어나 동질화하는 분류체계와 갈등을 일으키고 있는 점 또한 무시할 수 없다. 이러한 개별화하는 분류체계에서 인간들과 사물들은 그 고유의 질과 영혼을 회복하고 있는데, 하지만 그 질과 영혼이 환유적 관계맺음에 의해 끝없이 차연적으로 전화하기 때문에 그 의미가 안정되어 있지 않다. 이는 기존의 수학적 물리학을 모델로 하는 사회성 개념과는 존재론적으로 완전히 다른 것이다. 잘라 말해, 포스트모던에서 사회성은 이제 항상적인 역치단계가 되었다.

이렇듯 사회성이 항상적인 역치단계가 되었다면, 마땅히 이러한 사회성을 연구하는 인식론/방법론도 바꾸어야 한다. 역치단계에는 상습화된 일상이 붕괴되었기에, 주류 사회학의 핵심인 인과모델이 더 이상 적합하지 않을 수 있다. 인과모델은 기본적으로 사회가 견고하게 상습화된 질서를 가지고 있을 때에만 가능하기 때문이다. 역치단계 동안에 사람들은 합리적으로/인지적으로 자기이익을 계산하지도 않으며, 계급, 인종/민족, 젠더와 같은 구조적 자리들이 가하는 명령에 의해 맹목적으로 행위하지도 않는다. 오히려 집합흥분의 광기에 휩싸여 행위한다. 집합흥분이 광기가 되는 경우는 특정의 가치평가적 틀, 즉 상징적 틀에 의해 그 에너지가 충당될 때이다. 구조주의적 전환을 이룬 뒤르케임주의 문화사회학은 바로 이러한 점에 관심을 집중시켰다는 점에서 기존 주류 사회학보다 진전된 면이 있다. 하지만 뒤르케임의 고전적 주장을 따라 하나 또는 소수의 안정적인 상징적 틀을 상정하고, 그 틀 속에서 이루어지는 집합의례의 '결속적' 또는 '갈등적' 성격을 강조한다. 이러한 접근은 문화의 '상대적' 자율성을 이론화하는 데에는 성공적일지는 모르지만, 문화가 '지나치게' 자율화된 포스트모던 세팅에서 행위자의 '의미화 실천'이 '너무도' 자율적이 된 점을 간과하는 경향이 있다.

문화가 지나치게 자율화된 포스트모던 세팅이란 무엇을 뜻하는가? 이분법적 상징적 분류체계가 해체되어, 각각의 영역 안에 속해 있던 요소들이 식별적 가치(discriminating value)를 가지지 못하게끔 서로 뒤섞여 있어 아무런 유사성 없이도 단순한 인접성만으로도 얼마든지 결합/해체/재결합될 수 있는 가역적인 상황에 빠져 있는 상황을 말한다. 그렇다면 행위자의 의미화 실천이 지닌 자율적 성격이란 무엇을 말하는가? 이를 이해하기 위해서는 레비-스트로스(1999)가 말하는 야생의 브리콜뢰르(bricoleur)를 살펴보는 것이 좋을 것이다. 브리콜뢰르는 자신에게 가용한 모든 요소들을 다양한 즉흥적인 조합을 통해 새로운 의미를 무한하게 만들어 내는 사람이다. 이때의 요소들은 원래의 체계 안에서 규정된 방식으로 의미를 지니는 것이 아니라, 다양한 즉흥적인 조합을 통해 새롭게 형성된 브리콜라주(bricolage)라는 체계 안에서 다른 요소들과의 관계 속에서 그 의미를 얻는다. 이것이 바로 의미화 실천이다. 포스트모던 세팅에서는 의미화 실천이 '너무도' 자율적이다. 레비-스트로스의 야생의 브리콜뢰르에게는 가용한 요소들이 한정되어 있다면, 포스트모던 세팅에서의 브리콜뢰르에게는 텔레커뮤니케이션을 통해 얻을 수 있는 가용한 자원들이 거의 무한정이기 때문이다. 포스트모던 세팅에서 행위자는 더 이상 어떤 '원인들'에 의해 결정되는 '결과들'인 '종속변수'가 아니다. 그는 무수한 의미화 실천을 통해 자신과 세계를 인지적/정서적/도덕적으로 분류/해체/재분류를 무한정 거듭하면서 '유의미한 (무)질서'를 구성하는 상징적 활동가이다. 따라서 '포스트모던 세팅'에서 그가 무슨 자원들을 가지고 어떠한 방식으로 유의미한 질서를 구성하는지 구체적으로 탐구해야 한다.

VI. 맺음말

나는 지금까지 왜 사회학이 문화적 전환을 이루어야 하는지 밝혔다. 문화적 전환은 구조주의적 문화적 전환을 이룬 뒤르케임주의 문화사회학이 보듯 단순히 방법론적인 요구가 아니다. 보다 근본적으로는 존재론적 차원에서 기존 사회성의 전형성이 해체되어 가고 새로운 사회성이 출현하고 있다는 사실과 긴밀히 연관되어 있다. 그 핵심은 포스트모던 세팅에서는 사회성이 항상적인 역치단계가 되었다는 점이다. 이러한 상황에서는 어떻게 사는 것이 좋은 삶인지 따지는 윤리적 문제가 핵심으로 떠오른다. 기본적으로 인지적 분류체계인 공리주의적 질서는 윤리적 문제를 해결해 줄 수 없기에 윤리적 문제는 더욱 절실히 해결해야 할 문제가 된다.

사회학자인 우리는 상징적 활동가인 행위자가 어떻게 무수한 의미화 실천을 통해 자신과 세계를 인지적/정서적/도덕적으로 분류/해체/재분류를 무한정 거듭하면서 '유의미한 (무)질서'를 구성하려 하는지 탐구해야 한다. 그렇게 하기 위해서는 개념적 정합성을 전제하고 탐구해서는 안 된다. 사회학자로서 진리에 대한 우리의 지식은 어떤 언어 외적인 논리에 터하고 있는 것이 아니다. 심지어 논리의 토대마저 인간, 즉 수사학적 행위자의 역사적 구성물일 뿐이다. 어떤 것을 안다는 것은 단순히 인지적인 것이 아니요, 그것을 상징적으로 구성하여 유의미하게 만드는 것이기도 하다. 그런 점에서 사회학자는 일상의 행위자와 마찬가지로 '이야기꾼'이다. 이야기꾼으로서의 우리의 일차적 자원은 우리가 연구하고 있는 상징적 행위자들이다. 이 자원을 사회학자인 우리는 우선 자신에게 유의미한 이야기로 재구성한다. 동시에 이 이야기는 연구대상인 상징적 행위자들에게 다시 돌려져 그들의 유의미한 세계를 구성하는 데 도움이 되는 자원이 되어야 한다. 그렇기 때문에 이야기꾼으로서의 사회학자는 자신이 유의미하게 구성한 이야기에 윤리적 책임이 있다.

3 포스트모던과 문화사회학[1]

I. 머리말

포스트모더니즘의 광풍이 90년대 이후 한국 사회를 휩쓸고 지나갔다. 지금은 대중매체의 주된 관심에서는 멀어져 버렸지만, 문학을 비롯하여 미술, 건축, 영화, 철학 등 인문학 전반에 미친 포스트모더니즘의 영향은 각 영역에서 새로운 패러다임을 형성할 정도로 지대하다. 하지만 '놀랍게도' 이에 대한 사회학자들의 논의는 아주 적다. 포스트모더니즘 논의를 주로 인문학자들이 이끌어 간 이유도 있지만, 아마 보다 중요한 이유는 포스트모더니즘이 기존 사회학의 근본적인 가정들에 정면으로 도전하기 때문일 것이다. 이 도전을 받아들이게 된다면, 대학 제도 내에서 독자적인 분과 학문으로 누려 왔던 사회학의 기존 정체성에 심각한 손상을 입을 것이라는 우려가 깔려 있을지도 모른다. 그 결과 포스트모더니즘을 인문학만의 일이라거나 또는 유행을 따라 수입된 여러 사조들 중의 하나로 폄하하는 경향이 지배하게 되었다.

이 글은 포스트모더니즘의 사회학적 함의를 살펴보려고 한다. 포스트모던[2]은 '문화'와 '사회'라는 모던 사회학의 근본적인 이분법에 도전하여 사회학을 문화사회학으로 전환하라고 강력히 요구하고 있다. '의미의 문제'와 씨름한 맑스, 뒤르케임, 베버와 같은 '고전 사회학'(최종렬, 2005b, 2005c)과 달리 '모던 사회학'에서는 의미의 문제를 핵으로 하는 문화가 주된 연구 대상이 아니었다.[3] 이는 모던 사회학이 근대 세계에 새롭게 출현한 (시장)사회를 핵심적인 연구 대상으로 삼았기 때문이다. 이때 '사회' 또는 '사회구조'는 뉴턴의 수학적 물리학으로 대표되는 과학혁명을 인간세계에 적용하여 만들어 낸 것이다. 사회는 무한한 인과관계의 연쇄이며, 이 연쇄는 엄밀한 수학적 법칙을 따라 작동한다. 이렇게 기계적으로 정의된 사회에서 '의미'는 그 설 자리를 잃는다. 모던 사회학의 핵심적 주제들인 '합리화', '세속화', '탈주술화', '아노미', '소외' 등은 모두 사회세계에서 의미 또는 상징의 중요성이 감퇴됨을 가정하고 있다. 이러한 개념을 창출한 맑스, 베버, 뒤르케임은 정작 이러한 과정이 일방적으로 진행되지 않음을 지적하고 있음에도 불구하고(최종렬, 2006b), 모던 사회학은 문화를 사회학의 지평에서 몰아내거나 주변화시켰다. 모던 사회학이 이렇게 의미의 문제로부터 후퇴하여 '사회'를 탐구하는 동안, 인류학을 비롯한 인문학은 '문화'를 탐구의 핵심 주제로 삼아 왔다. '문화'와 '사회' 또는 '문화'와 '사회구조'의 이분법이 지배하는 동안 사회학은 독자적인 의미론을 발전시키지 못하였다. 하지만 '문화적 전환'이 일어나면서 이러한 이분법은 심각하게 도전받기 시작하였다(최종렬, 2005a). 이러한 문화적 전환을 이끌어 내는 데 핵심적인 역할을 한 것이 포스트모던에 관한 논의이다.

II절에서는 지금까지 포스트모던에 대한 한국 사회학자들의 논의의 지형을 간단히 살펴볼 것이다. III절에서는 포스트모던을 바라보는 한 이념형적 틀인 고대-주술, 중세-세계종교, 모던-과학의 삼부작을 제시할 것이다. Ⅳ절에서는 포스트모던을 모던 과학에 의해 축출되고 주변화되었던 초월성, 도덕, 정서가 카이로스적으로 되돌아온 것으로 정의할 것이다. 마지막 Ⅴ절에서는 사회적 행위를 도구적 차원에서만 설명하는 모던 사회학을 넘어서기 위해 사회학이 문화적 전환을 이루어 문화사회학이 되어야 한다고 주장할 것이다.

Ⅱ. 포스트모던에 대한 한국 사회학의 입장

90년대 초 포스트모더니즘을 비판사회과학으로 소개(김성기, 1991)한 이후, 포스트모던에 대한 논의는 한국 사회학 내에서 한동안 잠복되어 있었다. 그러는 와중에 영문학과 철학을 필두로 한 인문학이 포스트모던에 대한 논의를 주도해 갔다(정정호·강내희, 1991; 김욱동, 1992; 윤평중, 1992; 이진우, 1993). 하지만 90년대 후반부터 포스트모던에 대한 외국 사회학자들의 입장이 한국 사회학자들의 시각으로 소개되기 시작하였다. 바우먼에 대한 소개(박창호, 1999, 2000; 송재룡, 2000; 강수택, 2001), 기든스와 벡과 같은 성찰적 근대화론자들에 대한 소개(송재룡, 1998, 2001; 박창호, 2000; 정태석, 2002) 등이 바로 그것이다. 이러한 소개와 더불어, 포스트모던에 대한 한국 사회학자들 나름의 시각도 제출되기에 이르렀는데, 크게 보면 다음과 같은 여섯 가지 입장이 있다.

1) 모던 사회학이 상정한 사회와 자아의 모습이 근본적으로 바뀌고 있다는 포스트모던 사회학자들의 입장을 수용하고, 사이버스페이스에서 새로운 포스트모던 사회성과 자아를 탐구하는 연구(박창호,

2001, 2002, 2005a, 2005b).

2) 포스트모던 논의 일반과 사이버 공동체에서 실현되고 있는 포스트 모던 공동체를 신공동체주의를 통해 비판하는 입장(송재룡, 1997, 2001, 2004a, 2005).

3) 근대와 탈근대의 대립을 통해 지식인의 위상과 사회적 연대의 성격을 이론적으로 탐구하고, 이것이 한국 사회에 가지는 함의를 탐색하는 입장(강수택, 2000, 2004).

4) 포스트모던을 모던의 병폐가 해결된 이상적 미래상으로 설정하고, 그 내용을 유교 등 동양의 사회사상에서 찾으려는 입장(이영찬, 2001; 홍승표, 2005).

5) 한국에서 이루어지는 포스트모더니즘에 관한 논의가 한국의 구체적 현실에 바탕을 두지 않은 오리엔탈리즘에 불과하다고 신랄하게 비판하는 입장(우실하, 2005).

6) 포스트모던을 모던에 대한 미학적 도전으로 보고 그 도전의 과정과 결과인 사회적인 것의 미학화를 이해하기 위해서 사회학이 문화적 전환을 이루어야 한다고 주장하는 입장(최종렬, 2003a, 2003b, 2004a, 2004b, 2004c, 2005a).

첫 번째로 박창호는 성찰적 근대성론자인 기든스와 포스트모더니티의 사회학자인 바우먼에 주로 기대어 포스트모던을 정의한다. 박창호(2000: 105)는 양자의 차이보다는 공통점을 강조하면서, 사회의 양상이 변화하고 있다는 것은 분명한 사실이며 그 모습을 애매성, 불확실성, 우연성 등을 동반한 다원성, 복잡성, 분화 등으로 그리고 있다. 박창호는 이러한 사회 양상의 변화는 주로 사이버스페이스에서 발견될 수 있다고 하면서, 그 안에서 새롭게 형성되고 있는 탈근대적 사회성과 자아를 탐구하는 데 주력하고 있다. 그 핵심은 유동성이다. 사이버스페이스에서 발견되는 새로운 사회성은 공적 영역과 사적 영역의 경계를 허무는 유연한 공간이다. 사이버스페이스에서 발견되는 새로운 자아 역시 유동적이고 다면적이다(박창호, 2001). 이 모든 것은 커뮤니케이션 수단이 텍스트에서 이미지로 전환함으로써 삶이 탈맥락화되었기 때문이다. 그 결과 타자 지향적인 어울림('타자와의 함께하는 나의 문화')을 기초로 하는 사회적 맥락이 자기 지향적인 어울림('나와 함께하는 나의 문화')을 그 특징으로 하는 새로운 사회적 맥락으로 전회가 이루어졌다(박창호, 2005a). 이는 사이버스페이스에서 인간의 실천적 행위가 미학화될 수 있는 가능성을 열어 놓고 있다. 합리화를 종교로부터 윤리, 과학, 예술 등이 분화되어 가는 과정으로 본다면, 사이버 공간의 미학화 역시 인간의 자유주의와 탈신비화를 통해 근대성이 주체에 가한 제약을 벗어나는 합리화 과정의 연장으로 볼 수도 있다. 하지만 이것이 진정한 자유의 확대인지 아닌지는 더 지켜보아야 한다(박창호, 2005b).

두 번째로 송재룡은 성찰적 근대성론자와 바우먼과 같은 포스트모던 사회학자들이 제시하는 공동체주의 및 일종의 그것의 실현이라 할 수 있는 사이버 공동체가 추상적이고 탈맥락화되어 있음을 비판하면서, 그 대안으로 테일러(Charles Taylor)로 대표되는 신공동체주의를 제시한다. 송재룡은 성찰적 근대론자의 핵심적 개념인 '성찰성'이 자아의 내성에만 고착되어 있어 문화적·윤리적 차원을 향한 전환의 가능성을 막아 버리고 있다고 비판한다(송재룡, 1998). 그는 또한 바우먼의 "'선천적 도덕 본능'이라는 개념과 이로부터 추론되고 있는 개인과 사회에 관한 공리들이 특정의 규범적 전통과 역사, 그리고 사회·문화적으로 맥락으로부터 탈맥락화된 추상화된 개념"(송재룡, 2000: 31)이라고 비판한다. 사이버 공동체는 구성적 특성과 문화적 특성을 포괄하고 있다. 구성적 특성에는 가상

현실에 대한 체험의 급속한 증대, 유동적인 자아 정체성, 위계 구조 쇄신이 포함된다. 문화적 특성에는 이미지라는 비문자적 언어 체계의 영향력의 증대로 실재에 대한 비진정성의 증대가 꼽힌다. 이러한 특성의 긍정적 성격을 중시하면, 물리적 공동체에서 주체의 삶을 구속해 왔던 시공간의 한계와 정치적·도덕적·문화적 제한과 규제로부터 자유로워진다는 사이버-자유해방주의가 나타난다. 송재룡은 이러한 사이버 공동체가 공동체와 주체의 개념을 탈맥락화시키고 추상화된 단위로 만들어 버린다고 비판한다. 그래서 그에 대한 대안으로 인간을 언어·문화적이며 역사·공동체적 존재로 보는 신공동체주의를 제시한다(송재룡, 2004a). 그는 더 나아가 제도, 조직, 체계 등에만 초점을 맞추었던 사회학이 문화적 전환을 이루어 모더니티의 지배적 서사에 의해 여백으로 남겨져 있던 문화 차원을 탐구해야 한다고 주장한다(송재룡, 2005).

세 번째로 강수택은 근대와 탈근대의 관계 속에서 지식인의 역할과 새로운 연대의 가능성을 탐색하는 서구 학자들의 논의를 검토하고, 이것이 한국 사회에서 갖는 함의를 끌어내는 데 주력한다. 그는 근대적 상황(제한적 자유주의 근대성과 조직화된 근대성)이냐 탈근대적 상황(조직화된 근대성의 위기)이냐에 따라 지식인의 역할이 달라진다는 역사적인 관점을 채택한다. 근대적 상황에서는 만하임의 자유 부동하는 지식인론, 그람시의 유기적 지식인론, 사르트르의 실존주의적 지식인론이 그 역할을 수행한다. 탈근대적 상황에서는 푸코의 특수적 지식인론, 바우먼의 탈근대적 지식인론, 리요타르의 지식인 종언론이 그 역할을 다한다. 전근대성, 근대성, 탈근대성, 반주변적 근대성 등 상이한 시공간적 특성이 공존하는 한국 사회의 현실에서는 '역사적 개념'으로서 주체적 역할, 해석적 역할, 비판적 역할을 하는 일상생활에 뿌리박은 '시민적 지식인'이 필요하다(강수택, 2000, 2001). 강수택은 사회적 연대의 문제에서도 철저히 역사적 관점을 택한다. 고전적인 연대론은 전근대사회로부터 근대사회로 전환하면서 전근대적인 사회적 결속력이 약화되면서 이를 해결하기 위해 나왔다. 뒤르케임과 파슨스의 통합론적 접근, 셸러의 인격론적 접근, 헥터의 합리적 선택론적 접근, 하버마스의 소통이론적 접근이 이에 해당한다. 하지만 작금에는 전통적 결속력은 물론 근대적 결속력도 현저히 약화되어 가고 있는 상황이어서 이에 대한 새로운 대안이 필요하다. 벡의 능동적 연대론, 기든스의 탈전통적 연대론과 같은 후기근대주의적 접근과 리요타르의 다원적 사회연대론, 바우먼의 탈관용적 사회연대론과 같은 탈근대주의적 접근이 그래서 나온 것이다. 이들은 모두 차이(혹은 개인화 경향)와 연대 사이에 특별한 관심을 표하면서, 동시에 책임성의 문제를 제기하고 있다. 압축적 근대화를 겪었을 뿐만 아니라 지구화와 민주화 등 강한 원심력이 존재하는 한국에서는, 안정되고 폐쇄적인 사회적 연대가 아닌 타인에 대한 자발적인 관심과 책임감을 겸비한 유연하고 개방적인 사회적 연대가 필요하다. 사회의 연대를 약화시키고 있는 시장주의의 지배가 가속화되고 있는 시점이기에 더욱 그러하다(강수택, 2004).

네 번째로 이영찬과 홍승표는 포스트모던을 모던의 병폐가 해결되는 일종의 이상적 미래상으로 설정하고, 그 모습을 동양 사상을 통해 구체화하려고 시도한다. 먼저 이영찬은 근대 서구가 수학과 기하학을 모델로 하여 사회세계를 구성하려 하였다는 점을 명확히 인식하고, 그 한계점을 이성주의, 개인주의, 과학주의로 규정한다. 이에 대한 대안으로 이영찬은 유교에서 발견되는 대대주의, 도덕적 개인주의, 생명주의를 제시한다. 이 세 가지 대안은 모두 음과 양, 개인과 공동체, 맥락성과 보편성이 하나로 통일되는 것을 가정한다. 이것이 어떻게 가능한가? "유교의 합리성에서는 인간과 자연, 주체와 객체가 동일한 리(理)를 공유함으로써 동질성과 연속성을 갖기 때문에 행위의 주체와 객체, 사실과 당위가 분리되지 않"

(이영찬, 2001: 43)기에 가능한 것이다. 홍승표는 현대사회가 직면하고 있는 문제를 인간소외, 환경 악화, 인간/집단 관계의 악화 등으로 명시하고, 그 근본적인 원인이 근대적 세계관에 있다고 주장한다. 그에 따르면 근대적 세계관은 '모든 존재가 근원적으로 분리되어 있다'는 생각과 자기 이익의 극대화라는 보편 법칙에 따라 행동하는 '욕망의 주체'와 이러한 욕망의 충족을 위한 '도구로서의 의미'만을 지니는 대상으로서의 세계(홍승표, 2005: 18)를 보는 관점이다. 이에 대한 대안으로 홍승표는 통일체적 세계관, 즉 천도(天道), 지도(地道), 인도(人道)가 모두 동일한 원리에 의해 작동한다는 관점, 다시 말해 모든 존재들이 시간과 공간을 넘어서 근원적으로 통일체임을 전제로 하는 관점을 제시한다. 줄여 말하면, 이영찬과 홍승표 모두 근대의 수학적 물리학이 제거한 리(理)를 되살려 그 우주적 질서 원리에 의해 최종적인 의미가 규정되는 인지적/도덕적/정서적 분류체계를 탈현대라 불리는 사회세계에 실현하려 한다.

다섯 번째로 우실하(2005)는 포스트모더니즘 논의가 나름대로 근대의 기획을 완성했다고 믿는 서구 사회의 특수성에서 나온 것으로 보고, 한국에서 이루어지는 포스트모더니즘에 관한 논의는 한국의 구체적 현실에 바탕을 두지 않은 오리엔탈리즘에 불과하다고 신랄하게 비판한다. 그 구체적인 특성으로는, '지금, 이곳'을 벗어난 서구 추수적인 학문 태도, '중심'을 해체하자면서 '학문적 중심'에 복종하는 자가당착, 철학적 논의로 들어가지 못하는 학문의 천박성과 유행성, 우리의 '뒤틀린 근대'를 보지 못하는 '탈근대 논의', 또 다른 거대담론 등이 지적된다. 우실하가 포스트모더니즘 논의에 뛰어든 것은 그에 대한 사회학적인 함의를 따져보려는 목적이라기보다는, 포스트모더니즘 논의로 대표되는 한국 인문·사회과학의 오리엔탈리즘을 비판하기 위해서이다. 이에 대한 대안으로 그는 세 가지를 제시한다. 첫째, 현대 자본주의 사회의 보편적 현상으로서 문화 방면의 인간소외 문제, 이데올로기, 권력작용을 분석하고 비판한다. 둘째, 서구 문화에 의한 문화 종속의 문제를 비판한다. 셋째, '근대화=서구화' 과정을 통해 서구적 시각에서 비하되고 폄하되어 온 한국의 전통을 재평가하고, 미래를 위해 되살릴 가치가 있는 것을 되살려 문화의 다양성을 보존하고 문화적 정체성을 확립한다. 하지만 아쉽게도 우실하의 논의는 주로 철학과 영문학 등 인문학에서 이루어져 온 포스트모더니즘 논의에 기반하고 있다. 이는 우실하가 사회학을 비롯한 사회과학의 전통에서 신화를 포함하는 인문학 쪽으로 이동해 가면서 상대적으로 제도 학문으로서의 사회학으로부터 멀어진 이유도 있지만, 그만큼 사회학 내에서 포스트모더니즘에 대한 진지한 논의가 적었음을 의미하기도 한다.

마지막으로 최종렬은 과학, 도덕학, 미학이라는 지식의 이념형을 구성하고, 이를 통해 모던과 포스트모던을 정의한다. 서구의 '모던'은 계몽주의와 대항계몽주의의 두 축으로 구성되어 있는데, 계몽주의는 '과학'을 대항계몽주의는 '도덕학'을 각각 지식의 전범으로 채택하였다. 하지만 '미학'을 축으로 하는 포스트모던 사회가 출현하여 기존의 사회 구성 원리의 두 축인 과학과 도덕학에 도전하게 되었다. 사회의 미학화는 과학과 도덕학의 지식 모델에 의존했던 모던 전반을 흔들어 놓는다. 이는 미학으로서의 포스트모던 사회이론의 도래를 정당화한다(최종렬, 2003a, 2003b). 최종렬은 이러한 변화를 의미의 문제를 제거하고 체계와 구조만을 강조해 왔던 기존의 모던 사회학으로는 적절하게 탐구할 수 없다고 주장하고, 사회학이 문화적 전환을 이루어 포스트모던 문화사회학이 되어야 한다고 주장한다(최종렬, 2005a).

위의 연구들은 한결같이 포스트모던이 문화와 매우 관련이 깊다는 점을 인정한다. 하지만 '사회학이라는 학문의 입장'에서 이를 어떻게 접근해야 할 것인지 명확한 틀을 제시하고 있지는 않다. 다시 말해 문화와 결합되어 있는 포스트모던을 사회학이 어떻게 문명사적으로 접근해야 하며, 또 포스트모던 상황을 구체적으로 어떻게 탐구해야 하는지 명시적으로 말하고 있지 않은 것이다. 이 글은 위의 여섯 가지 입장 중에서 최종렬의 입장을 보다 명확히 하여, 포스트모던과 문화사회학의 관계를 밝히고, 사회학이 문화사회학으로 전환되어야 하는 이유를 정당화하는 데 주된 목적이 있다.

III. 주술, 세계종교, 과학

계몽주의에 기반한 모던 사회학은 전통과의 단절을 통해 현대를 정의함으로써 현대의 성격을 지나치게 단순화시키는 오류를 범한다. 현대는 계몽주의만 있는 것이 아니라, 대항계몽주의와 더 나아가 반계몽주의까지 포괄하고 있는 매우 복합적이고 역동적인 것이다(최종렬, 2004b). 맑스, 뒤르케임, 베버와 같은 근대성의 위대한 이론가들은 이러한 점을 잘 인식하고 있었고, 그래서 계몽주의의 독단을 대항계몽주의를 통해 비판하고 보완하려 하였다(최종렬, 2005c). 또한 전통도 기독교라는 세계종교로 환원되지 않는 고대적 요소까지 포괄하는 복합적인 것이다. 그래서 맑스, 뒤르케임, 베버는 모두 전통이라 불리는 유럽의 중세사회에만 시선을 가두지 않고, 그 이전까지 시야를 넓혔다. 맑스의 역사 유물론은 전통과 현대의 이분법을 넘어 원시 공산주의와 고대사회까지 논의의 틀 안으로 끌어들였다. 베버 역시 전통과 현대의 이분법을 넘는 철학적 인류학, 즉 주술, 세계종교, 과학의 계기적 발전이라는 삼부작을 제출하였다. 뒤르케임은 비록 기계적 연대와 유기적 연대라는 이분법을 사용하였지만, 그의 기계적 연대는 오스트레일리아의 소위 원시사회까지 포괄하는 것이었다.

하지만 모던 사회학은 고전 사회학과 달리 전통과 현대의 대립을 통해서만 자신을 정의함으로써 사회학의 지평을 좁혔다. 이러한 상황은 지금에도 크게 변하지 않았다. 기든스(Giddens, 1990)와 벡(Beck, 1992) 같은 성찰적 근대성론자는 물론 바우먼(Bauman, 1992) 같은 포스트모던 사회학자마저도 포스트모던을 정의할 때 고대와 주술을 거의 고려하지 않고 전근대성(전통)과 근대성의 이분법의 틀을 유지한다. 고대는 원시사회(primitive societies)라는 이름으로 오히려 인류학자들만이 탐구할 주제로 간주되어왔다. 사회학자에게 고대는 그저 '전통' 아니면 '전근대'라는 이름으로 묻혀 있는 '암흑의 대륙'과 같은 것이다. 나는 포스트모던을 정의하기 위해서는, 고대를 전통이라는 이름으로 중세와 함께 묶어 버리는 대신 고대를 따로 떼어 내어 그 독특한 주술적 성격을 고려하는 것이 중요하다고 본다.[4] 그래서 나는 포스트모던을 고대, 중세, 모던의 삼분법적 관계를 통해 정의함으로써 사회학의 지평을 넓혀야 한다고 주장한다.[5] 이는 결코 뜬금없는 주장이 아니며, 오히려 고전 사회학의 전통을 회복하는 것이다.

그렇다면 고대, 중세, 모던은 어떻게 이해하는 것이 가장 좋은 방법인가? 나는 베버의 철학적 인류학, 즉 주술(magic), 세계종교(world-religion), 과학(science)을 고대, 중세, 모던과 짝지을 때 가장 잘 이해될 수 있다고 믿는다.[6] 나는 또한 뒤르케임(Durkheim, 1995)을 따라 인간의 '사회적 질서'는 자연적으로 주어지지 않기 때문에, 성(the sacred)과 속(the profane)의 이분법적 상징적 분류체계를 통해 유의미한 질서(meaningful order)로 만들어야 한다고 믿는다. 상징적 분류체계는 인간의 행위를 안내하는 나침반과 같다. 인간의 행위를 안내하는 내재적 정보원천인 유전자 프로그램 또는 모델은 다른 동물들과 비교해 볼 때 엄밀하지 않기에 인간의 행위를 광범하게만 통제할 수 있을 뿐이다. 따라서 인간의 행동이 효과적인 형태를 가지기 위해서 반드시 유전자 프로그램 이외의 외재적 정보 원천에 의해서 상당한 정도로 통제되어야 하는데, 상징적 분류체계가 바로 이 일을 떠맡는다(Geertz, 1973). 이러한 분류체계는 수학적/기하학적 분류체계와 같이 인지적(眞)인 것만이 아니라, 도덕적(善)이고, 정서적(美)이기도 하다(최종렬, 2004a). 인지적 분류체계(과학)는 참과 거짓을 구분하고, 도덕적 분류체계(도덕학)는 선과 악을 구분하며, 정서적 분류체계(미학)는 미와 추를 구분한다. 이러한 분류체계가 없다면 이 세계는 무정형의 혼란 상태일 뿐이다. 상징적 분류체계가 구조화되는 중심적인 방식들 중의 하나는 성과 속으로 구조화되는 것이다. 이러한 기본적인 상징적 이분법에서 성은 성스럽고 선한 것이며, 일상생활로부터 격리되어 있고, 또한 존경받고 숭배받는다. 반면 속은 악한 것이며, 보통 성스러움의 위반으로 나타난다. 위반이란 실체적으로 정의된 성('성은 성이다')이 조금이라도 변형된 것이다. 인간은 성스러움을 공유해야만 사회를 형성할 수 있다. 그렇지 않다면 인간 사회는 동물의 군집과 아무런 차이가 있을 수 없다. 상징적 분류체계는 무정형의 혼란 상태에 놓여 있는 대상들을 쪼개고 분류하여 서열을 매기고 결국 질서를 만든다. 이렇게 질서가 수립되어야만 인간은 그 안에서 자기의 위치를 확인하고, 자신의 정체성을 형성할 수 있다. 그리고 이러한 정체성을 바탕으로 하여 문제 상황을 정의하고 해결책을 모색한다. 주술, 세계종교, 과학 모두 이 점에서는 정도의 차이가 있지만 동일하다. 주술과 세계종교는 진/선/미가 그보다 더 궁극적인 '신념체계' 안에 배태(embedded)되어 있다는 점에서 동일하지만, 주술의 경우에는 그 신념체계가 '국지적'으로만 힘을 발휘한다면 세계종교의 경우에는 '보편적'으로 작용한다는 점에서 다르다. 과학의 단계는 진/선/미라는 '가치'가 궁극적인 신념체계의 배태성으로부터 벗어나와 분화되어 자율성을 갖게 되었다는 점에 그 특징이 있다.

또한 사회를 구성하는 지배적 원리로서의 지식의 유형을 통해 보면, 주술의 세계는 '정서적인' 성과 속의 이분법적 분류체계가, 세계종교의 세계에서는 '도덕적인' 성과 속의 이분법적 분류체계가, 과학의 세계에서는 '인지적인' 성과 속의 이분법적 분류체계가 지배한다는 점에서 차이가 난다.

요약하면 고대에는 주술이, 중세에는 세계종교(기독교, 유교, 이슬람교, 불교, 힌두교)가, 모던에는 과학이 사회세계를 구성하는 핵심적 원리가 된다. 고대는 분절된 사회들로 이루어져 있는데, 각 사회마다 국지적으로 작동하는 주술이 지배한다. 중세 시대는 초월성의 이름으로 주술을 지역적인 물신주의로 몰아붙여 사회세계의 변방으로 몰아내고 세계종교를 구축했다. 그것이 베버가 말한 1차적인 탈주술화 과정이다. 모던 시대에는 과학이 객관적인 검증 가능성의 이름으로 세계종교로부터 초월성을 빼앗아 버렸다. 더 나아가 인지적 차원에서 세계종교는 과학의 인지적 효율성에 견줄 수 없으므로 그 진리 주장의 우월성을 상실한다. 그 결과 가치평가적이고 정서적인 면만 남은 초라한 세계종교는 사적 영역으로 후퇴할 운명에 처한다. 이것이 2차적인 탈주술화 과정이다. 그렇다면 포스트모던은 무엇과 짝을 맺는가? 포스트모던은 사적 영역으로 쫓겨났다고 여겨져 온 초월적 차원과, 가치평가적이고 정서적인 차원이 사회세계에 카이로스적으로 되돌아오는 것을 말한다. 하지만 보편적인 세계종교의 형태가 아닌 국지적인 온갖 주술들의 끊임없는 환유적 연쇄의 형태를 띠고 회귀한다(최종렬, 2006b). 나는 이 절에서 주술, 세계종교, 과학의 특징을 초능력의 거주지, 사회의 영역 분화, 의미작용 양식(mode of signification),[7] 사회를 구성하는 지배적 원리, 성과 속의 관계라는 다섯 가지 축을 따라 그 특징을 논해 볼 것이다.

1. 고대와 주술

고대의 주술의 세계에서는 '초능력(extraordinary powers)', 즉 카리
스마가 유형의 구현체(tangible embodiments) 안에 내재한다고 믿었다.
상징, 비의적 대상(cult objects), 주술사 등이 그 예이다. 이 유형의 구현
체들은 스스로가 성스러워지는 비기호학적 실체이다. 구체적인 존재 안
에 체현되어 있는 물신주의인 것이다. 이렇듯 주술적 힘들은 특정의 구체
적인 존재 안에 거주하지, 초월적으로 분리된 성스러운 영역에 살지 않는
다. 따라서 주술은 특정의 지역에 국한되는 것이 보통이며, 포괄적인 통
일된 거대 체계로 발전되는 경우가 드물다. 그렇기에 다신교적인 주술성
의 세계가 유지된다. 인간은 초일상적인 힘을 구체화하고 있다고 믿는 다
양한 주술적 힘들에 둘러싸여 있다. 부엌에 가면 부엌신이, 우물에 가면
우물신이, 마을 어귀에 가면 성황당신이, 산에 가면 산신이, 바다에 가면
용왕신이 존재한다. 이 모든 신들이 사회생활 깊숙이 들어와 인간과 같이
생활한다. 다시 말해 주술적 힘들이 사회생활의 모든 영역들과 '통합' 되
어 있다. 하지만 이러한 주술적 힘들로부터 나오는 규범들은 체계적으로
조직되어 있지 않다. 그때그때 '실제의 필요(practical needs)'에 따라 다
양한 규범들을 맥락적으로 차용하여 따른다. 따라서 주술은 특수한 실제
적 또는 세속적 목적을 성취하기 위해 초일상적인 힘들을 조작하는 형태,
즉 현세적 기복주의 형태를 띤다. 기복이라는 현세적 관점에서 볼 때 '합
리적인 목적'을 그 효과가 과학적으로 증명되지 않는 '비합리적인 수단'
을 통해 성취하려고 한다. 부적을 통해 물질적 복리를 추구한다든지, 굿
으로 사악한 영을 쫓아낸다든지 하는 것이 그 예이다. 초월성 대신에 특
수하고 실제적인 지향, 즉 도구적 지향이 인간존재를 안내한다. 규범은
주술을 믿는 신도의 내적 삶을 안내하도록 내면화되어 있지 않고, 대신

비체계적인 다양성의 형식으로 개인 외부에 남아 있다.

　사회의 영역 분화의 차원에서 보면, 정치 영역, 경제 영역, 종교 영역이 서로 긴밀하게 얽혀 있는 '미분화(undifferentiation)' 상태가 유지되고 있다. 보통 카리스마를 지닌 주술가가 이 세 가지 모든 영역들을 포괄하고 있다. 그는 입법자요, 경제적 조언자요, 의례의 전문가이다. 주술가가 일단 하나의 독자적인 계층으로 분화되면 그들은 자신들이 행하는 주술적 행위를 독점하고자 한다. 이러한 독점은 주술가가 주술로써 원하는 세속적 목표를 가시적이고도 손에 잡히도록 계속 성공적으로 수행하여 추종하는 대중들의 필요를 충족시킬 때에만 유지될 수 있다. 그렇게 되면 특별히 자격을 갖춘 주술가 집단과 일반 신도들 사이의 간격은 더욱 넓어지게 되어, 일반 신도는 주술의 실천에 단지 때때로 참여하게 된다. 이렇게 때때로 참여하게 되면 당연히 분절적이게 되고, 성스러움을 조작하는 것에 아무런 통제력도 지니지 않은 일반 신도들은 단지 외적으로만 경험할 뿐이다. 그렇다면 주술을 가지고 주술자는 반드시 신도들의 필요를 직접적으로 수용해야만 하며, 반면 신도들은 손에 잡히는 결과를 요구한다. 이러한 조합이 의미하는 바는, 성스러움과 기존의 삶의 방식 사이에 아무런 '긴장'도 일어날 수 없다는 것이다. 카리스마를 지닌 주술자가 자기의 추상적 이상을 위해 카리스마를 휘두르는 것이 아니라, 일반 대중 신도들의 필요를 달래기 위해 기복적으로 사용하기 때문에 기존의 사회질서를 안정화시킬 뿐, 이를 근본적으로 뒤흔드는 긴장이 생겨나지 않는다. 하지만 이러한 긴장이 없다면 주술은 일상생활에 단지 제한된 효과, 즉 기존 질서를 유지, 강화하는 효과만을 가질 수 있을 뿐이다. 주술가는 성스러운 규범을 법적, 경제적, 정치적, 그리고 의례적 기능에 부여함으로써 전통적인 역할을 승인한다. 각 영역은 이미 그 중요 기능을 수행하는 사람들이 있고, 주술가는 그들의 필요를 가시적으로 충족시켜 주는 주술 행위를 행함으로써 결국 그들의 행위를 정당화하기 때문이다. 정치 영역의 기능 작용, 경제 영역의 기능 작용, 종교 영역의 기능 작용은 모두 주술적 행위에 의해 정당화되기에, 다시 말해 주술이 여타의 사회 영역들 안에 깊숙이 침투해 들어가 있기에, 기존의 사회관계를 재강화한다.

이렇게 미분화된 주술의 세계에서는 지적인 삶이 아직 주술로부터 독자적인 영역으로 분화되어 나오지 않는다. 인지적 분류체계(진), 도덕적 분류체계(선), 정서적 분류체계(미)가 미분화된 상태로 뒤얽힌 채 주술이라는 국지적 신념체계 안에 배태되어 있다. 진/선/미가 특정의 국지적인 시공간 안에서 작동하는 주술적 신념체계 안에서만 유의미하고 힘을 발휘한다. 따라서 그 시공간을 넘어서면 의미와 힘을 잃는다. 이런 점에서 주술의 세계에서는 '상징주의(symbolism)'라는 의미작용 양식이 지배적이라 할 수 있다. 여기에서 상징은 상징의 구현체와 독자적으로 구별되는 표상(representation)이 아니다. 표상이 가능하려면, 표상해야 할 실재가 경험적으로 주어진 실재와 분리해서 존재한다는 것을 전제해야 한다. 그 경우에만 한 실재가 다른 실재를 표상하는 것이 가능해지기 때문이다. 하지만 주술의 세계에서는 이러한 일이 일어나지 않았다. 그것은 보드리야르(Baudrillard, 1975)의 용어를 빌려 말하면, '시뮬라크라 이전의' 상징이다. 기호(sign)와 지시대상(the referent) 간의 분리 자체가 아직 이루어지고 있지 않은 것이다.

나는 고대의 주술적 사회질서는 바타이유(2004; Bataille, 1985)의 '무조건적 소모의 원리(principle of unconditional expenditure)'를 통해 가장 잘 이해될 수 있다고 본다. 앞에서 말했듯이, 인간의 질서는 근본적 차원에서는 자의적인 것이다. 이러한 자의적인 질서를 필연적인 질서로 만드는 방식의 핵심은, 성과 속의 이분법적 분류체계를 만들고 유지시키는 것이다. 이는 한마디로 말해, 성스러움을 창출하고 유지하는 것이다.

고대에서는 무조건적 소모의 원리를 따라 성스러움의 창출과 유지가 이루어진다. 소위 원시사회라 불리는 고대사회에서는, 궁극적인 생산 목적 또는 생식 목적과는 상관없는 사치, 장례, 전쟁, 종교 예식, 기념물, 도박, 공연, 예술 등이 온 사회적 삶을 점철한다. 이는 고대사회가 도저히 감당할 수 없는 과잉된 에너지를 해소하는 방식이다. 과잉된 에너지란 축적된 에너지이며, 체계가 이 에너지를 다 쓸 수 없는 상황, 즉 계속해서 성장할 수 없는 상황에 처하면 이 과잉된 에너지는 파괴, 소모되어야 한다. 이 소모는 생산적인 것이 될 수 없다. 생산적으로 되려면 체계 자체가 성장할 수 있어야 하기 때문이다. 고대사회는 성장이 한계에 직면해 있는 사회이기 때문에 잉여가 비생산적으로 소모되어야만 한다. 이 소모의 방식이 잔인하든 아니면 영광스럽든 그것은 소모의 양식의 차이일 뿐 진정 뜻하는 바는 체계가 성장의 한계에 직면했다는 것이고, 그래서 남아도는 부를 생산적으로 소비할 수 없다는 것이다. 이 소비는 보존과 생산을 목적으로 하지 않는 소비이기에 생산의 중간 수단으로 이용되는 소비와는 질적으로 다르다.

이 소비는 순수한 비생산적 소비로서, 그 손실이 막대한 경우 이를 소모라 부른다. 엄청난 희생을 요구하는 소모만이 진정한 의미에서의 소모이다. 그래야만 그 대가로 성스러움이 창출될 수 있기 때문이다. 따라서 집합의례 기간에 이루어지는 무조건적 소모는 온갖 현란한 전시적 '의례'가 핵심적일 수밖에 없다. 공동체 성원들 전체가 지켜볼 수 있는 전시적 의례 없이 소모를 하는 것은 그저 파괴일 뿐, 성스러움을 만들 수 없다. 이렇게 성스러움을 창출하는 소모 과정은 귀중한 것을 파괴하는 과정이기 때문에 엄청난 집합적 에너지, 즉 '집합흥분'을 발생시킨다. 그런 점에서 주술의 성의 세계는 정서, 즉 미학이 지배하는 세계라 할 수 있는 것이다. 갈수록 더 귀중한 것을 '판돈'으로 걸려는 내기가 경쟁적으로 상승

한다. 파괴의 강도와 잔혹함이 갈수록 도를 더한다. '판돈'이 클수록 그로 인해 창출되는 성스러움도 더욱 커지기 때문이다. 정말로 지위가 있는 자는 파괴 그 자체를 목적으로 소비를 한다. 상대방에게 베푼 대가로 상대방으로부터 뭔가를 되돌려 받기를 원한다는 것은 자신이 뭔가 결여하고 있다는 것을 뜻하기 때문에, 자신이 아무것도 결여하고 있지 않다는 것을 증명하기 위해 파괴 그 자체를 즐기는 것이다. 귀중한 것을 값싸게 여기면 여길수록 그는 진정으로 지위가 있는 자이다. 태양이 바로 그러한 존재이다. 태양은 모든 것을 아낌없이 거저 준다. 태양을 닮아 파괴 행위를 일삼는 존재는 결국 자신이 태양신처럼 우월한 존재가 되고자 하는 것이다. 이렇게 창출된 성스러움은 '나'의 정체성의 원천이 되고, 이러한 정체성은 속된 타자를 차이의 관계를 통해 설정하면서 사회적 범주가 된다. 타자 역시 마찬가지의 시도를 한다. 결국 무조건적 소모의 핵심은, 타자를 속화(경쟁자의 패퇴나 종속)하고 자신을 성화(자신의 명예와 평판 등의 고양)시키기 위해 자신의 가장 귀중한 것을 집합의례를 통해 파괴하는 것이다. 결국 현세에서 합리적인 목적(위세, 평판, 명예 등)을 얻기 위해 비합리적인 수단(무조건적 소모)을 사용하는 것이다.

주술의 세계에서는 속의 세계, 즉 경험적으로 주어진 현실과 근본적으로 분리되어 있는 초월적인 성의 세계가 따로 존재하지 않는다. 오히려 성스러움이 특정의 구체적인 속된 대상들에 체화되어 있다. 그래서 사람들은 현세를 벗어난 초월적 세계로 근본적인 지향을 하지 않는다. 대신 성스러움을 체화하고 있는 구체적인 대상들을 '조작'함으로써 '지금 당장' 세속적인 목적을 얻으려고 한다. 그 조작의 대표적인 경우가 귀중한 대상을 무조건적으로 소모하는 것이다. 집합의례 기간 중 귀중한 대상을 봉헌하는 것이 일반적으로 나타나는 이유가 여기에 있다. 귀중한 대상을 무조건적으로 파괴함으로써 보다 큰 성스러움을 창출하고 그것을 자신과 동일시하려는 것이다. 귀중한 대상은 속의 세계에서 유용성이 큰 대상이다. 하지만 유용성은 그 대상이 지닌 본래의 존재 그 자체를 볼 때 사물의 기능으로 축소된 것이다. 속의 세계는 그 자체로 볼 때 이러한 사물들의 질서, 즉 사물화된 질서를 만드는 공리주의적 생산 활동이 일어나는 세계이다. 생존, 번식, 보존을 위한 공리주의적 활동은 충족되지 않으면 사회가 고통을 느끼는 생필품을 만들기 위해서는 불가피한 활동이다. 하지만 이러한 활동은 모든 동물들이 행하고 있는 것으로, 전혀 인간만의 고유한 특징이 아니다. 필수품을 생산하기 위한 금욕주의적 노동이 주를 이루는 속의 시공간은 아무런 흥분도 야기하지 않는 상습화된 시공간이다. 이는 인간은 물론 대상마저도 사물의 질서 속으로 밀어 넣는 것이다.

이러한 사물의 질서는 파괴되어 본연의 질서로 되돌아가야 한다. 성의 시공간 속에서 이루어지는 집합의례는 바로 이렇게 원래의 질서로 되돌아가기 위해 유용성을 파괴하는 과정이다. 이런 점에서 볼 때, 속의 세계는 성의 세계에 비해 부차적이라 할 수 있다. 성의 세계가 들어가 있는 속의 세계, 다시 말해 카리스마에 의해 정당성을 부여받은 속의 세계만이 유의미하다고 할 수 있다. 속의 세계에서 이루어지는 공리주의적 활동은 결코 그 자체가 목적이 아니다. 오히려 집합의례 기간 동안 파괴될 정도로 귀중한 대상을 만드는 과정일 뿐이며, 결국은 파괴를 통해 그 대상의 소유자에게 사회적 지위를 가져다주는 수단일 뿐이다. 부가 사회적 지위와 연결되려면, 부의 전부 또는 일부가 축제, 연극, 게임 등과 같은 비생산적인 소모에 바쳐져야 한다. 모든 부가 생산적 활동에 다시 투입되기만 한다면, 그 부의 소유자에게는 아무런 사회적 지위가 따라붙지 않는다.

2. 중세와 세계종교

중세의 세계종교는 다신교적인 주술들을 몰아내면서 등장하였다. '초능력'이 유형의 구현체 안에 내재하는 것이 아니라 초월적 세계에 존재한다. 유대-기독교와 이슬람교에는 인격적 신에, 힌두교, 불교, 유교에는 영원하고 불변하는 익명적 영역에 초월성의 원천이 있다. 그래서 모든 유형의 주술적 신들이 단 하나의 초월적 존재나 영역, 즉 단 하나의 포괄적인 신념체계로 환원된다. 이러한 신념체계는 세계를 하나의 유의미한 총체로 제시한다. 이것이 주술과의 결정적인 차이이다. 하나의 유의미한 총체적인 세계관을 만들기 위해 세계종교는 단 하나의 보편적인 '초월적 기의'라는 토대를 만드는 것에서 시작한다. 하나의 포괄적인 신념체계 안에 존재하면서도 동시에 그 외부에 존재하는 초월적 기의를 만들어야만, 그 신념체계의 궁극적인 정당성을 끌어낼 수 있기 때문이다(Derrida, 1978). 세계종교는 보편적 타당성을 주장하기 때문에, 반드시 그 타당성의 정당성 문제에 시달리지 않을 도리가 없다. 이를 위해 하나의 토대, 즉 관계적 존재가 아닌 스스로에 의해 스스로가 정의되는 비기호학적 실체인 초월적 기의를 필요로 하는 것이다. 그 초월적 기의가 서구의 기독교적 질서의 경우에는 '하나님'이고, 동양의 성리학적 질서의 경우에는 '리(理)'이다(최종렬, 2006a). 이러한 초월적 기의를 토대로 하여, 하나의 거대한 유의미한 총체적 세계관이 수립된다. 인간은 초일상적인 힘을 구체화하고 있다고 믿어지는 다양한 주술적 힘들에 둘러싸여 있는 것이 아니라, 유일한 초월적 존재에 의해 안내된다. 초월적 존재에 대한 믿음을 내면화한 인간은 세속적인 목적을 추구하는 대신에, 그 존재가 자신에게 부여한 '본질'을 실현하려고 노력한다. 그것이 바로 '구원'이다. 모든 세계종교는 주술과 달리 현세적 복리를 추구하는 것을 근본 목적으로 하지 않는다.

오히려 초월적 이상의 성취, 즉 구원을 궁극적으로 추구한다.

사회의 영역 분화 차원에서 보면, 세계종교가 처음 시작될 때는 여전히 막대한 정도로 삶의 상이한 영역들이 중복되어 있었다. 하지만 종교의 영역이 갈수록 경제와 정치의 영역으로부터 분리되서, 신도들에게 순수하게 종교적인 요구만 하는 영역으로 변해 간다. 그래서 종교 영역이 정치/경제 영역으로부터 완전히 분리되게 된다. 그런 점에서 중세에는 '종교 영역이 독자적으로 분화' 되어 나오는 것이 가장 큰 특징이다. 하지만 이야기는 여기서 끝나는 것이 아니다. 종교 영역이 독자적인 삶의 영역으로 자신을 구축하는 것을 넘어, 다른 삶의 영역들(정치 영역과 경제 영역)에까지 침입해 들어가 자신의 원리에 따라 조직한다는 점이 더 결정적인 특징이다. 이런 점에서 세계종교는 주술과 비슷할 수 있다. 하지만 주술의 경우 성스러움이 독자적인 초월적 영역으로 분화되지 않은 상태에서 사회적 삶의 다른 영역들과 상호 침투되어 있다면, 세계종교의 경우는 성스러움이 독자적인 초월적 이상으로 분화된 후 다시 사회적 삶의 다른 영역들에 침투해 들어간다는 점에서 차이가 난다. 또한 주술의 경우 그 신념체계가 단 하나의 정합적이고 총괄적인 세계관으로 통일되지 않은 반면, 세계종교는 그렇게 되어 있다. 이렇게 이상화된 종교적 현실은 주어진 경험적 현실과 날카롭게 대립할 수밖에 없다. 세계종교의 진리는 주어진 경험적 현실의 잣대에 의해 평가되지 않는, 초월적인, 그래서 비실제적이고 비합리적인 것이기 때문이다. 이제 이렇게 이상화된 초월적 질서는 성스러움을 기반으로 해서 주어진 경험적 현실을 일관되고 정합적인 총괄적 세계로 변화시키려고 한다. 이것이 성공할 경우 경험적 현실은 독자성을 잃고 초월적 이상의 세계에 의해 지배되게 된다. 정치와 경제 모두 궁극적으로는 초월적 기의를 위해 행해진다. 하지만 이것이 실패할 경우 오히려 경험적 현실의 요구에 따라 성스러운 질서가 변용된다.

지적 삶의 측면에서 보면 아직 지적 삶이 종교로부터 분화되어 나와 있지 않다. 인지적 차원, 정서적 차원, 도덕적 차원이 그보다 더 근본적인 '유일무이한' 종교적/코스몰로지적 신념체계 안에 배태되어 있기 때문이다. 여전히 신념을 위해 지성이 희생을 치르고 있는 것이다. 하지만 주술의 경우와 달리, 미분화된 상태에 있는 진/선/미가 특정의 국지적인 시공간들을 넘어 모든 시공간에서 보편적으로 유의미하고 힘을 발휘한다. 그 이유는 종교 영역이 경험적으로 주어진 실재와 독립해서 초월적 세계에 존재하는 또 다른 실재로 분화되어 있기 때문이다. 그 때문에 종교 영역이 국지적인 경험적 실재들에 묶여 있지 않고 보편성을 띨 수 있게 되었다. 이는 의미작용 양식에서 주술세계의 상징주의와 다른 새로운 양식이 출현할 수 있게 되었음을 말하는 것이다. 그 새로운 의미작용 양식이 다름 아닌 실재주의 또는 '리얼리즘'이다. 이렇게 실재가 둘로 나뉘게 됨에 따라 비로소 한 실재가 다른 실재를 표상하는 문제가 발생하게 된다. 경험적으로 주어진 실재는 모두 진짜 실재인 초월적 실재를 표상해야만 한다. 기호와 지시대상의 분리가 이루어졌기 때문에 이것이 가능한 것이다. 하지만 아직 기호는 기표와 기의로 분리되지 않은 상태이다.

중세는 유일신적인 초월성에 의해 궁극적으로 정당화되는 '보편적 도덕'이 사회세계를 구성하는 근본원리이다. 도덕이 보편적인 이유는, 국지적인 현세의 복리가 아닌 '구원'이라는 초월적 목적을 추구하기 때문이다. 진정한 세계는 현세가 아니라 초월적인 이상의 세계이기 때문에, 인간의 삶은 초월적 이상의 세계를 획득하는 것을 자신의 궁극적인 삶의 목적으로 삼아야 한다. 이러한 보편적 도덕은 외적으로 강제된 것이 아니라, 내면 깊은 곳에 자리 잡은 것이다. 초월적 이상, 즉 특정의 궁극적 삶의 가치와 의미에 항상적이고 내적인 관계를 맺게 될 때에만 인간은 자신의 좁다란 이해관계에서 벗어나올 수 있다. 초월적 이상에 따라 경험적 현실을 보면, 반드시 내적 거리를 갖지 않을 수 없기 때문이다. 따라서 자신의 삶을 초월적 이상을 얻도록 궁극적으로 재정향한다. 러브조이 (Lovejoy, 1964)는 서구를 지배해 온 형이상학을 논하면서, 살아 있는 유기체로서의 모든 실체가 '완전성의 정도'에 따라 위계적으로 조직되어 있는 것을 존재의 거대한 연쇄라 부른 바 있다. 이러한 위계적 조직에서 하나님은 최상층에, 천사는 그 바로 밑에, 인간은 그 다음 밑에 있으며, 계속해서 완전성의 정도에 따라 아래로 내려가면 식충류가 맨바닥에 있다. 모든 존재는 하나님이라는 지극한 존재에 의해 부여된 형상을 실현하는 과정 중에 있다. 인간 역시 마찬가지이지만, 다만 특이점이 있다면 다른 존재들과 달리 영혼을 가지고 있어 하나님의 세계에 참여하는 정도가 높다는 것이다. 앞에서 보았듯이, 인간은 구원을 추구한다. 이와 유사하게 주희는 모든 생명의 가치를 "자연 안에서 여러 생물학적 조직(氣)의 수준과 이념(理)의 구현 가능성에 따라 등급"(한형조, 1996: 95)을 매긴다. 인간은 만물 중에서 그 순도가 가장 맑고 짜임새의 정밀성이 가장 정교하다. 그 결과 리(理)의 구현 가능성이 가장 높다. 인간을 정점으로 하여 만물은 순도의 청탁과 정밀성의 정조를 따라, 리(理)가 어떻게 구현되느냐에 따라 위계의 연쇄가 구성된다. 따라서 만물은 음양오행의 청탁과 정조에 따라 그 도덕적 가치의 서열이 매겨지는, 상징으로 가득 찬 체계 안에 놓여 있다. 리일분수(理一分殊), 즉 리(理)가 기(氣)를 통해 각각의 존재에 독특한 성(性)으로 구체적으로 발현한다. 따라서 개별 존재는 그 자체로 의미를 지니는 것이 아니다. 근본적 차원에서 리(理)로 최종 소급되기 때문이다. 이러한 질서는 익명적이며 영원불멸한 신성한 질서이다. 이러한 질서에 맞게 사는 것, 즉 시중(時中)이야말로 보편적 도덕이다. 시중은 엄격한 자기통제를 요구한다. 이렇듯 세계종교는, 현세의 입장에서 비합리적인 목적(구원)을 성취하기 위해 합리적인 수단(자기통제를 위한 엄격한 합리적인 방법과 절차)을 사용한다.

세계종교에서는 성의 세계를 초월적 존재나 영역에 구축함으로써 속의 세계로부터 날카롭게 분리되어 있는 것처럼 보인다. 성과 속이 뒤섞여 있는 주술과 비교해 볼 때, 성의 세계의 초월적 영역에 설정한 세계종교는 경험적으로 주어진 현실인 속의 세계와 분리되어 있는 것처럼 보인다. 하지만 성을 기준으로 해서 속을 변형시키려는 노력이 성공할 경우, 속의 세계는 그 독자성을 잃고 성의 세계에 종속된다. 이렇게 되면, 속의 세계에 있는 모든 것이 성의 세계에 있는 초월적 기의로 환원되기에 속의 세계는 독자적인 영역이라 할 수 없다. 만물이, 기독교의 경우에는 하나님의 섭리를, 유교의 경우에는 리(理)로부터 받은 성(性)을 구현하는 것을 존재의 목적으로 삼는다. 따라서 모든 존재는 에너지를 생존과 보존을 위한 세속적 공리주의적 생산 활동에 쏟아서도 안 되고, 더 나아가 무조건적인 소모를 통해 낭비해서도 안 된다. 모든 에너지는 남김없이 자신에게 부여된 '본질'을 실현하는 데 쏟아야 한다. 그렇다고 생존과 보존을 위한 공리주의적 활동이 없을 수는 없다. 하지만 이렇게 공리주의적 활동을 한다 하더라도, 순전히 효율성의 원리를 따라 이루어질 수 없다. 그보다 더 포괄적인 '도덕'에 공리주의적 활동이 배태되어 있기 때문이다. 그런 점에서, 속의 세계에서 이루어지는 공리주의적 경제활동은 '도덕 경제'일 수밖에 없다. 유용성과 효용성의 추구는 그 자체로 이루어질 수 없다. 명예와 도덕이 공리주의적 이익 계산을 제어한다. 그럴 때 받게 될 경제적 피해는, 직접적으로는 공동체 내에서의 사회적 평판과 명예로 되갚아진다. 하지만 보다 궁극적으로는 초월적 존재에 의해 보상을 받는다. 이것이 보상에 관한 한, 세계종교가 주술과 다른 근본적인 차이이다. 기독교의 경우에는 천국이, 유교의 경우에는 가족의 무궁한 연장(奉祭祀)이 그 초월적 보상이다.

3. 모던과 과학

서구의 근대 기획, 그중에서도 계몽주의의 기획은 초월적 기의를 제거함으로써 세계종교의 상징적 질서를 해체시킨다. 뉴턴의 수학적 물리학은 신의 섭리로 가득 차 있는 코스모스를 파괴하고, 보편적인 수학적 법칙을 따라 합법칙적으로 운동하는 원자적 물질의 무한한 인과연쇄로 구성된 기계적 세계를 구성하였다. 계몽주의 기획은 한마디로 말해 뉴턴의 수학적 물리학을 인간 사회에 적용하려는 것이다. 뉴턴의 수학적 물리학을 사회세계에 적용하여 만든 시장사회의 핵심은, 형이상학적이고 초월적 차원을 제거함으로써 '인지적' 차원, '도덕적' 차원, '정서적' 차원을 분화시키고, 더 나아가 사회세계를 인지적 차원으로만 구성한다는 점이다(최종렬, 2003b, 2004b). 뉴턴의 세계는 특정의 맥락에 배태되어 있는 질적으로 고유한 존재들이 그 맥락으로부터 해방된, 양적으로 측정 가능하고 비교 가능한 원자적 물질로 구성되어 있다. 여기에는 아무런 초월적 의지도 개입하지 않으며, 또한 도덕적 의무나 정서적 울림도 따르지 않는다. 오로지 차가운 인지적 계산만이 있을 뿐이다. 선한 자가 벼락 맞아 죽었다 치자. 이 사건에 하나님의 의지가 개입된 것도 아니고, 선한 것도 악한 것도 아니며, 슬픈 것도 기쁜 것도 아니다. 그저 자연적 현상(인과의 연쇄)에 의해 발생한 '객관적 사실'일 뿐이다. 그런 점에서 '초능력'이 거주할 국지적인 구현체도 보편적인 초월적 세계도 사라져 버렸다. 한마디로 말해, 모던 시대에는 카리스마가 과학의 합리적 계산 가능성 앞에 힘을 잃어버린다. 사회세계의 탈주술화 내지는 탈신비화가 달성된 것이다. 만물은 초능력 또는 카리스마에 의지하지 않고서도 설명 가능하게 된다.

사회의 영역 분화의 차원에서 보면, 모던 세계에서는 마침내 '기능적 분화(functional differentiation)'가 너무나 심대해서, 상이한 영역들이 서로 분리된 요구를 할 뿐만 아니라, 더 나아가 종종 양립 불가능한 요구를 행하게 된다. 이러한 기능적 분화 중에서 핵심적인 것은 원자적 개인들이 이윤 동기에 따라 도구적 합리성을 계산하여 행위하는 것으로 이루어진 자기 조정적 시장(self-regulating market)의 출현이다(Polanyi, 2001). 자기 조정적 시장사회는 원래 원격지 무역에서 발전되어 나온 것이다. 그 과정에서 점차 지역 단위의 정치적이고 도덕적인 규제로부터 벗어나와 오로지 가격의 원리에 따라 수요와 공급이 자기 조정적으로 이루어지는 거대 시장사회가 출현하게 된 것이다. 이러한 거대한 자기 조정적 시장은 기존의 지역 단위의 조절 장치를 넘어서기에, 이를 조절할 새로운 장치를 필요로 하게 되었다. 이러한 필요에 부응하여, 명확하게 규정된 영토 내에서 합법적인 폭력을 독점적으로 휘두르는 국민국가가 출현한다. 이와 더불어, 시장사회에서의 커뮤니케이션의 필요성을 충족시켜 가면서 시민사회가 출현한다. 시민사회는 사적 이해관계를 가진 부르주아들이 이제 공적 문제가 되어 버린 경제활동을 논의하는 공론장이다. 또한 이 모든 영역으로부터 벗어난 친밀성의 공간으로서 가정도 출현한다(Habermas, 1998). 이러한 각 사회의 영역은 자신만의 고유한 원리에 의해 운영된다. 경제 영역은 효율성의 원리, 정치 영역은 권력의 원리, 시민사회는 담론의 원리, 가정은 친밀성의 원리에 의해 움직인다. 이러한 각 원리는 서로 상이한 요구를 하며, 그래서 때로는 조화될 수 없는 요구로 투쟁하기도 한다. 이것이 초기 모던의 특징이다. 하지만 모던 사회가 성숙하면 할수록 경제 영역은 효율성의 원리에 따라 정치 영역, 시민사회 영역, 가정 영역을 재구성하기에 이른다.

지적 삶의 측면에서 보면, 여기에서는 과학(지식) 영역이 종교의 전일적인 지배로부터 독자적으로 분화되어 나오는 것이 제일 큰 특징이다. 진(과학), 선(도덕학), 미(미학)가 종교로부터 분화되어 각자 스스로의 토대를 만들어 자기를 정당화한다. 과학은 '과학을 위한 과학', 도덕은 '도덕을 위한 도덕', 예술은 '예술을 위한 예술'이다. 종교도 과학, 도덕학, 미학을 꿰뚫는 근본원리의 역할에서, '종교를 위한 종교'로 축소된다. 이는 의미작용 양식에서 '모더니즘'이 도래했음을 알리는 것이다. 모더니즘에서 의미작용은 기호와 지시대상 간의 일치에서 일어나는 것이 아니다. 과학, 도덕, 미학이 각각 종교적 토대로부터 벗어나, 스스로의 영역 안에서 자신의 가치의 정당성을 확보하듯이, 기호는 지시대상으로부터 벗어나 기표와 기의로 갈리고 지시대상과 상관없이 기표와 기의 간의 상호작용을 통해 의미를 만들어 낸다. 모더니즘은 거추장스러운 지시대상을 떼어내고, 기표와 기의의 상호작용을 통해 다양한 의미작용을 하기 시작한다. 하지만 모던 세계가 무르익으면 익을수록, 과학이 자신의 영역을 벗어나와 다른 지적 영역들을 식민화하기 시작한다. 도구적 효율성이 리얼리즘에서 지시대상이 했던 역할을 하려고 하는 것이다. 모더니즘은 이러한 제국주의적 침략에 격렬히 대항한다.

모던은 인지적 차원을 극대화한 '도구적 합리성의 원리'(과학)가 사회세계를 구성하는 근본원리이다. 도구적 합리성의 원리는 (현세적 관점에서) 합리적인 목적을 (동일하게 현세적 관점에서) 합리적인 최선의 수단을 통해 획득하려는 원리이다. 도구적 합리성은 주어진 목적의 근본적 가치에 대해 고민하는 대신 그 성격이 어떠하든 그것을 최고의 효율성으로 성취하려는 데 관심을 기울인다. 이는 사회세계를 인지적 세계로 일원화시켰기 때문에 가능한 일이다. 다시 말해 사회세계를 인지적인 분류체계를 통해 구성하였기 때문이다. 이러한 분류체계의 모형은, 뉴턴의 수학적 물리학이다. 이 세계에 존재하는 것은 오로지 물질뿐이다. 물질의 운동은 겉으로 보면 혼돈스럽지만, 경험적으로 관찰하고 합리적으로 추론해 보면 그 성격이 근본적으로는 수학적인 합리적 법칙을 따라 이루어져 있음을 알 수 있다. 자연세계는 인과의 철의 법칙에 따라 이루어져 있다. 여기에는 신의 섭리는 말할 것도 없이, 어떠한 도덕적 가치나 정서적 감흥도 개입되지 않는다. 과학은 우선 세계종교의 '존재의 거대한 연쇄'를 해체시킨다. 서구의 경우, 신의 섭리로 가득 찬 존재의 거대한 연쇄에서 각자의 고유한 자리를 지니고 있던 존재들이 풀려나와 아무런 내재적 의미도 지니지 않은 원자적 물질로 되어 버린다. 동양의 경우, 리(理)를 나름대로의 기(氣)를 통해 성(性)으로 체화하고 있는 존재의 거대한 연쇄를 해체시켜 만물이 아무런 내재적 의미를 지니지 않은 원자적 물질로 되어 버린다. 모든 요소들이 양적으로만 비교 가능한 동질적인 원자적 물질이 되는 것이다. 유교만 보아도 이는 분명히 드러난다. 유교의 기본적인 인간관계인 오륜은 모두 동등한 인간들 간의 관계로 바뀐다. 군신의 관계(義),부자의 관계(親), 부부의 관계(別), 장유의 관계(序), 붕우의 관계(信)도 모두 '동무들 간의 계약관계'로 바뀌는 것이다. 결국 원자적 개인들이 사적 이익의 극대화 원리에 따라 서로 계약관계를 맺는 시장사회가 출현하게 된 것이다. 시장사회의 공리주의적 질서의 핵심은, 만물이 시장에서 사고 팔릴 수 있는 상품으로 변화한다는 것이고, 각 상품의 가격이 시장의 자기 조정적 기능에 의해 결정된다는 데 있다. 맑스와 짐멜이 훌륭하게 분석했듯이, 교환가치가 지배하게 되면 사용가치는 단순히 교환가치의 알리바이에 불과하게 된다. 교환가치는 만물에서 그 질적 차이를 지우고, 오로지 양적 차이에 의해서만, 즉 화폐의 양에 의해서만 그 가치가 결정되도록 만든다. 질에 수반된 의미는 제거된다. 상징적 교환이 지배하던 세계에서 공리주의적 교환이 지배하는 세계로 전환한 것이다.

　시장사회에서는 만물이 속화된다. 다시 말해 성의 세계가 독자적인 힘을 잃고 모두 속의 세계로 포섭되는 것이다. 축적을 위한 축적이 지배하는 자본주의의 공리주의적 질서에서는 모든 에너지가 성장에 투입되어야 한다. 이를 위해 금욕주의적 노동이 인간의 재생산을 돕는 최소한의 필요를 소비하는 일 이외의 모든 인간 활동(상징을 중심으로 이루어지는 집합적 의례 활동이 대표적)을 비생산성, 더 나아가 낭비란 이름으로 제거한다. 베버가 칼뱅주의에 담긴 세속적 금욕주의를 자본주의 정신과 연결시킨 이유가 여기에 있다. 모든 인간 활동이 공리주의적 생산을 위한 금욕주의적 노동으로 구축됨에 따라, 일상이 기계와 같은 무의미한 상습의 세계로 만들어진다. 이는 속의 세계가 성의 세계에서 독립되어 나오는 것을 뛰어넘어, 오히려 거꾸로 성의 세계까지 공리주의적 질서에 의해 재구성하는 것을 의미한다. 고대와 중세를 비교하면 모던은 완전히 뒤집힌 사회이다. 부분 사회로 출현했던 시장사회가 사회 전체를 시장 원리에 종속시킴으로써 전체 사회로서의 시장사회로 발전하고, 그 결과 속의 시공간은 물론 성의 시공간마저도 모두 초월적 차원은 물론 정서적/도덕적 맥락으로부터 완전히 벗어난 일차원적인 기하학적 시공간으로 전화한다. 프랑크푸르트 학파가 우려한 세계가 바로 이것이다.

하지만 자본주의적 근대 세계의 발전이 보여주듯이, 인간 사회는 속의 세계 속에서만 살 수 없다. 일정 정도 부를 축적한 부르주아는, 성장의 한계에 직면하면 잉여 에너지를 어떻게든 소모해야만 했다. 우선 부르주아는 합리적 소비란 이름으로 잉여 에너지를 소모하려고 한다. 하지만 소비를 합리적으로 한다는 것은 비생산적 소모를 할 수 없다는 무능력을 드러낼 뿐이다. 애초에 명예와 지위가 없던 부르주아에게는 부를 무조건적으로 소모한다는 것 자체가 비합리적 낭비일 뿐이다. 오로지 축적에 복무하는 제한적인 소비만이 합리적이란 이름으로 환영받는다. 명예와 도덕적 의무는 길바닥에 나뒹군다. 하지만 일군의 부르주아는 무조건적 소모를 행하려고 시도한다. 그 모범은 무조건적 소모를 일삼아 온 귀족이다. 하지만 이 경우에서조차도 부르주아가 행하는 소비는 진정한 의미에서의 무조건적 소모가 아니다. 부의 과시적 소비, 더 나아가 부의 과시적 소모가 진정으로 권력 있는 자가 행하는 것이라면, 부르주아는 작은 전시의 체계에 빠져든다(Veblen, 1994). 싸구려로 전시를 하려고 하지만 이는 전혀 스펙터클하지 않다. 진정한 전시는 귀중한 것을 파괴하는 데에 있으며, 그래야 그 전시를 보면서 삶들이 압도될 수 있다. 하지만 작은 전시에는 싸구려가 파괴되기 때문에 전혀 압도하는 감정을 불러일으키지 못한다. 그들은 민망하고 때로는 저열한 웃음으로 이를 감싸려 할 것이다. 진정한 전시에는 부에 대한 도덕적 의무감이 뒷받침되어 있는 것이며, 이는 왕족이나 귀족에게 적합할 뿐이다.

IV. 포스트모던: 축출되고 주변화된 것의 카이로스적 회귀

포스트모던은 공리주의적 질서에 의해 축출되거나 주변화되었던 초월성, 정서, 도덕이 공리주의적 질서를 해체하면서 나타난다. 인지적 분류 체계로서의 과학은 효율적이지만, 인류 복지의 증대라는 계몽주의 원래의 약속과 달리 삶을 극도의 불안정한 상태로 만들어 놓는다. 확대재생산을 위해 끊임없이 파괴와 재구성을 되풀이하는 자본주의와 결합된 과학의 발전은 작금의 신자유주의적 지구화가 보여주듯이 오히려 사회세계를 안정시키지 못하고 불안정한 상태로 만든다. 기계의 운동처럼 상습화된 일상이 파괴되어 일시성과 찰나성으로 변한다. 이러한 자의적 질서는 기계의 운동처럼 상습화된 공리주의적 일상이 만들어 낸 '무의미'와 차원이 다른 삶의 '의미의 문제'를 야기한다. 전자의 '무의미'는 세계를 주관하는 초월적 존재의 살해로 생긴 기계적인 공리주의적 일상이 가져오는 권태이며, 이는 "멜랑콜리, 슬픔, 우수(憂愁), 공허감, 피로 등 문화적 모

더니티의 주요한 감정 형식들과 맥을 같이 한다"(김홍중, 2006b: 8). 금욕
주의적 노동과 짝을 맺고 있는 이러한 권태와 우울증을 뒤집으면 바로 무
제한적 소모와 짝을 이루는 집합흥분과 집단광기가 나온다는 것이 근대
역사의 가르침이다. 보들레르의 '토성적 정조'(김홍중, 2006b)를 뒤집으
면, 바로 사드의 광란의 집단 혼음(orgy)이 나온다. 이것이 두 번째 '의미
의 문제'가 뜻하는 바이다. 부르주아와 대척점에 있다고 여겨져 온 프롤
레타리아라고 다를 바 없다. 신자유주의적 구조 조정에 의해 노동시장으
로부터 퇴출당한 프롤레타리아는 그동안 금욕주의적 노동과정에서 억눌
러 왔던 집합흥분과 집단광기와 만난다. 이는 자신의 삶의 의미를 가져다
줄 '성스러움'과의 만남을 추구하는 것과 같다.

　모던 시대에도 생산/금욕주의적 노동을 중심으로 하는 공리주의적 질
서와 소비/쾌락적 놀이를 중심으로 하는 비공리주의적 질서가 서로 공존
하며 갈등하기도 하였다. 다니엘 벨(Bell, 1976)이 '자본주의의 문화적 모
순'을 역설한 이유가 여기에 있다. 사실 이러한 모순은 자본주의가 시작
할 때부터 항상적으로 있었던 것이다. 19세기에 생산에서의 산업혁명이
있기 이전에 이미 17, 18세기에 소비의 상업혁명이 있었다. 그때 이미 생
산/금욕주의적 노동을 중심으로 하는 공리주의적 질서와 소비/쾌락적 놀
이를 중심으로 하는 비공리주의적 질서의 경계가 무너져 진기함(novelty)
이란 이름으로 '속의 성화'가 특정의 시공간에 구축되었다(MaCracken,
1988). 성스러운 것이 속된 것으로 되는 일상(탈성화, 탈주술화, 상품화)과
달리, 속된 것이 성스러운 것으로 되는 시공간(재성화, 재주술화, 탈상품화)
은 엄청난 집합흥분을 야기한다. 성스러운 것을 창출하기 위해서는 일상
에서 귀중하게 생각했던 것들을 희생 제물로 바쳐야 하기 때문에, 일상에
서 겪을 수 없었던 환상, 환각, 집단광기가 휩쓸고 지나간다. 하지만 모던
시대에는 그러한 구축이 전면적으로 이루어지지 않고, 박람회나 백화점

등 특수한 공간에서만 이루어졌다. 벤야민이 파리의 아케이드에서 이러한 차원의 근대성을 본 것은 결코 우연이 아니었다(벤야민, 2005, 2006).

하지만 공리주의적 질서가 '너무나' 성공하게 되면, 사회세계가 무의미해지는 것으로 끝나는 것이 아니라 그 자체가 일시성과 찰나성으로 변하는 극도의 자의적 상태로 빠진다. 그래서 역설적이게도 유의미한 코스모스에 대한 형이상학적 욕구(Weber, 1958a), 유의미한 코스모폴리스에 대한 도덕적 욕구(Toulmin, 1990), 정서적 어울림에 대한 미학적 욕구(마페졸리, 1997)가 더욱 강렬해진다. 그래서 '성스러움'과의 만남을 통해 삶의 의미를 되찾으려는 노력이 사회세계 전 영역에서 보편적으로 나타난다. 하지만 성스러움이 주술처럼 구체적인 유형의 구현체 안에 고정되어 있는 것도 아니고 초월적인 영역에 설정되어 있는 것도 아니다. 오히려 성스러움이 실제 공간과 사이버 공간을 가릴 것 없이 출몰하고 있다. 스포츠 경기장, 경정장, 경마장, 경륜장, 도박장, 성인 PC방, 테마파크, 비만 클리닉 등이 일상의 공간과 구분 없이 구축되어 있어 환상, 환각, 환락, 집단광기를 북돋우고 있다. 사이버 공간에는 환상, 환각, 환락, 집단광기를 불러일으키는 온갖 종류의 이미지들이 무한하게 떠돌아다니고 있다. 하지만 이러한 성스러움은 진정한 의미에서의 성스러움이 아니다. 그것을 체험한 사람을 잠시 정서적으로 고양시킬 수는 있어도 새로운 성스러운 존재로 근본적인 전환을 가져다주지 않기 때문이다. 순간 대박이 터져 환상의 세계를 맛볼 순 있어도 곧 다 잃어버리고 말 운명에 처해 있다. 도박에서 보듯, 게임은 영원히 반복될 것이기 때문이다. 가역성이 극대화된 세계에서 성스러움이란 찰나적인 지속성만을 지닐 뿐이다. 그래서 역설적이게도 더욱 성스러움과의 찰나적인 만남을 꿈꾼다.

사회의 영역 분화의 차원에서 보면, 정치 영역, 경제 영역, 종교 영역, 지식 영역의 분화가 너무나 세분되다 보니 오히려 그 경계가 내파되어 버린 '탈분화'의 상태에 놓여 있다. 모던 사회의 이상이 분화와 자율성이었음에도 불구하고, 실제 발전에 있어서는 결국에는 정치 영역, 종교 영역, 지식 영역이 모두 경제 영역 안에 배태되어 경제 논리에 따라 작동하도록 변화하였음을 앞에서 지적한 바 있다. 문제는 포스트모던 상황에서는, 경제 영역의 공리주의적 생산의 원리가 그렇게 축출하고자 했던 초월성, 도덕, 정서가 되돌아와 오히려 그것을 비공리주의적 활동으로 침윤시킨다는 점이다. 이렇게 되돌아와 침윤시키는 근본적인 이유는 모든 에너지를 성장에 쏟아붓고도 남아도는 잉여가 낳는 동요 때문이다. 성장을 돕는 데 쓰이고 남은 잉여 에너지는 개인과 마찬가지로 사회 전체도 동요의 상태에 빠트린다. 그것이 극단으로 되어 사회 전체가 폭발하지 않기 위해서는 무조건적 소모를 행해야만 한다(바타이유, 2004).

잘 알다시피, 1970년대에 이르게 되면 자본주의 세계 체제는 화폐와 금융자본의 구조적 과잉 축적의 문제에 직면한다. 조직화된 자본주의의 위기, 포디즘적 축적 체제의 위기 등은 바로 이를 표현한 것이다. 생산에 쓰고도 너무도 많이 남는 잉여 자본인 금융자본의 과잉 축적은 자본주의 세계 체제 전체를 위기와 동요로 몰아넣는다. 이제 어떻게든지 이러한 잉여를 파괴하는 일이 자본주의 세계 체제의 사활을 건 문제가 된다. 물론 모던 시대에도 자본주의는 주기적으로 축적의 위기에 처한 것이 사실이다. 자본주의는 전통적으로 축적의 문제를 외부적으로 시장을 확장하든지 내부적으로는 상품이 아니었던 영역을 상품화시키든지, 아니면 둘 다를 조합하는 방식으로 해결해 왔다. 그 과정에서 모든 존재들을 끊임없는 동요의 상태 속에 몰아넣었다. 하지만 문제는 그렇게 도구적 합리성으로 세계를 반복적으로 파괴하고 재조직하는 일이 자본주의 체제가 지속적으로 성장한다는 신화에 기대어 이루어져왔다는 것이다. 포스트모던은 바로 이러한 신화가 위기에 처했음을 뜻한다. 성장이 없는 지속적인 발전은 필연적으로 에너지의 과잉 축적을 가져오지만, 그것이 사회의 소수에게 집중되기 때문에 생산적으로 투입될 수가 없다. 이전 모던 시대에는 복지 국가 체제를 통해 이러한 문제를 어느 정도 해결해 왔지만, 1990년대 동구권 붕괴 이후 지구적 차원에서 이루어지는 살인적인 시장 경쟁은 이러한 해결책도 뿌리부터 흔들어 놓았다. 한쪽에서는 에너지의 과잉 축적될 때 다른 쪽에서는 에너지의 과소가 일어나는, 즉 양극화가 가장 큰 화두로 뛰어오른다. 지구적 차원에서 금융자본의 무조건적 소모가 이루어지기 시작했다. 카지노 자본주의, 메뚜기 자본주의가 지구적으로 기승을 부린다.

이를 가능케 한 것이 바로 새로운 텔레테크놀로지라는 매체이다. "텔레테크놀로지란 테크노과학, 테크노문화, 테크노자연의 실현, 즉 컴퓨터 테크놀로지와 텔레비전의 완전한 접점이다. 텔레테크놀로지는 전자이미지, 전자텍스트, 전자음이 실시간으로 흐르는 정보와 커뮤니케이션의 전 지구화한 네트워크를 만들어 가고 있다"(최종렬, 2004c: 163-164). 텔레테크놀로지를 통한 지구적 투자는 시작도 없고 끝도 없다. 투자에 뛰어들었을 때 이미 거기에는 투자의 끊임없는 환유적 연쇄의 흐름이 있다. 투자해서 일시적으로 돈을 번다 해도 그것이 끝이 아니다. 현재 번 것보다 더 많이 벌 수 있는 가능성, 즉 '차이(differ)'가 영원히 미래로 '지연(defer)' 되어 있기 때문이다. 따라서 자본이기를 포기하지 않는 한, 베팅은 영원히 끝날 수 없다. 그렇다고 이러한 투자의 이득이 이전의 저축처럼 누적적으로 이루어지는 것이 아니다. 언제 어디서 무엇이 터져 나와 환유적 연쇄를 뒤흔들지 모른다. 거의 무한한 변수들이 유령처럼 떠돌다 어느 날 갑자기 도래한다. 이제 나의 국지적 행동이 멀리 떨어진 사건이나 행위자에 의해 영향받으며, 심지어는 결정되기도 한다. 그 역도 마찬가지이다. 태국의 바트화의 하락이라는 국지적 사건이 뉴욕의 월스트리트를 강타하고 러시아를 지급불능 상태로 빠트린다. 무조건적 소모가 지구적으로 연결되어 거의 동시다발적으로 일어나고 있는 것이다. 경제 영역이 이렇듯 무조건적 소모로 운영되기 시작하자, 경제 영역의 지배를 받던 정치 영역, 종교 영역, 지식 영역도 덩달아 무조건적 소모의 원리에 따라 움직이기 시작한다. 금융자본이 잉여 가상 자본을 창출하고 파괴하기를 반복하듯이, 다른 삶의 영역도 잉여 의미를 창출하고 파괴하기를 되풀이한다. 그래서 수학적 물리학 또는 도구적 합리성에 의해 쫓겨났던 의미, 즉 초월성, 도덕, 정서가 되살아나 뒤죽박죽 뒤섞여 파괴와 소모의 잔치판을 벌인다. 시공간을 극복하고 많은 정보를 가져다주도록 만들어진 합리적 기계인 테크놀로지가 오히려 인간의 삶을 비합리적으로 만들고 있는 것이다. 합리성이 '너무나 성공' 해서 오히려 비합리성을 낳은 역설적 상황을 우리는 보고 있다. 이제 새로운 형태의 계산 불가능성이 출현한다.

텔레테크놀로지는 이전과는 전혀 다른 새로운 의미작용 양식을 열었다. 모더니즘이 지시대상을 떼어 내고 기표와 기의의 상호작용을 통해 의미작용하는 길을 열었다면, 텔레커뮤니케이션은 한 걸음 더 나아가 기의를 떼어 내고 기표들의 연쇄를 통해 의미작용하는 길을 열었다. 이 새로운 의미작용 양식이 바로 '포스트모더니즘' 이다. 텔레테크놀로지는 차연(差延), 즉 기표들의 무한한 환유적 연쇄($\cdots+y+z+a+\cdots$)의 흐름을 그 근본 논리로 하고 있다(Derrida, 1982a). 이것은 낙원(이전)-상실(현재진행)-회복(이후)이라는 상승적 시간을 따라 진행되는 기존의 오이디푸스 서사와는 완전히 다른 것이다. 텔레테크놀로지는 지구상의 존재했던/하는/할 모든 상징체계들을 해체하여 각 체계 안에 갇혀 있던 요소들을 해방시키고, 이렇게 해방된 요소들(기표들)을 다시 무한한 이미지의 환유적 연쇄로 구성된 문화 상품으로 만들어 전 지구에 실시간으로 전송하고 있다. 이러한 문화 상품들은 무엇보다도 영상적 이미지의 앙상블로 나타나는데, 이 이미지의 앙상블은 그 참조 대상과의 시각적 유사성을 통해 의미를 얻는 퍼스(Charles S. Peirce)의 아이콘(icon)도, 논리적 정합성에 의해 결합된 통일체도 아니다. 앞에서 보았듯이, 텔레테크놀로지에 의해 전송되는 이미지들은 오히려 무한한 환유적 연쇄에 의해 그 의미가 끊임없이 미끄러지는 흐름(flux)이다. 이 이미지들은, 데리다(Derrida, 1994)가 말하는 '유령(specters)'처럼 떠돌아다니다가 카이로스적으로 회귀한다. 유령은 서구 형이상학의 토대인 '존재(Being)'와 '비존재(Non-Being)'의 이분법을 허문다. 유령은 존재와 비존재의 대립이 있기 이전부터 먼저 있으며, 또 미래에 항상적으로 대기하면서 출몰한다. 이러한 출몰의 방식은 선형적이고 누적적인 시간을 따라 이루어지는 크로노스(chronos)가 아니라 과거, 현재, 미래의 시간의 연쇄를 파괴하는 순간을 따라 이루어지는 카이로스(kairos)이다(김홍중, 2006a). 이제 의미작용은 탈맥락화된 기표들의 우연한 인접성(contiguity)에 의한 결합을 통해 이루어진다. 텔레테크놀로지의 발달 덕분에, 이전에는 전혀 시공간적으로 인접하지 않은 것으로 생각되던 것들조차도 인접할 수 있게 된다.

문제는 포스트모던 시대에는 텔레테크놀로지가 사회세계를 구성하는 중심 기제로 등장했다는 점이다. 텔레테크놀로지는 일상의 대면적 상황에서 '너-지향(Thou-orientation)'으로 특징짓는 '우리-관계(We-relationship)'를 매개하는 정도에 그치는 것이 아니라, 그것을 조직화, 탈조직화, 재조직화시키는 것을 무한정 반복한다. 그 이유는 앞에서 보았듯이 텔레테크놀로지를 통해 전송되는 이미지가 카이로스적으로 영겁회귀하기 때문이다. 텔레테크놀로지를 통한 텔레커뮤니케이션은 끊임없이 흐르려고 한다. 빨리 흐르고 늦게 흐르고의 차이만 있을 뿐, 모든 것을 보여주려 한다(Dienst, 1994). 계속해서 카이로스적으로 영겁회귀하기 때문에, 최종적으로 출현한 이미지가 그전에 있던 이미지의 가치를 결정할 수밖에 없다. 하지만 카이로스적으로 회귀할 때마다, 매 순간 최종이기 때문에 의미는 계속해서 미끄러질 수밖에 없다. 이에 대한 경험은 칸트적인 의미의 '종합적 경험(Erfahrung)'도 아니요, 그렇다고 벤야민적인 의미의 '사건적 경험(Erlebnis)'도 아니다(김홍중, 2006a). 종합적 경험이 가능하려면 주체가 선험적 종합 능력을 소유하고 있어야 하며 동시에 그 것을 통해 직관에 부과되는 감각적 소여에 일관적인 형식을 부여할 수 있어야 한다. 선험적 종합 능력이란 사실 기어츠(Geertz, 1973)의 용어를 빌려 말하자면 '문화 체계(cultural system)'이다. 주술, 세계종교, 과학 모두 문화 체계이다. 하지만 이 모든 문화 체계가 해체된 지금, 이는 선험적 종합 능력의 역할을 맡을 수 없다. 또한 사건적 경험이 가능하려면 주체에게 충격을 주어 그의 '주의(attention)'를 그 경험에 집중하도록 만들어야 한다. 하지만 사이버스페이스에서의 경험은 더 이상 충격적이지 않다. 충격적인 것을 너무나 많이, 너무나 반복적으로 접하게 되면 더 이상 그것은 충격이 아니게 되기 때문이다. 바우먼(Bauman, 1993)의 '도덕적 무관심(adiphorization)'과 보드리야르(Baudrillard, 1990a)의 '실재의 포르노그래피화'는 모두 이를 지칭하는 것이다. 짐멜은 일찍이 근대 초기 대도시의 삶이 '신경 자극의 강화(intensification of nervous stimulation)'로 인해 '무감각한 태도(blasé attitude)'를 지니게 된다고 지적하였는데, 이 모든 것은 이러한 태도가 극단화된 것이라고 보면 된다 (Simmel, 1997).

그 결과 사회세계 전체가 '역치단계'로 변한다. 역치단계는 고대 주술의 성스러운 세계를 지배했던 무조건적 소모의 원리가 지배하는 시공간으로서, 원래는 일시적으로 성과 속이 뒤섞였다가 이를 성공적으로 극복하고 나면 다시 성과 속은 재분리되어 재구획된다. 그런 의미에서 역치단계는 '질서 지어진 무질서(ordered disorder)'의 단계이다(Turner,

1969). 포스트모던을 '일상생활의 미학화'라는 테제로 설명한 페더스톤(Featherstone, 1990) 역시 이러한 입장을 따른다. 하지만 포스트모던 사회세계에서 이루어지는 역치단계의 진정한 특징은 질서 지어진 무질서가 아니라 문자 그대로의 무질서이다. 나는 이것을 '사회적인 것의 미학화'란 말로 표현하는데, 이는 "성과 속의 이분법적 상징적 분류체계에 기반한 사회적인 것이 성과 속 간의 관계가 차연적이 됨으로써 이전에는 표상될 수 없었던 체계의 한계가 무한한 환유적 연쇄를 이루면서 표상되는 것을 말한다"(최종렬, 2004c: 148). 이 한계들은 선형적인 시간적 질서를 통해 조직되어 있는 것이 아니라, 카이로스적으로 영겁회귀를 거듭하고 있기에 항상적인 가역성의 상태에 빠져 있다. 그 결과 이미지의 잉여, 의미의 잉여가 넘친다. 이제 관건은 고대 주술의 시대와 마찬가지로 '이미지의 잉여', '의미의 잉여'를 무조건적으로 소모하는 일이다. 귀중한 이미지와 의미를 파괴하는 일이 경쟁적으로 일어나고 있다. 귀중한 것을 무조건적으로 소모하는 이유는 그 대가로 더 귀중한 성스러움을 창출하기 위해서이다. 하지만 창출된 성스러움은 또 다른 더 극단적인 무조건적 소모에 의해 탈성화(desacralization)된다. 이 과정은 무한정 계속된다. 그렇기 때문에 성스러움은 보편적인 세계종교의 형식을 띠지 못하고, 국지적으로 순간적으로 작동하다가 사라지는 주술의 형식을 띤다. 우리는 성스러운 영웅을 창출하고 곧 그를 희생 제물로 잔인하게 소모하는 일을 반복하고 있다. '황우석 신화'는 그 한 예를 잘 보여준다. 이제, 여름날 무논에서 들끓는 개구리들의 울음처럼 무수한 주술들이 악머구리 끓듯 출몰한다.

V. 맺음말: 문화사회학을 위하여

나는 지금까지 고대, 중세, 모던, 포스트모던을 초능력의 거주지, 사회의 영역 분화, 의미작용 양식, 사회를 구성하는 지배적 원리, 성과 속의 관계라는 다섯 가지 기준을 가지고 살펴보았다. 물론 이러한 구분은 이념형적인 것이어서, 실재(reality)와 혼동해서는 안 된다. 그럼에도 이러한 이념형은 실재를 분류하고 식별할 수 있는 안내판의 역할을 할 수 있을 것이다. 이해의 편의를 위해 지금까지의 논의를 간단한 도표로 만들어 보면 아래와 같다.

이러한 이념형적 틀을 통해 볼 때, 모던 사회학은 중세로 축소된 전통과의 대립 속에서 모던을 정의하고 주로 모던에 대한 탐구를 통해서 자신의 학문적 정체성을 정의해 왔다고 할 수 있다. 그러다 보니 고대는 물론

고대, 중세, 모던, 포스트모던의 이념형적 구분

	고대	중세	모던	포스트모던
초능력의 거주지	유형의 구현체	초월적 세계	초월적 기의의 제거	카이로스적으로 회귀하는 이미지의 차연적 연쇄
사회의 영역 분화	미분화	종교 영역이 독자적으로 분화; 종교 영역의 지배	분화와 자율성; 경제 영역의 지배	탈분화
의미작용 양식	상징주의	리얼리즘	모더니즘	포스트 모더니즘
사회를 구성하는 지배적 원리	무조건적 소모의 원리 (주술)	보편적 도덕의 원리 (도덕학)	수학적 물리학의 원리 (과학)	차연의 원리 (미학)
성과 속의 관계	국지적으로, 성의 세계들이 속의 세계들에 포섭; 성과 속 사이에 근본적 긴장이 부재	보편적으로, 속의 세계가 성의 초월적 기의로 환원; 성과 속 사이에 근본적 긴장이 존재	성과 속이 속으로 일원화; 특정의 시공간에 성을 구축	항상적인 성과 속의 뒤섞임; 성과 속의 차연적 관계

포스트모던을 사회학의 지평에서 배제하고 협소한 틀에 갇히는 결과를 낳았다. 모던 사회학은 전통(중세) 사회에는 종교가 인간의 행위를 결정한다면, 모던 사회에는 '사회구조'가 인간의 행위를 결정한다는 근본적 가정 아래 이론과 경험적 연구를 해 왔다. 사회구조의 모델이 물리학인가 통계학인가 그것만이 차이 날 뿐이었다. 물리학이든 통계학이든, 그것을 모델로 한 사회구조 개념 안에서 의미와 상징이 행하는 역할은 극도로 제한된다. 인간의 행위는 기껏 해야 물질적 이해관계의 반영이거나, 합리적인 선택의 결과일 뿐이었다. 과학적 맑스주의이든 합리적 선택이론이든 인간의 행위는 '도구적 차원'에서만 설명될 뿐이다. 이는 두 진영 모두 모던 세계에서 상품화, 탈성화, 탈주술화의 진행으로 의미와 상징이 사회 세계에서 행하는 역할이 감퇴된다고 가정했기 때문이다. 하지만 모던 세계에서마저도 이러한 과정은 결코 일방적으로 일어나지 않는다. 오히려 탈상품화, 재성화, 재주술화가 되살아나 상품화, 탈성화, 탈주술화와 길항하는 역동적인 과정이 나타난다(최종렬, 2006b). 그렇다면 모던 시대에서마저도 의미와 상징이 사회적 행위자의 행위를 안내하는 역할을 수행했다고 할 수 있다. 하물며 상징체계가 결정적인 역할을 하는 고대와 중세는 물론이고 의미의 잉여로 넘쳐나는 포스트모던 상황은 말하면 무엇하랴. 이렇게 본다면, 사회적 행위를 도구적 차원에서만 설명하는 시각은 문화적 차원을 통해 '보완'되어야만 한다.[8]

　문제는 사회학이 너무나 오랫동안 사회구조만을 다루다 보니 의미와 상징을 다루는 방법론을 거의 개발하지 못했다는 사실이다. 현재 한국에서 문화를 말하는 사회학자는 엄밀한 사회과학자라기보다는 '말발깨나 날리는' 문화 평론가 정도로 취급받는다. 인문학을 전공한 문화 평론가나 사회학을 전공했다는 문화사회학자나 문화현상을 분석하는 걸 보면 '인상 비평'의 수준을 넘지 못한다는 점에서 별 차이를 느끼지 못하겠다는 것이 그 주된 이유일 것이다. 그래서 한국에서 문화사회학을 한다고 하면 일종의 조롱감이다. 시대의 변화를 읽는 발 빠른 감수성은 문화 평론가들에게 한참이나 뒤떨어지고 그에 대한 과학적 설명력은 엄밀한 사회학자에게 뒤처지는 얼치기로 취급받기 십상인 것이다. 왜 이런 일이 벌어지는가? 그것은 우선적으로 문화사회학자들이 사회학 전통 내에서 문화를 다룰 방법론을 발전시키지 못하였기 때문이다. 따라서 우선 사회학의 전통에 충실할 필요가 있다. 맑스, 뒤르케임, 베버, 짐멜(2005, 2007), 미드(Mead, 1929)와 같은 고전 사회학자는 말할 것도 없고, 파슨즈(Parsons and Shils, 1962; Parsons, 1968), 슈츠(Schutz, 1967), 블루머(Blumer, 1969), 고프만(Goffman, 1959, 1967, 1968), 가핀켈(Garfinkel, 1984), 벨라(Bellah, 1970), 쉴즈(Shils, 1975, 1981), 부르디외(Bourdieu, 1977, 1984, 1988, 1993)와 같은 현대 사회학자들까지 사회학 내에서 문화를 다루는 전통은 얼마나 풍부한가? 우선 문화사회학자는 이러한 '사회학 내'의 전통으로부터 문화를 사회학적으로 탐구하는 방법론을 발전시켜야만 한다. 동시에 의미와 상징이 인간 행위를 구성하는 방식에 대한 풍부한 연구를 내장하고 있는 상징적 인류학으로부터 도움을 받아야 한다. 기어츠(Geertz, 1973), 모스(Mauss, 1974), 샐린스(Sahlins, 1976), 더글라스(Douglas, 1970), 터너(Turner, 1969, 1974) 등이 대표적인 학자들이다. 사실 이들은 모두 후기 뒤르케임을 이어받은 학자들이 아니던가?

이는 결국 사회학이 '문화적 전환'을 이루어 문화사회학이 되어야 한다는 것을 의미한다. 내가 말하는 '문화사회학'은 '특정의 문화현상'을 기존의 모던 사회학의 방법(론)을 통해 탐구하는 좁은 의미의 '문화분과 사회학'과는 다르다(Wolff, 2002). 문화분과 사회학은 문화를 한 민족이나 문명이 성취한 것 중 최고이며 가장 중요한 또는 영광스러운 것으로 정의하는 인문학적/미학적 문화 개념을 채택하는 경향이 있다. 따라서 이미 자리를 잡은 문화제도에 주된 관심을 기울인다. 이는 분화와 자율이라는 모던의 이상을 따라, 문화를 독자적인 영역으로 분화되어 나름의 원리에 따라 자율적으로 운영되는 것으로 보는 입장과 연결되어 있다. 이와 달리 문화사회학은 문화를 상징체계로 정의하며, 인간의 행위를 안내하는 나침반으로 본다. 그런 면에서 인간 사회가 존재하는 한, 인간의 행위를 안내할 상징체계는 항상 존재할 수밖에 없다. 다만 그 상징체계의 성격이 다를 뿐이다. 고대에는 주술이, 중세에는 세계종교가, 모던에는 과학이, 그리고 포스트모던에는 미학이 인간의 행위를 안내하는 주된 나침반의 역할을 한 것이라는 점에서만 차이가 난다. 각 상징체계는 나침반으로서 특유의 강점이 있다. 주술은 정서적 나침반으로서, 세계종교는 도덕적 나침반으로서, 과학은 인지적 나침반으로서 인간의 행위를 안내하는 강점이 있다. 그렇다면 미학은? 미학은 기존의 나침반을 산산이 깨부수어 인지적/도덕적/정서적으로 혼돈 상태에 빠트리는 강점(?)이 있다.

이런 점에서 상징체계(주술, 세계종교, 과학, 미학)를 인간의 행위를 인과적으로 설명하는 독립변수로 간주할 수도 있을 것이다. 근래 들어 알렉산더를 위주로 한 신뒤르케임주의 문화사회학이 가장 집중적인 주의를 기울이고 있는 부분이 바로 이것이다(Alexander, 2003; 최종렬, 2004a, 2005a). 하지만 신뒤르케임주의 문화사회학은 문화의 자율성의 모델을 주로 '세계종교'에 기대어 만들고 있다는 혐의를 지우기 어렵다. 주로 위기의 시기에 가치가 일반화될 때, 성과 속의 이분법적 문화 구조는 마치 세계종교처럼 인간의 행위에 막강한 인과적 결정력을 가질 수 있다. 전쟁이라는 위기의 시기에 성(아군)과 속(적군)이 명확히 나뉘고, 각자 자신의 성스러운 가치를 따라 행위하게 되는 것을 상기해 보면 이는 쉽게 이해가 간다. 이러한 위기의 시기에는 마치 세계종교가 경험적으로 주어진 현실을 완전히 재조직하여 모든 사회 영역을 혼용시키는 것처럼, 사회 영역

전체가 일시적으로 혼용된다. 이는 '가치'가 행위를 결정한다는 뜬구름 잡는 이야기 대신, 문화 구조가 인과적 결정력을 지니게 되는 특정의 조건(위기)을 명시하고, 위기로 나아가고 해결되는 과정을 세밀하게 탐구하였다는 점에서 분명 신뒤르케임주의가 지닌 강점이다. 하지만 일원론적인 세계종교처럼 단 하나의 보편적인 문화가 모든 사회적 행위를 안내하는 것으로 그리는 경향이 있다. 그래서 다문화가 시대의 대세가 되고 있는 현 상황을 탐구하는 데에는 한계가 있을 수 있다.

그렇다면 위기의 시기가 아닐 경우, 즉 상습화된(routinized) 일상생활의 경우에는 어떠한가? 이 경우에도 '가치'가 사회적 행위를 안내 또는 결정하는가? 현상학, 상징적 상호작용론, 민속방법론을 비롯한 일상생활의 사회학의 전통은 그렇지 않다고 대답한다. 만약 일상생활 전부를 세계종교에 의해 살아간다면, 우리의 삶은 긴장으로 터져 죽을 것이다. 이러한 삶은 소수의 종교 대가에게만 가능하다. 상습화된 일상생활은 세계종교의 카리스마가 일상의 현세적 요구에 의해 주술적 형태로 변형되어 있거나, 과학의 도구적 합리성에 의해 제거되어 있는 것이 보통이다. 따라서 상습화된 일상생활에서는 궁극적 가치가 사회적 행위를 안내하거나 결정하기 어렵다. 일상에서 사람들은 보통 초월적 가치 대신에 현세적 목적을 추구한다. "부자 되게 해 주세요.", "아들 대학 붙게 해 주세요." 등이 바로 그것이다. 이렇게 현세적으로 합리적인 목적을 주술은 비합리적 수단을 통해 추구하고 과학은 합리적 수단을 통해 이루고자 한다. 따라서 상습화된 일상생활에서 사회적 행위를 안내하는 상징체계는 세계종교라기보다는 주술 아니면 과학이다. 그렇다면 상습화된 일상생활에서 작동하는 문화의 모델은 세계종교가 아닌 주술이나 과학에서 차용할 수 있다. 주술이나 과학 모두 추구하는 현세적 목적을 얼마나 잘 달성하느냐에 따라 그 정당성이 유지된다. 그런 점에서 주술과 과학은 현세적 목적을 달성하기 위한 전략적인 사회적 행위의 연장통(tool kit)이라 할 수 있다 (Swidler, 1986, 2001).

　모든 실제 문화들은 세계종교가 그리는 문화 모형과 달리 다양해서 때로는 갈등하는 상징, 의례, 이야기, 행위의 가이드를 포함하고 있는 연장통이다. 사회적 행위자들은 상이한 종류의 문제들을 해결하기 위해 연장통 안에서 다양한 방식으로 상이한 요소들을 골라 특정 행위의 도정을 구성한다. 일상생활에서 쓰이는 주술은 보통 문화적으로 형성된 전통적인 기술, 습관, 스타일로 구성되어 있다. 예를 들어 한국에서 유교는 세계종교적 성질이 탈색되어 있기에 유교의 궁극적 '가치'는 더 이상 사회적 행위를 안내하지도 결정하지도 못한다. 그럼에도 불구하고 유교가 남겨 놓은 전통적인 기술, 습관, 스타일은 여전히 사회적 행위자들이 문제를 정의하고 해결하는 데 결정적인 역할을 수행한다. 전통적인 기술, 습관, 스타일이 상황마다 문제를 풀 수 있도록 이미 조직되어 있는 행위의 도정으로 이미 존재하기 때문이다. 그렇다면 연장통으로서 과학은 어떠한가? 합리적 선택이론은 행위자가 주어진 목적에 효율적인 수단으로서 한 번에 하나씩 행위들을 선택하는 것처럼 그리는 경향이 있다. 물론 그럴 수도 있지만 대개의 경우 사회적 행위자는 무(無)에서 행위의 도정을 구성하는 것은 아니다. 그런 점에서 합리적 선택도 이미 조직되어 있는 행위의 도정 위에서 이루어지는 것으로 보아야 한다. 이와 조금 다른 입장이긴 하지만, 한 사회에 세계종교와 같은 집합표상이 존재한다 하더라도 이것이 바로 인간의 행위를 결정하는 것이 아니라 집합 스타일에 의해 걸러진다는 입장도 일상생활에서 문화가 작동하는 방식을 탐구하는 데 유용할 수 있다(Eliasoph and Lichterman, 2003). 동일한 신념을 공유한 집단들은 다양한 스타일 또는 장르를 통해 그것을 실천할 수 있다. 예를 들어 유교의 가족주의라는 근본적 가치를 믿지만, 그 가치를 실천하는 스타일, 즉 집합적 세팅에 참여하는 스타일은 다양하게 나타날 수 있고 그래서 그 결과도 다르게 나타날 수 있다. 문화사회학은 바로 일상생활에서 일어나는 이러한 미시적인 상호작용을 탐구해야 한다.

마지막으로 일상생활이 포스트모던 상황처럼 항상적인 역치단계가 되었을 때에는 어떠한가? 이러한 질문에 답하려면, 우리는 보드리야르와 데리다와 같은 소위 포스트모던 학자들의 통찰적인 에세이로부터 문화사회학을 위한 방법론을 이끌어 내어야 한다. 나는 이들의 에세이로부터 포스트모던 세팅이, 다양한 상징체계들(주술, 세계종교, 과학) 안에 각각 들어가 있던 요소들이 모두 그 자체의 맥락으로부터 벗어나 단순히 인접성만으로 연결되는 끊임없는 차연적 연쇄를 이루고 있는 상태(미학)라고 그려볼 수 있었다. 이러한 연쇄에는 시작도 없고 끝도 없다. 카이로스적으로 회귀하는 기표들 때문에 체계가 항상적인 가역성의 상태에 노출되어 있기 때문이다. 따라서 '가치'와 '행위 전략'의 구분이 붕괴되고, 대신 차연적 연쇄로 바뀐다. 이러한 연쇄의 모형은 무엇보다도 인터넷에 출몰 중인 하이퍼텍스트에 있다. "하이퍼텍스트는 단위텍스트들을 다양한 유형의 링크로 연결 지워 놓은 것이지만, 링크도 단위텍스트만큼 의미작용에 직접적으로 개입한다. 따라서 링크는 단위텍스트들의 부산물이 아니며, 링크에 의해 단위텍스트는 항상 새롭게 태어난다. 어떻게 존재하느냐는 어떻게 이어지느냐에 의해 많은 부분 결정된다"(장노현, 2002: 30). 우리가 텔레테크놀로지를 통해 텔레커뮤니케이션을 더 하면 할수록, 우리의 사회성은 점점 더 하이퍼텍스트를 닮아갈 것이다. 물론 이는 경험적으로 확인해서 상세히 보여주어야 할 문화사회학의 문제이다. 그럼에도 불구하고, 우리는 텔레커뮤니케이션이 점점 더 우리의 삶을 안내하는 나침반의 역할을 하고 있다는 사실을 부정할 수 없다. 그렇다면 텔레커뮤니케이션이 사용하는 장르와 서사 양식에 대한 탐구를 해야 한다. 장르와 서사 양식은 전통적으로 인문학자들이 탐구했던 분야이다. 그렇다면 문화사회학자들은 인문학자들로부터 장르와 서사 양식에 대해 적극적으로 배워야한다. 그래서 기존의 커뮤니케이션과 텔레커뮤니케이션이 장르와 서사양식에 있어 어떤 공통점이 있고 다른 점이 있는지 알아야 한다. 더 나아가 텔레커뮤니케이션을 통해 사회성을 구성할 때, 어떠한 일이 벌어지는지 구체적으로 탐구해야 한다.

II
사회세계의 미학화

4 탈상품화, 재성화, 재주술화
: 도덕, 정서, 신념의 회귀[1]

I. 머리말

포스트모더니즘의 광풍이 세차게 몰고 지나갔다. 이제 그것이 사회학적으로 무엇을 의미하는지 찬찬히 되돌아볼 필요가 있다. 포스트모더니즘은 단순한 1990년대의 일시적인 광란의 유행이었던가? 이 글은 그렇지 않다고 주장한다. 포스트모더니즘은 게마인샤프트와 게젤샤프트, 일차집단과 이차집단, 기계적 연대와 유기적 연대 등 사회학의 근본적인 이분법에 도전함으로써 사회학의 기획을 다시 쓰도록 요구하고 있다. 서구의 사회학자들은 전통적 공동체와 모던 사회라는 이념형적 이분법을 통해 모던 사회의 새로움을 이론화하고자 하였다. 그러다 보니 전통적 공동체와의 단절을 지나치게 강조한 면이 있다. 그 이후의 사회학자들도 위대한 근대성의 이론가들인 맑스, 뒤르케임, 베버 역시 모던 사회의 새로움을 강조하기 위해 그것을 상품화, 탈성화, 탈주술화로 특징지었다고 해석하였다. 그 핵심은 모던 사회에서 공리주의적 질서가 지배적으로 되어감에 따라 사회세계에서 의미와 상징이 행하는 역할이 사라지거나 감소된다는 것이다.

최근 이러한 주장은 사회세계에서 의미와 상징의 중요성이 감퇴되기는커녕 오히려 더 증대되고 있다는 포스트모던 사회학자들의 주장에 직면하여 흔들리고 있다. 그런 과정 중에서 맑스, 뒤르케임, 베버가 탈상품화, 재성화, 재주술화의 단초가 모던 사회에 내재하고 있음을 인식하고 있었다는 점이 다시금 조명받고 있다. 이에 따르면 맑스, 베버, 뒤르케임은 공리주의적 질서를 핵으로 하는 근대 세계에 의미가 사라지지만, 곧 다시 의미가 재출현한다고 보았다. 맑스는 근대의 사회세계가 상품화되는 동시에 탈상품화됨을, 뒤르케임은 탈성화되는 동시에 재성화됨을, 베버는 탈주술화되는 동시에 재주술화됨을 보여주었다. 그들 누구도 근대 세계의 출현이 의미를 제거하는 일방적인 방향으로 진행된다고 보지 않았다(최종렬, 2005a, 2005c).

이러한 시각은 모던과 포스트모던을 바라보는 시각에 중요한 시사점을 제공한다. 의미와 상징이 중요한 역할을 하던 시기는 우리가 흔히 전통사회라 부르는 사회에 전형적으로 나타난다. 지금까지 전통은 중세의 세계종교와 동일시되었지만, 그것에 포섭되지 않는 고대의 주술도 존재한다. 따라서 전통사회를 중세의 세계종교로만 한정하지 말고 고대의 주술로까지 적극적으로 확장해야 한다. 주술과 세계종교는 미분화된 진/선/미가 그보다 더 궁극적인 '신념체계' 안에 배태(embedded)되어 있다는 점에서 동일하다. 다만 주술의 경우에는 그 신념체계가 국지적(local)으로만 힘을 발휘한다면 세계종교의 경우에는 보편적(universal)으로 작용한다는 점에서 다르다. 세계종교는 다신교적인 주술의 세계를 몰아내고 유일의 보편적인 신념체계를 구축하였기 때문이다. 모던을 지배한 과학의 경우에는 미분화한 진/선/미가 그러한 유일의 보편적인 신념체계의 배태성으로부터 벗어나와 독자적인 '가치'로 분화되었다는 점에서 차이가 난다. 또한 사회를 구성하는 지배적 원리로서의 지식의 유형을 통해 보면, 주술의 세계는 '정서적인' 성과 속의 이분법적 분류체계가, 세계종교의 세계에서는 '도덕적인' 성과 속의 이분법적 분류체계가, 과학의 세계에서는 '인지적인' 성과 속의 이분법적 분류체계가 지배적이라는 점에서 차이가 난다. 과학은 유일의 보편적인 신념체계인 종교를 해체하여 진/선/미를 그로부터 해방시키고 각각의 자율적인 가치 영역으로 만들어 놓았다. 동시에 공적 사회세계에서 인지적 차원만 남기고 도덕적이고 정서적 차원을 사적 영역으로 몰아내었다. 여기에는 과학, 즉 '인지적 능력'이 그 어떤 것보다도 뛰어난 새로운 지식체계가 결정적인 역할을 했다. 포스트모던은 이렇게 사적 영역으로 쫓겨났던 신념, 도덕, 정서가 공적 영역과 사적 영역을 가릴 것 없이 되돌아오는 것을 말한다(최종렬, 2006b).

II. 모던 사회학의 기획: 사회세계로부터 신념, 정서, 도덕의 축출

포스트모던을 이해하기 위해서는 전통과 모던의 이분법을 고대, 중세, 모던의 삼분법으로 확장시킬 필요가 있다. 포스트모던은 모던이 제거하고자 했던 중세의 세계종교뿐만 아니라 고대의 주술이 되돌아오는 것을 의미하기 때문이다. 고대의 주술과 중세의 세계종교는 모두 '초능력에 대한 신념(믿음)'에 기반하고 있다. 하지만 고대의 주술의 세계에서는 초능력이 유형의 구현체(tangible embodiments) 안에 내재한다고 믿으며, 그래서 이러한 구현체를 조종함으로써 건강, 장수, 부 같은 현세적인 복을 얻으려 한다. 인지적 분류체계(진), 도덕적 분류체계(선), 정서적 분류체계(미)가 미분화된 상태로 뒤얽힌 채 유형의 구현체로 가시화된 국지적 신념체계 안에 배태되어 있다. 그래서 진/선/미가 특정의 국지적인 시공간 안에서 작동하는 주술적 신념체계 안에서만 유의미하고 힘을 발휘하며, 그 시공간을 넘어서면 의미와 힘을 잃는다. 따라서 국지적으로 작동하는 수많은 주술들이 서로 체계적인 관계를 맺지 않은 채 존재한다. 주술들 사이에는 어떠한 위계적 관계도 설정되지 않은 채 다원적으로 공존하면서 갈등하기도 한다.

중세의 세계종교(기독교, 유교, 이슬람교, 힌두교, 불교)는 다신교적인 주술들을 미신으로 몰아붙여 제거하고, 대신 유일한 보편적 신념체계를 수립한다. 세계종교는 우선적으로 스스로에 의해 스스로가 정의되는 단 하나의 '초월적 기의'를 초월적 존재/영역에 수립하고, 초능력을 이 안에 위치 지운다. 따라서 초월적 존재/영역에만 초능력이 존재한다고 믿어지며, 그 결과 직접적인 현세적 복 대신에 초월적이고 형이상학적인 구원이 추구된다. 여기에서도 인지적 분류체계(진), 도덕적 분류체계(선), 정서적 분류체계(미)가 미분화된 상태로 뒤얽힌 채 초월적 존재/영역 안에 실현되어 있는 보편적 신념체계 안에 배태되어 있다. 그래서 진/선/미가 특정의 국지적인 시공간을 넘어 보편적으로 작동하는 세계종교 신념체계 안에서 유의미하고 힘을 발휘한다. 초능력을 지닌 것으로 믿어지는 초월적 존재/영역을 정점으로 하여 모든 존재들이 위계적으로 구성되는 존재의 거대한 연쇄가 형성된다(Lovejoy, 1964). 모든 존재들은 초월적 존재/영역과 맺는 관계양식에 따라 지위와 가치가 결정된다. 그런 점에서 모든 존재들은 특정의 지위와 가치 안에 배태되어 있다고 할 수 있다.

그런데 뉴턴의 수학적 물리학으로 대표되는 17세기 과학혁명은 이렇게 초능력에 대한 신념으로 이루어진 주술과 세계종교의 세계를 보편적인 수학적 법칙을 따라 합법칙적으로 운동하는 원자적 물질의 무한한 인과연쇄로 바꾸어 버렸다. 그 결과 특정의 맥락에 배태되어 있던 질적으로 고유한 존재들이 그 맥락으로부터 해방된 양적으로 측정 가능하고 비교 가능한 원자적 물질로 되어 버렸다. 이는 과학혁명이 무엇보다도 초능력에 대한 신념을 세계로부터 몰아내었기 때문이다. 이전에는 사회세계의 질서로 설명되지 않은 현상은 초능력의 작동으로 이루어진 것으로 믿었다. 하지만 과학혁명 이후로는 초능력에 대한 믿음에 의지하지 않고서도 소수의 수학적 법칙을 통해 불가사의하게 보였던 현상을 훨씬 더 잘 이해, 설명, 예측, 통제할 수 있었다. 이렇게 신념체계가 유효성을 잃어버리자 그 안에 배태되어 있던 진/선/미가 토대를 잃고 자의적인 가치로 전락하였다. 이제 진/선/미는 각자 스스로의 토대를 세워 자신을 정당화할 수밖에 없게 되었다. 동시에 참됨의 신(객관주의적 근대과학), 선함의 신(보편주의적 법과 도덕), 아름다움의 신(자율화된 예술)이 서로 상충하면서 투쟁하는 가치의 다신교 상황이 초래되었다. 하지만 상위규범이 없기 때문에 이들을 다시 조화롭게, 즉 참되면서 선하고 동시에 아름다울 수 있게 묶을 수는 없었다.

이러한 상황을 방치하면 사회적 갈등이 증폭되어 사회질서 전체를 혼돈의 상태에 빠트릴 수 있다. 그렇다면 해결책은 무엇인가? 그것은 공적 영역에서 '인지적' 차원만 남기고 '정서적' 차원과 '도덕적' 차원을 제거하는 것이다. 정서는 주관적이며 도덕은 맥락적이기 때문에, 양자 모두 시공간의 국지성을 넘어 보편성을 획득하기 어렵다. 하지만 도구적 합리성의 원칙에 따르는 인지적 차원에서는 충분히 합의를 이룰 수 있다. 과학혁명이 낳은 수학적 물리학이라는 새로운 자연적 질서는 이에 대한 모델을 제공해 주었다. 수학적 물리학으로 분류된 세계에는 정서적 차원과 도덕적 차원이 제거되어 있고 인지적 차원만 남아 있기 때문에 보편성을 획득할 수 있다. 자연세계도 그러할진대, 사회세계라고 특별히 다를 이유가 없다. 정서적이고 도덕적인 차원은 사적 영역으로 축출되어야 한다.

수학적 물리학이라는 새로운 자연적 질서는 부르주아의 자기조정적 시장과 바로 연장된다. 자기조정적 시장은 우선적으로 화폐이익을 최대화하는 방식으로 행위하는 원자적 개인을 전제한다. 또한 특정의 가격에 공급되는 물품과 용역에 맞게 수요가 존재하는 시장이 있어야 한다. 여기에는 물론 구매력의 기능을 하는 화폐를 소유한 자들이 있어야 한다. 이렇게 되면 생산을 주도하는 사람들의 이익은 가격에 의존하기 때문에 생산은 가격에 의해 지배된다. 재화의 분배도 역시 가격에 의존할 것인데, 가격은 소득을 형성하고 생산된 재화는 오직 이러한 소득에 따라서만 사회구성원들 사이에서 분배되기 때문이다. 결국 자기조정이라는 것은 모든 생산활동이 시장판매를 위해 수행되고 모든 소득이 그와 같은 판매로부터 생겨나는 것을 의미한다(Polanyi, 2001: 71-72). 마치 뉴턴의 수학적 물리학의 자연세계가 소수의 수학적 법칙을 따라 합법칙적으로 운동하는 원자적 물질들의 무한한 인과연쇄로 구성되어 있는 것처럼, 자기조정적 시장사회는 투입(고통)의 최소화와 산출(쾌락)의 극대화라는 법칙을 따라 합법칙적으로 운동하는 원자적 개인들의 무한한 인과연쇄로 구성되어 있다. 뉴턴의 수학적 법칙이 주술과 세계종교의 간섭으로부터 벗어나 작동하듯이, 시장법칙 역시 주술과 세계종교로부터 해방되어 작동한다. 더 나아가 뉴턴의 수학적 법칙이 도덕과 정서에 영향을 받지 않듯이, 시장법칙 역시 도덕과 정서를 인지적 계산으로부터 쫓아낸다.

모던 사회학은 이렇게 신념, 도덕, 정서가 제거되어 있는 투명한 사회세계를 전제하고, 자연과학을 흉내 내는 방법(론)을 통해 이를 탐구하려고 하였다. 초기에는 이론과학의 모델을 따라 거대이론을 세우는 데 주력했지만, 갈수록 사회학을 수학화하는 방법론에 몰두해 왔다. 실제로 자연과학자들은 뉴턴의 수학적 물리학의 세계로부터 벗어나와 작업을 하고 있지만, 모던 사회학의 방법론은 여전히 상대성 이론 이전의 수학적 물리학에 머물러 있다. 아무리 복잡한 수학적 도식과 시각적 도표를 동원해서 사회세계의 역동적 유형을 현란하게 보여준다 해도, 그 근본에서는 사회세계가 결국에는 인과관계로 환원되는 질서정연한 정적인 세계일 거라는 가정에는 변함이 없다(Agger, 2000). 여기에는 신념, 도덕, 정서를 핵으로 하는 의미와 상징이 아무런 역할도 하지 못한다. 이렇게 되면 인간 행위자가 외적 요소들의 특정 조합에 의해 결정되는 '꼭두각시의 사회학(sociology of puppets)'이 지배하게 된다(Bauman, 1992: 78).

서구의 모던 사회학의 기획을 따라가기에 바빴던 모던 한국사회학이라고 이와 크게 다르지 않다. 패배주의적으로 들릴지 모르지만, 한국의 모던은 서구의 계몽주의 기획에 패퇴당하면서 시작되었다. 계몽주의 기획이 서구에서 온갖 주술과 기독교의 신을 살해했듯이, 한국에서 온갖 무속과 성리학의 리(理)를 제거하였다. 뉴턴의 수학적 물리학은 만물의 운동을 무속적 신념과 리(理)라는 형이상학을 빌리지 않고서도 인과관계로 잘 설명하고, 예측하며, 더 나아가 통제할 수 있다. 그런 점에서 무속과 리(理)는 근대 세계에서 패퇴당한다. 무속이 패퇴당한 것은 그리 놀랄 일이 아니다. 이미 성리학의 리(理)로부터 괴력난신(怪力亂神)으로 몰려 제거당하거나 주변화된 바 있기 때문이다. 정말 놀라운 것은 초월적 기의의 역할을 하던 리(理)가 서구의 과학에 의해 패퇴당한 사실이다. 리(理)가 패퇴당하자 성리학의 전 상징체계가 자의적으로 변하고 만다(최종렬, 2006a). 그 이후의 과정은 서구에서 도덕, 정서, 신념이 제거되는 과정과 대동소이하다. 현재 한국사회학은 사회세계에서 의미와 상징이 행하는 역할에 거의 주의를 기울이지 않는 뉴턴의 수학적 물리학을 모델로 한 모던 사회학이 지배하고 있다고 해도 전혀 과장이 아니다. 이렇게 된 데에는 한국사회학이 미국에서 수학적 사회학을 공부하고 온 학자들에 의해 장악되어서이기도 하지만, 보다 근본적으로는 한국사회 자체가 도덕, 정서, 신념을 근대화란 이름으로 제거해 온 역사적 현실이 있었기 때문이다.

III. 포스트모던 혹은 억압/배제된 것의 회귀

포스트모던은 이렇게 공적인 사회세계에서 억압되고 배제되었던 도덕, 정서, 신념이 되돌아오고 있는 것을 말한다. 모던 사회의 이상이 분화와 자율성이었음에도 불구하고, 실제 발전에 있어서는 결국에는 정치 영역, 종교 영역, 지식 영역이 모두 거꾸로 경제 영역 안에 배태되어 경제논리에 따라 작동하도록 변화하였다. 문제는 포스트모던 상황에서는 경제 영역의 공리주의적 생산의 원리가 그렇게 축출하고자 했던 신념, 도덕, 정서가 되돌아와 오히려 그것을 비공리주의적 활동으로 침윤시킨다는 점이다. 이렇게 되돌아와 침윤시키는 근본적인 이유는, 모든 에너지를 성장에 쏟아붓고도 남아도는 잉여가 낳는 동요 때문이다. 성장을 돕는 데 쓰이고 남은 잉여에너지는 개인과 마찬가지로 사회전체도 동요의 상태에 빠트린다. 그것이 극단으로 되어 사회전체가 폭발하지 않기 위해서는 무조건적 소모를 행해야만 한다(바타이유, 2004). 경제 영역이 이렇듯 무조건적 소모로 운영되기 시작하자 죽었던 신념, 도덕, 정서가 되살아나 뒤죽박죽 뒤섞여 파괴와 소모의 잔치판을 벌인다. 나는 도덕의 회귀를 탈상품화에서, 정서의 회귀를 재성화에서, 신념의 회귀를 재주술화에서 발견한다.[2] 나는 앞으로 탈상품화, 재성화, 재주술화를 이론적으로 짚어 보고, 간략하나마 한국사회에 어떻게 도덕, 정서, 신념이 되돌아오고 있는지 살펴보고자 한다.

1. 탈상품화: 도덕의 회귀

맑스는 '실재'를 있는 그대로, 즉 그 신비로운 성격을 모두 벗겨내고 있는 그대로 보고자 한다는 점에서 계몽주의 기획 일반에 동조한다고 할 수 있다. 물질론자인 그는 실재(생산수단을 둘러싸고 벌어지는 인간관계)를 있는 그대로 보지 못하도록 만드는 상징체계를 극도로 혐오하였기 때문이다. 맑스가 볼 때, 자본주의 이전 시대에는 '종교'가 자본주의 시대에는 '상품물신주의'가 실재를 있는 그대로 보지 못하도록 만드는 주된 상징체계이다. 맑스는 문화로 대표되는 상부구조가 생산양식이라는 실재에 비해 부차적이라 보았고 그래서 문화의 자율성을 이론화하지 않았지만, 역설적이게도 종교와 상품물신주의가 행하는 부정적 역할을 강조함으로써 문화의 지나친 자율성을 인식했다고 할 수 있다. 맑스가 볼 때, 자본주의 사회는 만물이 시장에서 팔리는 상품으로 변하는 사회이다. 그에 따르면 상품은 인간의 필요(needs)를 충족시킨다는 점에서, 즉 사용가치의 측면에서는 아무런 신비가 없다. 하지만 시장을 통해 교환체계가 일어나면 상품은 '신비한 성격'을 획득한다. 여기에는 '기호화 과정'과 '탈기호화 과정'이라는 두 가지 과정이 진행된다. 첫 번째 기호화 과정에서는 상품의 가치가 '생산과정'의 족쇄를 풀어내고 다른 상품과의 관계에서 얻어지는 가격으로 나타난다. 따라서 상품의 가치는 실재, 즉 구체적인 현장에서 노동하는 인간들의 생산물과 독립되어 교환관계에서 다른 상품과의 관계에서 그 가치를 얻는 것처럼 보인다. 가격관계에서는 한 상품의 가치는 다른 상품과의 관계를 통해 자기의 가치를 얻는다. 그런 점에서 가치는 기호학적이다. 기호란 자기 이외의 다른 것을 지칭하는 것이기 때문에 순전히 관계적 가치만을 지닌다. 두 번째 탈기호화 과정에서는 여기에서 한발 더 나아가 상품이 관계적 속성을 부정하고 마치 그 자체 내재적인 속성으로부터 가치가 나오는 것처럼 여겨지게 된다. 여기에서는 상품의 가치가 '생산과정'과 '교환과정' 모두로부터 벗어나 자기만의 독특한 질로 나타난다. 그런 점에서 탈기호화 과정은 상품이 그 자체의 독특한 '영혼'을 회복하는 과정이다(최종렬, 2005a: 21-23). 이 과정은 결코 문화산업의 전략으로 완전히 환원될 수 없다. 한 상품이 독특한 영혼을 회복하는 것은 근본적으로는 사용자가 의미를 부여하는 의미화 실천을 통해 이루어지는 것이기 때문이다.

지금까지 상품화의 이러한 이중적 과정 중에서 첫 번째 과정만 과도하게 강조되어 온 면이 있다. 이에는 우선적으로 루카치의 '사물화(reification)' 개념이 미친 악영향이 크다. 루카치는 베버의 관료제와 관리제 이론을 흡수하여 맑스의 상품화 이론을 사물화 이론으로 뒤바꾸어 놓았다. 이에 따르면 상품화가 생산의 영역을 넘어 사회전반으로 확산되어 그 결과 개인들이 사물처럼, 아니 사물보다 더 사물처럼 되며, 그래서 자신을 사물로 인식할 뿐만 아니라 다른 개인들도 사물처럼 인식한다. 기본적으로 사물이 된 개인들 간의 사회과정도 역시 정적이고 객관화된 실체가 되며, 그 결과 현재가 영원한 현재인 것으로 간주되어 변혁에 대한 전망이 사라진다는 것이다(Lukacs, 1971). 이러한 주장은 프랑크푸르트 학파의 '지배(domination)' 개념에서도 거의 큰 변화 없이 그대로 나타난다. 베버의 형식적 합리성이 사회의 보편적인 법칙이 되어 가는 과정을 문화의 영역이 상품화되는 과정과 결합시켜 나온 지배 개념 역시 상품화를 사물화와 동일시하고 있기는 마찬가지이다. 말기 자본주의는 모든 삶을 상품화로 조직하고 있는데, 그 핵심은 사회적 삶을 합리화와 표준화를 통해 대량생산된 쇼로 만들어 사람들이 그것을 즐기는 과정 중에 욕망이 조작당함으로써 비판을 하지 못하도록 한다는 것이다(Kellner, 1989). 여기에서도 '상품화'는 인간을 포함한 만물의 관계가 교환가능한 사물들의 관계로 변화하는 것을 의미한다. 한마디로 말해, 루카치와 프랑크푸르트 학파의 주장의 핵심은 자본주의적 상품화 과정에서 의미와 상징이 축출된다는 것이다. 비교적 근래에 나온 리처(Ritzer, 1993)의 '사회의 맥도날드화'도 이러한 점에서 크게 다르지 않다. 이는 결국 계몽주의 기획을 비판하고 있음에도 그 핵심주장은 계몽주의 기획에 의존하고 있는 것이다.

나는 이렇게 상품화 과정을 사물화과정과 동일시하는 것은 일면적이라 본다. 대신 사용가치, 기호화 과정, 탈기호화 과정을 각각 '최종적인 상태'로 보지 말고, 코피토프(Kopytoff, 1986)처럼 상품에 대한 문화적 관점을 가지고 상품화를 '생애사적 과정'으로 보아야 한다고 주장한다. 그래야만 루카치와 프랑크푸르트 학파류의 자본주의적 상품화에 대한 과도한 인지주의적 비관주의에서 벗어날 수 있다. 상품의 생산, 유통, 분배, 소비는 단순한 인지적인 과정이 아니라 문화적인 과정이기도 하다. 코피토프의 논점을 따르면, 상품은 사물로서 물질적으로 생산되어야 할 뿐만 아니라 문화적으로 특정 종류의 사물로 표지되어야만 한다. 한 사회에서 가용한 사물들의 총 범위 중에서 오로지 어떤 것들만이 상품으로 표지되기에 적합한 것으로 여겨지기 때문이다. 여기에서 인지적으로 식별하고 그것을 가치평가하는 문화가 작동한다. 그렇다고 한번 상품으로 표지되었다고 해서 영원히 상품으로 머무는 것은 아니다. 동일한 사물이 어떤 시기에는 상품으로 간주될 수 있지만 다른 시기에는 상품으로 간주되지 않을 수도 있기 때문이다. 또한 동일한 사물이 어떤 사람에게는 상품으로 간주될 수 있지만 동시에 어떤 사람에게는 상품으로 간주되지 않을 수 있다. 한 사물이 상품인지 아닌지, 또 언제 상품이 되고 되지 않는지에 있어서 나타나는 변이와 차이는 가시적인 계약의 객관적 경제 밑에 서 있는 '도덕 경제학'을 드러내 준다. 시장이 자신이 배태되어 있던 도덕 경제학으로부터 벗어나와 자기조절적 체계로 되었지만, 그렇다고 도덕 경제학을 완전히 제거한 것은 아니었다.

코피토프는 인간을 상품화한 극단의 형태인 노예제를 예로 들어 상품의 생애사를 보여준다. 이 시각에 따르면, 노예제는 고정되고 단일한 지위로 간주되는 것이 아니고 여러 단계들의 연속, 지위의 변화를 포함하는 사회적 변형의 과정으로 간주된다. 우선 노예는 포로로 잡히거나 노예로 판매될 때 시작된다. 이때 개인은 그의 이전의 사회적 정체성을 박탈당하고 비인간으로, 즉 대상이자 실제적이거나 잠재적인 상품이 된다. 다음으로 노예는 한 사람이나 집단에 의해 획득되고 주인집단(host group)으로 다시 넣어져서, 새로운 사회적 정체성이 주어짐으로써 재사회화되고 재인간화된다. 그 이후 상품-노예는 사실상 새로운 지위와 독특한 개인관계를 얻음으로써 재개인화된다. 다시 말해, 노예는 교환가능한 상품이라는 단순한 지위로부터 특정의 사회적이고 인격적인 공간을 점한 개별화된 개인의 지위로 이동한다. 하지만 노예는 보통 잠재적인 상품의 상태로 유지된다. 노예는 재판매됨으로써 실현될 수 있는 잠재적인 교환가치를 계속해서 가지고 있기 때문이다. 이러한 과정에서 보면, 노예는 어떤 특정의 한정된 시기(포로 또는 판매로부터 새로운 정체성을 얻기까지의 기간)에만 상품의 지위를 유지한다. 주인사회(host society)로 점차적으로 진입해 들어가면서부터는 상품이라기보다는 개별적인 개인이라는 측면이 더 강해진다. 코피토프는 노예화 과정에 대한 이러한 생애사적 접근이 다른 사물들의 상품화를 보는 데에도 유용할 것이라 주장한다. 이러한 입장은 상품을 자본의 회전운동(M-C-M') 안에만 포섭되어 자본의 축적에 도움을 주도록 운동하는 것으로만 보는 전통적인 맑스주의 입장을 벗어나게 해주는 장점이 있다.

사용가치를 최종적인 상태로 보면 상품화를 완전히 거부하는 사회를 낭만적으로 이상화할 위험이 있다. 또 기호화 과정을 최종적인 상태로 보면 루카치와 프랑크푸르트 학파처럼 상품화를 사물화와 동일시하여 과도한 인지주의적 비관주의에 빠질 수 있다. 탈기호화 과정을 최종적인 상태로 보면 구체적인 사물이 초자연적 힘을 휘두르는 주술의 세계로 후퇴할 수 있다. 물론 우리 사회에서는 기호화 과정이 우세하며, 전(前)상품화된 사용가치의 세계는 점차로 축소되고 있는 것이 사실이다. 그런 점에서 상품과 비상품을 식별하는 문화의 힘이 약해지고 있다고 볼 수도 있다. 하지만 이와 더불어 시장에서 교환가치를 지녀 상품으로 팔렸다가 다시 탈기호화 과정을 겪으면서 탈상품화되는 경우도 만만치 않게 존재한다. 다시 말해 사물화로서의 상품화 과정이 일방적으로 진행되지 않는다는 말이다. 상품화원리와 더불어, 공통적이지 않고, 비교불가능하고, 독특하고, 개별적이고, 따라서 그 무엇과도 교환가능하지 않은 것을 사람들은 만들어 나가고자 한다. 이는 다른 말로 해서, 상품화가 사회세계에서 의미와 상징의 역할을 완전히 박탈하지 않는다는 것을 뜻한다.

왜 그러한가? 나는 상징주의적 인류학을 따라 인간 및 사회질서가 동물 및 동물질서와 달리 자연적으로 주어지지 않고, 거의 자의적일 정도로 가변적이라는 점을 받아들인다. 인간에게 있어 내재적 정보 원천인 유전자 프로그램 또는 모델은 엄밀하지 않고 단지 광범하게만 통제하기 때문에, 이러한 인간의 행동이 효과적인 형태를 가지기 위해서는 외재적 정보 원천에 의해서 상당한 정도로 통제되어야만 한다. 이러한 외재적 정보 원천이 바로 문화체계이다(Geertz, 1973). 문화(체계)는 일차적으로 완전히 이질적인 것들로 현상하는 무질서의 세계에서 동질적이거나 유사한 것으로 보이는 것들을 식별하는 것이며, 더 나아가 그것들을 동일한 범주로 묶는 것이다. 식별과 분류체계는 서로를 전제한다. 분류체계 없이는 우리는 식별할 수 없으며, 기본적인 식별이 없이는 어떤 것으로 분류할 것인지 알 수 없기 때문이다. 만약에 동질화하는 과정이 극단적으로 진행되면 지각된 세계는 다른 극단(물품의 경우는 순전한 상품화의 극)에 너무 가깝게 접근하기 시작하게 되고, 그 결과 인지적 식별이라는 문화의 기능은 훼손된다. 개별자들과 문화적 집합체들은 사물들을 너무도 많지 않고 또 너무나 포괄적이지도 않은 범주들로 분류함으로써 양극단 어딘가에서 항해해야 한다. 분류체계가 너무 많으면 개별자마다 모두 범주가 되어 버리고, 분류체계가 극단적으로 포괄적이면 이질적인 것들도 모두 하나의 범주로 묶는 일이 발생한다. 두 경우 모두 분류하는 의의가 없어진다. 우리가 보통 '구조'라 지칭하는 것은 너무나 많이 쪼개는 이질성과 너무나 많이 뭉뚱그리는 동질성 사이에 놓여 있다(Kopytoff, 1986: 70).

사회가 아무리 사물화 또는 동질화된다 해도 문화의 식별적 기능은 필수적으로 남는다. 시장에서의 교환가치를 통해 만물을 양적으로 계산가능하고 교환가능한 것으로 만드는 과정이 지배적이라 해도, 여전히 베버가 말하는 '지위경쟁'이나 부르디외가 말하는 '구별짓기'로 대표되는 사적 개별화(private singularization)가 행해지는 이유가 여기에 있다. 우리 사회라고 무엇이 다를 것인가? 상품화를 사물화로만 보고 과도한 인지주의적 비관주의에 빠지기 전에 우리 사회의 도덕 경제학을 살펴보아야 한다. 그렇다고 우리 사회에 단 하나의 도덕 경제학만이 존재한다고 가정하자는 것은 아니다. 물론 개별적이고 성스러운 것이라고 '공적으로 표지된' 것을 상품화하는 데는 모두가 반대하기도 한다. 하지만 무엇이 공적으로 표지될 것인가는 헤게모니의 문제가 개입되는 문제이기도 하다. 천성산이나 새만금 갯벌이 대표적인 경우이다. 우리 사회에서 공적으로 인정된 상품화가 개인들, 사회적 범주들, 그리고 집단들에 의해 고안된 무수한 가치평가틀과 개별화와 손을 맞잡고 가고 있을 뿐만 아니라, 서로서로 갈등을 일으키고 있기도 하다. 일반화된 호혜성을 핵으로 하는 유교문화는 선물, 증여, 기부 등을 통해 상품화를 거부한다. 문화적 자유주의는 개인의 독특성을 강조함으로써 상품화에 저항한다. 다문화주의가 갈수록 힘을 얻고 있는 작금의 상황에서는 어떤 한 문화에서 상품화될 수 있는 것이 다른 문화에서는 그렇지 않을 수 있다. 이러한 몇 가지 예는 동질화하는 상품화 분류체계(시장주의)를 다시 개별화하는 탈상품화 분류체계로 만드는 주된 도덕 경제로 작용한다.

　개인들과 소집단들은 외적 요소들에 의해 그 행위가 결정되는 수동적인 물질이 아니다. 그들은 개별화하고 탈상품화하는 분류체계를 가지고 스스로의 가치평가틀을 만들어 상품을 생산, 유통, 분배, 소비한다. 상품 사회에서는 개별화를 만들 때 사용되는 문화적 자원들이 대개의 경우 문화상품들인 것이 사실이다. 하지만 상품은 생산자의 의도에 종속되어 있지 않다. 상품을 사서 내가 소유해서 사용하는 순간 그 상품은 교환가능한 상품이기를 멈추고 나의 필요를 충족시켜 주는 사용가치로 된다. 이때 내가 여기에 나만의 독특한 의미를 부여해서 사용한다면, 그것은 다른 그 무엇과도 교환할 수 없는 독특한 개별적인 비상품이 된다. 자기 고유의 스타일을 창조하는 '스타일의 정치학'이 여기에 속한다고 할 수 있다. 따라서 그것을 아무리 비싼 상품과 맞바꾸자고 해도 결코 바꾸지 않는다. 이렇듯 상품들의 의미는 원래의 생산이나 교환의 자리에서 나오는 것이 아니라, 새롭게 형성된 가치평가틀에서 다른 상품들과 맺는 관계들에서 나오는 것이다. 그러하기 때문에 문화상품에 대한 이데올로기적 비판만으로는 결코 충분하지 않은 것이다.

　예를 들어 <너는 내 운명>이란 영화는 '상품화'와 '개별화'의 양극운동을 잘 보여주고 있다. 은하(전도연 분)라는 다방 여종업원의 성(性)은 아무에게나 팔릴 수 있는, 즉 교환가치를 지닌 상품이지만 단 한 사람 석중(황정민 분)에게만은 결코 교환될 수 없는 개별성 그 자체이다. 은하와 결혼하는 대가로 석중은 그녀의 기둥서방에게 화폐를 지불하지만, 그 직후

교환가치로서의 은하는 상품이기를 멈추고 석중에게는 결코 그 무엇과도 교환될 수 없는 개별성 그 자체가 된다. 하지만 위기를 맞아 은하는 다시 교환가치를 지닌, 즉 누구에게나 팔릴 수 있는 상품으로 전화한다. 그럼에도 석중은 우여곡절 속에 은하라는 상품을 시장에서 결코 팔릴 수 없는 개별성으로 다시 전화시킨다. 이러한 개별성으로의 전화는 석중 개인에게만 타당한 것으로 사회전반, 심지어는 가족으로부터도 인정을 받지 못한다. 그럼에도 불구하고 은하라는 상품을 개별화하는 석중의 가치평가 틀을 완전히 붕괴시키지는 못한다. 이러한 간단한 예를 통해서도, 우리는 상품이 동질화와 개별화 사이를 오가는 복합적인 과정이라는 것을 금방 깨닫게 된다. 우선 석중은 은하를 성화시켜 개별화한다. 그 순간 은하는 교환가치를 지닌 상품이기를 멈추고 오로지 석중의 필요만을 충족시켜 주는 개별적 존재가 된다. 또한 은하는 모텔이라는 특정의 공간에서 성을 파는 특정의 시간에만 상품이지, 시공간을 넘어서 보편적으로 상품인 사물이 아니다. 그러한 시공간을 벗어나면 은하는 결코 상품이 아니다. 상품화를 사물화로 동일시할 수 없는 것이다. 마지막으로 석중은 은하를 더 이상 상품으로 되돌아가지 못하는 최종적 상품으로 전화시켜 탈상품화하려 한다. 이전에는 상품이었지만, 다시는 은하의 성이 교환가치를 지니지 못하도록 만들면 탈상품화될 수 있다. 이 모든 것을 가능하게 하는 것은 석중이 지니고 있는 '낭만적 사랑'이라는 문화체계이다. 가장 남성중심적인 모던적인 문화체계의 하나로 비판받아 온 낭만적 사랑이, 석중의 경우에서는 성상품인 은하를 탈상품화시키는 문화체계로 사용된 것이다. 결론적으로 우리는 개인들이나 소집단들이 탈상품화를 행하는 의미화 실천이 얼마나 중요한지 알 수 있다.

2. 재성화: 정서의 회귀

뒤르케임 역시 많은 근대론자들과 마찬가지로 근대 세계로 접어들면서 인지적/정서적/도덕적 차원을 모두 포괄했던 가톨릭 신념체계가 붕괴되어 각각 자율성을 지닌 인지적 영역, 정서적 영역, 도덕적 영역으로 분화된다는 점에 동의하였다. 하지만 공적 영역에는 인지적인 분류체계가 지배하고, 정서적이고 도덕적인 분류체계가 사적 영역으로 개인화되어 버린다는 입장에는 동의하지 않았다. 그는 공적 영역에서도 정서적이고 도덕적인 차원이 지닌 중요성과 역할이 사라지지 않는다고 보았다. 뒤르케임에 따르면 모던 사회의 핵심은 모든 성스러운 것들을 탈성화시켜 속된 것으로 만드는 것이다. 따라서 만물이 속된 것으로 일원화된다. 이 점에서 뒤르케임은 당시 대부분의 계몽주의 사상가들과 맥을 같이하고 있다고 볼 수 있다. 하지만 뒤르케임은 여기에서 멈추지 않는다. 뒤르케임은 근대사회가 속으로 일원화하는 힘이 아무리 강하다 해도 여전히 성(the sacred)과 속(the profane)을 식별(discrimination)해야 할 필요는 남는다고 보았다. 다른 모든 사회와 마찬가지로 근대사회 역시 성스러운 도덕을 공유해야만 개인과 사회를 통합시킬 수 있다. 집합의례를 행하면서 환각을 경험하는 것(집합흥분), 또 그 경험을 핵으로 하여 상징체계를 구성하는 것(집합의식)이 사회세계의 근본적인 힘이 된다는 것을 인식한 것이다. 그렇다면 근대 세계에 성이 사라졌다기보다는 새로운 형태의 성으로 전환한 것으로 보아야 한다. 이러한 성을 뒤르케임은 도덕적 개인주의라 불렀다(Seidman, 1983b).

뒤르케임은 '역치단계'[3] 동안 행해지는 집합의례를 통해 얻어지는 집합흥분이 새로운 성을 낳는 데 핵심적인 역할을 수행한다고 말한다. 근대의 성인 도덕적 개인주의는 프랑스혁명이라는 집합의례를 통해 얻어진 집합흥분을 통해 생성된 것이다. 사회정의, 평등, 민주주의 공동체 등이 성스러운 것이 되고, 이것이 사회적 이상이 되어 도덕적 판단의 기준으로 기능하는 것이다. 도덕적 개인주의는 바로 이러한 도덕적 공동체 속에서 얻어지는 자유를 뜻한다(최종렬, 2004a). 이는 무엇으로부터의 자유를 말하는 부정적인 의미의 자유가 아니라 공동체에 대한 책임과 의무를 포함하는 긍정적인 자유이다(Berlin, 1969). 개인이 이렇게 공동체에 책임감과 의무를 느끼려면 자신의 공리주의적 이해관계를 넘어선 어떤 성스러운 존재를 공동체에서 느껴야 한다. "좁다란 이해관계에 얽매여 살아온 '속된' 일상의 관심 세계를 벗어나고 또 그것을 넘어설 수 있는 '특별한 경험'"(박영신, 2005: 64)이 필요한 것이다.

이러한 뒤르케임의 주장은 현 한국사회의 포스트모던한 면을 분석하는 데 유용하다. 한국사회는 자본주의가 발달함에 따라 공리주의의 세속화하는 힘이 만물을 속된 것으로 만들어 온 과정에 노출되어 왔다. 다시 말해 성과 속의 식별을 불가능하게 만들어 놓았다. 그 결과는 이중적이다. 첫째, 공리주의의 세속화는 우선적으로 '탈성화'를 낳는다. 성과 속의 이분법적 분류체계를 속의 동질화로 만들어 놓아 오로지 양적인 차이의 계산만을 가능하게 만들어 놓기 때문이다. 그 결과 사회세계에 인지적 차원만 남고 정서적 차원과 도덕적 차원은 축출된 것처럼 보였다. 상습적인 공리주의적 세계에 인지적 차원에서의 효율성 이외의 그 어떤 다른 정서적이고 도덕적인 가치도 남아 있지 않은 것처럼 보이게 되었다. 자기의 이익을 합리적으로 계산하기에 바쁜 원자적 개인이 득시글거리는 것처럼 보이게 된 것이다. 이러한 세계는 기계적으로 돌아가는 상습의 세계이기에, 인간에게 살아갈 열정을 제공하지 않는다. 권태와 우울증이 모더니즘의 기본 정조가 된 이유가 여기에 있다. 하지만 모던 세계라고 성스러운 원리가 없는 것은 아니다. 그것은 바로 공리주의적 실재라는 성스러운 원리를 중심으로 구성되어 있다. 이 역시 성과 속의 이분법적 상징적 분류 체계라는 점에서 동일하다고 할 수 있다. 하지만 문제점은, 성스러움은 반드시 신비로운 면을 지녀야 하는데, 공리주의적 실재는 발가벗겨진 공리계산이기 때문에 전혀 신비롭지 않다는 점이다. 바로 이 때문에 공리주의적 실재는 역설적이게도, 더 신비로움을 요구한다. 사람들을 묶어 주는 것은 그들이 어떤 신성한 것에 대해 공유하고 있는 신비감 때문이다. 실재가 신비감을 가지고 있을 때에만 그 실재를 공유함으로써 사람들이 묶일 수 있다. 만약 그 실재가 신비감을 잃어버리면 더 이상 사람들을 묶어 주는 기능을 잃어버린다. 그런 점에서 세계의 성화는 제거되어야 할 과거의 잔재가 아니라 사회성을 가능하게 하는 핵심적인 요소이다. 사회적 삶의 비극(?)이 여기에 있다.

여기에 공리주의적 세속화의 두 번째 결과인 '재성화'가 일어나는 이유가 있다. 공리주의적 실재가 지닌 성스러움이 더 이상 신비롭지 않기 때문에, 공리주의적 질서가 성공하면 할수록 역설적이게도 재성화가 필연적으로 뒤따를 수밖에 없는 것이다. 이는 사적인 영역에서 신비화를 추구한다고 해서 해결될 문제가 결코 아니다. 공리주의적 실재가 탈성화되어 있기에, 정서적 감흥과 가치평가적 상징에 대한 요구는 사적 영역과 공적 영역의 구분을 무너뜨리면서 어디에서나 강렬해지게 된다. 뒤르케임에 따르면 성과 속이 뒤섞이는 것은 아주 일시적인 역치단계에만 일어난다. 하지만 공리주의적 세계는 역치단계를 비생산적이라 낙인찍어 제거하여 버렸다. 하지만 밋밋한 공리주의적 일상을 조금만 비틀면 바로 엄청난 감정, 흥분 등, 상상적인 것, 즉 미학적 힘이 분출한다. 공리주의적 일상의 권태와 우울증은 광기와 집합흥분을 배태하고 있는 것이다. 모던 시대에 백화점이나 박람회와 같은 특정의 공간에 역치단계를 설정해 놓은 것이 이 때문이다. 그런 점에서 공리주의적 현실은 인간 일상의 삶에서 정서적인, 미학적인 면을 완전히 축출하지는 못하였다. 인간은 단순히 교환가치를 통해 서로 만나는 것에 그치지 않고 그것을 넘어서는 어떤 힘, 즉 정서적 끌림, 다시 말해 매혹당하여 관계를 맺고 싶다는 에로티시즘의 힘에 의해 지탱되고 있다. 이 힘은 계급적 결정이나 이익의 계산을 넘어서는 근본적인 힘이다. 이것이 뒤르케임이 쇼펜하우어의 '삶의 의지'에 끌린 이유이다.

포스트모던 시대에는 역치단계가 일상에 보편적으로 실현된다. 스포츠, 음악, 축제가 낳는 흥분이 갈수록 사회적 삶을 점철한다. 또한 유례없는 과시적 소비가 상설 난장판을 자아내는 거대 도시의 소비적 광란도 있다. 대도시에서의 일상의 삶은 유례없는 과시적 소비가 이루어지는 영속적인 바자가 되어 버렸다. 쇼핑몰이 대표적인데, 여기에서 소비는 집합흥분 속에서 이루어진다. 소비에 참여하지 않으면, 집합흥분을 나누어 갖지 못한다는 듯이 광적으로 소비에 몰두한다. 단순히 쇼핑몰에서의 소비만이 그러한가? 아니다. 우리 사회를 보라. 현재 우리 사회는 수많은 츄링가, 즉 성물(聖物)의 출몰을 따라 출몰을 거듭하는 부족이라 불릴 소집단들이 발흥하고 있다. 진보진영의 촛불시위든 보수진영의 인공기 소각시위든, 연예인 팬클럽 모임이든 스포츠 서포터즈 모임이든, 그 형태는 달라도 모두 츄링가를 체험함으로써 집합흥분을 얻고 그에 바탕한 새로운 집합의식을 얻고자 함이 아니던가! 플래시몹과 같이 텔레커뮤니케이션을 통해 일시적으로 모였다 집합의례를 흉내 내는 퍼포먼스를 행하고 흩어지는 경우는 또 어떠한가? 이 모든 것이 다소 발작적인 방식으로 표출된다. 이 모든 경우에 고대적 최면상태와 같은 어떤 것이 있다. 근본적인 이유는 역치단계에서는 성과 속이 붕괴되어 혼용되어 있기에 공리주의적 일상에서 맛볼 수 없었던 성스러운 것을 집합적으로 체험하게 되기 때문이다. 이러한 체험은 참여했던 사람들 전체를 본질적으로 공고하게 해 주는 기능을 수행할 수도 있다. 따라서 기존의 뒤르케임주의자들이 공동체적 이상을 말할 때 '집합의식'의 공유를 통한 연대의 형성과 갱신을 중요시했다. 하지만 지금은 이보다 오히려 '집합흥분'이 더 중요하게 되었다고 할 수 있다. 집합흥분이 집합의식으로 발전하지 않는 경우가 더 많아진 것이다. 집합흥분을 위한 집합흥분, 즉 흥분을 위한 흥분, 즉 마약과 같은 집단광기와 집단마취 그 자체를 위한 집합흥분이 더 중요하게 되어버린 것이다. 하지만 흥분은 감정이기에 정황이 바뀌면 바로 증발할 수 있다. 이러한 증발을 막기 위한 상징이 그래서 필요한 것이다. 하지만 집합흥분을 표상하여 집합의식으로 전환시키는 상징이 장기적으로 지속되지 못한다(마페졸리, 1997).

왜 그러한가? 그 이유는 우선 집합흥분이 '이미지'를 통해 이루어진다는 사실에 있는 것처럼 보인다. 하지만 모든 역치단계에서의 집합의례는 이미지를 중심으로 이루어진다는 점에서 현재의 특징이라고만 할 수는 없다. 이미지는 역치단계의 츄링가로서, 집단의 성원들에게 성스러운 감정과 성스러운 표상 모두를 일깨우도록 기대받는다. 오히려 이미지를 통한 집합흥분이 집합의식으로 발전하기도 전에 바로 또 다른 이미지들의 환유적 연쇄가 뒤따르기 때문에 그 고유의 감흥이 증발해 버린다는 점에 근본적인 차이가 있다. 이미지는 원래 정합적인 통일로 구성되어 있지 않는 것이지만, 현재에는 이미지들이 환유적 연쇄를 통해 끊임없이 이어지고 있다는 점에 그 특징이 있다. 그 이유는 이미지가 전통적인 시공간의 국지성을 벗어나 떠돌면서 제멋대로 다른 이미지들과 결합할 수 있기 때문이다. 이미지는 성과 속을 가리지 않고 그 무엇과도 연결될 수 있다는 점에서 에로티시즘의 극치이다. 화폐 역시 성과 속 가리지 않고 그 무엇과도 연결될 수 있지만, 그 원리는 근본적인 차원에서는 차가운 계산에 터한 등가교환이다. 그런 점에서 화폐가 그 무엇과도 교환관계를 맺는다고 해서 인지적 혼란은 있을 수 있을지언정 정서적 흥분과 도덕적 분개는 작을 수밖에 없다. 하지만 이미지는 다르다. 이미지는 차가운 계산에 의존하지 않고 그 무엇과도 인접성의 원리를 따라 환유적 연쇄를 이룰 수 있다. 이미지들의 환유적 연쇄에서는 의미가 안정적이지 않아 정합적인 집합의식을 만들어 내지 못한다. 실제 쇼핑몰이나 TV 쇼핑몰에서 이루어지는 소비는 모두 집단적 광기를 통해 이미지를 소비하는 것과 같다. 우리는 더 이상 상품의 기능에 대한 합리적인 계산을 통해 구매하고 소비하는 것이 아니라 집단적 이미지의 유행에 따라 광적으로 구매하고 소비하고 있다. 하지만 이러한 광기는 새로 출현한 상품의 이미지들의 환유적 연쇄에 의해 바로 증발한다. 진보진영의 촛불시위, 보수진영의 인공기 소각시위, 연예인 팬클럽 모임, 스포츠 서포터즈 모임 등에서 체험된 집합흥분은 또 어떠한가? 실제 시위나 모임에 참여한 사람들은 물론이고 참여하지 않은 사람들에게도 그 고유의 '사건(event)'은 텔레커뮤니케이션을 통해 반복적으로 전송된 이미지를 통해 그 독특한 집합흥분이 탈색된 '사건성(event-ness)'으로 경험된다(최종렬, 2004c). 집합흥분이기는 집합흥분이되 그 감흥이 이미 증발되어 버린 집합흥분인 것이다. 그러하니 집합의식으로 전화되지 못하는 것이다. 따라서 사람들의 집합의례는 미래의 집합적 목적을 위해서가 아니라 현재의 찰나적인 집합흥분을 위해서 이루어지고, 바로 또 증발해 버린다. 이는 역설적이게도 찰나적인 집합흥분을 반복적으로 광적으로 추구하게 만드는 결과를 낳는다.

3. 재주술화: 신념의 회귀

베버는 자신보다 한 세기 이전에 살았던 쉴러(Friedrich Schiller)를 따라 근대의 '사회생활'이 탈주술화되는 과정에 있다고 보았다. 쉴러가 사용한 용어인 탈주술화(Entgotterung)는 글자 그대로 자연이 그 신성(deity)을 박탈당하게 됨을 뜻한다. 근대 세계관의 창건자들이라 할 데카르트와 뉴턴에게는 신성 그 자체가 존재하지 않는다는 것이 아니라 자연의 '외부에' 존재한다. 이들에 따르면 신성은 자연에게 불변의 법칙을 부과하고 난 후, 완전히 외부로 물러나와 자연이 그 스스로의 법칙에 따라 작동하도록 내버려 두었다(Griffin, 1988: 2). 당시에 이러한 입장은 점차 지배적인 흐름으로 자리 잡고 있었고, 이 점에서 베버가 근대의 사회생활에서 주술이 제거되는 탈주술화(Entzauberung)되는 과정에 있다고 주장한 것은 그다지 새로운 것이 아니다. 오히려 새로운 것은 탈주술화과정을 '문화의 주지주의화(intellectualization of culture)'라는 보다 포괄적인 틀 안에 위치 지웠다는 점에 있다. 베버는 문화의 주지주의화를 명확하게 정의하지는 않았지만, 크게 보아 사회문화적 질서의 윤리적-종교적 전제가 합리성의 형식과정적 절차의 유형에 의해 정당화된 일반적 규칙과 법칙에 세워져 있는 사회적 질서로 전이하는 것을 뜻한다(Seidman, 1983a). 한마디로 말해, 종교적 신념체계 안에 배태되어 있던 인지적/정서적/도덕적인 포괄적 질서가 인지적 질서로 축소 전화하는 것이다. 더나아가 베버가 계몽주의자들과 다른 것은 이러한 전화가 일어난다 해도 의미에 대한 추구가 인간의 세계로부터 완전히 제거되지 않는다고 본 점이다.[4]

베버는 이를 '문화적 인간'이란 말로 표현하였는데, 그에게 있어 문화란 무의미한 무한한 사건들에 인간존재의 관점에서 의미를 부여하는 것을 지칭한다. 결국 과학혁명으로 물리적 세계로 변한 인간세계에서 의미를 다시 찾으려는 노력을 문화로 본 것이다. 베버에 따르면 문화와 사회생활이 맺는 관계는 주술, 세계종교, 과학의 단계에서 역사적으로 다르게 나타난다. 고대의 주술의 세계에서는 '초능력'이 유형의 구현체 안에 내재한다고 믿는다. 주술은 특정의 지역에 국한되는 것이 보통이며 포괄적인 통일된 거대체계로 발전되는 경우가 드물다. 특정의 구체적인 존재에 또한 분리된 성스런 영역에 주술적인 힘들이 존재한다고 믿는다. 따라서 다신교적인 주술성의 세계를 유지한다. 인간은 초일상적인 힘을 구체화하고 있다고 믿는 다양한 주술적 힘들에 둘러싸여 있지만, 이러한 힘들로부터 나오는 규범들은 비체계적인 상태로 남아 있다. 따라서 주술은 특수한 실제적 목적을 성취하기 위해 초일상적인 힘들을 조작하는 형태를 띤다. 물질적 복리의 추구와 사악한 영으로부터의 보호가 그 대표적인 예이다. 초월성 대신에 특수하고 실제적인 지향이 인간존재를 안내한다. 규범은 내면화되어 있지 않고, 대신 비체계적인 다양성의 형식으로 개인 외부에 남아 있다.

세계종교 단계에서는 '초능력'이 유형의 구현체 안에 내재하는 것이 아니라 초월적 세계에 존재한다. 모든 유형의 주술적 신들이 단 하나의 초월적 존재나 영역, 즉 단 하나의 포괄적인 신념체계로 환원된다. 이러한 내적 재정향은 외적 행위를 변화시킬 수 있다. 5대 세계종교(유교, 힌두교, 불교, 기독교, 이슬람교)는 저세상의 신 또는 영역이 존재함을 믿는다. 주술의 초능력이 국지적이라면 세계종교의 초능력은 보편적이다. 그 이유는 초월적 영역은 구체적인 존재로부터 독립된 추상적 영역으로 사회현실로부터 독립된 이상을 표상하기 때문이다. 다시 말해 초월적 세계는 사회의 질서 안에 완전히 흡수되어 있지 않다. 세계종교는 저세상을 대리하는 이 세상의 대표자들과 제도들을 통해서 사회 안정성을 북돋을 수도 있고, 저세상의 구원이라는 목적으로 근본적인 재정향을 이룰 수도 있다.

과학의 단계에서는 포괄적인 의미의 초월적 영역이 과학적 지식의 성장과 수단-목적 합리성의 기술 앞에 사라진다. 진리에 대해 독점을 주장해 왔던 세계관이 이제 사적 신념의 영역으로 후퇴한다. 이것이 바로 근대 세계의 탈주술화이다. 자연환경에 대한 증대하는 지식, 즉 과학으로부터 이러한 일이 발생한다. 과학적 탐구는 현실의 전부가 알려질 수 있다, 또는 계산될 수 있다는 신념에 기반하고 있다. 종교와 마찬가지로 과학은 총괄적인 사고체계이기를 추구한다. 하지만 종교와 달리, 과학은 세계를 저세상적 의미가 아닌 인과관계라는 용어로 설명하고자 한다. 과학적 탐구를 다른 삶의 영역에 확대 적용할 때 그 효과는 가히 대단하다. 지적 세계에서 비합리적 힘들을 제거하고, 정치와 경제의 영역에서 경영과 조직의 보다 효율적인 형식들을 창출한다. 개인의 차원에서 초월적 가치에 의해 이끌어지던 행위가 모던 세계에서 점점 사라지고, 대신 즉각적인 일상의 필요를 추구하게끔 되어 버린다.

하지만 '유의미한 코스모스에 대한 형이상학적 욕구'는 결코 사라지지 않는다. 점차 일상생활이 세속화되는 것은 피할 수 없지만, 종교적 확실성을 과학적 확실성이 대체하는 데에는 한계가 있기 때문이다. 과학은 삶에 대한 우리의 통제력을 증가시켜 줄 수는 있지만, 우리의 삶을 인도할 가치들을 제공하지는 못한다. 따라서 삶의 의미는 점차 개인들이 만들어야 하는 것으로 변한다. 일상의 삶을 이해하기 위해서 가치관을 수립하고 유지하는 과업이 점차 개인들에게 떠넘겨지고 있는 것이다. 이러한 과업을 수행하는 과정은 갈수록 신비한 형태를 띠게 된다. 사회세계가 탈주술화되면 될수록 삶을 살아가게 만드는 의미와 열정은 사라지게 되고, 때문에 역설적이게도 형이상학적 욕구는 더욱 강화된다. 하지만 합리적인 과학은 이러한 추구를 충족시킬 수 없기 때문에 형이상학적 욕구가 더욱 신비하고 초자연적인 힘에 의존하게 되는 것이다. 하지만 과학이 지배하는 세상에서 이러한 욕구충족은 마약, 신경안정제, 알콜, 텔레비전 등과 같은 사적인 영역으로 후퇴하여 일어나게 된다. 사람들은 유형의 구현체에 초능력이 들어 있다고 믿는 주술시대의 사람들처럼 마약, 신경안정제, 알콜, 텔레비전 등에 초능력이 들어 있다고 믿는다.

이렇듯 베버는 탈주술화될수록 세계는 상습화되고 무미건조해져서 오히려 형이상학적 욕구가 증대된다는 역설을 잘 보여주었다. 문제는 포스트모던 상황은 베버가 예상했던 것 이상이라는 점이다. 과학과 그것의 사회적 실현인 시장사회가 성공하면 할수록, 작금의 신자유주의적 시장질서가 보여주듯이 일상이 상습화되기는커녕 오히려 극도의 불확실성에 노출된다. 이렇게 일상의 사회질서가 극도의 자의성에 노출되면, 권태와 우울증을 벗어나는 일이 주된 문제가 아니라 '공포'에서 벗어나는 일이 주된 문제가 된다. 하지만 이 역시 공포를 벗어나려는 노력의 사사화(privatization)로 나타난다. "너 자신 스스로 도피하라(a DIY escape)."는 구호가 힘을 얻는다. 이때 사회세계는 개인들에게 공포에서 벗어나게 도와주는 선택의 저장고(a pool of choices)처럼 보인다. 하지만 자신의 선택이 옳았는지 최종적으로 보증해 주는 공식적인 상위규범이 존재하지 않기 때문에, '상상된 공동체(imagined community)'에 의지하게 된다. 그럼에도 상상된 공동체는 안정성과 제도적 지속성이 보장되지 않기에, 자기 스스로 공동체 성원임을 자임하는 사람들 사이의 정서적 헌신에 의존하지 않을 수 없다. 따라서 정서적 흥분을 통해 하나 됨을 추구하는 온갖 시위, 행진, 축제, 폭동이 일어난다. 보다 많은 관심을 끌기 위해 전시적 행위가 더욱 괴기하고, 잔인하고, 처참하고, 위협적으로 된다(Bauman, 1992: xviii-xx). 이러한 경향과 더불어 요가, 선, 명상, 최면, 웰빙 등 세계와 혼융된 인간존재를 추구하면서 잔혹한 자의적 세계가 가하는 공포에서 벗어나려는 사적인 노력도 밀물을 이룬다. 애니미즘과 신비주의가 되살아나 횡행한다. 손님들로 북적거리는 사주카페가 늘어나고, 타로카드와 각종 주술적 힘을 가졌다는 액세서리의 판매가 급증하며, 별자리 점이 붐을 이룬다. 우리 사회는 그렇게 공리주의적 질서가 축출하고자 했던 주술이 다시 돌아와 횡행하고 있는 것이다. 이런 점에서 바우먼(Bauman, 1992: x)은 포스트모더니티를 재주술화라 부른 것이다.

재주술화는 이성에 부합하는, 계산가능한, 통제가능한 합리적 수단에서 벗어나 다시 신비한 초자연적 힘에 의지하여 행위하는 것을 말한다. 그런 점에서 우리사회는 베버가 말한 재주술화를 광범하게 경험하고 있다. 그렇다면 이렇게 탈주술화를 통해 제거되었던 주술과 세계종교 중 어느 것이 주된 경향으로 나타날 것인가? 어떤 이들은 세계종교의 형태가 과학을 대신해야 한다고 주장한다. 그 핵심은 우주가 기계적인 원자들의 무한한 인과연쇄에서 다시 인간, 자연, 성스러운 존재가 질서 지워진 방식으로 서로 연결되어 있는 코스모스로 되돌아가야 한다는 것이다 (Toulmin, 1982; Griffin, 1988). 또 근대의 수학적 물리학이 제거한 리(理)를 되살려 그 우주적 질서원리에 의해 최종적인 의미가 규정되는 인지적/도덕적/정서적 분류체계를 포스트모던 사회세계에 실현하려는 노력도 있다. 그 핵심은 천도(天道), 지도(地道), 인도(人道)가 모두 동일한 원리에 의해 작동한다는 관점, 즉 모든 존재들이 시간과 공간을 넘어서 근원적으로 통일체임을 전제로 하는 관점을 되살리는 것이다(이영찬, 2001; 홍승표, 2005). 이러한 주장은 인간, 자연, 성스러운 존재에 대한 새로운 신념체계를 구축하자는 것인데, 이는 엄격히 말해 '믿는 사람에게만' 타당하다. 믿지 않으면 그뿐인 것이다. 학문적으로는 상당한 설득력을 지니는 것은 사실이지만, 여전히 일반인들뿐만 아니라 사회학 내에서도 뉴턴적 과학이 지배적인 상황에서 이러한 신념이 얼마나 광범하게 믿어질 것인지는 현재로서는 의심스럽다. 오히려 우리가 현실에서 마주치는 것은 주술 형식의 신념이 횡행하고 있다는 사실이다. 이러한 주술은 그럼 과거의 주술과 동일한 것인가? 원래 주술은 국지적으로 작동하는 것이지만, 현재 되돌아온 주술은 텔레커뮤니케이션을 통해 일시적이나마 보편성을 획득한다. 현재 재주술화는 시장, 광고, 마케팅, 포장을 장악하고 있는 문화상품 생산자를 통해 이루어지고 있다(Flanagan, 1996: 179). 공포로부터 벗어날 수 있게 해 준다는 페티시즘의 앙상블로 무장한 문화상품의 이미지가 텔레커뮤니케이션을 통해 언제나, 어디에나, 누구에게나 전송되고 있다(Dienst, 1994). 이렇게 전송된 이미지는 프랑크푸르트 학파의 문화산업론이 주장하듯 단순히 대중을 기만하고 조작하는 것에 멈추는 것이 아니다. 전송된 이미지는 생산자의 의도와 상관없이 흐를 뿐이다. 흐르면서 소모되는 순간 일시적으로 상상된 공동체를 형성시켰다가 해체시키기를 무한 반복하고 있다.

이렇듯 우리들은 사회세계를 인과적으로 이해하고 설명하고 예측하고 통제하려는 것이 아니라 상징적인 연관관계를 통해 이해하고 설명하고 예측하고 통제하려 하고 있다. 왜 그러한가? 앞에서 누누이 말했듯이, 공리주의적 질서가 성공하면 할수록 삶의 무의미성과 사회세계의 자의성은 더욱 증대되고, 인과적 설명을 하는 과학은 전혀 삶의 의미와 유의미한 사회질서를 제공할 수 없기 때문이다. 그런 점에서 공리주의적 질서의 성공은, 실패다. 이는 더 나아가 계몽주의의 기계주의적 우주관의 성공적 실패이기도 하다. 과학은 사물들이 실재로 존재하는 방식을 있는 그대로 기술하려고 할 뿐만 아니라 오로지 자신이 기술한 것만이 진정으로 참이라고 주장한다. 그런 점에서 과학은 제국주의적이다. 과학은 무엇보다도 논리와 경험적 사실에 의해 지배되는 인지체계로서 본질적으로 가치중립적이라 주장한다. 하지만 이러한 과학관은 현재 담론이론의 거센 도전에 흔들리고 있다. 담론이론에 따르면 우리의 해석, 심지어는 지각마저도 언어, 문화, 당대의 지배적 세계관, 개인적 이해관계, 그리고 계급, 인종, 젠더에 터한 이해관계에 의해 조건지어진다. 뉴턴적 과학은 하나의 해석일 뿐이며, 그런 점에서 자신을 조건지우는 것들로부터 결코 자유로울 수 없다. 세계를 탈주술화하는 힘이자 그 자체로 완전히 탈주술화된 것으로 간주되어 온 과학은 이제 새로운 재주술화에 직면하고 있다.

그런 점에서 과학과 주술의 차이는 베버가 본 것처럼 그렇게 근본적인 것은 아니다. 과학과 이데올로기의 공통점과 차이를 이야기한 기어츠 (Geertz, 1973)의 논의는 이 점에서 주목할 만하다. 먼저 과학과 이데올로기는 모두 필요한 정보의 결여상태인 '문제적 상황'을 정의하는 데 관심을 지닌다는 점에서 공통된다. 양자의 차이는 스타일의 전략에서 찾아야 한다. 과학은 상황구조를 이해관계가 없는 듯한 태도로 이름 짓고, 그 양식은 절제되고 경제적이며 매우 분석적인 것이다. 이에 반해 이데올로기는 상황구조에 대해서 관여의 태도를 가지고 이름을 짓고, 그 양식은 화려하고 생동감 있다. 한마디로 말해, 과학과 주술의 차이는 전자는 상징체계가 아니고 후자만이 상징체계라는 점에 있는 것이 아니다. 과학도 역시 마찬가지로 상징체계이다. 다만 정서적이고 도덕적인 분류를 행하는 데 무기력한 상징체계일 뿐이다. 이러한 무기력을 과학은 인지적 분류체계의 도구적 효율성으로 상쇄하려 든다. 하지만 탈주술화한 세계를 전제로 하고 또 세계를 탈주술화하는 힘이기도 한 과학이 지닌 이러한 인지적 우월성은 그 대가를 톡톡히 치르고 있다. 우선 환경을 인과의 무한한 연쇄로 이루어진 기계적 물질로 보아 최대한 효율적으로 개발 내지는 착취하였다. 그 결과 환경파괴와 이상기후현상 등을 야기하였을 뿐만 아니라, 그 결과를 결코 예측할 수 없는 유전자공학 등은 위험사회를 낳았다 (Beck, 1992). 한마디로 말해 탈주술화한 과학은 이제 위기를 맞고 있다. 이러하기 때문에 다시 주술이 되돌아와 횡행하는 것이다.

IV. 맺음말

모던 사회학은 전통적 공동체에서 모던 사회로 전환함에 따라, 사회세계에서 '의미' 또는 '상징'의 중요성이 감퇴됨을 가정해 왔다. 거기에는 사회세계에 대해서도 뉴턴의 수학적 물리학을 모델로 하여 새로운 공리주의적 질서를 창출하고자 하는 계몽주의의 기획이 깔려 있다. 모던 사회학의 주된 개념들인 상품화, 탈성화, 탈주술화는 모두 이러한 기획을 밑바탕에 깔고 만들어졌다. 이러한 존재론적 가정과 더불어, 방법론적으로도 '의미'와 '상징'은 독립변수로 정의하기도 양적으로 측정하기도 어렵기 때문에 사회학에서 실질적으로 제외되어 왔다. 더군다나 과학의 객관성이란 이름으로 윤리적/정치적 문제를 논의하는 데 소극적이었다. 하지만 탈상품화, 재성화, 재주술화로 대표되는 포스트모던 상황은 인간의 사회적 삶에서 의미 또는 상징의 중요성은 감퇴되지 않으며 오히려 더 강화되고 있음을 보여주고 있다. 이를 제대로 이해하기 위해서는 전통과 모던의 이분법에서 고대, 중세, 모던의 삼분법으로 확장해야 한다. 포스트모던이란 세계종교 안에 있던 도덕과 정서가 되돌아오는 것만이 아니라 고대의 주술적 신념과 중세의 세계종교적 신념도 되돌아오는 것을 의미하기 때문이다. 이제 한국사회학은 모던 사회학의 이상을 따라 사회학의 수학화를 추구하는 대신, 문화적 전환을 이루어 존재론적으로나 인식론적/방법론적으로도 그리고 더 나아가 윤리적/정치적으로도 의미와 상징이 행하는 역할에 주목해야 한다.

5 불멸성 추구의 파편화와 존재의 연속성에 대한 노스탤지어[1]

I. 머리말

1997년 IMF 사태 이후 신자유주의는 한국사회의 뜨거운 논쟁거리이다. 어떤 이들은 신자유주의를 한국사회가 당면한 성장의 정체 문제를 말끔히 해결해 줄 구세주로 떠받들고 있는가 하면, 다른 이들은 사회양극화를 악화시켜 한국사회를 극단적인 갈등의 상태로 몰아가고 있는 주범으로 비난하고 있다. 이러한 두 주장은 한국사회를 첨예하게 갈라놓을 정도로 완전히 다른 것 같지만, 둘 다 경제 환원주의를 취한다는 점에서 같다. 둘 다 신자유주의를 우선적으로 경제적 시각에서만 보고, 모든 선이나 악을 신자유주의로 돌리는 환원주의를 취하고 있는 것이다. 이러한 새로운 형태의 경제결정론은 정작 신자유주의가 문화적으로 어떤 의미를 지니는지에 대해서는 거의 관심을 기울이지 않는다. 관심을 기울인다고 해도, 문화를 어떻게 산업화시켜 성장의 동력으로 삼을 것인가, 아니면 지구적 상품문화의 동질화 경향에 맞서 지역의 문화다양성을 어떻게 보존할 것인가 고민하는 수준에 머물러 있다. 문화를 실존의 차원에서 접근하지 않고, 도구나 상부구조 정도로 보고 있는 것이다. 이는 어찌 보면 당연한 일인데, 위의 두 입장은 사실 '생산중심주의'의 일란성 쌍둥이인 자유주의 신/고전경제학과 맑스주의 정치경제학에 기대고 있기 때문이다.

현재 한국에서는 이러한 일란성 쌍둥이가 보수와 진보라는 '거짓 이름'을 쓰고 심하게 대립하고 있다. 하지만 이러한 대립은 진정한 대립이 아니다. 둘 다 생산적 노동을 통해 잉여를 생산하고 전유(專有)하는 데에만 관심을 갖고 있기 때문이다. 이 둘은 서구의 부르주아와 프롤레타리아를 원형으로 한다. 부르주아가 이윤의 동기에서 작업한다면, 프롤레타리아는 생존의 동기에서 노동한다. 부르주아는 인간과 자연을 포함한 모든 것을 어떻게 하면 '작업'을 통해 '유용성'으로 전화시킬 것인가에 골몰하고, 프롤레타리아는 어떻게 하면 '노동'을 통해 '필연성'의 나락에서 벗어나 유용성의 수준까지 상승할 것인가 분투한다. 둘 다 '행위'를 통해 '탁월성'을 추구하지 않는다는 점에서, 자유인이 아니다.[2] 이 둘은 사실 19세기 이후 유럽에서 전면화된 시장사회가 만들어 낸 몰도덕적인 경제인간들이다. 우리가 신자유주의를 비판하고자 한다면, 그 비판의 칼을 양극화와 같은 잉여의 전유의 공정성 문제에 겨누는 것으로 멈추지 말고 대부분의 인간을 몰도덕적인 경제인간으로 몰아가는 메커니즘 그 자체에 꽂아야 한다.

이 글은 신자유주의를 경제적 관점이라는 좁은 시각에서 다루어 온 기존의 접근을 넘어 문화적 차원에서 살펴보고자 한다. 이를 위해 '넓은 의미'의 뒤르케임 전통, 그 중에서도 특히 급진적인 전통에서 신자유주의를 살펴보려고 한다. 이 글에서 말하는 뒤르케임 전통은 크게 보아 두 가지이다. 하나는 시장의 자기조정적(self-regulating) 능력을 과신하는 공리주의적 질서와 국가의 통합능력을 과장하는 사회주의적 질서 모두를, 다양한 직업집단들로 구성된 심의/성찰적 민주 조합국가의 '도덕적 조절' (moral regulation)로 비판하는 것이다(Durkheim, 1984: xxxi-lix; Aktürk, 2002; Prosser, 2006). 일찍이 뒤르케임은 선진적인 노동분업은 오로지 '계약의 비계약적 요소들'에 의해서 유지된다고 주장한 바 있다 (Durkheim, 1984). 이러한 비계약적인 요소들은 추상적인 시장원리로 환원될 수 없는 법, 관습, 신념, 즉 요즘 용어로 사용하면 문화라 볼 수 있 다(민문홍, 2001: 147-187). 뒤르케임은 당시의 경제생활이 법적·도덕적 아노미 상태 안에서 작동하는 것을 개탄하였고, 이에 대한 대안으로 새로 운 직업윤리를 만들고자 하였는데, 그 핵심은 새로운 사회적 연대를 창출 하는 것이다(Durkheim, 1992). 결국 뒤르케임은 자기조정적인 시장의 이윤동기가 신/고전주의 경제학이 가정하듯 보편적 현상이 아니라, 특수 한 역사적 현상, 특히 일시적인 현상이라고 주장한 것이다. 또한 이러한 이윤동기를 국가의 강제에 의해서 조절될 수 있는 것도 아니라고 주장하 였다. 그렇다고 뒤르케임이 시장 그 자체를 부정적으로 본 것은 아니다. 노동분업이 고도화된 결과 시장의 출현은 자연스러운 것이다. 다만 시장 은 그냥 놔두면 사회를 분절화시켜 사회적 연대를 해치기 때문에, 도덕적 으로 조절할 필요가 있음을 주장한 것이다. 도덕적 조절은 국가가 행하는 것처럼 외적 강제가 아니며, 오히려 시장이 제대로 작동하기 위해 필요한 조건, 즉 신뢰와 호혜성의 의무를 제공하는 것으로 나타난다(Prosser, 2006). 이러한 주장은 모스(Mauss, 1974)와 폴라니(Polanyi, 1957, 2001) 를 통해 더욱 발전되어, 최근에는 제도주의 경제학의 토대로 작용하고 있 다. 그 핵심은 이윤동기가 그 자체로 지배적인 지위를 획득하지 못하고 도덕적 질서 안에 배태되어 작동한다는 것, 즉 '도덕경제'이다. "인간의 열정은 자신이 존중하는 도덕이 존재할 때에만 유예된다"(Durkheim, 1984: xxxii-xxxiii). 이윤동기에 대한 강력한 열정이라고 무엇이 다를 것인가!

　나머지 하나는 현대의 사회적 실재를 성과 속의 이분법적 상징적 분류 체계로 구성된 이중적 질서로 보는 것이다(Durkheim, 1995). "속이 일상을 지배하는 생산의 세계라면, 성은 축제를 지배하는 소비의 세계이다. 생산의 세계는 생식과 성장에 필수적인 유용성을 생산하는 필연성의 세계이며, 소비의 세계는 생식과 성장의 요구에서 벗어난 자유의 세계이다. 필연성의 세계는 사물들의 외면적 관계로 이루어져 있고, 자유의 세계는 주체들의 내면적 관계로 구성되어 있다. 사물들의 외면적 관계에서는 인지적 지식(수단-목적 합리성)이 지배하며, 주체들의 내면적 관계에서는 정서적 지식과 도덕적 지식이 지배한다. 속이 생산자(노예/부르주아/프롤레타리아)의 세계라면, 성은 소비자(주인/귀족/성직자/예술가)의 세계이다" (최종렬, 2007: 187-188). 뒤르케임은 현대사회가 아무리 세속화되어도 성은 집합 연대를 생산/갱신함에 있어 여전히 중요한 역할을 수행한다고 보았다. 성은 정서적 · 도덕적 에너지로서, 사회성원들은 집합의례를 통해 이를 체험하는 과정에서 집합흥분을 느낌으로서 정서적으로 한데 묶일 수 있고, 이는 나중에 집합의식으로 발전되어 사회적 연대를 가능하게 한다는 것이다. 이러한 주장은 현대세계는 속의 질서, 즉 공리주의적 질서로 일원화된다는 세속화 테제와 이에 대한 병리적 반발인 사회주의적 국가주의에 대한 결정적인 반격이다. 나는 이러한 주장을 더욱 급진화해서, 생산중심주의에 대한 대항 이론으로 사용할 것이다. 이를 위해 자본주의적 윤리를 노예도덕성으로 비판한 니체(Nietzsche, 1968, 1989), 공적 영역과 사적 영역을 노동 · 작업 · 행위를 통해 구분한 아렌트(Arendt, 1958), 성을 창조하고 파괴하는 소모에 눈을 돌린 바타이유(Bataille, 1986, 1991)와 카이유와(Caillois, 2001), 역치단계의 의례가 지닌 반구조적 성격과 커뮤니타스에 주목한 터너(Turner, 1969), 그리고 현대 세계의 삶이 유혹, 내기, 의례로 점철된다는 점을 강조한 보드리야르(Baudrillard, 1990a)를 이론적 자원으로 사용할 것이다. 이를 통해 잉여를 합리적으로 생산하고 전유하는 데에만 관심을 기울이는 생산중심주의로부터 벗어나 잉여의 소비와 소모의 관점에 설 것이다. 이 관점은 인간의 본질을 '노동'과 '작업'에서 찾지 않고 '행위'에서 찾는 정신적 귀족주의와 맥을 같이 한다. 행위는 근본적으로 비생산적 소비와 관련된다. 순수쾌락, 정치, 영원성의 관조가 그 대표적인 활동이다. 아무런 생산적 목적 없이 그 자체로 비생산적으로 잉여를 소비하는 것이 행위의 근본 속성이다.

이러한 관점에서 볼 때, 자유주의의 가장 큰 특징은 인류 역사상 전례가 없이 자기조정적인 시장을 전면적으로 건설함으로써 도덕적 질서를 파괴하고, 더 나아가 행위를 인간의 지평에서 제거하고 노동과 작업을 중심으로 하는 공리주의적 질서를 사회 전 영역에 건설하려고 한 점에 있다. 그 결과 만물이 자신의 '영혼'을 상실하고 시장에서 내다 팔릴 '사물'로 전화되었다. 그럼으로써 몰도덕적인 경제인간은 세계와의 내밀한 체험의 관계를 잃어버리고 말았다. 신자유주의의 특징은 이렇게 외파된 공리주의적 질서가 더 이상 외부로 확장될 수 없게 되자 에너지를 안으로 돌려 그 질서를 내파(implosion)시켰다는 점에 있다. 자연과 무의식까지 사물화시킨 결과 오히려 사물의 체계 자체를 내부로부터 폭파시킨 것이다. 그 과정에서 국가의 방어적 기능마저 와해되고 말았다. 이러한 과정은 애매성(ambiguity)을 특징으로 한다. 사물이 도구적으로 상징화되는 현상이 도처에 나타나는 과정이기도 하면서, 잃어버린 세계와의 내밀한 관계를 회복하고자 하는 노력이 사회에 전면화되는 과정이기도 하다(Tomlinson, 1999).

II절에서는 자유주의와 신자유주의를 이윤동기의 탈배태성(disembeddedness)과 재배태성(re-embeddedness), 그리고 잉여의 소비의 입장에서 다룬다. III절에서는 자유주의와 신자유주의를 문화적 차원에서 고찰한다. 자유주의의 문화적 핵심은 영원성 추구의 절멸과 불멸성 추구로의 선회이며, 신자유주의의 그것은 불멸성 추구의 파편화와 존재의 연속성에 대한 노스탤지어이다. IV절에서는 무한성장 신화에서 벗어날 것을 촉구한다.

II. 신자유주의

신자유주의를 알아보기 위해서는 우선 자유주의가 무엇인지 알아야 한다. 자유주의는 이윤동기를 모든 도덕적 맥락으로부터 탈배태화시켜 시장원리만 따라 작동하도록 만들어 놓은 경제체제이다. 도덕적 맥락은 잉여를 비생산적으로 소비하게 만들어 경제성장을 가로막는 것으로 여겨졌기 때문이다. 이러한 탈배태화는 가격원리에 따라 자기조정적으로 운용되는 시장을 일국적 차원에서 전면화시키는 것을 전제로 한다. 이러한 전면화에 결정적인 역할을 한 것이 국민국가이다. 하지만 대가 없이 거저 이루어지는 일은 없다. 시장을 전면화시켜 준 대가로 국민국가는 시장을 일정 정도 조절하기를 원했다. 국민국가라는 구조틀(framework) 안에서 성장을 추구한 것이다. 자유주의는 국민국가적 차원에서 잉여를 생산적으로 소비하여 성장하기를 원하였다. 그 결과 잉여가 생산에 전면적으로 재투자되지 않고, 국민국가의 정당성을 유지하기 위해 비생산적으로 사용될 수 있었다. 그럼에도 불구하고 이윤동기를 충분히 충족시킬 정도로 성장이 충분했기에, 이윤동기가 국민국가 안에 배태되어 있을 수 있었다. 신자유주는 이렇게 국민국가 안에 재배태된 이윤동기를 다시 지구적 차원으로 탈배태화시켜 놓았다. 그 핵심은 지구적 경쟁이 치열해진 상황에서 이전처럼 국민국가 안에서 성장을 추구하다가는 이윤동기를 충분히 충족시킬 수 없다는 논리이다. 자본은 국민국가의 정당성을 유지하느라 헛되이 소모된 잉여의 일부를 다시 성장을 위해 생산에 쏟아붓기를 원했다. 하지만 문제는 이렇게 다시 생산에 잉여를 쏟아부어도 이전과 같은 고도의 경제성장을 이룰 수 없다는 점이다. 그 결과 성장으로 쓰이지 못한 잉여가 지구적으로 유동하며 요동치고 있다.

1. 자유주의: 도덕경제로부터의 탈배태와 국민국가로의 재배태

나는 폴라니(Polanyi, 1957, 2001)를 따라, 호혜성(reciprocity)이나 재분배(redistribution) 같은 도덕경제가 완전히 시장논리에 의해서만 움직이는 몰도덕 시장경제로 전면적으로 '대전환(Great Transformation)' 된 것이 자유주의의 핵심이라고 본다. 오로지 시장가격에 의해서만 자기조정되는 시장체계가 19세기 들어 사회에 전면화되기 이전까지는 어떤 사회에서도 이윤동기가 그 자체로 지배적일 수는 없었다. 그 이유는 이윤동기가 호혜성과 재분배와 같은 도덕경제 안에 배태되어 있었기 때문이다. 하지만 19세기 발현한 자유주의가 지배적으로 되면서 이윤동기가 도덕경제로부터 탈배태되어 오로지 시장원리에 의해서만 움직이게 되었다.

호혜성이 지배적인 사회에서는 사회의 기본 단위가 개인이 아니라 쌍이다. 홀로 떨어져 있는 개인은 온전한 의미에서 인간이 아니다. 대표적인 쌍은 남녀 부부관계이다. 양자는 주어야 하는 의무, 받아야 하는 의무, 그리고 되돌려주어야 하는 의무로 묶인 호혜적 공동체이다. 이러한 쌍은 다시 하나의 개별자가 되어 호혜적인 다른 쌍을 필요로 한다. 이러한 쌍들이 계속해서 연결되면 하나의 집단을 형성한다. 하지만 홀로 있는 집단 역시 온전한 의미의 집단이 아니다. 반드시 그 집단을 보충해 줄 수 있는 다른 집단과 쌍을 이루어야만 한다. 이 역시 의무로 묶인 호혜적 공동체이다. 이러한 쌍은 다시 하나의 더 큰 집단이 되어 그와 유사한 다른 집단과 호혜적 관계를 맺는다. 이렇게 호혜성으로 엮인 거대 집단은 쿨라(Kula)를 형성한다. 호혜성으로 엮인 집단에서는 개인이나 개별 집단의 자기 이익을 대놓고 추구할 수 없다. 이윤동기가 호혜성이라는 도덕경제 안에 배태되어 작동하는 것이다(Mauss, 1974).

재분배가 지배적인 사회에서는 재화와 용역의 징발, 저장 및 재분배를 담당하는 지도자와 그 제도의 치하에 있으므로 개인 그 자체보다는 공동체 전체가 하나의 단위를 이룬다. 재분배는 소규모의 지역 안에서도 이루어지지만, 대규모의 지역에서도 이루어진다. 영토가 크면 클수록 재분배는 그 결과로서 효과적 분업을 창출할 것인데, 지리적으로 분화된 생산자집단을 결합시키도록 도와줄 것이기 때문이다. 앞에서 말한 쿨라도 엄격한 의미에서는 재분배에 해당한다. 쿨라의 경우 공동체의 활동은 모두 섬안의 이웃이나 다른 섬의 이웃들을 초대하여 접대하는 축제를 연다. 이때 원격지거래의 성과를 배당하고, 의례적 규칙에 따라 선물을 주고받으며 추장은 관습적인 선물을 모두에게 나누어준다. 이렇게 선물을 나누어주기 위해서는 우선 재화를 중심에 모아 저장하는 일이 필요하다. 재분배에서는 호혜성만으로는 이루어질 수 없는 분업, 해외무역, 공공 목적의 징세, 방위 준비 등을 담당한다. 따라서 개인의 이윤의 동기가 이러한 공동체 전체를 위한 도덕 안에 배태되어 작동한다.

뉴턴의 수학적 물리학을 사회세계에 실현하려는 계몽주의 기획은 호혜성과 재분배를 해체하고 시장사회를 전면적으로 실현하려고 하였다. 하지만 시장사회의 전면화는 순조롭거나 자동적으로 이루어진 것은 아니다. 시장사회의 전면화는 도덕경제 안에서 삶의 안정성을 누려왔던 사람들을 불안정한 노동시장 속으로 몰아넣는 것이기 때문이다. 하지만 노동시장이 아직 전면화되지 않은 상태에서 도덕경제를 해체하는 것은 사람들의 삶을 뿌리 뽑고 아무 대책 없는 거리로 내쫓는 것에 다름 아니었다. 시장경제의 발전은 이렇듯 궁핍화와 같이 이루어졌다. 잉여를 빈곤층을 위해 사용하는 도덕경제가 완전히 붕괴되어 있기 때문에, 성장이 되면 될수록 유례없는 빈곤도 같이 솟구치게 되었다(Polanyi, 2001).

이러한 상황이 지속되면 정치가 정당성의 위기에 처한다. 따라서 시장사회가 먼저 전면화된 서구에서는 국민국가가 공공재를 제공하는 방식으로 시장의 전면화를 일정 정도 조절할 수밖에 없었다. 특히 1930년대 공황과 2차 세계대전을 겪으면서, 케인즈주의적 국민국가는 시장의 실패를 치유하고 시장을 조절하는 기제로서 기능하였다. 주로 금융정책과 환율정책을 통해 안정적인 화폐제도를 유지시킴으로써 가격원리에 의해 작동하는 일국가적 차원의 시장을 전면화시킨 것이다. 그런 점에서 자유주의 하에서의 시장사회는 국가사회의 안내를 받아 움직였다고 할 수 있다. 시장사회가 이렇게 국가사회의 조절을 받아들인 것은 당시만 해도 그렇게 하는 것이 자본의 축적에 도움이 되었기 때문이다. 이차대전 이후 성장이 지속되는 과정에서는 국가의 보호 아래에서 자본을 축적하는 것이 훨씬 도움이 되었다. 아직 지구적 경쟁이 치열하게 이루어지지 않은 상태에서 국가는 국내경제에서 가장 핵심적인 행위자였기 때문이다. 국가는 자본의 축적과 더불어 노동의 안전도 보장하였다. 그 논리는 소비자의 구매력을 증대시킴으로써 생산을 안정시킨다는 것이었다. 따라서 국민국가는 시장 혼자서는 지속적이고 안정적인 생산을 보장하지 못한다고 보고, 수요를 자극하기 위해 시장에 개입하였다(Lebowitz, 2004). 소위 '자본주의의 황금기'는 경제적 자유주의가 홀로 가져온 것이 아니라, 사실 국민국가의 안내를 받아 이루어진 것이었다.[3]

개발국가의 안내를 받아 성장한 한국 자본주의도 이런 점에서 크게 다르다고 할 수 없다. 박정희 시기 한국의 자본주의 발전은 시장원리 그 자체에 의해 작동하였다기보다는 재분배와 호혜성의 조합을 따라 움직였다. 마치 포틀래치처럼, 박정희 시기 국가는 외채를 빌려와 한곳에 집중시켰다가 기업들에게 나누어 주었다. 한곳에 집중시키고 나누어주는 것에는 재분배가 작동하지만, 사실 이를 나누어 줄 때는 도덕적 의무감을 지워주는 방식으로 호혜성의 원리를 따라 이루어졌다.[4] 강한 국가가 자원을 기업들에게 배분할 때, 특정 기업에게 혜택을 주는 문제로 그치지 않고 한국의 '공동체 전체'에 베푼 것이다. 박정희 시기 국가는 수출에 공헌한 기업에 상을 주는 제도를 통해 기업들 사이에서 지위경쟁을 이끌어 내었다. 지위경쟁의 결과는 '선택'과 '집중'으로 나타났다. 호혜성을 잘 갚는 기업들은 국가에 의해 선택되어 집중적인 육성을 받고 '재벌'로 성장해 갔다. 따라서 기업들에게는 호혜성을 되갚는 일이 생사를 건 투쟁이었다고 할 수 있다. 재벌이 갚아야 할 빚은, 세계시장에서의 경쟁력 확보이다(Amsden, 1990). 이는 재벌이 번은 돈을 바로 국가지배자에 되갚는다기보다는, 경쟁력확보와 그에 따른 경제성장을 통해 국가에 되갚는 방식이다. 그렇게 되면, 국가는 경제성장을 통한 정당성을 확보할 수 있게 된다. 존슨(Johnson, 1982)이 개발국가의 정당성은 절차적 정당성이 아니라 최우선적 국가목표로 설정된 경제발전의 결과라고 지적한 이유가 여기에 있는 것이다. 돌고 돌다 보면, 호혜성이 실현된다. 이렇게 되면, 국가는 더 많은 보상으로 기업들에게 호혜성을 되돌려 준다. 이것이 재벌이 성장하는 호혜성의 논리이다(류석춘 · 왕혜숙, 2008).

물론 이런 호혜성의 논리가 항상 잘 작동한 것은 아니다. 그럴 적마다 폭력을 본질로 하는 국민국가의 훈육권력의 작동은 여지없이 이루어졌다. 훈육권력의 핵심은 사회 전체가 모든 에너지를 생산에 쏟아붓는 근면·자조·협동으로 대표되는 '세속적 금욕주의'를 실천하도록 만드는 것이다. 사회전체를 비생산적 소비에서 구해내기 위해 온갖 훈육권력을 휘둘러 댄 것이다. 재벌이 잉여를 성장에 다시 투자하지 않고 비생산적 소비로 나아갈 경우 가차 없이 국가에 의해 시장에서 퇴출되었다. 노동의 경우도 금욕적 노동을 넘어서서 소비할 수 있을 정도의 임금을 지급하지 않도록 국가가 임금을 조절하였다. 동시에 노동이 조직되어 노조활동 등 생산적 노동 이외에 노동을 소비할 경우, 구사대를 동원해서라도 강압적으로 막았다. 생산적 노동과 어긋나는 정조를 불러일으키는 것, 예컨대 장발, 미니스커트, 락 음악 등은 모두 훈육권력의 대상이 되었다. 새벽종이 울리면 일어나 일터로 나가 각성제를 먹어 가며 밤을 새워 노동해야 했다. 이 모든 억압이 용인될 수 있는 근거는, 100억 달러 수출과 1인당 국민소득 천 달러를 이루는 '그날이 오면' 금욕적 노동의 대가가 한꺼번에 이루어질 것이라는 유토피아적 약속이었다.

국민국가의 안내를 받아 이루어진 경제성장은 서구나 한국이나 모두 상대적으로 작은 빈부격차를 수반하였다. 이윤동기가 도덕 안에 배태되어 작동하는 체제에서는, 빈곤의 문제가 개인의 문제가 아니라 공동체 전체의 문제로 간주되기 때문이다. 국민국가가 명확히 경계 지워진 영토 안에서 합법적인 권력을 독점적으로 휘두르는 상황에서, 빈부의 양극화는 단순히 개인들의 경제적인 문제가 아니라 행정 권력의 정당성의 위기를 야기할 정치적인 문제이기도 하다. 따라서 서구의 복지국가든 한국의 개발국가든 모두 일정 정도의 경제적 평등을 유지해야만 했다. 서구는 시장의 실패를 치유하기 위해 사회보장제도를 잘 발전시켰다. 포디즘적 축적체제가 잘 굴러갈 때에는 성장과 분배는 아무런 모순이 없는 것처럼 보였다. 한국의 개발국가는 해외시장에서 가격경쟁력을 유지하기 위해 저임금정책을 유지했지만, 노동자가 한번 고용되면 평생직장을 보장해 주었다. 유교적 가족주의가 이러한 평생직장을 정당화하는 데 광범하게 사용되었다. 이렇게 장기적인 유착관계가 이상화된 것은, 아직 성장을 위해 자본과 노동이 국민국가의 안내를 받아 갈 길이 멀었기 때문이다. 호혜성과 재분배는 사실 생산보다는 소비를 추동하는 기제이다. 하지만 소비를 위해서는 일단 노동을 통해 축적을 해야 하는 것이기 때문에 호혜성이 되갚아질 축제의 날을 잘 설정하기만 하면 금욕적 노동을 북돋우는 기제로 작동될 수 있다.

2. 신자유주의: 국민국가로부터의 탈배태

개인의 이윤동기가 국민국가 안에 배태되어 작동했다는 점에서 자유주의의 애초의 기획은 불완전하게 성취되었다고 할 수 있다. 신자유주의는 이렇듯 불완전하게 성취된 기획을 다시 지구적 차원에서 완성하려는 시도이다. 그 핵심은 이윤동기가 국민국가가 부과하는 도덕경제로부터 완전히 탈배태되어 자기조정적인 지구적 시장 안에서 자유롭게 움직이도록 하는 것이다. 이런 점에서 신자유주의는 케인즈주의적 국가개입 정책과 맑스주의의 중앙집중적 국가계획 모두를 극렬히 반대하고, 경쟁적 시장이 자유를 보장하는 역할을 강조한다(Dean, 2008: 49). 우선 신자유주의는 이차대전 이후, 특히 1970년대 이후 시장사회가 지구적으로 전면화되는 과정에서 시장을 조절하는 국민국가의 힘이 약화되는 것과 관련된다. 생산과 금융이 '유연화' 되고 지구화되는 상황에서 전통적으로 국민국가가 수행했던 조절 기능이 제대로 수행되기 어려워진 것이다. 국가의 역할은 자국 화폐의 질과 견실성을 보장하는 것 정도로 축소되고, 다른 모든 것은 시장원리에 맡기게끔 되었다. 하지만 국가가 아무런 일도 하지 않는 것은 아니다. 시장이 존재하지 않는 영역들, 예컨대 교육, 건강, 사회보장, 환경오염, 자연, 유전자 등에서는 국가가 나서서 시장을 만들어 주어야 한다. 이는 마치 맑스가 자본의 '시초적 축적'(primitive accumulation)이라 부른 것이 이전에 상품이 아니었던 영역에서 다시 진행되는 것과 같았다. 그 결과 자본은 다시 이윤을 얻을 수 있게 되었지만, 사회 전체적으로는 경제적인 양극화가 발생하게 되었다.

　도대체 왜 이렇게 상황이 반전되었는가? 다시 말해 '배태된 자본주의'에서 왜 '탈배태된 자본주의'로 전환하게 되었나? 이러한 질문에 대해 1970년대 이래 드러나기 시작한 자본의 축적의 위기를 극복하기 위해 '효율적인' 신자유주의로 전환하였다는 틀에 박힌 대답이 기다리고 있다. 이는 실제로 대처와 레이건이 1979년과 1980년에 각각 영국과 미국에서 정권을 잡은 후 당시까지 지배적이었던 케인즈주의를 밀쳐낸 역사적 사실과 결합되면서 설득력 있는 대답으로 여겨져 왔다. 이러한 대답은 신자유주의 정책을 축적의 위기에 처한 미국과 영국 등 선진 자본주의를 단번에 구원한 구세주로 묘사하며, 그 결과 자연스럽게 신자유주의가 지구적으로 확산되었다고 본다. 하지만 실제 상황을 보면 꼭 그렇지만은 않다는 것이 드러난다. 70년대 이래 미국과 영국 등의 선진자본주의 국가들에서는 실업이 급증하고 인플레이션이 가속화되었다. 하지만 처음에 이에 대한 해결책으로 제시된 것은 신자유주의가 아니라 사회민주주의 모델이었다. 이미 1930년대에 이와 비슷한 길을 걸어간 적이 있었기 때문에 사회민주주의 모델이 훨씬 더 그럴듯해 보였다. 그럼에도 미국과 영국이 걸어간 길은 정작 그 반대로 신자유주의였다. 여기에는 지배계급이 지배적 위치를 다시 회복하고자 하는 기획이 깔려 있었다(Harvey, 2006). 당시 성장률은 떨어지고 있음에도 사회적 차원에서는 국가에 의한 조절이 이루어지고 있어, 자본가의 입장에서는 손실을 입고 있었다. 이제 자본은 국가의 조절 자체를 축적에 방해가 되는 것으로 여기기 시작했다. 자본주의는 그 이전의 경제체제와 달리 잉여의 대부분을 성장에만 쏟도록 강제되는 사회이다. 문제는 잉여의 대부분을 성장에만 쏟아부어도 이차대전 이후의 성장처럼 고도의 성장이 이루어지지 않는다는 점이다. 따라서 새로운 성장을 이끌어갈 영역들을 개발하고 여기에 잉여를 생산적으로 소비해야 하는데, 국가가 이러한 새로운 성장을 위한 연구와 개발을 이끌어 가기는 커녕 온갖 규범과 법적 규제로 가로 막고 있는 것처럼 보였다.

미국과 영국 등 선진자본주의의 축적의 위기의 시기인 1970년대와 80년대는 사실 일본, 동아시아의 네 마리의 작은 용, 그리고 서독의 시대였다. 하지만 이들 국가들이 국가의 역할 축소와 기업의 유연화 전략으로 대표되는 신자유주의를 통해 경제성장을 이룩했던 것은 아니다. 오히려 강력한 국가의 지도 아래 신기술 개발에 대한 투자와 수출 위주 정책을 통해 높은 성장을 유지하였다. 일본은 독립적인 노조가 약하거나 거의 존재하지 않은 상태에서 국가의 지도 아래 경제성장을 이루었다. 동아시아의 네 마리 작은 용도 강한 국가의 지도 아래 (유교적인) 호혜성의 규범을 이용하여 경제성장을 이룩하였다. 서독은 강한 노조와 높은 임금 수준을 가능하게 하는 복지국가를 유지하면서 높은 성장을 이룩할 수 있었다 (Harvey, 2006: 152). 이들 모든 나라들에서는 이윤동기가 국민국가 안에 배태되어 작동하고 있었음에도 자본이 원하는 만큼의 충분한 성장을 이룰 수 있었다.

이와 달리 미국과 영국은 장기간의 재정 위기에 봉착하면서 국가 주도의 경제성장을 이룩할 여력이 없었다. 복지에 지불하는 비용도 국가에게는 큰 부담으로 다가왔고, 자본에게도 낮은 경제성장은 실질적인 이윤의 하락을 의미하는 것이었다. 잘 알다시피 영국의 대처와 미국의 레이건은 이러한 자본축적의 위기를 신자유주의를 선택함으로써 헤쳐 나가려 하였다. 공공재정이 적자를 지속하는 상황에서 국가의 공공지출을 줄이는 작은 국가야말로 현실적 대안이었던 것이다. 여기에 덧붙여 미국 기업의 경쟁력을 증대시키기 위해 기업경영과 고용방식에서 유연화전략이 적극적으로 활용되었다(이성균, 2006: 173-174). 유연화 전략은 미국의 일국가적 차원에서 이루어진 것이 아니라, 지구적 차원에서 이루어졌다. 전후 70년대 초까지 미국과 영국 등 선진국만 빼고 사실상 다른 국가들은 보호주의 무역정책을 폈다고 할 수 있다. 국민국가의 강력한 보호 아래 싼 임금을 바탕으로 하여 신흥공업국들이 미국시장 등에서 급속히 성장할 수 있었다. 이러한 상황이 지속되어 무역수지가 급속히 악화되자, 미국은 다른 국가들이 보호주의 정책을 폐기하지 않으면 자신도 보호주의 무역 정책을 취하겠다고 선언하게 된다. 미국 이외의 다른 국가들은 보호주의 정책을 계속 취하든지 아니면 미국이 이끄는 WTO 체제에 들어가든지 둘 중에 하나를 선택할 수밖에 없었다. 미국이 기획으로 신자유주의를 선택했다면, 다른 국가들은 다분히 끌려들어 가는 성향이 강했다고 할 수 있다(윤선구, 2003: 165).

하지만 미국이 사회주의적 대안 대신 신자유주의적 대안을 선택하게 된 데에는 70년대 칠레의 신자유주의적 실험이 모델로 작용했다는 점을 기억할 필요가 있다. 1973년 쿠데타 이후 칠레는 밀턴 프리드만을 따르는 일련의 신자유주의 미국 경제학자들의 모델을 따라 시장의 자유화, 공적 자산의 사유화, 자연자원의 사적 전유화, 외국 직접투자와 자유 무역의 촉진 등 급속한 신자유주의 정책을 추구하였다. 그 결과 칠레 경제가 되살아나고 뒤이어 경제성장률이 증가하고, 자본축적의 진전과 외국 투자자자들에 대한 고배당 수익 배분 등이 이루어졌다. 대처하의 영국과 레이건하의 미국은 이러한 성공을 참조하여 신자유주의 정책으로 돌아섰다. 주변부에서 있었던 참혹한 신자유주의 실험이 중심부 국가의 자본축적의 위기를 타개할 모델로 차용된 것이다(Valdez, 1995; Harvey, 2006:

147). 그렇다면 실제로 미국과 영국이 칠레의 신자유주의 모델을 따라 정책을 편 결과 자본의 축적의 위기를 완전히 극복하고 전후 자본주의처럼 다시 견실한 성장의 길로 들어섰는가? 실제로는 그러한 일이 일어나지 않았다. 오히려 항상적인 위기와 불안이 자본주의에 따라다니게 되었다. 경쟁력 있는 신경제 부문에서는 괄목할만한 성장과 고용을 이루었지만, 전통적인 제조업 부문에서는 고용이 줄고 더군다나 노동유연성의 여파로 고용안정성도 크게 악화되었다. 동시에 정규직과 비정규직 간의 임금격차가 벌어졌고, 빈곤층도 탈빈곤화되는 듯했지만 바로 다시 빈곤으로 빠져들었다(이성균, 2006: 178-184).

이렇게 신자유주의가 원래의 목적을 성취하지 못하면서도 지구적으로 확산된 것은 소련을 비롯한 동구권의 붕괴가 큰 역할을 하였다. 영국의 대처리즘과 미국의 레이거노믹스가 1970년대 이후 신자유주의를 전파한 이래로 지지부진하던 신자유주의는 소비에트가 붕괴되어 자본주의 체제로 전환되면서 그 운명을 달리하기 시작하였다. 뉴질랜드와 스웨덴과 같은 옛 사회민주주의와 복지국가들도 자의 반 타의 반으로 이 물결에 동참했고, 남아프리카 공화국, 심지어 중국마저도 신자유주의 흐름에 동참했다. 한국도 외환위기와 IMF 레짐을 겪으면서 이러한 흐름에 강제 편입되었다. 현재 이러한 흐름에 동참하지 않은 나라들은 북한을 비롯한 최소한의 국가들뿐이다. 이 모든 것이 의미하는 바는 무엇인가? 그것은 바로 시장사회가 각 국민국가의 조절을 벗어나 단일시장을 지구적 차원에서 구축하고 있음을 뜻한다. 일국의 차원에서 시장사회가 전면화되기 위해서는 국민국가의 강력한 뒷받침이 있었듯이, 시장사회를 지구적 차원으로 전면화하기 위해서는 IMF와 WTO 같은 초국민국가 제도와 네트워크를 필요로 한다(George, 1999). 이런 초국민국가 제도와 네트워크는 국민국가 안에서 안전을 누리던 자본과 노동 등을 포함한 만물을 지구적으로 자유로운 동시에 강제적으로 떠도는 상품으로 만들어 버렸다. 국민국가 안에서 보호와 제재를 받던 민족자본은 국민국가 안에 머물지 않고 최적의 투자처를 찾아 떠돌아다니는 무국적의 투기자본이 되어 버렸다. 제삼세계 사람들은 자신들이 살던 터전이 토지상품으로 전화되자 안정된 지역성으로부터 쫓겨나 지구적으로 떠도는 노동자가 되었다. 이 모든 것이 경제적 차원에서 의미하는 바는 다음과 같다. 개인의 이윤동기가 국가로부터 탈배태되어 작동하자 유례없는 부와 궁핍이 지구적 차원에서 동시에 존재하게 되었다.

맑스는 자본과 노동의 대립을 자본주의의 근본모순이라고 보았지만, 역사가 가르쳐준 바에 의하면 이보다 더 근본적인 모순은 정작 다른 데 있다. 그것은 무한 성장을 지속적으로 이룩할 수 있다는 신화에 기대어 작동하는 시장사회가 행위자들에게 가하는 경쟁압력이다. 신자유주의는 국민국가가 발목을 잡지만 않는다면 더 성장을 이룩할 수 있다고 주장한다. 국민국가의 물리적 한계를 넘어설 수 있는 텔레커뮤니케이션과 새로운 운송수단의 발전은 이러한 주장을 현실화시킬 수 있는 테크놀로지적 토대를 제공하였다. 새로운 테크놀로지 덕분에 잉여는 새로운 성장의 동력을 찾아 지구적으로 떠돌 수 있게 되었다. 또한 새로운 성장 동력을 만들어 내기 위해 연구개발에 천문학적인 돈을 쏟아부었다. 그 결과 더 많은 잉여가 생산되었다. 잉여를 생산적으로 소비하면 할수록 더 많은 잉여가 생산된다는 이 모순이야말로 신자유주의적 자본주의를 동요하게 만드는 근본 원천이다. 생산적으로 소비될 곳을 찾지 못해 헤매고 다니는 잉여가 지구적으로 넘쳐난다. 이렇듯 지구 전체의 차원에서는 잉여가 넘쳐나 어쩔 줄 모르는 상황이지만, 지구 곳곳에서는 하루 1달러로 연명하는 사람들이 천문학적 수만큼 많다. 일국적 차원의 불평등은 지구적 차원의 그것보다 덜하기는 하지만, 국민국가의 지도 아래 있었던 자유주의 시대보다는 훨씬 더 하다. 그렇다고 불평등을 극복하기 위해, 이전처럼 금욕적으로 노동한다고 해서 해결될 일이 아니다. 지구적 차원에서 금욕적으로 노동하는 싼 노동력이 넘쳐나고, 그들이 생산한 싸지만 품질 좋은 제품이 지천에 깔렸기 때문이다. 이상향의 설정은 사라졌고, 모든 관계는 단기적으로 변해간다.

III. 문화

지금까지 한국에서는 IMF 사태를 겪은 후 신자유주의에 어떻게 대응할 것인가에 대한 많은 논의가 있었다. 성숙한 자유시장체제를 정비해서 신자유주의에 적극적으로 대처하자는 입장, 국제 투기금융자본에 맞서 사회민주주의 정책을 취하자는 주장, 또는 제3의 길을 찾자는 주장이 서로 목청을 높이며 얽혀 있었다. 이 글은 이러한 주장에 왈가왈부하는 것을 목적으로 하지 않는다. 대신 자유주의와 신자유주의가 '문화적으로 무엇을 의미' 하는지 밝혀보려고 한다. 지금까지의 논의가 주로 경제적 관점에서 좁게 이루어져 왔기 때문에, 사고의 지평을 다른 방면으로 넓혀야 할 필요가 있다. 몰도덕적인 경제인간을 비판하는 나로서는, 이에 대한 대척점으로 도덕적인 문화인간을 설정하지 않을 수 없다. 경제인간이 생산과 유용성의 질서에 속한다면, 문화인간은 소비와 실존의 질서에 속한다. 경제인간이 속(俗)의 세계에 산다면, 문화인간은 성(聖)의 세계에 산다. 이 중에서 인간은 한 세계에서만 살 수는 없는 노릇인데, 자유주의는 속의 세계에만 살도록 만들어 놓았다. 신자유주의는 자유주의가 저질러 놓은 이 엄청난 일을 뒷수습하느라 쩔쩔매고 있다.

상징적 인류학과 실용주의의 전통에 따르면 문화란 '상징체계' 또는

'의미체계'로서 인간의 생존과 적응을 도와주는 일차적 도구이다. 생존을 위협하는 환경의 변화에 동식물은 생물학적 기제를 사용해서 적응하지만, 인간은 상징체계를 통해 그 변화한 환경을 '상황정의'하고 그 정의를 따라 문제적 상황을 해소한다. 그런 점에서 상징체계는 인간행위를 안내하는 도구적 안내판과 같다. 그렇다고 도구적 의미의 문화 개념이 결정적인 것은 아니다. 보다 본질적인 것은 인간의 질서는 근본적 차원에서는 자의적이고 이러한 자의성 속에 던져진 인간은 그 상황을 해석하도록 저주받은 실존이라는 것이다. 하지만 제2의 자연의 성격을 띠는 안정적인 일상 속에서는 이러한 자의적 성격이 잘 드러나지 않는다. 따라서 일상의 삶은 주어진 문화적 도구를 따라 별다른 해석 작업 없이 이루어진다. 하지만 일상의 자연스러운 유형을 깨는 일이 발생하는 시기에 처하게 되면, 기존의 문화적 도구가 제대로 작동하지 않기 때문에 끊임없는 해석 작업에 돌입할 수밖에 없다. 이때 새로운 상징체계들을 사용하여 인간은 문제적 상황을 정의하고 해석하고 행위한다(Geertz, 1973, Swidler, 1986, 2001).

자유주의가 전면화되기 전까지 문제적 상황을 정의하는 데 동원된 대표적인 상징체계는 세계종교였다. 5대 세계종교(유교, 불교, 힌두교, 기독교, 이슬람교)는 정도의 차이는 있지만 모두 현세를 넘어선 초월성(transcendence)을 설정하고, 그 세계에 진입하는 것, 즉 구원을 목적으로 삼았다(Weber, 1958a; Schroeder, 1992). 자유주의는 초월성을 인간의 지평에서 제거하고 공리주의적 구조틀(framework)이라는 단 하나의 도구로만 자신의 삶을 안내하도록 한다는 점에 그 특징이 있다. 초월성에 대한 사유, 즉 시간 밖에 있는 '영원성'에의 추구가 절멸되었다. 그렇다고 인간이 한 번의 주어진 삶으로 생을 마감하기를 원한 건 아니다. 모든 생물과 마찬가지로 인간도 개체는 죽어도 생식을 통해 시간 안에서 자신의 유전자는 보존하려는 '불멸성'에의 추구의 길을 쫓았다.[9] 가부장적 핵가족 제도는 이러한 불멸성을 추구하는 영역으로 이상화되었고, 그 안에서는 가족의 불멸을 위해 가장이 헌신하는 가부장적 로망스 서사가 사람들의 행위를 이끌었다. 이 서사는 곧 국민국가가 국민들을 동원할 때에도 사용되었다. 신자유주의는 가부장적 핵가족 제도를 해체시키고, 그 결과 사람들을 이끌어 가는 가부장적 로망스 서사도 해체시켰다. 여기에는 개인적, 지역적, 국가적, 국제적, 블록적, 지구적 차원이 서로 복합적으로 연계된 지구화가 큰 영향을 미쳤다. 사람들은 여전히 불멸을 추구하지만, 그것을 추동하는 것은 로망스 서사가 아니다. 마찬가지로 국민국가의 로망스 서사도 파편화되고, 현재 국민국가가 국민을 동원하려고 해도 아이러니로 받아들이기에 잘 동원되지 않는 상황이다. 복합연계성(complex connectivity) 덕분으로 사람들은 이제 더 이상 국민국가에 고착된 민족문화만을 가지고 자신의 삶을 정의하고 그 정의에 맞추어 살아가는 것이 아니기 때문이다(Tomlinson, 1999).

1. 자유주의와 문화: 영원성 추구의 절멸과 불멸성 추구로의 전회

사회학이 안내하는 익숙한 길을 따라가다 보면 '전통적 공동체'와 '모던 사회'라는 이항대립의 노래가 반복적으로 흘러나온다. 퇴니스의 '게마인샤프트'와 '게젤샤프트'의 이항대립에서 기원한 이러한 이야기는, 공동체의 성원으로서 공동체의 규범을 따라 행위하던 도덕적 인간이 시장사회의 원자적 개인으로서 오로지 자기 이해관계만 따르는 몰도덕적인 인간으로 전환되었다고 한다. 하지만 문화적 차원에서 보다 중요한 것은 '공동체로부터의 이탈' 정도의 일이 아니다. 초월성을 제거함으로써 초월성을 '사유하는 인간'이 소멸하고, 모든 인간이 '공리주의적 질서'안에만 거주하게 되었다는 것이 근대의 가장 큰 문화적 사건이다. 현세의 질서를 초월해 있는 진정한 다른 세계에서 존재의 영원성을 추구하는 일이 불가능하게 되었다. 그 근본적인 이유는 뉴턴이 초월적 세계를 죽여, 이 세계를 현세만 존재하는 일차원적 세계로 만들어 버렸기 때문이다. 인간도, 자연도, 사물도 모두 '주어진 것(positivity)'이 전부다. 주어진 모든 것은 자기조정적인 시장 안에서 자신이 지닌 유용성의 양에 따라 서열이 매겨진다. 따라서 인간은 만물(자기 자신은 물론 다른 사람들과 자연까지도)을 유용성과의 관계 속에서 경험하게 되고, 그들과의 내밀한 체험의 관계를 상실한다(Bataille, 1991). 공리주의적 구조틀이라고 하는 한 가지 문화도구를 사용하여 문제적 상황을 정의하고 그 정의에 따라 문제를 해소하는 것이다.

자유주의가 전면적으로 실현되기 이전의 사회들에서도 존재가 유용성으로 축소되는 시장이 존재하였지만, 대개 특정의 시공간 안에서 국지적으로만 존재했을 뿐이다(Polanyi, 2001). 금욕적인 생산적 노동으로 점철된 생산의 질서가 지배하는 일상에서는 공리주의적 질서 속에 살다가도, 특정의 시기에 다다르면 소비와 에너지가 넘실대는 성스러운 (무)질서로 넘어갔다. 이러한 사회에서는 생산의 질서와 소비의 (무)질서가 교호적으로 순환하였다. 그 이유는 인간은 아무런 에너지와 감흥을 수반하지 않는 이성의 세계인 공리주의적 질서 속에서만 살 수 없었기 때문이다. 한 번씩 성스러운 소비의 (무)질서 속으로 빠져 들어가 정서적 에너지를 충전받아야 살 수 있었던 것이다(Bataille, 1991; Durkheim, 1995; Caillois, 2001; Turner, 1969, 1974). 그런 점에서 사람들은 이차원적인 세계에 살고 있었다고 할 수 있다.

자유주의는 이러한 이차원적 세계에서 성스러운 (무)질서를 비효율성이란 이름으로 제거하여 일차원적인 공리주의적 질서를 사회 전면에 실현하고자 하였다. 이러한 질서의 수립자인 부르주아는 자신의 '작업'을 통해 만물을 유용성으로 만들고자 하였다. 하지만 자신의 작업만으로는 힘이 부치기 때문에 프롤레타리아에게 '노동'을 시킴으로써 자연을 유용성으로 전화시켰다. 프롤레타리아가 노동하는 이유는 그가 생계유지에서 허덕거리고 있기 때문이다. 부르주아는 어떻게 해서든지 프롤레타리아가 노동하지 않으면 생존할 수 없을 정도의 생활수준을 유지시키면서 계속해서 잉여를 착취하고자 하였다. 그럼에도 프롤레타리아는 자신도 언젠가는 부르주아가 될 수 있다는 꿈을 가지고, 자신의 필연성의 한계를 벗어나오려고 발버둥 쳤다. 맑스는 부르주아와 프롤레타리아의 계급갈등이 자본주의의 근본 모순이라고 하였지만, 실상 둘은 수단-목적 합리성의 무한 연쇄로 이루어진 공리주의적 질서를 함께 구축한 동지이다. 하나는 보수고 다른 하나는 진보가 아니라, 둘 다 인간과 자연 모두를 유용성으로 축소시킨 천박한 공리주의자이다.

유용성의 관점에서 자연을 보면, 사고팔고 개발할 수 있는 토지나 임야로 보인다. 강이 대운하의 대상으로 보이고, 산이 골프장이나 스키장의 재료로 보인다. 인간도 존재 그 자체가 아닌 개발 가능한 인적 자원으로 보인다. 한마디로 말해 이윤이라는 목적을 달성하기 위해 사용되는 수단으로 보인다. 그 수단을 통해 이윤을 달성하면 그것으로 멈추지 않고, 그것을 다시 수단으로 삼아 더 큰 이윤(목적)을 추구한다. 이때 고려의 대상이 되는 것은 그 목적을 달성하는 데 그 수단을 얼마나 효율성이 있게 쓸 것인가 하는 것이다. 마치 뉴턴의 수학적 물리학의 세계가 원인-결과의 무한연쇄로 이루어져 있는 것처럼, 수단-목적 합리성의 무한 연쇄가 이루어지는 것이다. 만물은 서로가 서로를 시장에서 화폐를 매개로 하여 수단-목적 합리성의 관계로 만난다. 결국 존재와 존재 간의 내밀한 체험의 관계가 사라지는 것이다. 이는 짐멜(Simmel, 1997: 243-255)이 잘 보여주었듯이, 화폐의 익명성 덕분에 인간 움직임의 자유를 확대시켜 놓은 것이기도 하다. 하지만 이는 근본적으로는 인간의 존재를 초라하게 만드는 것인데, 그 이유는 '행위'를 통해 탁월성을 이루려는 자유인의 노력을 인간의 지평에서 제거하기 때문이다. 행위는 인간의 다원성을 실존적으로 전제할 때에만 가능하다. 인간은 서로 다르다는 점에서만 동일하다. 다원적이지 않을 때 인간의 행위는 동일한 인간들 사이에서 기계적으로 반복적으로 이루어지는 행태와 다름없다(Arendt, 1958). 그렇게 되면 지성, 명예, 평판 등에 대한 고려가 이윤계산에 의해 뒤로 밀려난다. 이제 인간은 더 이상 행위를 통해 탁월성을 추구하지 않고, 노동을 통해 필연성을 벗어나오려고 발버둥 치거나 작업을 통해 더 많은 유용성을 축적하려고 할 뿐이다. 누군가 베버의 금욕적 자본주의와 비교해서 한국 자본주의를 천민자본주의라고 폄하하는데, 한국 자본주의가 특별히 천민적이랄 것은 없고 자본주의 일반이 천민적인 것이다. 명예, 평판, 신의, 신뢰, 호혜성 등을 모두 못 믿기 때문에 이들의 기능적 등가물을 모조리 '제도화'시켜 놓은 것이 부르주아 아니던가!

베버(1987)가 잘 보여주었듯이, 필연성과 유용성의 인간은 세속적 금욕주의를 실천한다. 축적을 위해서는 잉여를 모두 생산에만 쏟아부어야 하기 때문에 금욕을 세속적 삶에서 실천하지 않을 도리가 없다. 하지만 아무리 노동을 해 봐야 프롤레타리아의 부는 축적되지 않는다. 오히려 축적되는 것은 부르주아의 유용성뿐이다. 프롤레타리아에게는 필연성의 사회적 평균수준이 조금씩 위로 상승할 뿐이다. 때문에 프롤레타리아는 가끔씩 발작적으로 자신의 에너지를 파업과 같은 무조건적 소모에 쏟아붓는다. 표면적 이유는 잉여를 좀 더 나누어 달라고 싸우는 것이지만, 사실은 노동하는 과정 중에 자연은 물론 자신과 동료도 사물로 추락하는 경험을 반복하다 극한에 이르기 때문이다. 이럴 때마다 축적을 위한 축적은 중단될 위험에 봉착하기 때문에 부르주아는 어떻게 해서든지 프롤레타리아를 지속적으로 세속적 금욕 노동에 머물러 있게 하고자 한다. 세속적 금욕 노동은 현세에서의 불멸성을 위해 '죽음'과 '에로티시즘'을 뒤로 무한 유예시키고 노동에만 힘을 쓰는 것이다. 죽음과 에로티시즘 모두 에너지를 극단적으로 소모하는 것이다(Bataille, 1986). 따라서 죽지도 않고 에로티시즘에 빠지지도 않도록 하는 것이 중요한데, 미래의 이상향을 설정하는 것보다 현재의 금욕을 더 잘 정당화시킬 방법은 없다. 무한성장 신화에 바탕하는 자본주의는 이 점에서 탁월하다. 자본주의 이전의 사회들이 초월성을 사유한 것(예컨대, 대규모의 수도원을 지은 것)은 남아도는 잉여를 성장에 쓸 수 없었기 때문에 무조건적으로 소모하는 방편으로 그리한 것이다. 이제 자본주의는 무한성장이 가능하다는 신화를 유포함으로써, 잉여를 초월성을 명상하는 데 쓸 여지를 없애 버린다. 이렇듯 초월성과의 단절과 영원성의 추구의 포기야말로 자유주의화 또는 '1차 근대화'(Beck, 1992)가 낳은 문화의 가장 큰 특징이다.

무한성장 신화에 기대어 이제 인간은 주어진 현세 안에서 불멸성을 추구하게끔 방향을 튼다. 인간신체의 생물학적 과정에 상응하는 활동인 노동은 삶 그 자체에 종속되어 있기 때문에 불멸하지 못한다. 하지만 작업은 사물들의 인위적인 세계를 건설함으로써 인간의 삶이 끝난 후에도 불멸하는 업적을 쌓을 수 있다(Arendt, 1958). 자유주의의 특징이 있다면, 노동을 작업의 수준으로까지 끌어올려 불멸의 업적을 쌓으려는 데 있다. 자유주의가 오고 나서야, 필연성을 해결하는 사적인 문제였던 노동이 업적을 쌓는 공적인 문제로 전화할 수 있었다(Habermas, 1998). 이렇게 노동이 공적인 문제로 전화되는 과정은 동시에 가부장적 핵가족주의가 탄생하는 과정이기도 했다. 가족 밖의 공리주의적 질서에서 노동과 작업에 몰두해 있는 남편과 달리, 아내는 모든 공리주의적 질서로부터 면제된 친밀성의 영역을 지키는 수호자로 이상화되었다. 가족 내에서는 존재와 존재가 전면적으로 만나는 친밀성이 지배적인 1차집단이어야 했다. 경제적 차원에서 남편의 경제적 지원과 아내의 정서적 지원이라는 성별 노동분업에 기초한 가부장적 핵가족주의는, 문화적 차원에서 볼 때는 죽음과 에로티시즘을 멀리하고 노동과 작업을 통해 불멸성을 추구하는 장이기도 하였다.

　모든 생물체는 다른 생물체와의 '연속성'을 추구하는데, 그 근본적인 이유는 모든 개체는 다른 개체들과 '불연속' 되어 있기 때문이다. 연속성을 추구하는 대표적인 활동이 죽음과 생식이다. 자연은 계속해서 변화한다는 점에서 영원하지는 않지만, 계속해서 반복적으로 나타난다는 점에서 불멸이다. 인간도 이에서 예외는 아니다. 자기 개체는 죽지만 생식을 통해 자신의 유전자는 불멸시키려고 노력하는 것이다. 하지만 오로지 인간만이 이러한 불멸성의 추구를 의식적으로 추구한다. 그 이유는 불멸하는 자연 속에서 인간만이 유일하게 사멸하는 존재이기 때문이다. 인간의 사멸성은 자신의 삶을 이야기로 구성해서 인식한다는 점에 가장 큰 특징이 있다. 자연은 봄, 여름, 가을, 겨울, 아침, 점심, 저녁과 같이 끊임없이 반복해서 발생한다. 오로지 인간만이 자신의 개별적 삶을 시작, 중간, 끝이라는 직선적 로맨스 서사를 구성해서 인식한다. 그래서 끝 이후에 무엇이 있을까 생각하게 된다. 지옥 아니면 천국이라는 생각이 여기에서 나오는 것이다. 이런 서사적 능력이야말로 인간의 사멸성의 원인이다 (Bataille, 1986). 사멸하는 존재로서의 인간은 자신의 사멸성을 인식하고 이를 넘어서기 위해 불멸성을 의식적으로 추구하며, 이러한 추구는 죽음과 에로티시즘을 뒤로 무한 유예시키는 것을 정당화하는 '이야기'를 통해 가능하다. 자본주의의 무한성장 신화는 불멸성을 추구하게끔 만드는 대표적인 이야기라 할 수 있다.

유교적인 한국사회의 경우 이런 점에서 자본주의의 무한성장 신화와 잘 맞아떨어질 수 있는 조건을 가지고 있었던 셈이다. 궁극적 가치의 차원에서는 더 이상 한국인들의 삶을 안내하지는 못하지만, 일상의 '마음의 습속'(Bellah, et al, 1996)의 차원에서는 한국인의 삶을 안내하는 유교야 말로 자손을 통해 불멸성을 추구하는 대표적인 기제가 아니었던가! 유교는 이런 점에서 영원성을 관조하는 인간의 길 대신에 현세에서 불멸하려는 동물의 해결책을 선택하였다고 할 수 있다. 사물은 죽음을 통해서만 영원성의 세계로 나아갈 수 있다. 필연성과 유용성을 파괴하는 그 순간, 즉 완전한 증여의 그 순간 영원으로 부활한다. 죽음은 가장 완전한 증여이다. 그래서 평소에는 생존에 힘을 쓰던 가시고기는 생식의 순간에는 자기 몸이 너덜너덜해질 때까지 알을 까기 위해 지느러미를 흔들다가 쇠진하여 죽음을 맞는다. 생존을 위한 노동 중 사물로 변한 자신의 몸을 죽임으로써 수많은 생명체를 탄생시키는 것이다. 대개의 인간 역시 마찬가지이다. 자기 몸을 다 바쳐 자식에게 헌신하는 내리사랑을 실천한다. 부모에게서 받은 사랑을 부모에게 되돌려주는 것이 아니라 자식에게 되갚는 것이다. 하지만 유교의 효는 이것이 전부가 아니라고 가르친다. 부모로부터 받은 사랑을 더 큰 호혜성으로 되갚는 것이 본질적이다. 이때의 부모는 몸을 낳아준 부모이기도 하지만, 사실은 상징으로 불멸하는 현조(顯祖)가 더 중요하다. 현조는 한 가족의 단위를 넘어 문중까지 아우르는 동족집락 공동체이기 때문이다(전상인, 2008: 77). 자식으로서 가장 큰 효는 입신양명하는 업적을 쌓아 자신이 또 다른 상징으로 불멸하는 것이다. 현조를 재현하려는 이러한 강렬한 욕구는 일상을 금욕적으로 조직하는 엄청난 노력을 요구한다(류석춘·최우영·왕혜숙, 2005).

기독교가 세속화되었듯이 유교 역시 세속화된다. 그 핵심은 자신의 몸이 너덜거릴 때까지 불멸을 위해 부화를 돕는 가시고기의 길을 택하는 것이다. 이제 금욕과 헌신의 방향이 위로 향하지 않고 아래로 내려간다. 자식을 현조로 만들기 위한 노력이 필사적으로 감행되는 것이다. 그 이유는 조선 성리학 세계의 해체로 모든 '현조'가 사라졌기 때문에 나 자신 아니면 자식이 현조가 되는 수밖에 없기 때문이다. 그 뿌리는 조선 후기 '온 나라가 양반되기'에 있다(김상준, 2003). 자식의 교육에 대한 투자가 우골탑이 될 정도로 헌신하는 기제가 여기에 있다. 이런 점에서 가부장적 핵가족의 엄격한 성별 노동분업은 사실 남편의 생산노동과 아내의 재생산노동이 결합하여 자손의 불멸을 추구하도록 만들어주는 문화적 기제이기도 하였다. 여기에서 섹슈얼리티는 재생산에 종속되어, 에로티시즘을 완전히 잃어버린다. 에로티시즘은 생식의 목적과 상관없이 에너지를 과다소비하는 것으로 낙인찍힌다. 그 결과 부부간의 에로티시즘은 가장 피해야 할 것으로 여겨졌다. 오로지 자손을 번창시키기 위해서만 섹슈얼리티를 사용할 수 있었다. 물론 프롤레타리아의 경우 성별 노동분업은 경제적현실과 동떨어진 감이 있다. 여성을 경제적으로 지원할 능력이 없는 프롤레타리아는 아내와 자식까지 생산노동의 장으로 보내야만 했기 때문이다. 밖에서 사물로 일하다가 집에 와서도 사물로 서로를 대면하는 프롤레타리아의 핵가족이야말로 사물화의 극치였다고 할 수 있다. 그럼에도 불구하고 문화적 차원에서 볼 때는 여기에서도 죽음과 섹슈얼리티를 무한유예시키고 고된 노동과 생식에 힘쓰도록 한 점은 동일하다고 할 수 있다.

사회전체 차원에서는 국민국가가 사물화를 참아 내도록 만드는 역할을 하였다. 앞에서도 말했듯이 그 기제는 모든 고생을 감수해서 여행을 떠나게 되면 끝내는 낙원에 도달할 수 있다는 강력한 로망스 서사였다. 국민국가가 단순히 폭력만으로 사회 전 성원을 생산의 질서 속으로 소몰이 하듯 몰고 갈 수는 없다. 박정희의 새마을운동이 단순히 국가권력에 의한 일방적인 동원이라고 할 수 없는 이유가 여기에 있다. '조국과 민족의 무궁한 영광을 위하여'로 대표되는 로망스 서사에 이끌려 한국인들은 사물화를 참고 불멸을 추구할 수 있었다. '그날이 오면', 국민국가가 자신들이 베푼 노동의 대가를 되갚아줄 것이라는 호혜성의 규범을 굳게 믿으면서. 때문에 에너지를 비생산적으로 소모하지 않고, 생산에만 투입할 수 있었던 것이다. 하지만 무한성장을 통한 불멸성의 추구는 온전할 수 없다. 에너지가 너무나 많이 축적되면 반드시 어느 순간 비등점에 도달하고 그렇게 되면 모든 체계는 미친 듯 동요하기 때문이다. 박정희 시기 이는 전통적인 소비의 기제를 이용해서 이 문제를 해결하였다. 설과 추석마다 이루어지는 귀향전쟁은 헤어졌던 온 가족이 함께 모여 그동안 짓눌려 있던 온갖 소비를 행하는 장을 마련해 주었다. 유용한 사물을 파괴하고 나눠먹는 집합의례(포틀래치)를 통해 반드시 집안을 일으키고 말겠다는 로망스 서사를 확인하고 또 확인하였다. 그것은 '그날이 오면' 무슨 일이 일어날 것인지 미리 맛보기로 보여주는 것과 같았다. 이러한 맛보기를 통해 미래의 이상향을 가늠해 볼 수 있었을 뿐만 아니라, 그동안 느슨해졌던 가족의 집합연대를 되살릴 수도 있었다. 어머니가 바리바리 싸 준 보따리를 들고지고 굽이굽이 논둑길을 지나 간신히 신작로에 도착해서 오지 않는 버스를 마냥 기다릴 때에는, 나도 남들처럼 다음에는 반드시 자가용 타고 오리라 곱씹곤 하였다. 부자나 가난뱅이나 모두 시골출신이라는 것을 확인하는 이 순간이야말로, 한국사회에 광범하게 확산되어 있는 사촌이 땅을 사면 배가 아픈 지독한 평등의식의 모태였다. 이는 어떤 면에서는 터너(Turner, 1969)가 말한 역치단계에 맛보는 커뮤니타스, 즉 평등한 이들의 영성공동체의 성격을 지니고 있었다.

하지만 일 년에 한두 번 있는 이러한 집합적 소비만으로는 비등하는 에너지를 모두 소진할 수는 없는 노릇이었다. 더군다나 이러한 소비는 집합환몽 및 환각과는 거리가 멀었다. 사실 삶에서 집합환몽 및 환각이 필요하다는 점을 먼저 알아챈 것은 서구의 부르주아였다. 상업혁명을 통해 전세계로부터 온갖 진귀한 상품들을 끌어모아 꿈의 만신전을 구축한 경험이 있던 부르주아는, 그 후 산업 혁명을 겪으면서 금욕적 노동으로 빠져든 바 있다. 하지만 그렇게 되자 모든 존재와의 내면적 관계를 상실하게 되면서 권태에 시달리게 된다. 부르주아는 이를 해결하기 위해 만국박람회와 파리의 아케이드 같은 집합환몽의 공간을 만들었다(벤야민, 2005, 2006). 하지만 이러한 집합환몽의 공간은 특정의 시공간에 한정되어 있었고, 아직 사회 전체적으로 깊숙이 침투해 들어가 있지는 못했다. 한국의 상황도 마찬가지였다. 박정희는 집합환몽을 일으키는 시공간을 결코 허용하지 않았지만, 특권층이 드나들 수 있는 워커힐 같은 곳에서는 이를 허용하였다. 통키타와 청바지, '바보들의 행진' 등 대학가는 또 다른 의미에서 집합환몽의 공간이었다. 대마초와 록, 김추자와 신중현의 대중음악계도 마찬가지였다. 하지만 박정희는 이 모든 집합환몽의 공간을 탄압하였다. 그래서 집합환몽이 아직 사회 전체적으로 확산될 수 없었다. 하지만 역사는 아이러니한 진리를 보여준다. 불멸성의 화신인 박정희가 생을 마친 곳은 새마을 운동 현장이 아닌 궁정동 '안가'라는 무조건적 소모의 공간이었다.

2. 신자유주의와 문화: 불멸성 추구의 파편화와 존재의 연속성에 대한 노스탤지어

신자유주의하에서는 수단-목적 합리성의 연쇄 안으로 모든 것이 들어온다. 이전에는 친밀성의 영역으로 이상화된 가부장적 핵가족과 공동의 '상상적 공동체'(Anderson, 1983)로 간주되어 온 국민국가는 이러한 연쇄에서 면제된 것으로 여겨졌었다. 하지만 잉여를 재투자할 영역을 확장하고자 하는 상황에서 친밀성과 민족마저도 수단-목적 합리성의 연쇄 안으로 끌려 들어오게 되었다. 더군다나 수단-목적 합리성의 연쇄가 이제는 국민국가를 벗어난 '지구적 차원'에서 벌어지게 되었다. 이는 가부장적 핵가족과 국민국가가 지구적 자본의 흐름에 바로 노출되어 민족경제를 보호할 능력을 상실했음을 뜻한다. 하지만 문화적 차원에서 보면 가부장적 핵가족과 국민국가가 로망스 서사를 구성해서 사람들을 금욕적으로 노동하도록 추동할 수 있는 힘을 잃어버렸다는 것을 뜻한다.

이러한 문화적 차원의 상실은 양면적인 성격을 지닌다. 우선 모든 로망스 서사는 장기적 관계를 설정하고 있는데, 단기적인 대체관계를 이상화하는 수단-목적 합리성의 연쇄가 친밀성과 민족마저도 단기적인 수단-목적 합리성의 연쇄로 만들었기 때문이다. 지구화한 공리주의적 구조틀을 통해 삶을 살다보니 세속적 금욕 노동을 정당화시켜 주던 로망스 서사가 산산 조각나고 만 것이다. 다른 한편으로는 지구화가 복합연계성을 통해 로망스 서사와 다른 다양한 문화자원을 제공하기 때문이다 (Tomlinson, 1999). 이전에는 사람들이 주로 지역적인/국가적인 문화자원만을 사용하여 '유의미한 실재(meaningful reality)'를 구성해 왔다면, 이제는 개인적인 차원에서부터 지역적, 국가적, 국제적, 블록적, 지구적 차원까지 복합적으로 연계된 문화자원을 통해 실재를 상징적으로 구성하게 되었다.

이 두 가지는 불멸성의 추구를 여러 형태로 파편화시켜 놓았다. 불연속적 존재인 인간은 다른 존재와의 연속성을 기억하고 이를 되살리려고 하기 때문이다. 대신 신자유주의하에서는 불멸성의 추구가 여러 형태로 파편화되어 나타난다. 어떤 이들은 가부장적 핵가족과 국민국가 안에서 불멸성을 추구하는 대신에, '육체적 에로티시즘'에서 불멸성을 추구한다. 또 어떤 이들은 '정서적 에로티시즘'에서 불멸성을 추구한다. 기러기 아빠와 같은 경우는 이전의 로망스 서사를 지구적 차원으로까지 확장시켜 극단적으로 불멸성을 추구한다. 대부분의 사람들은 불멸성을 추구하기는 하되 미래의 꿈을 가지고 하는 것이 아니라, 자식을 필연성의 수준으로 떨어트리지 않기 위해 남들이 하니까 할 수 없이 따라 하는 관성적인 상태로 불멸성을 추구한다. 또는 불멸성의 추구 그 자체를 포기하고 독신과 미혼 등 무조건적 소모로 나아간다. 사회 전체 차원에서 볼 때는 '종교적 에로티시즘'을 통해 불멸성을 추구하기도 한다.[10]

이러한 파편화는 제도적 차원에 볼 때 가부장적 핵가족과 국민국가가 위기에 처했기 때문에 나타난 일이다. 일단 가부장적 핵가족을 살펴보도록 하자. 가부장적 핵가족은 한 번의 열정적 사랑을 통해 평생의 애착을 이상화하는 낭만적 사랑에 기초하고 있다(Giddens, 1992). 사실 장기적인 애착관계를 가능하게 하는 것은 자녀이다. 열정적인 사랑이 식었음에도 자녀에게 유용성을 물려주기 위해 부부는 장래를 기약하면서 평생 동안 금욕적인 노동과 작업을 함께 한다. 하지만 신자유주의하에서는 장기적인 애착관계가 사실상 불가능하다. 이는 우선 노동의 유연성 때문에 대부분의 사람들이 필연성에서 허덕거리는 프롤레타리아로 떨어지기 때문이다. IMF 외환위기 이후 평생의 직장은 수많은 비정규직과 일용직으로 바뀌었다. 단기적인 노동계약이 노동시장 전반을 지배하는 상황에서 남편 혼자 벌어서는 가족을 부양할 수 없기 때문에, 아내도 아이들도 노동시장으로 불려나간다. 가족의 완전한 상품화가 이루어져, 모든 사람들이 노동시장에 나가 있는 형국이다. 투 잡, 쓰리 잡이 다반사이지만, 축적은 커녕 하루하루 연명하기도 힘들다. 이런 상황에서 장기적인 애착관계를 맺기란 쉽지 않은 일이다. 이러한 관계를 맺으려면 아내를 평생 부양할 수 있는 경제적 능력과 이러한 남편을 평생 동안 정서적으로 지지할 아내의 정서적 능력이 결합되어야만 한다. 하지만 남편은 이미 이런 능력을 잃은 지 오래다. 아내도 노동시장으로 끌려 나간 지금 남편에게만 정서적으로 온전히 헌신할 수 없다. 아내에게 남편은 경제적으로 부양도 못하면서 정서적 지원만 요구하는 귀찮은 존재로 여겨진다. 반대로 남편에게 아내는 정서적으로 온전히 지지해 주지도 못하면서 자신의 자유를 통제하는 심술 사나운 존재로 여겨진다.

이런 상황에서 맞벌이 부부는 하루하루가 험난한 타협의 나날이다. 경제적 의미에서의 성별 노동분업에 기초한 결혼이 끝장났음에도, 남성은 여전히 과거의 습속으로 살아가려 한다. 그 핵심은 사물화로 시달리다가 집에 오면 부인으로부터 모든 봉사를 받는 어린아이가 되고 싶은 것이다. 하지만 남편과 마찬가지로 노동시장에서 사물화를 경험하고 돌아온 부인도 남편에게 동일한 것을 요구한다. 여성은 보다 '평등한' 관계를 요구하고 있는 것이다. 그렇다면 도대체 왜 동일하고 평등한 남녀가 같이 살아야 하는가 하는 근본적인 의문이 떠오르게 된다. 성별 노동분업은 맑스주의적 페미니스트 시각에서 보면 남녀 불평등을 유지시키는 물질적 기제이지만, 보다 심층적 차원에서는 남녀가 서로 '차이'를 연기하는 '상징적 행위'이기도 했다. 남성과 여성은 유혹과 도전과 내기로 이루어진 상징적 게임을 하는 관계이다(Baudrillard, 1990a). 밥을 차려주는 '상징적 행위'를 통해 여성은 남성을 품었고, 차려준 밥을 먹으면서 남성은 '친숙한 집'이 가져다주는 '실존적 안온'을 느꼈다. 물론 이러한 상징적 행위는 남성이 경제적으로 여성을 지원하는 엄연한 현실을 전제로 했다. 하지만 이제는 이러한 현실 자체가 도전받는 상황이기에, 이런 상징적 행위가 고된 돌봄 '노동'으로 변질되었다. 서로 밥 차려주는 것을 두고 전쟁을 벌인다. 남녀가 서로에게 원하는 것은 더 이상 보완재가 아니다. 서로가 서로에게서 봉사, 즉 증여를 요구하고 있는 것이다.

사실 증여가 최종적으로 겨냥하고 있는 것은 불연속적인 존재들인 두 인간이 서로 연속성을 체험하려는 것이다. 증여는 유용한 사물을 파괴함으로써만 가능하다. 가장 큰 증여는 자신의 몸을 통째로 내주는, 죽음이다. 예수가 자신의 몸을 한 번 증여함으로써 단번에 인류의 구세주가 된 이유가 여기에 있다. 죽음 다음에 큰 증여는 에로티시즘이다. 그 종류야 어떻든 모든 에로티시즘은 고립된 존재에게 다른 존재와의 연속감을 불러일으켜 준다. 다른 말로 하면 존재의 자기충족성을 붕괴시키고 다른 존재와 융합된다는 느낌을 준다. 하지만 세속적 금욕 노동으로 점철된 삶에서 에로티시즘을 통한 증여를 하기가 쉽지 않다. 둘 다 노동시장에 불려 나갔다 돌아온 부부는 사실 다음날의 노동을 위해 몸을 추슬러야 할 형편이다. 그럼에도 불구하고 '존재의 연속성에 대한 노스탤지어'는 지울 수 없는 노릇이다. 모든 생명체는 두 존재가 연속되는 경험을 통해 생성되었기 때문이다. 이전에는 이러한 노스탤지어가 에로티시즘이 아닌 자녀를 통해 체험되었다. 두 남녀의 존재의 연속성의 상징인 자녀의 미래를 위해 부모는 온갖 힘든 노동을 마다하지 않았다. 하지만 노동시장에 둘 다 불려나가 있는 상황에서 아이를 낳기도 힘들고, 기르기는 더 힘들다. 되도록 아이를 늦게 낳으려 하고, 낳아도 하나 이상을 낳으려고 하지 않는다. 기껏해야 아이가 하나일 경우 남편과 아내 사이에 문제가 생길 때 둘을 장기적으로 묶어주는 기능을 하기에는 역부족이다. 경제적 차원에서 볼 때는 아이에게 온갖 투자를 하여도 더 잘 살게 된다는 보장이 없기 때문이다. 아이에게 투자하는 교육비는 거의 무조건적 소모에 가깝다. 필연성의 수준에서 허덕거리는 사람들이 아이에게 무조건적 소모를 행하고 있는 형국이다. 1년에 등록금이 천만 원 하는 시대, 대학생들은 신약 실험의 대상이 되어 피를 뽑은 대가로 30만 원을 받는다.

이러한 상황에서 평생의 애착관계를 상정하는 낭만적 사랑은 더 이상 매력 있는 삶의 행로가 아니다. 낭만적 사랑의 행로가 사물화로 가는, 또는 필연성으로 떨어지는 지름길이기 때문이다. 실제로 신자유주의하에서는 장기적인 애착관계가 하나의 조롱거리이다(Messner and de Oca, 2005). 그것은 마치 낡은 상품을 구질구질하게 오랫동안 사용하는 것처럼 간주된다. 신제품이 나오는 대로 바로바로 바꾸는 것처럼 사람들 간의 관계도 일회용 상품처럼 되어 버린다(Illouz, 1997, 1999). 수단-목적 합리성의 연쇄의 속도가 더욱 빨라진 것이다. 이제 사람들은 불멸성 추구의 방식을 재생산에서 에로티시즘, 특히 육체적 에로티시즘으로 바꾼다. 사실 에로티시즘은 재생산과 아이에 대한 욕망이라는 자연의 목적과는 별개의 심리적 추구이다. 에로티시즘은 본질적으로 폭력과 위반의 영역이다. 자신의 존재의 완결성은 물론 다른 존재의 완결성마저 파괴하는 행위이기 때문이다. 존재의 정상적 상태가 무너지고 무질서의 혼융의 상태로 들어선다. 그런 점에서 에로티시즘의 핵심은 자아가 해체당하는 것이다. 더 이상 수단-목적 합리성을 따라 행위하지 않고, 자아에서 벗어나와 집합흥분에 쌓여 행위한다. 이는 엄청난 에너지를 파괴하는 행위이다. 이는 두려운 것이고, 그래서 더욱 유혹적이다. 이러한 폭력적 성격 때문에 에로티시즘은 근본적으로 가족 안에서는 이루어지기 어렵다. 결혼하자마자 에로티시즘이 급속히 재생산으로 축소되는 이유가 여기에 있다.

하지만 불멸성의 추구를 안내하던 로맨스 서사가 해체되자, 이제는 에로티시즘 그 자체가 목적인 활동들이 '가부장적 핵가족 밖에서' 활발하게 나타난다. 장기적 헌신 없는 육체적 에로티시즘의 추구가 모두의 화두가 된 것이다. 이는 섹슈얼리티와 친밀성의 상품화와 같이 가고 있다. 'just one ten minutes'과 'one more time'만으로 존재의 연속성을 확인하고자 하는 흐름이 광범하게 확산된다. 이를 막기 위해 현재 한국의 국가가 성매매특별법을 통해 섹슈얼리티를 도덕화·사법화하고 있지만, 이는 본질적인 처방이 될 수 없다. 육체적 에로티시즘을 통해서라도 존재의 연속성을 확인하려는 사물화된 인간들이 도처에 넘쳐나는 한 '매춘'은 결코 막을 수 없다. 이는 단순히 풍선효과에 의해 변종 성매매산업이 번창한다는 정도의 말이 아니다. 그만큼 인간들이 불연속적인 존재로 살아가는 것이 고통스럽다고 아우성치고 있는 징표인 것이다. 심야 TV에서, 인터넷 사이트에서, 인터넷판 신문에서, 거리 광고판에서, 모바일 폰에서 온갖 육체적 에로티시즘을 통해 존재의 연속성을 느껴보라는 유혹이 항상적으로 흐르고 있다. 이러한 유혹에 빠져드는 것을 단순히 천박한 자본의 전략 탓으로 돌릴 수만은 없다.

또 한편으로는 전통적인 가부장적 핵가족을 통하지 않고서 '정서적 에로티시즘'을 통해 존재의 연속성을 확인하려는 노력도 광범하게 확산된다. 세계가 단기적인 교환관계의 망으로 변해가면 갈수록 인간은 더욱 더 자신이 비연속적 존재라는 점을 깨닫게 된다. 나만 이 세계에 격절되어 있으며, 사람들 사이에 결코 넘을 수 없는 심연이 있다는 깨달음은 삶에 허무감을 가져다준다. 이는 돈을 아무리 많이 벌어도 결코 해소될 수 있는 느낌이 아니다. 이제 사람들은 더욱 더 단순한 도구적 관계를 넘어 존재와 존재가 이어진 정서적 에로티시즘을 원한다. 육체적 에로티시즘은 순간적인 연속감을 줄 수는 있지만, 끝난 후의 섹스란 공허하기 짝이 없는 것이기 때문이다. 육체적 에로티시즘은 결코 넘을 수 없는 육체적 비연속 앞에 무너진다. 하지만 정서적 에로티시즘은 육체적 한계로부터 자유로운 것처럼 보인다. 하지만 엄밀히 말해 육체적 에로티시즘을 동반하지 않는 정서적 에로티시즘은 없다. 육체적 에로티시즘에서 순간적인 연속성과 또 다시 분리를 맛본 인간은, 그중에서 연속성만을 뽑아내어 영원히 유지시키기를 원한다. 그것이 바로 정서적 연속성이다. 하지만 이러한 정서적 연속성은 불가능하다. 정서적 연속성은 곧 우리를 숨 막히게 하고, 심하면 상대방의 살해 욕구로까지 발전하기 때문이다. 그럼에도 육체적 에로티시즘을 통해 순간적으로 맛보았던 연속성의 경험을 정서적으로 존속시키려는 헛된 노력은 계속된다. 도처에 사랑과 이별 노래가 넘친다.

다른 한편으로는 지구화된 신자유주의하에서도 '가부장적 핵가족제 안에서' 여전히 불멸성을 추구하는 사람들이 있다. 그 극단적인 경우가 기러기 아빠이다. 이들은 자식을 통한 불멸성의 추구를 지구적 차원에서 감행하고 있는 최후의 가부장이다. 현조가 되어야 한다는 종교적 지향은 이미 사라진 지 오래임에도, 오로지 동물적 감각만이 남아 자식에게 모든 것을 헌신한다. 이 보다 강도가 떨어지긴 하지만, 대부분의 한국인들은 여전히 일국적 차원에서 자식을 통한 불멸성을 추구한다. 하지만 이러한 추구는 부정적인 성격을 지닌다. 필연성의 영역으로 추락된 삶을 자녀에게 물려주지 않기 위해 발버둥 치는 것이다.

이제 제도적 차원에서 국민국가의 위기가 불멸성의 추구의 파편화와 어떻게 연결되는지 보자. IMF의 구조조정 방침에 따라 이루어진 잔혹한 구조조정과 그 뒤 연이은 신자유주의 물결은 한국 국민국가의 '상상적 공동체'를 완전히 해체시켜 버리고 말았다. 국민국가는 사실 자신의 영토 안에서 독점적으로 질서를 유지할 수 있는 능력, 국민경제의 회계 능력, 그리고 국민의 정체성을 유지시킬 수 있는 문화적 능력을 바탕으로 한다 (바우먼, 2003: 131). 한국 국민국가는 신자유주의 물결 이후 이 세 가지 능력 모두에서 변화에 직면해 있다. 영토 방위를 여전히 미군에 의존하고 있기는 하지만, 현재 한국의 국민국가가 영토 안에서 합법적인 폭력을 독점적으로 휘두르지 못할 상황은 아니라는 점에서 첫 번째 요건은 큰 변화가 없었다고 할 수 있다. 하지만 경제적인 면에서 국민국가는 모든 국민이 그렇게 기대했던 호혜성을 되돌려 주기는커녕 오히려 IMF 실직과 불안정한 고용조건을 선물했다. 국민국가가 민족을 버리고 지구적 자본을 택한 것이다. 더욱 결정적인 것은 국민의 정체성을 키우고 보장하는 국민국가의 능력 역시 지구화된 텔레테크놀로지와 운송수단이 실어나르는 문화와 사람들 덕분에 그 독점적인 문화적 능력을 급속히 상실하고 있다는 것이다. 수많은 문화들의 탈구(dislocation)와 이접(disjunction) 속에서 이제는 공동의 역사라는 텍스트를 공유한 단 하나의 '상상적 공동체' 정도가 아니라, 수도 없이 많은 전자매체에 실린 이미지들과 상호작용하는 복수의 '상상의 세계들(imagined worlds)'이 되었다(Appadurai, 1996). 이 세계들은 통일된 정합적인 공동체가 아니라, 이질적이고 복합적인 복수의, 현상학적 의미에서의, 세계들이다. 개인들은 각 지역에 물리적으로 살고 있지만, 그와 동시에 수도 없이 많은 현상학적 세계들에 참여하고 있다.

이러한 상황에서 국민국가는 온 국민이 사물화를 감수하면서까지 열심히 금욕적으로 노동할 수 있는 문화기제를 제공하는 데 실패한다. 가장 큰 이유는 박정희의 로맨스 서사를 따라 갖은 고생을 하며 거의 목적지까지 왔다고 생각했지만, 국민국가가 전혀 호혜성을 되갚지 않기 때문이다. 이는 국민국가에 의한 선택과 집중 속에 성장한 재벌이 사회 전체에 호혜성의 부를 되갚지 않기 때문이기도 하다. 포틀래치를 통한 공동체 전체를 위한 집합소비를 베푸는 대신, 더 많은 축적을 위해 오히려 재벌이 국민국가를 접수하려는 실정이다. 가족 단위에서도, 선택과 집중 속에 성장한 큰 아들이 그 형제와 누이에게 호혜성을 되갚지 않는다. 호혜성을 가족 전체에 되갚는 것이 아니라, 자기 자식에게만 되갚는 데 정신이 팔려 있다. 이제 사람들에게 중요한 것은 국민국가나 가족이 아니라 자신과 자식이다. 사회 전반적으로 호혜성을 되갚는 고리들이 끊겼다. 이제 한국인들은 추석과 설날이 되어도 이전처럼 고향으로 달려가지 않는다. 달려가 봐야 더 이상 즐겁게 공유해야 할 이야기도 없다. 추석과 설날에 모이는 것 자체가 고통이 되어 버렸다. 장기적인 목표를 공유하지 않는 가족이란,

단기적인 이익의 극대화를 서로 추구하는 이익집단과 다를 바 없다. 모여 보아야 서로에게 상처를 줄 뿐이다. 물론 여전히 관성에 따라 모이기는 하지만, 이전처럼 집합연대를 갱신하는 역할을 하지 못한다. 대신 이제 추석과 설이 되면 인천국제공항은 발 디딜 틈이 없을 정도로 여행을 떠나는 사람들로 북적인다. 포틀래치가 개인적 소비로 전화된 것이다.

가부장적 핵가족과 국민국가가 제공하는 로망스 서사가 더 이상 사람들의 삶을 이끌어 가는 문화자원으로 사용될 수 없다면, 이제 사람들은 스스로 자신들의 서사를 구성해야 한다. 그 원재료는 개인적, 지역적, 국가적, 국제적, 블록적, 지구적 차원들이 복합적으로 연계된 문화자원일 것이다. 그러한 문화적 자원들을 이용하여 가부장적 핵가족과 국민국가로부터 탈주하는 주체들이 곳곳에서 출현한다. 축적과 성장을 포기만 한다면, 삶은 한바탕 놀이가 될 수 있다. 가부장적 핵가족 안에 갇혀 있던 섹슈얼리티의 다양한 주체들이 생식 목적을 벗어난 에로티시즘을 찬양하면서 만발한다. 게이와 레즈비언 등 호모 섹슈얼과 하룻밤의 연속성을 사고파는 사람들이 그들 중 일부이다. 여기에 생식 자체를 목표로 하지 않는 다양한 가족 형태를 실험하는 사람들도 늘어나고 있다. 또 한국 국민국가를 넘어선 문화적 정체성들도 출현한다. 흑인의 힙합과 브레이크 댄스가, 축적과 성장의 전당인 학교를 박차고 거리로 나온 한국 비보이의 무조건적 소모를 위한 문화자원으로 동원된다. 더 이상 개별 문화자원의 '기원(origin)'은 중요하지 않다. 중요한 것은 그 문화자원들의 특정한 조합 방식, 즉 서사이다.

가부장적 핵가족과 국민국가에서 탈주한 새로운 주체들이 사용하는 서사는 전통적인 양식과 달리 '차연(différance)'에 가깝다. 그들이 자신들의 행위를 정당화하기 위해 사용하는 서사는 안정된 의미를 낳지 않는다. 왜냐하면 그들의 행위를 추동하는 것은 공리주의적 구조들이 아니라,

내기와 도전, 유혹과 과시 등 기호와 의례의 놀이이기 때문이다 (Baudrillard, 1990a). 중요한 것은 마치 바둑판의 돌처럼 매순간 어떤 자리에 돌을 놓는가, 즉 새로운 수행성이 중요하다. 매순간 새로운 수행성 '차이'가 덧붙여질 때마다 그 의미가 흔들리기 때문에, 의미 자체가 미래로 영원히 '지연'되어 있다. 이는 마치 패션과도 같다. 현재의 의미가 미래 새로 등장할 다른 아이템에 의해 그 의미가 영원히 미래로 지연되어 있는. 그렇다면 중요한 것은 영원히 오지 않을 미래를 위해 사는 것보다는, 매순간 즐기는 것이 좋을 것이다. 매순간은 사실 과거에 있었던 것의 영겁회귀이다. 따라서 '내 생애 최고의 사랑,' 즉 '하이(high)'를 영원히 반복하려는 '중독'(Giddens, 1992)이 불멸성의 추구를 대체한다. 오타쿠가 이를 대표한다.

그렇다면 불멸성 추구의 파편화와 중독의 추구가 전부인가? '종교적 에로티시즘'은 완전히 사라졌는가? 종교적 에로티시즘은 희생제의와 긴밀히 연결된 것으로, 그 기본 속성상 공동체적이다. 집합의례를 통해 성화된 존재를 창출하고, 곧이어 이를 무참하게 파괴함으로써 그 존재와의 내면적 관계를 성원 전체가 회복하는 것이 종교적 에로티시즘의 본질적 속성이다. 이때 성스러움은 공동의 자산, 즉 공동으로 소유한 상징이다. 이러한 상징은 시놉티콘(synopticon)을 통해 발생한다. 집합의례를 행하는 과정에서 공동의 주의가 한 대상에 집중될 때, 그 대상은 갑자기 뜨거운 에너지로 바뀐다. 모두가 그 에너지를 가까이하고 싶어 하면서도 멀리한다. 에너지가 너무 세기 때문에 자신에게 힘을 줄 수도 있지만, 잘못 다루면 화를 입을 수도 있기 때문이다. 성스러움은 언제나 죽지 않고서는 결코 가까이 할 수 없는 것이다(Caillois, 2001). 예수가 거듭나지 않으면, 즉 먼저 죽지 않으면 하나님 나라에 갈 수 없다고 한 이유가 여기에 있다. 자기를 죽여야만, 즉 속적인 에고를 죽여서 성스러운 존재가 되어야만 성스러움을 만날 수 있다. 하지만 죽음은 두려운 것이며, 그 죽음 넘어선 곳에 성스러움이 있는 것이기에 매혹적인 것이기도 하다. 하지만 죽음 너머에 정말 성스러움이 있는 것인지 누구도 확신할 수 없는 것이기 때문에 자신이 직접 죽는 길을 택하는 사람은 드물다. 대신 남을 성스럽게 만들고 곧 이어 그를 죽임으로써 그때 희끗 보이는 성스러움을 체험하려는 사람들이 넘친다.

현재 신자유주의 일상에서는 시놉티콘을 통한 성스러움의 창출과 파괴가 다반사로 일어나고 있다. 연예인에 대한 집합적 소비가 대표적이다. 연예인은 도구적 상징화의 대표적인 경우로서, 소비자들은 연예기획사가 고도의 상품으로 만들어 놓은 연예인을 소비한다. 하지만 이러한 소비는 자본의 축적을 위한 것이라는 점에서 진정한 소모가 아닐 수 있다. 그보다는 연예인에 대한 악플이 더 진정한 소모에 가깝다. 악플의 연쇄는 몇몇 연예인들을 실제로 죽이기까지 했다. 또한 황우석과 신정아를 소비한 집합의례가 진정한 소모에 속한다. 우리가 함께 만든 성스러운 그들을 파괴하면서, 우리는 모두 동일한 죄의식과 희열로 범벅된, 죽음과 그 순간 희끗 드러낸 죽음 너머의 성스러움을 체험한다. 텔레커뮤니케이션 미디어 의례를 통한 존재의 연속성 추구가 신자유주의 일상을 점철한다.

IV. 맺음말

나는 지금까지 신자유주의를 급진적인 뒤르케임 전통을 통해 문화적 차원에서 살펴보았다. 그렇게 한 이유는 지금까지 신자유주의를 너무나 경제적 차원에서만 보고 그것이 지닌 문화적 의미를 경시하였다고 느꼈기 때문이다. 좁은 경제적 시각을 넘어서면 보다 실존적인 인간의 조건이 보인다. 신자유주의는 우리가 수용하거나 거부할 수 있는 경제적 조건인 것만은 아니다. 우리가 받아들이건 받아들이지 않건, 신자유주의적 지구화는 인간을 유례없는 윤리적 상황으로 몰아넣는다. 이러한 상황은 우리로 하여금 상황을 정의하고 그 정의에 따라 문제를 해소하도록 하는 '해석의 예술'을 발휘하도록 만든다.

이러한 해석의 예술에 더 이상 공리주의적 구조틀이 지배적으로 동원되도록 해서는 안 된다. 인간과 사회는 무한성장할 수 없고, 무한성장해서도 안 된다. 만약 벚꽃나무가 봄이 되어도 꽃을 피우지 않고 무한성장만 추구한다면 하늘로 치솟기만 할 것이다. 그렇다면 우리는 아름답게 휘날리며 떨어지는 꽃비를 결코 보지 못할 것이다. 벚꽃나무는 성장에 잉여에너지를 모두 쓰지 않고, 꽃을 증여하였다. 모든 생명체는 증여한다. 많이 증여하면 할수록 그 지위가 올라간다. 가장 많이 증여하는 자가 신이다. 사실 우리의 생명조차 신이 거저 증여한 것 아닌가! 자본주의의 무한성장 신화에 빠진 이래로 인간은 증여의 미덕을 잃었다. 이제 생산중심주의에서 벗어나, 증여의 미덕에 주목해야 한다. 생산과 소비는 서로 교호적으로 이루어져야 한다. 실제로는 성장하지도 못하면서, 무한성장 신화를 퍼트리는 신자유주의에 맞서 균형 잡힌 시각을 세워야 한다.

6 무조건적 소모의 사회
: '바다이야기'를 중심으로[1]

I. 머리말

2006년 여름 '바다이야기'가 한국사회 전체를 쓰나미처럼 휩쓸고 지나갔다. 정치권은 '바다이야기'를 권력형 비리로 규정할 것인가 말 것인가를 두고 말씨름하기 정신없었고, 언론은 이를 되받아 의혹을 증폭시키기에 바빴다. 영등위 과정에서의 로비 의혹, 노무현 대통령 조카 노지원의 개입 여부, 상품권 업체에 청와대 행정관의 지분 참여 및 개입 의혹, 상품권 총판 관련 조폭 개입 여부 등의 의혹이 증폭되었다. 그 결과 2006년 6월 검찰이 사행성 게임장과 PC방에 대한 집중 수사에 착수하게 되었고, 8월에는 '바다이야기' 제조사 대표 등 게임업체 관계자 3명을 구속하고 '인어이야기' 제조사 대표 등 11명을 불구속 기소했다. 9월에는 대검 중수부가 게임 비리에 대한 수사를 지휘하여, 11월에는 정동채 의원과 박형준 의원의 전보좌관을 구속하기에 이르렀다. 12월에는 100여 명의 메머드급 수사팀이 참여하여 19개 상품권 지정업체를 압수수색하였다.

2007년 2월에는 지난 6개월간의 수사 결과를 발표하고 사건을 종결하였고, 결과는 총 45명을 구속 기소하고, 108명을 불구속 기소하는 것으로 나타났다. 국회의원 보좌관, 상품권업자, 게임업자, 문화관광부 공무원, 조직폭력배 등이 망라되어 있지만, 그럼에도 불구하고 애초 권력형 비리로 '바다이야기'를 몰고 가려는 일부 정치권과 언론의 시각은 심하게 엇나가고 말았다. 열린우리당 조성래 의원, 당시 문화부장관 정동채 열린우리당 의원, 노무현 대통령 조카 노지원, 한나라당 박형준 의원은 모두 무혐의 처리를 받았다. 그나마 열린우리당 김재홍 의원을 게임업자로부터 뇌물을 받은 혐의로 불구속 기소한 것이 소득이라면 소득이다. 수사팀 100여 명을 동원해 2,200여 명을 조사한 수사치고는 허무하기 짝이 없는 것이다. 오죽하면 김성호 법무장관이 "이 수사는 나도 뭐가 뭔지 모르겠다."고 말할 정도가 되었다. 한나라당은 권력형 비리를 밝히겠다며 국회에 특검법안을 제출해 놓고 있지만, 현재까지 별반 노력을 기울이고 있지 않은 듯하다.

위처럼 권력형 비리로 접근하는 것과 달리, 국가기구들의 정책 입안과 시행 과정의 실패에서 '바다이야기'의 원인을 찾는 입장이 있다. 참여연대(2006)의 보고서가 대표적인 경우이다. 다음의 <표 1>은 이것을 정리한 것인데, 한마디로 요약하면 '바다이야기'는 정책 결정과 집행, 사후 대응 등에 있어 정부기구 및 국회의 총체적인 시스템 오류 및 정책 실패에 따른 결과라 할 수 있다. 그래서 그 대책도 도박을 게임으로 분류하고 적극적으로 도박을 진흥했던 과거 정부정책을 바꾸는 데 모아져 있다.

위의 두 입장과 달리, '바다이야기'를 국가 재정수입을 확대하기 위하여 도박산업을 법적으로 허용하는 카지노 자본주의의 폐해가 드러난 것으로 보는 입장이 있다. 현대경제연구원이 2006년 9월에 펴낸 보고서인 『카지노 자본주의의 폐해』가 이러한 입장을 대표하는데, 이에 따르면 '바

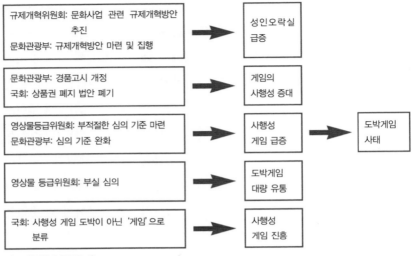

〈표 1〉 도박게임 관련 주요 정책 결정 및 그 결과

자료: 참여연대 (2006: 9)

다이야기'는 정부와 개인 모두가 미래를 내다보지 못하고 단기적이고 물질적인 이익에만 집착하는 '천민자본주의'의 대표적 사례로 간주된다. 특히 정부는 국가운영 철학, 중장기적 경제발전 전략을 상실한 채 재정수입 확대라는 단기적 이익 확보만을 중시하여 공인 사행산업을 확대시켰다는 점에서 카지노 자본주의의 원흉으로 지목된다. 따라서 그 대책도 정부정책을 바꾸는 것에 집중된다. 일차적으로 정부가 모든 사행산업을 근절시키고, 그전에라도 기존 사행산업에 대한 엄격한 관리를 통해서 공공성과 투명성을 제고시키라는 것이다. 그리고 더 나아가 학교 교육, 사회교육 등을 강화하여 사치와 허영을 경계하며 근면과 절약이 덕목이 되는, 베버(1987) 식의 세속적 금욕주의로서의 자본주의 경제정신을 확립할 것을 요구한다.

결국 정치권/언론, 시민단체, 경제계는 한입으로 '바다이야기'를 일차적으로 정부의 책임으로 돌리고, 그 해결책도 정부의 정책의 수준에서 찾고 있다. 만약 정치권/언론이 지목하는 바와 같이 '바다이야기'가 단순히 권력형 비리라면, 철저한 수사를 통해 비리를 뿌리 뽑으면 한국사회에서 '바다이야기' 같은 사행산업은 사라질 것이다. 하지만 실제로 수사를 해본 결과, 이러한 예측은 심하게 어긋나고 말았다. 권력형 비리라 할 만한 뚜렷한 증거를 찾지 못한 것이다. 대신 정책 결정과 집행, 사후 대응에서의 부주의나 오류가 '바다이야기'의 주된 책임으로 드러나고 있다. 그렇다면 두 번째 시각처럼 정부의 정책을 결정하고 집행하는 행정기관의 효율성을 높이면 문제는 해결될 것이다. 하지만 수사 결과 책임 있는 정부 당국자는 전혀 처벌을 받지 않은 상태이다. 정책 실패는 있고 책임은 없는 꼴이 된 것이다. 물론 성과도 있다. 실제로 정부와 열린우리당은 2006년 7월 27일 사실상 성인오락실을 폐쇄하기 위한 대책을 발표했다. 2007년 4월 29일부터 경품용 상품권 발행을 전면 금지하고, 오락기에 대한 재심의를 통해 '바다이야기', '황금성', '야마토' 등을 퇴출시키며, 영업시간을 오전 9시에서 밤 12시로 제한하며, 성인오락실은 3년 단위로 시도지사의 허가제로 전환하고, 성인피시방은 등록제로 전환시킨다는 것이 그 골자이다(「한겨레신문」, 2006년 7월 27일 기사). 마지막으로 현대경제연구원(2006)이 밝히듯, 사행산업이 장기적 차원에서 그렇게도 부정적인 효과가 크다면 정부를 압박해서 카지노 자본주의 정책을 철회시키면 이 문제는 말끔히 해결될 일이다. 하지만 그 어디에도 공적기관이 주관하는 5대 사행산업(경마, 경륜, 경정, 복권, 강원랜드)을 폐지하려는 노력은 찾아볼 수 없다. 단지 민간사업자가 합법적으로 시행하는 사행산업만을 폐지한다는 것이다. 과연 자신은 사행산업을 부추기면서 민간사업자는 하지 못하도록 하는 정부의 이중성이 통할 것인가? 오히려 불법 성인오락실이 광범하게 음성화되는 것은 아닐까? 실제로 '바다이야기'로 대표되는 사행성 게임에 대한 검찰과 경찰의 단속 이후 경품 낚시 등 신변종 사행성 게임이 온/오프 라인을 넘나들며 기승을 부리고 있다. 그렇다면 왜 한국만이 아니라 세계 주요 국가들에서 그렇게 폐해가 많다고 비난받고 있는 카지노 자본주의를 그 정책으로 삼고 있는 것일까? 이는 단순히 정책의 문제일까? 그래서 정책을 바꾸면 '카지노 자본주의'가 베버가 그린 '금욕적 자본주의'로 바뀔 수 있는 것일까?

이 글은 '바다이야기'에 대한 이러한 기존의 좁은 시각 대신에, 작금의 '자본주의 체제 자체'가 카지노처럼 되어 버렸다는 거시적인 시각을 채택하고자 한다.[2] 이러한 변화의 핵심은, 자본주의의 운용원리가 고전경제학이 그리는 '수단-목적 합리성의 원리'에서 바타이유(2004)의 일반경제가 주장하는 '무조건적 소모의 원리'로 뒤바뀌었다는 것이다. 우리는 지금까지 자본주의를 부르주아의 성장의 시각 아니면 프롤레타리아의 분배의 시각에서 분석하는 데 너무나 익숙해져 있다. 부르주아나 프롤레타리아나 모두 사실 잉여를 어떻게 '생산'하고 전유할 것인가에 초점을 맞추고 있다는 점에서, 양자는 근본적인 면에서 별 차이가 나지 않는다. 오히려 생산의 질서에 진정으로 대립되는 것은 소모를 일삼는 귀족이다. 귀족의 입장에서 자본주의의 생산의 질서를 비판한 대표적 인물은 니체(Nietzsche, 1968, 1989)이다. 니체는 근면, 금욕, 절제와 같은 도덕을 생산과 보존에 관련된 노예 도덕성(slave morality)이라 보고, 자본주의나 사회주의 모두 노예 도덕성에 빠져 있다고 비판하였다. 대신 니체는 자신의 가치를 스스로 창출하는 주인 도덕성(master morality)을 찬양했다. 그는 생산에 힘쓰는 자가 아니라 파괴와 창조에 힘쓰는 예술가이다. 바타이유는 자본주의에 대한 이러한 니체의 귀족주의적 비판을 가지고 뒤르케임(Durkheim, 1995)과 모스(Mauss, 1974)를 급진화시켰다. 뒤르케임은 오스트레일리아 부족들의 토템을 연구하는 과정에서, 사회세계가 공리주의적 생산활동에 여념이 없는 속(the profane)의 세계와 성스러운 존재를 만나기 위해 온갖 집합의례를 행하는 성(the sacred)의 세계로 이분화되어 있음을 보여주었다. 뒤르케임은 근대 세계가 아무리 세속화되어도, 속이 완전히 성을 몰아낼 수는 없을 것이라 보았다. 진정한 공동체는 성의 세계 속에서 집합의례를 행하는 과정에서 함께 느낀 집합흥분과 그로부터 발전되어 나온 집합의식을 중심으로 구성된다고 보았기 때문이다. 모스(Mauss, 1974)는 소위 원시부족들 사이에서 포틀래치(Potlach)를 행하는 집합의례 기간 광범하게 이루어지는 증여 행위가 유용한 사물을 온건하게 소비하는 것에서부터 과격하게 파괴하는 것에까지 널리 분포되어 있음에 주목하였다. 더 나아가 모스는 그러한 증여가 사실 유용성을 파괴함으로써 자신의 지위를 상승시키려는 도덕에 기반하고 있음을 밝혀냈다.

바타이유는 이러한 두 입장을 급진화시켜, 잉여를 생산하는 데 여념이 없는 생산의 질서와 완전히 다른 잉여를 '소비'하는 데 온 힘을 쏟는 소비의 질서를 보여주었다. 그는 일반경제 원리로 소비의 질서를 설명한다. 첫째, 전체적으로 볼 때 지상에는 항상 잉여 에너지가 넘쳐난다. 둘째, 잉여 에너지는 어떤 경우에든 개체의 성장을 돕거나 동요를 부른다. 셋째, 성장에는 반드시 한계가 있고, 이 한계에 처하면 생명은 성장에 쓰이지 않는 잉여 에너지를 무조건적으로 소모해야 한다. 소모는 "궁극적인 생산 목적 또는 생식 목적과는 상관없는 사치, 장례, 종교 예식, 기념물, 도박, 공연, 예술 등에 바쳐지는 소비"(바타이유, 2004: 32)로서, 일정한 사회의 개인들이 생명을 보존하고 생산활동을 지속시키는 데 필요한 최소한의 비용과는 다른 것이다. "번갈아 나타나는 엄격한 축적과 넉넉한 낭비는 에너지 사용에서 볼 수 있는 일상적 리듬이다. 낭비를 엄격하게 경계할 때에만 인간과 사회는 힘의 체계를 성장시킬 수 있다. 그러나 어느 시기에 이르면 성장은 한계에 부딪히며, 더 이상 축적이 불가능한 잉여의 부분은 소비되어야 한다"(바타이유, 2004: 130). 잉여의 소모 문제에 직면한 고대사회는 앙코르와트나 피라미드와 같은 사원을 대규모로 건설하여 잉여를 파괴하기도 하고, 라마 사회처럼 순수한 정신적 활동으로 잉여를 완전히 소모하기도 한다. 무한성장 신화에 매달려 있는 자본주의는 이런 점에서 역사적으로 매우 특이한 체제이다. 하지만 자본주의조차 일반경제의 원리에서 완전히 벗어날 수 없다는 것이 자본주의 역사가 가르쳐 주는 교훈이다. 성장을 할 수 없는 지점에 이르면 자본주의도 무조건적 소모를 행해야 한다. 그래야 빈 공간이 생겨 이를 채우기 위한 성장활동이 이루어질 수 있는 것이다. 이런 점에서 볼 때, '바다이야기'는 잉여를 파괴하기 위해 일상 곳곳에 세워진 우리 시대의 사원은 아닐까? 도대체 이 사원에서 무슨 일이 벌어지고 있는 것일까?

나는 이 글에서 두 가지의 성취를 노리고 있다. 첫째는 이론적 성취로서, '바다이야기'에 대한 기존의 좁은 정치적/정책적/경제적 설명방식을 넘어 보다 거시적인 '문화적 설명방식'을 제공한다. 이를 위해 니체를 통해 뒤르케임을 급진화한 바타이유의 일반경제론이라는 '새로운 사회이론'을 도입한다. 새로운 사회이론은 일종의 구조틀로서, 이를 통해서 그 이전에는 아무런 유의미성을 지니지 못했을 현상들이 고유의 상징적 의미를 얻게 된다(Goffman, 1974). 일반경제론이라는 구조틀로 '바다이야기'를 보았을 때, '바다이야기'는 한국의 자본주의 발전이 그 핵심인 공리주의적 질서가 내파될 정도까지 발전하였고 이제 관건은 잉여의 생산이 아니라 소모에 있다는 점을 의미하는 기표로 작용한다. 둘째는 방법론적 성취로서, '바다이야기' 안에서 이루어지는 도박을 성스러움을 창출하려는 전통적인 집합의례의 시뮬레이션으로 바라본다. 전통적인 집합의례의 예로 고대 멕시코인의 희생제의를 가져올 것이고, 이를 상징적 준거

살림 인문 베스트
Best Books

(주)살림출판사 www.sallimbooks.com
413-756 경기도 파주시 교하읍 문발리 파주출판문화정보산업단지 522-2번지
대표전화 031-955-1350 / 팩시밀리 031-955-1355

지은이 전봉관
페이지 312쪽
가 격 12,000원

전봉관

사변적이고 이데올로기적인 인문학을 넘어 사람 냄새 나는 인문학을 찾기 위해 문화 현상과 사건, 인물에 관심을 갖고 있다. 문·사·철 어느 영역에서도 연구하지 않지만, 인문학적으로 의미 있는 다양한 문화 현상을 연구하고 있다. 전공인 문학뿐만 아니라, 살인 사건, 스캔들, 사기·협잡, 투기, 가정 문제 등을 문화사적으로 조망한 다양한 글을 발표하고 있다.

경성자살클럽
근대 조선을 울린 충격적 자살 사건

♠ **상하이 국제 삼각연애 살인 사건**

후텁지근한 한여름 밤, 쥐 죽은 듯 조용하던 상하이 공동조계의 정적을 깨뜨린 세 발의 총성! 세 구의 시신과 한 명의 생존자가 남았다. 대체 이들 사이엔 어떤 사연이 있었던 것일까?

♠ **청상과부 신여성 윤영애 자살 사건**

1933년 7월 27일 오전, 스물셋 젊고 당찬 신여성이 칼모틴 한 움큼을 집어삼켰다. 영원히 깨어날 수 없는 잠에 빠진 그녀. 반년쯤 전 사랑하던 남편을 잃고도 씩씩하게 살아가던 그녀를 죽음으로 몰아간 것은 무엇인가?

♣ **고학생 문창숙 집단 따돌림 자살 사건**

흰 눈이 펄펄 내리던 겨울날, 이화여전 뒷산에서 여학생이 목을 맨 채 발견되었다. 그녀는 누가 죽였는가? 그리고 그해 겨울 이화여전 기숙사에서는 과연 무슨 일이 벌어졌던 것인가?

미래는 핀란드에 있다
국가경쟁력 1위의 비밀

**2차 대전 후 유럽에서 가장 가난했던 나라가
어떻게 이렇게 놀라운 성취를 이룰 수 있었을까**

고무와 목재 생산업체에서 통신업계의 세계적 리더
로 도약한 노키아, 제2차 대전의 패전국 중 전쟁 배상
금을 모두 갚은 유일한 나라, 1952년 헬싱키 올림픽
개최로 12년 전 무산된 올림픽 개최 약속을 끝끝내
지킨 나라. 핀란드의 독특한 역사와 민족성에서 '국
가경쟁력 1위'의 비밀을 발견한다.

★ 교보문고 · 알라딘 · yes24 인문 · 역사 베스트셀러

지은이 리처드 D. 루이스
옮긴이 박미준
페이지 328쪽
가 격 13,000원

쿨 잇
회의적 환경주의자의 지구 온난화 충격 보고

지구 온난화 논쟁의 지형도를 뒤바꾼 도발적인 문제작!
『회의적 환경주의자』를 통해 전 세계적으로 엄청난
반향을 불러일으킨 롬보르의 획기적인 신작! 환경
문제에만 매달리지 않고 인류가 풀어야 할 여러 문
제까지 살피는 참신한 관점으로 온난화에 얽힌 논쟁
의 지형도를 바꾼다. 저자의 명쾌한 글쓰기와 방대
한 근거 자료를 제시하는 논리적 반박이 돋보이는,
환경 측면의 가장 뛰어난 안내서이다.

지은이 비외른 롬보르
옮긴이 김기응
페이지 328쪽
가 격 14,000원

무지의 사전
브리태니커와 구글에도 안 나오는 인류 지식의 최신 보고서

지은이 카트린 파지크 · 알렉스 숄츠
옮긴이 태경섭
페이지 308쪽
가 격 13,000원

우리 시대 과학자들이 풀지 못한 엉뚱한 문제들,
그리고 기발한 실험들

세상의 대부분의 책이 앎의 세계를 얘기하고 있다면, 이 책은 우리가 해명하지 못한 무지의 영역을 탐구한다. 뱀장어의 번식은 환각제의 작용방식과 마찬가지로 수수께끼이고, 여성의 사정에 관해서는 거의 밝혀진 바가 없다. 지식의 빈틈들을 해명코자 애쓴 과학자들의 엉뚱하고 기발한 연구 결과가 담겨 있다.

알파벳의 신비
세상을 만든 문자, 알파벳.
알파벳은 어떻게 태어나, 어떤 상징과 마법의 힘을 갖게 되었나

지은이 마르크 알랭 우아크냉
옮긴이 변광배 · 김용석
페이지 400쪽
가 격 18,000원

서양 문명의 근원 알파벳의 역사와 신비를 파헤친다

알파벳은 어떻게 해서 오늘날의 알파벳이 되었는가? 그 철자 하나하나에는 어떤 역사적 흔적과 상징적 의미가 담겨 있을까? 저자는 문자고고학적 입장에서 알파벳의 역사와 신비를 정리한다. 이를 통해 알파벳이 서양 문명의 근원을 이루었으며, 우리가 잊고 있는 그것의 상징들이 현대까지 이어지고 있다는 사실을 확인한다.

로 하여 '바다이야기' 안에서 이루어지는 집합의례를 가늠해 볼 것이다.[3] 물론 완전히 시대와 체제 자체가 다른 사회의 현상들을 이렇게 비교해도 되냐는 비판이 있을 수 있겠다. 하지만 나의 방법론은, 해당사항이 없는 변수들을 통제하여 비교 가능한 변수들만을 엄밀하게 비교하고 그것을 통해 비교집단 간의 차이를 야기하는 독립변수들의 영향력을 가늠하려는 전통적인 과학적 비교방법과는 다른 것이다. 나의 방법론은 오히려 전혀 다른 것처럼 보이던 현상들을 유사성의 관계, 즉 은유(metaphor)로 묶음으로써 기존의 인식을 확장하는 것을 목적으로 한다. "'바다이야기'는 권력형 비리다.", "'바다이야기'는 도덕적 타락이다." 또는 "'바다이야기'는 경제적 낭비다."라는 기존의 은유에서 "'바다이야기'는 집합의례다."라는 새로운 은유로 전환했을 때, '바다이야기'에 대한 우리의 인식은 얼마나 확장될 것인가?[4]

    II절에서는 사행산업의 현황을 간단히 살펴보고, 그것의 발전이 바타이유의 일반경제의 원리에 의해 파악될 수 있을 것이라는 점을 보여줄 것이다. III절에서는 자본주의가 만들어 낸 공리주의적 질서의 성격을 성과 속의 관계를 통해 살펴보고, 공리주의적 질서의 지나친 성공의 결과 성과 속이 차연(差延)적 연쇄를 이루게 되었음을 살펴볼 것이다. IV절에서는 '바다이야기'를 무조건적 소모를 행하는 하나의 집합의례로 간주하고, 고대 멕시코의 집합의례와의 '유비'를 통해 그 성격을 가늠해 볼 것이다. 마지막 V절에서는 한국사회에 팽배한 무한성장 신화에서 벗어날 필요성을 제기할 것이다.

II. 사행산업과 일반경제

1. 사행산업 현황

2007년 현재 정부가 공식적으로 허가하고 있는 사행산업은 경마, 경륜, 복권, 강원랜드 카지노, 로또복권, 그리고 사행성 게임장 등 6대 분야에 달한다. 이 중 앞의 다섯 분야는 공적기관이 주체가 되어 벌이는 사행산업이고, '바다이야기'로 유명해진 사행성 게임장은 민간업자들이 벌이는 사업이다. 이렇듯 6개 분야에서 사행산업이 활발하게 벌어지고 있지만, 사실 1990년대 이전까지 사행산업은 일제 강점기부터 존재하였던 경마, 그리고 1969년 구 주택은행(현 국민은행)에서 발매를 시작한 주택복권의 2종에 불과하였다. 그러다가 1990년대 들어 경륜, 경정, 카지노, 복권을 위한 관련법을 마련하고 운용기관을 구성함으로써, 사행산업이 발전할 법적 기반을 마련하였다. 역설적이게도 1997년 외환위기 이후 사행산업은 급속도로 퍼져 나갔다. <표 2>는 공적기관이 운영하는 5대 사행산업의 연혁을 정리한 것이다.

이러한 공적기관이 운영하는 5대 사행산업의 총 베팅액은 <표 3>에서 보듯이 2003년에 강원랜드 바람이 불었던 시기를 제외하고는, 대략 14조에서 15조 원 규모이다.

2000년에 들어오면 공적기관이 주관하는 사행산업과 더불어 민간업자가 시행하는 사행성 게임장이 허가되었다. 문화부가 2001년 말 성인오락실을 '시·도지사 지정제'에서 '관할 구청등록제'로 바꾼 후, 2년 만에 1만 1,721곳, 4년 만인 2005년 말에는 1만 5,159곳에 달하고 있을 정도로 급속도로 번창하였다(「한겨레신문」, 2006년 7월 27일 기사).

<표 2> 공적기관 운영 5대 사행산업의 연혁

구 분	시행주체	주요 연혁
경 마	– 한국마사회	– 1942년 3월: 조선마사회 설립 – 1949년 9월: 조선마사회에서 한국마사회로 개칭 – 1962년 1월: 한국마사회법 공포
경 륜	– 국민체육진흥공단 경륜운영본부 – 창원경륜공단 – 부산경륜공단	– 1991년 12월: 경륜 · 경정법 국회 통과 – 1993년 12월: 경륜 사업본부 발족 – 1994년 10월: 서울 경륜 개막 – 2000년 12월: 창원 경륜 개막 – 2003년 11월: 부산 경륜 개막
복 권	– 구(舊) 주택은행 – 국민체육공단 – 과학기술인공제회 – 근로복지공단 – 지방재정공제회 – 제주도 – 산림조합중앙회 – 한국보훈복지의료단 – 사회복지공금모금회 – 정부 10개 부처*	– 1969년 9월: 주택복권 발매 – 1990년 9월: 체육복권 발매 – 1993년 3월: 기술복권 발매 – 1994년 5월: 복지복권 발매 – 1995년 5월: 기업복권 발매 – 1995년 7월: 자치복권 발매 – 1999년 9월: 녹색복권 발매 – 2001년 5월: 플러스복권 발매 – 2001년 12월: 엔젤복권 발매 – 2002년 12월: 로또복권 발매
카지노	– (주)강원랜드	– 1995년 12월: '폐광지역개발지원에 관한 특별법' 제정 – 1998년 6월: (주) 강원랜드 설립 – 2001년 10월: 코스닥 등록 – 2001년 11월: 방문객 100만 명 돌파
경 정	– 국민체육진흥공단 경정운영본부	– 1991년 12월: 경륜 · 경정법 국회 통과 – 2000년 7월: 경정 운영본부 발족 – 2002년 6월: 미사리 경기장에서 경정 개막

자료: 현대경제연구원 (2006).

* 로또복권은 국가보훈처, 행정자치부, 과학기술부, 문화관광부, 보건복지부, 노동부, 건설교통부, 산림청, 중소기업청, 제주도 등 정부 10개 부처가 연합 발행.

한국레저산업연구소는 2005년 현재 사행성 게임장의 시장규모가 21조 6,000억 원에 이를 것으로 추정하고 있다. 이러한 추정은 사행성 게임 영업을 하다 적발된 업체의 판결문을 참조로 하여 만들어진 것이다. 게임기 100여 대를 기준으로 매출액이 월 평균 30~40억 원이고, 이를 근거로

<표 3> 공적기관 운영 5대 사행산업의 총 베팅액

(단위: 억 원)

	2002년	2003년	2004년	2005년
경　마	76,491	61,729	53,303	51,549
경　륜	29,134	24,122	20,421	17,554
복　권	10,145	42,341	38,190	28,438
강원랜드	21,336	277,700	34,000	34,579
경　정	1,223	3,266	3,379	4,127
합　계	139,108	407,895	147,918	134,125

자료: 현대경제연구원 (2006)과 신문 자료를 종합.

추정할 때 게임기 6만 대('바다이야기' 4.5만 대 등)의 연간 매출액은 최소 22조 원이 된다는 것이다. 그래서 국내 6대 사행산업의 2005년 시장규모는 총 약 35.5조 원으로 추정하고 있다. 이는 2006년 국방부 예산 22.5조 원보다 1.6배, 문화관광부의 예산 9,664억 원보다 36.7배, 서울시 예산 15조 원보다 2배 많고, 2005년 국내 레저시장 29.5조 원보다 많은 어마어마한 수치이다. 이것이 2005년 경상 GDP(806.6조 원)에서 차지하는 비중은 4.4%에 달한다. 합법·불법 도박장에서의 국민 총 손실액은 합법 사행산업 4.4조 원과 불법도박장 2.2조 원을 합쳐 총 6.6조 원으로 추정되고 있다(현대경제연구원, 2006).

하지만 문제는 국가가 직접 운영하지 않는 사행성 게임장의 경우 매출액을 정확히 계산할 수 없다는 것이다. 실제로 주요 언론들은 상품권 누적발행액이 26조 7천 억 원에 달하고 몇 차례 재사용된다는 점을 감안하면, 2006년 7월 현재 경품용 시장이 연간 30조 원에서 60조 원이 될 것으로 추정하고 있다. 더군다나 사행성 PC방에서의 도박까지 추정하게 되면, 그 양은 더욱 증대된다. 사행성 PC방은 2006년 3월 성남에 생긴 '룰루랄라 피시방 1호'를 시작으로 4천여 곳으로 급증하였고, 특히 4월 24

일 67곳에 불과하였던 서울지역의 성인PC방은 석 달 만인 7월 18일 1,150곳(경찰청 실사 결과)으로 무려 16배의 성장세를 보였다(「한겨레신문」, 2006년 7월 2일 기사). 또한 인터넷 도박 사이트도 증대일로에 있다. 이 모든 것을 고려해 볼 때 국민총손실액의 양은 더욱 막대할 것이라는 것을 쉽게 짐작할 수 있다.

2. 한국경제의 위기와 바타이유의 일반경제

여기서 우리는 질문을 하게 된다. 왜 한국사회는 이러한 엄청난 손실을 유발하고 있는가? 그것도 경제가 너무나 어렵다고 아우성치는 IMF 위기 시기 이후에. 한국경제는 정말 그렇게 어려운 상황에 빠져 있기나 한 것일까? 우선 최근 10년 동안 GDP 성장률, 총고정자본형성, 그리고 국내총투자율의 추이를 살펴보면 어느 정도 상황을 가늠할 수 있을 것이다. 먼저 <표 4>가 보여주듯이, GDP 성장률은 1990년 이후로 지속적으로 하락하여, 2001년 이후로는 2002년을 제외하고 3.1%에서 4.7% 사이를 오가고 있는 형국이다.

〈표 4〉 GDP 성장률, 국내총투자율, 총고정자본형성

(단위: %)

	1996	1997	1998	1999	2000	2001	2002	2003	2004	2005
GDP 성장률	7.0	4.7	-6.9	9.5	8.5	3.8	7.0	3.1	4.7	4.0
국내총투자율	*39.0	36.1	25.2	29.3	31.1	29.4	29.1	30.1	30.4	30.2
총고정자본형성	8.4	-2.3	-22.9	8.3	12.2	-0.2	6.6	4.0	2.1	2.3

* 국내총투자율＝국내총투자/GDP
* 총고정자본형성 : 전년도 대비 증감률
자료: 한국은행

〈표5〉 주요 국가 연대별 경제성장률 추이

(단위: %)

국 가		60년대	70년대	80년대	90년대	2000년대
70년대 1만 달러 달성국	미 국	4.4	3.3	3.1	3.1	2.8
	캐나다	5.1	4.4	2.9	2.4	3.1
	독 일	4.8	3.2	1.9	3.3	1.1
80년대 중후반 1만 달러 달성국	프랑스	5.7	3.7	2.2	1.7	2.1
	이탈리아	5.7	3.8	2.4	1.5	1.4
	일 본	10.4	5.2	3.7	1.7	1.3
	영 국	3.3	2.4	2.4	2.1	2.7
한 국		7.7	8.6	7.6	6.1	4.5

자료: 재정경제부

　이 수치는 정말 한국경제의 위기를 운운할 정도로 그렇게 낮은 것인가? 이는 주요 선진국들의 성장률과 비교해 볼 때, 세계경제규모 11위에 해당하는 한국경제의 성장률로서 결코 낮은 것이 아니다. 위 <표 5>가 잘 보여주듯이, 어떤 국가도 1만 불에서 2만 불로 넘어가는 시기에 7~9% 정도의 높은 성장률을 기록한 예가 없다. 그런 점에서 한국경제가 낮은 성장률 때문에 위기에 처했다고 주장하는 것은 다소 과장된 것이다. 최근 대통령 후보들 사이에서 성장률을 7~9%로 끌어올리겠다는 공약(公約)을 하고 있는데 이는 정말 공약(空約)이라 아니할 수 없다.

　한국경제가 심각한 위기에 처해 있지 않다는 또 다른 증거는, 국내총투자율이 30% 수준을 꾸준히 유지하고 있다는 점에서도 드러난다. 이는 중국을 제외하고 미국, 일본, 대만, 싱가포르 등보다 높은 수치이다(김상조, 2006: 53). 더군다나 수출은 2004년 2,538.4억 달러, 2005년 2,844.1억 달러, 2006년 3,256.8억 달러(잠정치)로 꾸준히 증가세를 유지해 오고 있다. 그 결과 외환보유액은 IMF 외환위기 무렵 73억 달러에서 2006년 12월 말 기준으로 2,383억 달러까지 무려 32배 이상이나 불어났다. 이는 2006년 10월 말 현재 중국, 일본, 러시아, 대만에 이어 세계 5위 규모다. 어떤 이들은 외환보유액이 많다고 다 좋은 것은 아니라고 말할지도 모른다. 세계적으로 달러 약세가 지속되는 가운데, 외환보유액을 늘려봐야 환율이 떨어지면 아무런 소용이 없기 때문이다. 그렇다고 외환보유액을 줄이면, 다른 나라들도 덩달아 줄일 것이기 때문에 달러는 더욱 떨어지게 된다. 이럴 수도 저럴 수도 없는 상황이라는 것이다. 하지만 원화 절상은 한국의 경제 체질이 강화되지 않고는 불가능하다는 점을 생각하면 이러한 주장을 완전히 받아들일 수는 없다.

따라서 경제성장률과 국내총투자율만 보아서는 한국경제가 심각한 위기에 처해 있다는 주장이 실감나지 않는다. 그럼에도 불구하고 많은 사람들이 체감경기가 나쁘다고들 말한다. 왜 그럴까? 기업투자의 정도를 알려주는 총고정자본형성을 보면 이는 어느 정도 이해가 된다. 총고정자본형성은 IMF 위기 당시 큰 충격을 받음으로써 97년도와 98년도 증가율이 각각 −2.3%와 −22.9%까지 하락하였고, 그 이후에도 거의 한 자릿수 밑을 맴돌고 있다. 이는 바로 내수부진으로 이어지고 있다. GDP 대비 수출비중이 1995년 24.1%에서 2004년 1/4분기에는 54.1%로 지속적으로 상승하였음에도, 내수(민간소비+설비투자) 비중은 같은 기간 73.2%에서 64.5%로 하향곡선을 그렸다(이내황 외, 2004). 하지만 민간소비가 줄어든 것을 마냥 부정적으로만 볼 수는 없다. 가계의 부채를 상환하려는 노력과 맞물려 가계대출의 버블이 붕괴되어 오히려 민간소비 구조가 건전하게 된 것이라고도 할 수 있기 때문이다(우천식 외, 2005). 설비투자가 줄어든 것도 정부가 기업의 부채비율을 급속히 축소하라는 정책을 펴는 상황에서 과잉시설에 직면한 기업들이 투자율을 축소시킴으로써 외환위기를 극복하고자 했던 아시아 지역에서 공통적으로 나타나는 현상이지 한국만의 독특한 현상은 아니다(McCauley, 2003).

그럼에도 불구하고 내수부진은 바로 한국사회의 양극화론을 뒷받침하는 것으로 나아간다. 2006년 12월 6일 통계청의 '가계수지 동향' 자료를 보면, 2006년 3분기 가구원 2인 이상 도시가구 가운데 월 소득이 500만 원대인 가구는 전체의 6.5%, 600만 원 이상인 가구는 8.1%로 나타난다. 월 소득이 500만 원을 웃도는 가구가 전체 가구의 14.6%로, 7가구 중 1가구가 이에 해당되는 셈이다. 월 소득 500만 원 이상 가구의 비중은 3분기 기준으로 2003년 9.7%, 2004년 12.0%, 2005년 12.7% 등으로 조금씩 증가했는데, 2006년에는 증가 폭이 유난히 커졌다. 2006년 3분기 전국 가구의 월 평균 소득 증가율은 3.7%였다. 그러나 소득 계층별로 보면 상위 20% 계층은 소득이 5.3% 늘어난 반면, 하위 20% 계층은 소득이 오히려 1.6% 감소했다. 경제성장에 따라 전체 가구의 평균 소득이 매년 늘어나고 있기는 하지만, 고소득층의 소득은 평균 이상으로 증가하고 하위계층의 소득은 감소 또는 정체하고 있는 것이다. 하지만 수치로만 보면 한국의 소득분배의 불평등은 그렇게 나쁜 것만도 아니다. 2005년 세계은행 보고서에 따르면, 소득분배의 불평등도를 나타내는 지니계수에서 우리나라(0.31)는 전체 123개국 중 26위로, 프랑스(34위), 스위스(36위), 영국(51위), 미국(76위) 등 주요국에 비해 양호한 편이라 할 수 있다. 하지만 개인들은 한국사회의 소득 불평등이 매우 심화되고 있다고 느끼고 있다. 실제로 2006년 12월 4일 통계청이 발표한 '2006년 사회통계조사 결과'에 따르면 가구주의 소득, 직업, 교육, 재산 등을 고려한 사회경제적 지위에 대한 의식이 2003년 조사와 비교해서 상층은 1.5%로 거의 변동이 없지만 중간층은 2.8% 포인트 감소한 53.4%인 반면 하층은 2.8% 포인트 증가한 45.2%로 나타났다. 특이한 점은 월 평균 소득 600만 원 이상으로 사회적 통념상 '고소득가구'인 경우도 자신이 중간층이라고 응답한 비율이 75.6%나 차지한 반면, 상층이라는 응답은 13.7%에 불과했

<표 6> 비정규직 규모

(단위: 천명, %)

	임금노동자	정규직	비정규직
2001년 8월	13,549 (100)	9,905 (73.2)	3,635 (26.8)
2002년 8월	14,030 (100)	10,191 (72.6)	3,839 (27.4)
2003년 8월	14,149 (100)	9,543 (67.4)	4,606 (32.6)
2004년 8월	14,584 (100)	9,190 (63.0)	5,394 (37.0)
2005년 8월	14,968 (100)	9,486 (63.4)	5,483 (36.6)
2006년 8월	15,351 (100)	9,894 (64.5)	5,457 (35.5)

자료: 통계청 '경제활동 인구 부가조사 결과

고 심지어 하층이라는 응답도 10.7%에 달했다.[5]

양극화의 주범으로 꼽히는 것은 비정규직 규모의 증대이다. 생산성을 증대시키기 위해 시설투자를 하면 할수록, 노동에 대한 수요는 줄어든다. 실제로 <표 6>에서 보듯 비정규직의 규모와 비율은 꾸준히 증가해 오고 있다. 비정규직 규모의 증대는 한국경제 전체 차원에서의 효율성의 극대화가 개인적 차원에서는 비효율성의 극대화로 나타나고 있음을 보여준다는 점에 중요하다.

이 모든 것이 의미하는 바는 무엇인가? 그것은 한국경제 '전체의 차원'에서 보면 현재 성장률은 이전의 고도성장만큼은 아니지만 결코 낮은 수준도 아니고, 투자율이 낮은 것도 아니다. 그럼에도 불구하고 '개별적 차원'에서 느껴지는 체감경기는 매우 나쁘다. 그 이유는 무엇보다도 비정규직의 증가로 대표되는 고용조건의 불안 때문이다. 이는 한국경제 전체의 차원에서 볼 때 생산 영역이 포화상태를 넘어 끓어넘치는 상황에 이르렀기 때문이다. 이렇게 과잉된 상태이기에, 생산현장에 정규직으로 진입하기가 힘든 것이다. 도대체 왜 그런가? 바타이유의 일반경제는 이에 대한 답변을 내놓는다. "원칙적으로 개별적 개체가 항상 자원이 고갈될 위험 그리고 그 때문에 사라질 위험에 직면해 있는 존재라면, 일반적 실존은 그와는 대립되는 개념이다. 일반적 실존의 자원은 항상 넘쳐나며 따라서 일반적 실존에 죽음은 아무런 의미가 없다. 개별적 관점에서 보면 문제들은 무엇보다도 자원의 부족에 의해서 제기된다. 그러나 일반적인 관점에서 보면 문제들은 일차적으로 잉여에 의해 제기된다"(바타이유, 2004: 80). 경제가 발전하면 할수록 생산현장은 더욱 포화상태에 이른다. 그래서 개인들은 자꾸 생산현장으로부터 떼밀려 나온다. 한국경제는 전체적 차원에서 볼 때 괜찮을지는 몰라도 개인적 차원에서 한국인들의 고통과 고뇌는 증대되고 있다. "고뇌는 우리가 넘침의 감정에 우리 자신을 맡기지 못할 때 발생한다. 넘침의 감정이 개별적이고 고립된 것일수록 고뇌는 크다. 정확히 말하자면 고뇌는 생명체 전체의 과잉, 즉 일반적 과잉을 보는 관점과는 대립적인 개별적 또는 개인적 관점에서 볼 때만 고뇌이다. 반면 고뇌는 생명이 넘쳐흐르는 사람 또는 본질적으로 넘침을 의미하는 총체에게는 의미가 없다"(바타이유, 2004: 79−80).[6] 체제 전체의 차원에서 보면 잉여를 빨리 소모해야 할 필요성에 직면해 있다. 잉여는 항상 불균등하게 축적되는 경향이 있으며, 따라서 상층으로 가면 갈수록 잉여를 소모해야 할 필요성이 더욱 커진다. 하지만 개별적 차원에서 보면 궁핍의 문제가 더 극단화되고 있다. 대다수 개별 경제주체들이 아무리 축적을 위한 생산활동을 한다 해도 부를 축적하기는커녕 오히려 더 궁핍해지고 있는 것이 한국의 현실이다.

하지만 이는 전혀 한국 자본주의만의 성격이 아니다. 자본주의가 초기 경쟁 자본주의 단계를 거쳐 독점 자본주의 단계에 이르게 되면, 이러한 현상은 보편적으로 나타난다. 일찍이 바란과 스위지(1984)는 독점자본은 잉여율의 감소를 잉여의 증대로 극복하고자 하며, 이후부터 자본주의는 잉여를 소모하는 문제에 사활을 걸게 되었다는 점을 갈파한 바 있다. 경쟁 자본주의 단계의 가격경쟁이 독점 자본주의 단계에서는 판매경쟁으로 전화한다. 광고, 제품의 외관과 포장의 변화, 계획적인 진부화, 신용판매 등을 통해 가치실현의 위기를 극복하려고 하는데, 이 과정에서 거대한 잉여를 소비하는 데 혈안이 된 소비사회가 출현한다. 동시에 만성적인 비실현 상품이 과다해진다. "일반적으로 우리가 인정해야 할 것은 생명이나 부는 무한증식할 수 없으며, 언젠가는 성장을 포기하고 소비를 해야만 하는 순간을 맞게 되어 있다는 점이다. 가장 단순한 생명체는 강한 번식력을 갖는 반면, 유성생식 동물은 엄청난 사치와 낭비를 병적으로 유지한다. 동물들끼리 서로 잡아먹는 행위도 전적으로 보면 성장을 제어하는 기능을 한다. 다른 동물들의 대가로 생명공간을 확보한 인간들이 전쟁을 하는 것과 수많은 무익한 소비를 행사하는 것도 마찬가지 차원에서 보면 이해될 수 있다"(바타이유, 2004: 223). 한국 자본주의는 무한증식을 할 수 없는 단계에 들어섰지만, 성장론자들은 여전히 과거 재벌중심의 고저축을 중심으로 한 고투자-수출주도형 무한증식 신화에 사로잡혀 있다. 고저축이 극도의 금욕을 요구한다면, 이제 한국경제는 금욕을 통해 고저축을 하고 자본을 축적할 필요가 거의 없을 정도로 유휴 자본이 남아돈다. 이를 어떻게 소모할 것인가, 그것이야말로 정말 큰 문제이다.

이런 점에서 볼 때, 세계 선진자본주의 국가들이 모두 카지노 자본주의라 불릴 정도로 사행산업에 힘을 쏟고 있는 것은 결코 이상한 일이 아니다. 맞다. 정책적 시각에서 '바다이야기'를 바라보는 사람들의 시각처럼 정부가 정책적으로 사행산업을 육성했다. 하지만 이러한 정책을 잘못된 정책이라고 몰아붙이고 정책을 수정한다고 해서 문제가 근본적으로 해결되는 것은 아니다. 다시 한 번 말하지만, 현재 문제는 잉여를 생산과 성장에 쏟아붓지 말고 무조건적으로 소모하는 일에 있기 때문이다. 사치하고 낭비하며 다른 존재들을 파괴해야만 빈 공간이 생겨 이를 채울 수 있는 에너지 생산에 다시 들어갈 수 있기 때문이다. 한쪽에서는 에너지의 과잉 소모가 일어나고 있는데, 다른 쪽에서는 생존을 위한 최소한의 에너지도 없어 고통을 겪고 있다. 나는 이러한 문제가 경제학자들처럼 한국경제가 다른 성장 동력을 찾으면 말끔히 해결될 것이라는 시각의 시시비비를 일일이 가리지 않을 것이다. 모든 잉여를 흡수할 새로운 성장 동력이 끊임없이 솟아난다면 혹 그럴 수도 있을지 모른다. 사실 이는 시시비비를 가리지 않아도 너무나 명백하게 오류라는 것이 드러난다. 에너지를 성장에 쏟아 부으면 부을수록 더 많은 에너지가 생산되고, 또 다시 이렇게 더 많이 생산된 에너지를 쏟아 부을 성장을 필요로 하게 된다. 과연 이러한 상승적 순환이 영원히 계속될 수 있을까? 사실 '바다이야기'도 신성장 동력으로 칭송을 받은 IT 산업의 진흥정책을 통해 발생한 것이 아닌가(박선권, 2007: 215). '바다이야기'라는 새로운 IT 컨텐츠가 개발되었으니, 이것을 소모해야만 새로운 IT 컨텐츠가 또 만들어질 것이 아닌가?

III. 공리주의적 질서와 그 변전

나는 지금까지 한국의 사행산업이 한국경제가 어렵다고 아우성치는 시기에 왜 그렇게 번창했는지 묻고, 이를 바타이유의 일반경제론을 통해 답해 보았다. 그 핵심은 한국의 자본주의가 무한성장을 할 수 없을 정도로 '너무나 충분히' 성장하였고, 그 결과 남아도는 잉여를 무조건적으로 소모해야 할 체제 전체의 필요 때문에 사행산업이 발전하게 되었다는 것이다. 이 장에서 나는 새로운 성장 동력을 찾음으로써 이러한 문제를 해결하려는 경제학적 입장을 좇는 대신에, 자본주의라는 역사상 특수한 체제가 불러낸 공리주의적 질서의 성격과 그 변화를 '문화적 차원'에서 추적하고자 한다. 그래서 '바다이야기'가 단지 국가정책의 실패가 아니라,

오히려 내파된 공리주의적 질서 속에서 '무조건적 소모'를 행하는 하나의 집합의례임을 보여줄 것이다. 나의 이런 시도는 고전 사회학자들의 문제틀을 따르는 것이다. 사실 자본주의를 경제적 시각을 넘어 문화적 차원에서 바라보는 시각은 맑스, 뒤르케임, 베버, 짐멜과 같은 고전 사회학자들에게는 매우 낯익은 일이었다. 용어와 강조점에 차이가 있기는 하지만, 크게 보아 자본주의는 공리주의적 질서를 사회세계에 전면적으로 구축하려는 운동이라는 점에 이들 고전 사회학자들은 모두 동의하였다. 맑스의 상품화론, 뒤르케임의 아노미론, 베버의 세속화론, 짐멜의 문화의 비극이 모두, 자본주의가 인류 역사상 처음으로 체제 전체에 전면화시킨 공리주의적 질서의 문화적 차원에 대해 논의하고 있는 것이다.[7] 지금에 와서는 포스트모던 사회이론의 영감을 가져다 준 이론가로 평가받는 니체(Nietzsche, 1968, 1989)는 그 누구보다도 자본주의가 불러낸 공리주의적 질서를 철저히 비판하였다. 이들 고전사회이론가들이 바라보는 공리주의적 질서의 핵심은, 한마디로 말해 존재를 '유용성'으로 축소한다는 것이다. 이는 사실 자본주의에 대한 낭만주의의 전형적인 비판이기도 했다(Berlin, 1999).

나는 이러한 전통에 기대어 자본주의가 불러낸 공리주의적 질서를 문화적 차원에서 분석해 보려고 한다. 이들 중에서 내가 특히 기대는 사회이론가는 후기 뒤르케임(Durkheim, 1995)이다. 후기 뒤르케임은 위의 고전사회이론가들 중에서 그 누구보다도 '상징적 차원'이 사회생활에 근본임을 인식하였는데(최종렬, 2005a), 나는 이러한 전통을 따를 때 공리주의적 질서의 특징이 가장 잘 드러날 수 있다고 믿는다. 후기 뒤르케임을 이어받은 상징적 인류학의 전통에 따르면, 인간의 질서는 자연적으로 주어지지 않으며, 반드시 상징적 분류체계를 통해 구성되어야만 한다. 이 상징적 분류체계의 핵심에는 성(the sacred)과 속(the profane)의 이분법이 놓여 있다. 속이 일상을 지배하는 생산의 세계라면, 성은 축제를 지배하는 소비의 세계이다. 생산의 세계는 생식과 성장에 필수적인 유용성을 생산하는 필연성의 세계이며, 소비의 세계는 생식과 성장의 요구에서 벗어난 자유의 세계이다. 필연성의 세계는 사물들의 외면적 관계로 이루어져 있고, 자유의 세계는 주체들의 내면적 관계로 구성되어 있다. 사물들의 외면적 관계에서는 인지적 지식(수단-목적 합리성)이 지배하며, 주체들의 내면적 관계에서는 정서적 지식과 도덕적 지식이 지배한다. 속이 생산자(노예/부르주아/프롤레타리아)의 세계라면, 성은 소비자(주인/귀족/성직자/예술가)의 세계이다(카이유와, 1996; Baudrillard, 1993; Durkheim, 1995).

대부분의 인류의 역사에서, 속은 성에 비해 부차적이었고 심지어는 저열한 것으로 취급되었다. 속된 세계를 살아가더라도 그 자체가 목적이 아니라, 성스러운 세계에 들어가기 위한 수단에 불과하였다. 진정으로 살아가게 만드는 힘은, 속에서 오는 것이 아니라 성에서 오는 것이기 때문이다. 근대에 부르주아가 만들어 낸 공리주의적 질서는 성을 없애고 속의 일차원적 세계를 만듦으로써 인류 역사를 완전히 뒤바꾸어 놓았다. 물론 초기에는 베버가 보았듯이, 속된 활동은 성으로부터 정당화를 필요로 하였다. 하지만 일단 유용한 사물들 사이의 외적 관계의 체계가 수립되자 그러한 정당화를 필요로 하지 않고 스스로 작동해 갔다. 결국 세상에서 성을 남김없이 몰아내었다. 이는 외부를 내부화하는 외파(explosion)의 과정이었다. 하지만 외파가 완성되자, 더 이상 확장해 갈 외부가 없어지는 모순에 처하게 되었다. 이제 확장해 갈 외부를 찾지 못하게 된 공리주의적 질서는 그 운동을 내부로 돌리게 되었다. 그 결과 나타난 것이 속의 내파이다. 이 내파를 통해 속이 산산조각 났고, 그와 동시에 속에 의해 축출되었던 성마저도 산산조각난 속을 따라 조각나게 되었다. 성과 속이 무한한 환유적 연쇄를 이루면서 표상되는 미학의 시대가 열리게 되었다(최종렬, 2004c).

1. 공리주의적 질서: 수단-목적의 무한한 연쇄

자본주의 경제와 이전 경제를 구분하는 데 핵심적인 것은, 자본주의 경제는 무한히 반복되는 확대재생산을 목적으로 하기 때문에 잉여를 오직 축적을 위해 온전히 재투자한다는 데 있다. 시장의 살인적인 경쟁이 가하는 압력으로 인한 축적을 위한 축적은, 잉여를 최대한 생산에 다시 투자하도록 강요한다. 이 경우 소비는 생산을 위한 보조, 즉 생산을 위해 필수적인 필요를 충족시켜 주는 재생산 활동으로 축소된다. 여기에서 잉여를 비생산적으로 소비하는 소모는 상상도 할 수 없는 일이다. 이런 점에서 베버가 칼뱅주의의 세속적 금욕주의에서 초기 자본주의 정신을 본 것은 결코 우연이 아니었다. 확대재생산을 하기 위해서는 시장의 다른 주체들보다 더 우월한 수단-목적 합리성을 끊임없이 혁신시켜야만 한다. 생산을 하고도 남아도는 잉여는 그래서 반드시 수단-목적 합리성을 혁신시키는 연구와 개발에 남김없이 투자되어야 한다. 그래야만 지속적인 성장이 가능하기 때문이다. 이런 점에서 자본주의는 인류 역사상 특이하게도 무한성장 신화에 기대어 작동하는 체제이다.

확대재생산은 또한 이전에는 상품이 아니었던 영역을 상품의 영역으로 전화시키는 과정이기도 하다. 상품은 일차적으로 인간의 필요를 충족시켜 주는 유용성이다. 이 유용성이 나의 필요뿐만 아니라 남의 필요까지 충족시켜 주게 되면 교환가치를 지니게 되지만 그렇다고 유용성이 교환가치의 알리바이에 그치는 것은 아니다. 그래서 확대재생산이 진행되면 될수록, 만물은 유용성으로, 만물의 관계는 유용성의 관계로 전화한다.

유용성으로 전화한 만물은 시장에서 서로를 수단-목적의 관계로 만난다. 나를 수단으로 제공하고 목적인 상대방을 얻고, 다시 그 얻은 목적을 수단으로 해서 또 다른 목적을 얻는, 수단-목적의 무한한 연쇄가 수립되는 것이다. 이때 유용성은 화폐를 통해 계산가능성에 의해 지배당하게 되고, 그 결과 유용성의 무한한 수단-목적의 연쇄는 화폐의 연쇄로 나타난다. 결국 공리주의적 질서에서는 인간을 포함한 만물이 화폐로 표시되고, 서로 화폐의 교환비율을 통해 만난다. 화폐는 만물을 익명적이고 객관적인 경제적 관계로만 엮기 때문에, 순전히 테크니컬한 성격만을 지닌다. 거기에는 경제적인 헌신 이외의 다른 헌신을 요구하지 않는다는 점에서, 개인을 그 결사체로부터 완전히 붙들어 매지 않는 자유로움이 생긴다. 총체적 공동체에서 경제적 결사체로 전환함으로써 생긴 이러한 자유는, 사실 내면성을 대가로 하여 얻어진 것이다(맑스, 1989, 2002; 짐멜, 2005, 2007; Simmel, 1997; 맑스·엥겔스, 1987).

유용성의 세계는 생산과 생식의 세계이다. 이는 전혀 인간적인 속성만이 아니다. 개미는 하루 종일 생산과 생식에 힘쓴다. 개미의 생산과 생식이 자본주의하 인간의 그것과 다른 것은, 후자에서는 화폐를 매개로 해서 생산과 생식이 이루어진다는 것뿐이다. 헤겔과 맑스, 그리고 고전 정치경제학은 인간의 본질을 '노동'으로 보았지만, 노동은 자연을 유용한 사물로 전화시킨다는 점에서 전혀 인간만의 본질이 될 수 없다. 다른 동물들도 노동을 통해 자연을 유용한 사물로 전화시키기는 마찬가지이기 때문이다. "노동의 도입은 처음부터 이 세계에 내밀성, 욕망의 깊이, 또는 욕망의 자유로운 해방보다는 합리적인 고리를 들어서게 만들었으며, 이러한 합리적인 고리는 순간의 진실이 아니라 작업의 최종 결과만을 중요하게 만들었다. 사물세계에 초석을 놓은 것은 최초의 노동이었다……사물세계가 자리 잡으면서 인간 자신도 이러한 세계의 하나의 사물이 되었다.

적어도 인간이 노동하는 시간에는 그렇다"(바타이유, 2004: 99).

뒤르케임의 전통에서 볼 때, 정작 인간의 고유 속성은 전혀 다른 데 있다. 오로지 인간만이 초월성에의 의지로 탑을 쌓는다. 오로지 인간만이 표현을 위한 표현을 한다. 오로지 인간만이 도덕적 연대로 묶인다. 초월성, 정서, 도덕이야말로 인간만의 고유 속성으로서, 이는 모두 성의 세계에 속한다. 하지만 자본주의는 인간마저도 유용성으로 축소시킴으로써 그로부터 성의 세계(초월성, 정서, 도덕)를 박탈한다. 자본주의 이전에도 생산을 담당했던 인간은 모두 유용성으로 축소된 존재였다. 노예가 그 대표적인 예이다. 노예의 일상은 생산으로 점철되어 있으며, 그의 모든 에너지를 노동에 쏟는다. 귀족은 이와 반대이다. 그는 결코 생산 따위에 자신의 에너지를 쏟지 않는다. 그는 오히려 소모에 힘쓴다. 소모는 극도로 유용한 물건/인간을 파괴하는 것이다. 이러한 파괴는 반드시 온갖 집합의례를 통해 전시(display)되어야만 한다. 파괴의 목적이 유용한 물건/인간 그 자체가 아니라 그 파괴로 생기게 될 '성스러움'에 겨냥되어 있기 때문이다. 속된 세계에서 극도로 유용한 물건/인간을 파괴하는 것을 집합의례를 통해 목도하게 되면, 엄청난 흥분이 일어나고 이것은 급속도로 사람들 사이에 퍼져 간다. 그 과정에서 유용성의 파괴 이후에 탄생한 성스러움(기호)을 모두 나누어 가진다(Mauss, 1974). 노예가 이러한 성스러운 세계에 참여하는 것은 자신이 극도로 유용한 인간이 되어 파괴되는 제물로 희생될 때뿐이다. 하지만 노예는 자발적으로 결코 이렇게 하지 않는다. 존재가 유용성의 질서 이전의 '미학'의 세계에 거주한다면, 노예는 죽어 존재를 되찾는 대신 차라리 유용성의 세계에 거주하는 것을 택한다. 그래서 노예는 결코 유용성의 세계에서 벗어나지 못한다(바타이유, 2004).

자본주의가 만들어 낸 공리주의적 질서는 유용성에 사로잡힌 노예들로 이루어져 있다. 공리주의적 질서를 직접적으로 만들어 낸 부르주아는 말할 것도 없고, 그에 대한 안티테제로 이상화된 프롤레타리아도 역시 유용성에 사로잡힌 노예들이다. 다만 차이가 있다면 프롤레타리아는 유용성에 집착하기 이전에 생존의 필연성을 해결해야만 한다는 것뿐이다. 이런 점에서 근대 세계에서 치열하게 진행되었던 부르주아와 프롤레타리아의 대립은 거짓이다. 그들은 둘 다 유용성의 세계에 거주하면서 더 많은 유용성을 서로 차지하려고 싸우는 노예들일 뿐이다. 공리주의적 질서는 생산과 근면의 이름으로 기호와 의례를 파괴한다. 기호와 의례로 이루어져 있는 유혹의 귀족적 질서야말로 생산의 질서에 대립되는 것이기 때문이다(Baudrillard, 1990a). 유용성과 효용성의 이름으로 초월성, 정서, 도덕은 공리주의적 질서에서 축출된다. 이 속에는 아무런 기호와 의례가 없는, 근본적 차원에서는 수학적이고 기하학적인 푸코(Foucault, 1995) 식의 훈육(discipline)만이 작동할 뿐이다. 이제 인간마저도 모두 유용한 사물이 되고 그들의 관계도 사물의 관계가 된다. 루카치(Lukacs, 1971)가 우려한 물화된(reified) 세상, 마르쿠제(Marcuse, 1964)가 피하고 싶었던 일차원적 세계(one-dimensional society)가 바로 이러한 세계이다.

유용한 사물들로만 구성되어 있는 공리주의적 질서는 애초부터 공동체를 만드는 데 애를 먹을 수밖에 없다. 모든 존재들 사이의 내밀한 친밀성의 관계가 파괴된 채, 외적인 유용성의 관계만으로 이루어져 있기 때문이다. 유용성에 대한 차가운 계산만으로 이루어진 사물들 사이에는 진정한 의미의 내밀한 친밀한 관계가 결코 수립될 수 없고, 이것이 없다면 자신의 눈앞의 이해관계를 넘어 공동선에 자발적으로 헌신하는 성원들로 구성된 공동체도 있을 수 없다. 내밀한 친밀한 관계는 존재들 사이에서만 수립될 수 있다. 존재는 분류체계 이전의 무정형의 흐름이다. 존재는 생명이며, 생명은 현존을 넘어서려는 부정성이다(쇼펜하우어, 1994; Nietzsche, 1968). 이 부정성이 실현되지 못하면, 생명은 죽는다. 그래서 일정 정도 에너지가 쌓이면 성장하든지 아니면 소모된다. 성장이나 소모 모두 삶의 의지를 가두어 놓았던 형식을 넘어서는 부정성, 즉 생명활동이다. 성장과 소모 중 진정한 삶의 의지는 사실 소모이다. 성장을 목적으로 에너지를 질서정연하게 소비하는 것이 성장이라면, 소모는 아무런 목적 없이 무질서하게 소비하는 것이다. 무질서한 소비 속에서만 존재들은 내밀한 친밀성의 관계를 수립할 수 있다. 내밀한 친밀성의 관계는 오로지 위계와 형식이 없는 존재들 사이에만 가능한 것이기 때문이다(바타이유, 2004). 이는 성과 속이 뒤섞이는 역치단계에서 전형적으로 나타난다 (Turner, 1969).

유용성에 사로잡힌 노예들 중 이러한 점을 먼저 깨달은 자는 프롤레타리아가 아닌 부르주아이다. 수단-목적 합리성을 통해 인간 사회에서 초월성을 축출해 버린 부르주아는, 그 결과 자신의 존재조건을 뛰어넘어 초월적인 것과 소통하는 고양의 체험 자체도 잃어버리게 된다. 이러한 선험적 상실(구체적 대상을 상실한 것이 아니라는 의미에서)로 인해 부르주아는 끊임없이 권태와 우울증에 시달린다(벤야민, 2005, 2006). "마비를 가져오는 불편함', '무관심', '무심히 흐르는 시간의 압박감', '공허', 그리고 '알 수 없는 무언가의 나타남' 등으로 특징지어지는 권태는 전형적으로 멜랑콜리, 슬픔, 우수, 공허감, 피로 등 문화적 모더니티의 주요한 감정들과 맥을 같이 한다"(김홍중, 2006a: 8). 금욕주의적 노동은 바로 이러한 존재의 권태와 우울증, 즉 '토성적 정조'(김홍중, 2006b)에 대한 방어 기제일 뿐이다. 베버의 칼뱅주의 신도가 불안으로부터 도피하기 위하여 금욕주의적으로 노동을 하는 이유가 여기에 있다. 모든 에너지를 노동에 쏟아붓는 그 순간만은 초월성의 상실감에 시달리지 않을 수 있기 때문이다.

하지만 노동하지 않는 순간은 어떠한가? 노동을 마치고 집에 돌아오는 길에 바라본 어둑한 밤하늘은 부르주아의 내면성을 일깨운다. 불안, 존재의 떨림이 엄습한다. 그 이유는 노동하는 낮 시간 동안에는 만물이 유용성으로 축소되어져 있는 것처럼 보였는데, 노동을 마치고 돌아오는 밤길에는 만물이 유용성의 좁은 틀을 벗어나와 존재로 되살아나고 있기 때문이다. 부르주아는 갑자기 유용한 사물들의 세계에서 벗어나와 신들로 가득 차 있는 물활론(物活論)의 세계와 맞닥뜨린다. 그때서야 부르주아는 자신이 자연을 유용한 사물로 전화시키는 노동과정에서 자신도 하나의 유용한 사물로 축소되었음을 깨닫는다. 이 깨달음을 통해 그는 잃어버린 내면성을 되찾으려 노력한다. 하지만 초월성 자체가 선험적으로 상실된 조건 속에 사는 부르주아는 이전 시대의 귀족들처럼 '종교'를 통해 이를 이룰 수 없다. 그래서 유용성을 벗어난 환몽의 세계를 인위적으로 특정의 시공간에 만들어 내는 전략을 택한다. 벤야민(2005, 2006)이 본 파리의 아케이드는 황홀경(phantasmagoria)을 창출한다는 점에서 바로 이러한 전략의 선구자라 할 수 있다. 이는 나중에 박람회와 백화점 등으로 발전되어 나간다.

하지만 유용성에 환몽의 세계를 덧칠하는 이러한 전략은 진정으로 내면성을 되살리지 못한다. 환몽은 원래 유용성과 대립되는 것이지만, 부르주아의 환몽은 오히려 유용성을 보장하고 강화하는 기제로 작동하기 때문이다. 백화점이 만들어 놓은 환몽의 세계는 유용한 상품을 구매하고 소비하도록 유인하는 미끼로 이용될 뿐, 진정으로 유용성을 넘어선 초월적 존재와의 체험을 가져다주지 못한다. 그래서 부르주아의 환몽의 세계는 가짜다. 하지만 유용성의 세계가 근본적으로 흔들릴 때가 있다. 그것은 모든 잉여를 성장에 쏟아 부어도 성장하지 못할 때이다. 에너지가 과잉축적 되면 존재는 동요한다. 이럴 경우 토성적 정조가 일순간에 집단광기로 전화할 수 있다. "보들레르의 토성적 정조를 뒤집으면, 바로 사드의 광란의 집단혼음(orgy)이 나온다"(최종렬, 2006b: 230). 이러한 집단혼음은 카이유와의 용어를 빌리면 축제(festival)다. "축제란 사실상 활기 없는 연속성에 대해 간헐적인 폭발을, 똑같은 물질적 관심사를 일상적으로 반복함에 대해 흥분에 찬 광란을, 각자 나름대로 분주히 움직이고 있는 차분한 작업에 대해 공동의 흥분을 불러일으키는 강력한 숨결을, 사회의 분산에 대해 그 집결을, 생존의 무미건조한 양상들인 평온한 노고에 대해 절정에 달하는 순간의 열기를 대립시키고 있다"(카이와, 1996: 147). 일차대전과 이차대전은 모두 공리주의적 질서가 위기에 직면하였을 때 발생한 한판의 광란의 집단혼음, 즉 축제였다. 하지만 이는 예외적인 현상으로, 이 단계에서는 아직 일상에 집단혼음의 장이 광범하게 수립되지는 않는다.[8]

2. 무조건적 소모: 공리주의적 질서의 내파

포스트모던 시대에 오게 되면 일상 자체가 역치단계가 된다. 원래 반 게넵(1985)이 말한 역치단계는 일상의 구조로부터의 분리(separation), 이도 저도 아닌(betwixt-and-between) 상태인 한계(margin), 그리고 또 다른 일상의 구조로 재통합되는 집성(aggregation)을 거치게 되어 있다. 한계 또는 역치성(liminality)은 사실 성과 속이 뒤섞이는 과정으로, 이 과정을 잘 겪고 나면 일상의 구조는 재강화된다. 하지만 포스트모던 시대의 역치단계는 반드시 집성으로 귀결되지 않은 채, 역치성이 거의 무한하게 반복해서 나타나는 특징이 있다. 그 이유는 무엇보다도 수단-목적 합리성이 너무나 발달한 나머지 일상을 합리화하는 것을 넘어 일상 자체를 성과 속이 환유적으로 무한 전위(displacement)되는 일시성과 찰나성으로 변화시키기 때문이다(최종렬, 2006b).

수단-목적 합리성은 이전에 그 운동 안에 있지 않았던 것을 끊임없이 안으로 끌어들인다. 이는 성을 속으로, 존재를 유용성으로 바꾸는 과정이기도 하다. 이는 맑스의 M-C-M′의 운동으로 설명할 수 있다. M-C는 잉여가 '창출'되는 과정이자 점점 더 많은 존재들이 노동의 대상으로 포섭되는 과정이기도 하다. 이 과정은 녹색혁명을 통해 전자본주의적 제삼세계의 농업을 파괴함으로 자연을 상품화하고, 미디어와 광고 산업을 통해 무의식을 자본화함으로써 완성된다(Jameson, 1984: 78). 이제 노동의 대상으로 포섭할 미지의 대상은 더 이상 존재하지 않게 된다. 외파가 끝난 것이다. 그렇다면 남은 것은 내부로 되돌아가는 것, 즉 내파뿐이다. 노동의 성격 자체가 대상을 단지 유용하기만 한 사물로 속화(俗化)시키는 것에서, 거꾸로 그 유용한 사물을 성스런 상징으로 가득한 존재로 성화(聖化)시키는 것으로 뒤바뀐다. 단지 유용하기만 한 사물을 만들어 보아야, 유용한 사물의 잉여로 넘쳐나는 시장에서 실현될 높은 가치가 제대로 창출되지 않기 때문이다. 이제 유용한 사물이 아니라 카리스마를 체현하고 있는 주술적 구현체를 만드는 일이 핵심이 된다. 카리스마를 불어넣는 미학적 혁신과 실험이 노동과정을 점점 더 특징짓는다. 상징산업에 종사하는 새로운 미학적 프롤레타리아가 출현한다(Featherstone, 1990). 동시에 유용한 사물을 만드는 기존의 노동과정에서는 그 강도가 강화되고 동시에 탈숙련화와 재숙련화의 경향도 가속화된다. 그 결과 생산자로서의 인간은 유연한 노동이 야기한 극도의 불안정성에 노출된다(Harvey, 1989).

C-M′ 과정은 창출된 잉여가 '실현'되는 과정이자 유용한 사물들이 교환되는 과정이기도 하다. 대량생산과 대량소비가 일정 정도 조응을 이루던 포디즘적 축적체제에서는 유용한 사물들이 교환되는 과정에 큰 어려움이 없었다. 그 이유는 문화산업을 통해 대중들의 기호가 하향적으로 평준화·표준화되어 있었기 때문이다. 이는 생산과정에서 실현된 사물화가 교환과정으로 확산되는 과정이기도 하다(Adorno, 1991). 여기에서도 외

파가 일어나고 있는 것이다. 이러한 외파과정이 완성되면, 그 운동이 역전되어 안으로 내파된다. 그동안 C-M′에서 고려되지 않았던 소모가 핵심적인 문제로 떠오른다. 지금까지 소비과정은 사실 재생산과정인 교환과정으로 축소되어 있었기에 자율적인 성격을 지니고 있지 못했다. 하지만 C가 M′로 전화되지 못하는 일, 즉 다시 자본으로 전화하지 못하는 상품이 많아지자 이제 이러한 잉여상품을 무조건적으로 소모하는 일이 관건으로 떠오른다. 생산과 성장에 쓰이지 않고 과잉 축적되어 있는 잉여를 무조건적으로 파괴해야만 자본주의 체제 전체가 유지될 수 있기 때문이다. 사물의 유용성을 파괴하여 원래의 존재 상태로 되돌려 보낼 수 있는 조건이 광범하게 만들어진다. "무위도식, 피라미드, 알코올은 생산활동, 작업실 또는 빵과는 달리 대가 없이−이윤 없이−소비하는 장점을 갖는다. 그러한 일들은 그냥 우리를 기분 좋게 하며, 그것들 중 우리가 어떤 선택을 하든 아무런 시비를 걸지 않는다"(바타이유, 2004: 162).

이러한 과정은 동시에 C가 M′로 빨리 전화하도록 노력하는 과정과 함께 간다. 이 노력의 핵심은 무엇보다도 '차가운 유혹'을 그 근본적 속성으로 하는 뉴 미디어(텔레커뮤니케이션)를 통한 광고이다. "유혹은 원래 양자 간의 결투여서 상호 간에 도전과 내기로 이루어져 있다. 유혹이 지닌 힘은 기호들의 자의적 성격으로 인한 가역성에 있다. 미래가 이미 정해진 결투는 결코 사람들을 유혹하지 못한다. 그런 점에서 유혹의 힘은 기호학적 힘이다. 기호는 자신 이외의 다른 것을 지칭함으로써 끊임없이 자신을 빈 공간으로 만들어 도전과 내기를 이끌어 내는 것이기 때문이다. 유혹은 또한 의례의 질서에 속한다. 자의적인 것을 자연적으로 만들기 위한 갖가지 의례가 행해지는 것이다. 모든 유혹은 반드시 비기능적이고 과장되며 사치스러운 의례를 포함할 수밖에 없다. '기능 그 자체'는 결코 유혹하지 못한다. 기능은 스스로를 지칭하는 비기호학적인 것이기 때문이다"(최종렬, 2004c: 177-178). 우리는 하루 종일 텔레커뮤니케이션이 전송하는 유혹의 연쇄에 노출되어 있다. 길거리를 걸어도, 전철을 타도, 식당에 가도, 경기장에 가도, 컴퓨터를 켜도 텔레커뮤니케이션이 전송하는 유혹은 따라다닌다. 그 핵심은 상품을 소비함으로써 유용성을 넘어 성스러움을 체험하라는 것인데, 이때 상품구매는 마치 하나의 도전과 내기처럼 되어 있다. 텔레테크놀로지는 차연, 즉 기표들의 무한한 환유적 연쇄 (…+y+z+a+…)의 흐름을 그 근본 논리로 하고 있다(Derrida, 1982a). y의 의미는 z를 예기하는 한에서만 정해질 수 있는 도전과 내기와 같다. 하지만 또 a가 예기되기 때문에 그 의미는 무한정 유예될 수밖에 없다. 이러한 기표들의 무한한 환유적 연쇄는 유혹의 연쇄이기도 하다. 도전과 내기는 모두 공리주의적 질서를 넘어서는 것이다. 이제 "개인은 비공리적으로 자신의 개성을 표현해 줄 스타일을 나타내기 위해 상품—가구, 집, 차, 의복, 육체 혹은 일거리—을 조심스럽게 선택, 배열, 각색, 전시한다" (Featherstone, 1990: 114). 하지만 텔레커뮤니케이션이 제공하는 유혹은 원래 의미에서의 유혹이 아니다. "텔레커뮤니케이션에서의 유혹은 도전과 내기가 이미 완벽한 모델로 프로그램화되어 있어, 도전과 내기가 그 매력을 상실한다. 완벽한 모델로 프로그램화되어 있다는 말은 다른 말로 해서 기호가 그 유혹하는 힘을 상실하였음을 뜻한다. 유혹은 단순히 미리 프로그램화된 옵션으로만 존재할 뿐이고, 어떤 옵션을 선택하든 이미 그 결과는 결정되어 있는 것이다"(최종렬, 2004c: 177-178). 인과적으로 결정되는 결과가 아니라는 점에서 그 의미가 열려 있는 것이 사실이지만, 이 역시 엄밀하게 따지면 상징생산의 전문가와 매개자들에 의해 이미 완벽한 모델로 프로그램화되어 있다는 점에서 무한정 열려 있는 것은 아니다.

결국 M-C 과정이나 C-M′과정 모두에서 유용성을 넘어선 성스러움이 더욱 중요하게 되었다. 우선 M-C-M′과정, 즉 자본의 회전수가 가속화되면 공리주의적 질서는 극도의 즉흥성과 순간성으로 빠져든다. 하지만 문제는 이렇게 자본의 회전수를 가속화해도 C에서 M′로 넘어가지 못하는 상품이 거의 무한정으로 많다는 데 포스트모던 자본주의의 위기가 있다. 잉여가 문제인 것이다. 화폐로 전화되지 못한 유무형의 상품뿐만 아니라 임금으로 전화되지 못한 노동력 상품 또한 지구적으로 넘치고 넘친다. 이러한 잉여를 어떻게 할 것인가? 성장하지 않으면서 이 잉여 에너지를 소모할 수 있는 방법을 찾는 것이 체제의 사활을 건 문제가 되었다. 유용한 상품을 생산에 재투입하지 않고 무조건적으로 소모하는 일, 그것도 사회 전체가 집합적으로 소모하는 일이 중요해진 것이다. 이 모든 것이 의미하는 바는 무엇인가? 그것은 그렇게 공리주의적 질서가 몰아내고자 했던 소모가 되돌아와 그 속된 질서 자체를 침윤시킬 조건이 광범하게 수립되었다는 것이다. 유용성의 소모는 존재를 원래 자연이 준 성스러운 상태로 되돌린다는 것을 뜻한다. 그래서 "'성스러움'과의 만남을 통해 삶의 의미를 되찾으려는 노력이 사회세계 전 영역에서 보편적으로 나타난다. 하지만 성스러움이 주술처럼 구체적인 유형의 구현체 안에 고정되어 있는 것도 아니고, 초월적인 영역에 설정되어 있는 것도 아니다. 오히려 성스러움이 실제 공간과 사이버 공간을 가릴 것 없이 출몰하고 있다. 스포츠 경기장, 경정장, 경마장, 경륜장, 도박장, 성인PC방, 테마파크, 비만클리닉 등이 일상의 공간과 구분 없이 구축되어 있어 환상, 환각, 환락, 집단광기를 북돋우고 있다. 사이버 공간에는 환상, 환각, 환락, 집단광기를 불러일으키는 온갖 종류의 이미지들이 무한하게 떠돌아다니고 있다. 하지만 이러한 성스러움은 진정한 의미에서의 성스러움이 아니다. 그것을 체험한 사람을 잠시 정서적으로 고양시킬 수는 있어도 새로운 성스러운 존재로 근본적인 전환을 가져다주지 않기 때문이다. 순간, 대박이 터져 환상의 세계를 맛볼 순 있어도 곧 다 잃어버리고 말 운명에 처해 있다. 도박에서 보듯, 게임은 영원히 반복될 것이기 때문이다. 가역성이 극대화된 세계에서 성스러움이란 찰나적인 지속성만을 지닐 뿐이다. 그래서 역설적이게도 더욱 성스러움과의 찰나적인 만남을 꿈꾼다"(최종렬, 2006b: 232). 이 모든 것은 생산과 생식을 주목적으로 하는 공리주의적 질서가 너무나 팽창한 나머지 내파되자, 생산과 유혹의 이분법이 내파되었기 때문에 벌어진 일이다.

이렇듯 포스트모던 상황에서는 세속적 일상 그 자체가 내파되어 성과 속이 차연적 관계로 무한한 환유적 연쇄를 이루는 역치단계가 된다. 시장에서 유용성의 '등가교환'은 더 이상 사람들의 행위를 추동하는 기제가 되지 못한다. 오히려 유용성을 파괴하여 성스러움을 만나려는 노력이 행위를 지배한다. 하지만 그 역도 마찬가지이다. 성스러움을 만나려는 노력이 누군가의 이윤을 얻게 해 준다. 원래 역치단계 동안에는 일상을 지배하는 공리주의가 금지되는 것이지만, 축적의 한계에 처한 자본의 운동은 역치단계마저도 공리주의가 지배하도록 만드는 것이다. 다시 말하면, 일상을 역치단계처럼 만들고 역치단계를 또 일상처럼 만든다. 그런 점에서 일상 자체가 끊임없는 집합의례의 연속이 되었다고 할 수 있다. 페더스톤(Featherstone, 1990)은 이를 '일상생활의 미학화'라는 말로 표현하였는데, 이는 카이유와의 용어를 다시 빌어 말하면 일상이 '축제'가 되었다는 말로 이해할 수 있다. "사실상 축제는 성의 지배 그 자체로 종종 간주된다. 축제일 또는 단순한 일요일 역시 무엇보다도 신성한 것에 바쳐진 시간으로, 노동이 금지되어 있고 사람들은 휴식을 취하며 신을 찬양해야 하는 시간이다"(카이유와, 1996: 148). 전통사회에서는 축제가 특정의 시공간에 집중되어 있었고, 모던 사회에서는 축제를 비합리성의 이름으로 제거하고 노동의 일상만을 특화하였다면, 포스트모던 상황에서는 다시 되돌아온 축제가 일상을 물들이고 있다. 그 핵심은 자신의 좁은 공리주의적 이해관계를 벗어나 성스러움을 만나기 위한 것이다.

IV. '바다이야기'

'바다이야기'는 이러한 집합의례가 일어나는 인민사원의 하나이다. 원래 사원은 성스러운 시공간에 한정되어야 하지만, 포스트모던 세팅에서는 온갖 시공간에 걸쳐 광범하게 퍼져 있게 된다. '바다이야기'가 도시의 주택가와 농어촌 마을을 가리지 않고 광범하게 퍼져 24시간 내내 영업한 것을 보라! 이 집합의례는 내기와 도전으로 이루어져 있다. 뭔가를 베팅하고 그 대가로 더 많은 것을 원하는 것이 그 핵심이다. 뭔가를 건다는 것은 그것을 무조건적으로 소모하는 것과 같다. 왜냐하면 대가가 크지 않은 것에 베팅을 하는 것은 의미도 없고 정서적 흥분도 일으키지 않기 때문이다. 하지만 대가가 클수록 베팅이 성공할 확률은 줄어든다. 그런 점에서 대개의 베팅은 무조건적 소모로 끝나기 십상이다. 하지만 한번 베팅이 성공하기만 하면 엄청난 성스러움을 만날 수 있다는 집합환몽이 일상을 지배하고 있다. 이러한 인민사원에서 이루어지는 집합의례의 성격을 파악하기 위해서는 일상의 삶이 유용성을 소모하는 집합의례에 온전히 바쳐져 있는 고대의 집합의례를 참조할 필요가 있다. 이 장에서는 고대 멕시코의 집합의례를 살펴보고, 이를 준거점으로 하여 '바다이야기' 안에서 이루어지는 집합의례의 성격을 가늠해 보자.

1. 고대 멕시코의 집합의례

우리는 '바다이야기' 안에서 이루어지는 도박을 뒤르케임이 말하는 집합의례로 볼 필요가 있다. 그중에서 희생 집합의례에 주목할 필요가 있다. 원래 희생 집합의례는 주로 세 과정으로 이루어진다. 첫째는 속된 존재를 성스러운 존재로 근본적으로 전환시키는 과정이 있다. 둘째는 이렇게 성스러운 존재로 대전환한 것을 파괴하는 과정이 있다. 셋째는 이렇게 파괴된 성스러운 존재를 집합의례에 참여한 온 성원이 나누는 과정(communion)이 있다.

이 세 과정을 이해하기 위해서는 바타이유가 인간을 제물로 바치는 고대 멕시코 아즈텍인들의 집합의례에 대해 서술해 놓은 것을 살펴보는 것이 좋을 것이다. 아즈텍인들의 질서는 공리주의적 질서와는 정반대로 소모적 제의에 힘쓴다. 이 소모적 제의는 태양에게 인간제물을 바치는 일로 이루어져 있다. 태양은 아무런 대가 없이 거저 주는 희생신이며, 이 때문에 세상의 모든 존재는 존재할 수 있게 된다. 하지만 인간은 이렇게 태양이 거저 준 것을 유용한 사물들로 전화시키는 우를 범한다. 따라서 유용성으로 변한 속된 사물을 원래 태양이 준 그 상태로 되돌려야 한다. 태양에게 귀중한 사물을 바치면 바칠수록 그는 태양을 닮아간다고 할 수 있다. 따라서 아즈텍인들은 속의 세계에서 가장 귀중한 것을 태양에게 바친다. 그것도 아낌없이 폭력적으로 파괴함으로써.

"부활절이 가까워지면," 멕시코인들은 육체가 아름다운 젊은이를 제물로 바쳤다. 제물이 될 젊은이는 일 년 전에 포로들 중에서 뽑는다. 그때부터 그는 대귀족처럼 호화로운 생활을 한다. "그는 꽃다발을 손에 든 채 수행자들과 함께 도시를 순회한다. 그는 만나는 사람 모두에게 우아하게 인사한다. 그러면 사람들은 그를 신들의 신인 테츠카틀리포카(Tez-catlipoca)의 화신으로 여겼고, 그 앞에 무릎을 꿇으면서 경배와 찬송을 보낸다." 이따금 사람들은 쿠아우티치칼코(Quautixicalco)라 불리는 피라미드 사원에서 그를 본다. "그는 낮이고 밤이고 실컷 피리를 연주한다. 연주가 끝나면 그는 세상의 모든 곳을 향해 축복을 기원하는 향을 피운 뒤 자신의 숙소로 돌아간다." 존귀한 지위에 어울리는 우아함과 위엄을 가질 수 있도록 제물은 온갖 세심한 배려를 받았다……제물로 바쳐지는 축제 5일 전, 그에게는 신의 영예가 주어진다……마침내 죽음의 그날이 오면, 사람들은 틀라코크칼코(Tlacochcalco)라 불리는 사원으로 그를 데려간다……희생제의가 벌어질 최후의 장소에 도착하면, 그는 제단의 계단을 오른다……그가 제단의 꼭대기에 오르면, 제사 지낼 준비를 마친 사제들이 돌판 위에 그를 누인 다음 움직이지 못하도록 그의 양팔과 양다리, 그리고 머리를 붙잡는다. 이어 사제들은 짧은 흑요석 칼로 단번에 그의 가슴을 찌른 다음, 손으로 가슴 속의 심장을 꺼내 곧바로 태양에 바친다.

젊은이의 시신은 정성스럽게 다루어진다. 시신은 신전의 뜰까지 천천히 운반하고 나머지 희생물들은 신전의 제단 아래로 굴려 떨어뜨린다. 엄청난 폭력이 예사롭게 일어나는 것이다. 죽은 사람의 살가죽을 벗겨내는 일도 있다. 어떤 사제는 피가 뚝뚝 흐르는 사람의 가죽을 옷처럼 뒤집어쓰기도 한다. 시체들을 화로 속에 집어던지는가 하면, 살짝 그을렸을 뿐이어서 아직 살아 있는 그들을 화덕에서 꼬챙이로 꺼내 그 살을 뜯어먹기도 한다. 사람들은 대개는 제의로 축성된 살을 먹었다(바타이유, 2004: 90-92).

여기에서 희생 제물로 바쳐지는 젊은이는 사실 전쟁에서 잡혀 온 포로이다. 인간이 곧 생산력이던 시절 포로는 극도로 유용한 생산력이다. 잡혀 온 포로는 그 존재를 부정당하고, 유용성으로 축소되어 주인에 의해 천박하게 사용된다. 천박한 사용(servile use)이란 원래는 주체와 동일했던 어떤 것, 즉 주체와 내밀한 관계를 맺고 있던 어떤 것을 하나의 사물 (대상)로 만들어 버리는 것이다. "노동에 얽매인, 그래서 다른 사람의 소 유물이 되어 버린 노예는 노동을 위한 동물과 마찬가지로 하나의 사물이 다. 노예에게 일을 시키는 사람은 자신과 그를 연결한 끈을 끊어 버려야 한다. 주인은 노예를 팔 수도 있다. 그러나 주인은 노예를 하나의 상품, 하나의 사물로 만드는 데 그치지 않는다. 같은 인간이기도 한 노예를 하 나의 사물로 만들기 위해서는 자신의 내밀성을 멀리해야 하며, 일단 사물 의 한계를 정해야 하기 때문이다"(바타이유, 2004: 98). 이 유용한 대상으 로 축소된 노예를 다시 존재 그 자체로, 그리고 더 나아가 나와 친밀한 관 계를 맺는 주체로 되살려 놓는 것이 첫 번째 단계의 집합의례의 핵심이다. 이 과정은 속된 사물을 성스러운 존재로 근본적으로 전환하는 과정이기 때문에 온갖 화려한 의례가 동원된다.

두 번째 단계는 이렇게 성스럽게 전화한 희생 제물을 '파괴' 함으로써 그보다 더욱 성스러운 존재를 창출하는 과정이다. 이는 전체적으로 보아 신이 애초에 만들어 놓은 성스러운 질서를 회복하는 과정이기도 하다. 파 괴는 현실의 공리주의적 질서를 영원히 회복불가능하게 소멸시키는 것이 며, 이는 폭력의 무질서 속에서만 가능하다. 현실의 질서에 안주할 때, 나 는 사물화된 현실의 질서 속에 파묻혀 있다. 유용성을 파괴하는 폭력의 무질서는 이러한 나를 일깨운다. 무질서는 도구적 목적을 가진 생산이 아 닌, 아무런 목적을 가지지 않는 소비에서 온다. 이러한 파괴 뒤에는 태양 이 허락한 존재 본연의 성스러운 질서가 회복되며, 나는 그 질서에 내면 깊이 참여한다.

세 번째 단계는 희생제물과 내면성을 공유하며, 더 나아가 집합의례를 행한 공동체 전체가 신성한 질서를 나누어 갖는 과정이다. 이를 통해 집 합의례를 행한 공동체 전체는 신성한 질서로 다시 묶인다. 아무리 폭력을 행하더라도 공동체는 파괴되지 않고 오히려 더 강화된다. 파괴가, 파괴된 것보다 더 성스러운 것을 생산하는 과정이기 때문이고 이러한 성스러움이 생산되면 이를 중심으로 공동체는 더욱 결속하게 된다. "제한 없는 소모는 다른 사람들에게 나의 내밀한 부분을 드러내 보여준다. 그래서 소모는 고립된 존재들을 소통하게 해 주는 길이라고 할 수 있다. 격렬하게 소모하는 사람들끼리는 모든 것이 투명하고, 모든 것이 열려 있고, 그리고 모든 것이 가능하다"(바타이유, 2004: 100).

이 모든 과정이 의미하는 바는 무엇일까? 그것은 고대 아즈텍인들은 성스러움과의 만남을 통해 자신과 자신이 속한 공동체를 원래 태양이 거저 베푼 신성한 질서로 되돌리기 위해 무조건적 소모를 핵심으로 하는 집합의례를 행했다는 것이다. "여기에서 존중받는 것은 가치 경계를 넘어서는 과잉, 소모이며 그것만이 신에 합당한 대접을 받았다. 인간은 이러한 소모를 대가로 타락에서 벗어났고, 또한 현실적 질서의 냉혹한 타산과 인색함이 인간 내부에서 끌어들인 사물의 무게를 걷어 낼 수 있었다"(바타이유, 2004: 103). 이렇게 성스러운 존재를 회복한 인간은 다시 일상의 세계로 되돌아간다. 하지만 그냥 되돌아가는 것이 아니다. 집합의례 기간 동안 느꼈던 집합흥분을 되새겨 줄 집합표상을 가슴에 새기고 되돌아간다. 그는 공리주의적 일상에서 노동을 하며 살아가지만 그의 지향은 집합의례로 향해져 있다. "사실 그는 과거의 축제에 대한 기대 속에서 산다. 왜냐하면 축제란 그에게 있어서, 또 그의 기억과 그의 욕망에 있어서 강한 감동의 시간이며 자기 존재의 변신의 시간이기 때문이다"(카이유와, 1996: 147).

2. '바다이야기'의 집합의례

앞에서 말했듯이 한국사회는 포스트모던 조건에 있는 한 무조건적 소모를 광범하게 행해야만 하는 상황에 처해 있다. '바다이야기'는 그러한 무조건적 소모를 실천하는 하나의 예일 뿐이다. 그렇다면 현재 한국사회의 '바다이야기'에서 집합의례를 행하고 있는 사람들은 무엇을 목적으로 도박이라는 무조건적 소모를 행하고 있는가? 한국사회 역시 속된 공리주의적 질서를 존재의 성스러운 질서로 되돌리기 위해 도박을 하고 있는가? 도박은 속된 세상에서 제일 유용한 상품인 화폐를 소모하는 행위이다. 이런 점에서 '바다이야기'에서 도박을 하는 것은 유용한 화폐를 파괴하는 행위이다. 사람들이 이렇게 유용한 화폐를 파괴하는 것은 그 과정을 통해 '대박'을 얻는 것을 꿈꾸기 때문이다. 도박에 빠져드는 것은 그 결과가 언제든지 뒤집힐 수 있는 가역성 때문이다. 그때까지 잃고 있다 하더라도 단번에 뒤집어 버릴 수 있는 가역성이야말로 도박의 유혹이 지니는 핵심이다. 만약 새로운 수가 지금까지의 수를 단번에 뒤집을 수 없다면, 도박은 그 유혹성을 잃어버린다(Baudrillard, 1990a). 이것은 모든 게임에서도 마찬가지이다. 아래 르포 기사를 보자.

> 20일 오전 11시 서울 종로3가에 있는 '바다이야기' 게임장. '바다이야기'에 대한 검찰 수사 소식에도 어두컴컴한 실내에는 30~40대 남성 30여 명이 게임을 즐기고 있었다. 장시간 게임에 빠진 듯 이들 앞에 놓인 재떨이에는 담배꽁초가 수북이 쌓여 있었다. "발작 증세가 일어날 수 있으니 어지럼증이 느껴지면 잠시 휴식을 취하세요"라는 경고 문구까지 붙어 있었지만 화장실 가는 것을 제외하고는 자리를 뜨는 사람이 거의 없었다. 게임기가 거의 매분 '끼익' 하며 1만원권 지폐를 게걸스럽게 빨아들

이는 소리만이 게임장의 적막을 깰 뿐이다.

'바다이야기'는 슬롯머신처럼 돌아가는 그림을 맞추면 점수를 얻는 릴(reel) 게임의 일종이다. 1만 원을 투입하면 1만 점이 쌓이고 시작 버튼을 누를 때마다 100점(100원)씩 소진된다. 버튼을 누르면 모니터 상단 화면에서 금화가 하나 떨어져 아래 지나가는 '스핀'을 맞추면 하단 화면의 문어와 조개 등 바다생물 캐릭터가 돌아가다 일제히 멈춘다. '센터'의 그림 4개가 일치하면 보통 2만점, 3개이면 500점이 적립된다. 5000점 이상부터는 5000원짜리 문화상품권으로 바꿀 수 있다. 상품권을 게임장 옆 교환소에 가져가면 10% 수수료 500원을 뗀 4500원이 현금으로 지급된다. 하지만 실제 현금으로 교환해 가는 사람은 많지 않았다. 게임장 직원은 "수십만 원이라면 모를까 100만 원 이상 잃은 사람들이 그깟 5000원, 1만 원이 성에 차겠어요?"라고 말했다.

지난달까지 철공소를 다녔다가 지금은 무직이라는 30대 중반의 이 모 씨는 50만 원을 갖고 개장시간인 오전 9시부터 들어왔다고 말했다. 이 씨는 게임기마다 확률이 달라 좋은 기계를 얻기 위해서는 남들보다 한두 시간 일찍 나와야 한다고 귀띔했다. 이 씨는 게임기 5대를 한꺼번에 돌리고 있었다. 이씨는 "3시간이 채 안 지났는데 벌써 절반을 잃었다."면서도 "금방 (화면 속) 바다가 어두컴컴해졌기 때문에 대박이 날지도 모른다."며 화면에서 눈을 떼지 못했다. 이 씨가 기다리는 것은 상어이다. 화면이 어두워지고 고요한 바다와 함께 상어나 고래가 나타나면 대박이 터지는 확률이 높다는 신호다. 이런 예고 기능 때문에 사람들이 더욱 이 게임에 빨려드는 듯 보였다. 이씨는 "250만 원만 따면 이곳과 인연을 끊겠다."고 장담했지만 대박은 터지지 않았다. 그는 "만 원을 넣었을 경우 보통 한두 번씩 화면이 어두워지는데 게임 막판에 어두워질 때가 많아 아쉬워 포기하지 못하고 계속 하게 된다."며 분통을 터뜨렸다. 또한 형식상 한 게임에 최대 2만 원까지만 딸 수 있지만, 한 사람이 연속해서 당첨되는 '연타 기능' 때문에 최대 250만 원까지 당첨금이 높아질 수 있다는 점도 손님들이 좀처럼 자리를 뜨지 못하게 만드는 요인으로 보였다.

지난해 초반에 충북 제천에서 '바다이야기'를 4개월간 운영한 적이 있다는 홍모(36) 씨는 "다른 사행성 게임보다 당첨금액이 적은 '바다이야기'가 돌풍을 일으킨 데는 예고와 연타 기능이 크게 작용했다."면서 "'바다이야기'는 일종의 합법의 가면을 쓴 전형적인 도박장"이라고 말했다(「세계일보」, 2006년 8월 20일 기사).

'바다이야기' 안에서의 도박은 언뜻 보면 집합의례가 아닌 개인의례처럼 보인다. 하지만 이미 완벽하게 프로그램화된 슬롯머신의 룰을 따라 '공유된 환각' 속에서 이루어진다는 점에서 이 역시 집합의례로 볼 수 있다. 환각은 정신분열자에게서 전형적으로 나타나는 특징으로서, 원래 그의 환각적 현실은 다른 이들과 공유되기 어렵다. 하지만 소모가 이루어지는 집합의례에서는 환각이 집합적으로 공유된다. 소모가 그 양이 거대하고 파괴적이면 파괴적일수록 환각은 더욱 강렬해진다. 소위 원시인들의 집합의례에서 온갖 환각제가 동원되는 이유는 이러한 환각의 세계를 직접 마주할 자신이 없기 때문에 이를 미리 준비하기 위한 것이다. '바다이야기' 안에서 도박을 하고 있는 사람들은 이미 완벽하게 프로그램화된 슬롯머신 앞에서 모두 대박을 꿈꾸면서, 즉 환각을 공유하면서 집합의례를 행하고 있다.

이제 보다 자세하게 '바다이야기' 안에서 이루어지는 집합의례를 살펴보도록 하자. 첫 번째 단계는 생산과 생식의 속된 공간으로부터 '바다이야기'라는 성스러운 소모의 공간으로 '분리'되는 과정이 있다. 이러한 분리가 가능하기 위해서는 성스럽게 소모할 희생제물을 갖고 있어야 한다.

그것은 화폐이며, 화폐야말로 자본주의에서 가장 유용한 사물이다. 하지만 '바다이야기' 안으로 들어서는 순간, 즉 속된 공간으로부터 '분리' 되는 순간, 화폐는 유용성을 완전히 상실하고 오로지 소모되기 위한 성스러운 희생제물로 변한다. 일상생활에서 유용성의 화신인 화폐를 벌어들이려면 엄청난 노동을 해야만 한다. 이렇게 유용한 화폐가, '바다이야기' 안으로 들어서는 순간 거저 주어도 좋은 소모의 희생제물이 된다. 대부분 일상의 사람들은 이러한 소모가 두렵기 때문에, 선뜻 '분리' 과정에 들어가지 않는다. 일단 '바다이야기' 안으로 들어선다는 것은, 일상의 공리주의적 질서를 거부한다는 것을 뜻하는 것이기 때문에 엄청난 용기가 필요하다. 더군다나 필연성에 묶여 허덕이는 사람이 자유의 공간 안에 들어선다는 것은 자신의 존재 전체를 거는 무모한 도전과 같다.

두 번째 단계는 이렇게 성스럽게 전화한 화폐를 파괴하는 과정이다. 파괴는 무조건적 소모인 것처럼 보이지만, 사실은 그 과정에서 성스러운 존재와 만나 자신도 성스러운 존재가 되고 싶기 때문에 행해지는 것이다. 우리는 파괴시키고 나서야 그것이 얼마나 성스러운 것인 줄 안다. 상실한 첫 애인을 죽어도 잊지 못하는 이유가 여기에 있다. 예수를 십자가에 매달아 소모해야만 인류를 구원할 구세주가 탄생하는 것도 이와 같은 이치이다. 하나님의 아들인 예수 대신에 양 한 마리를 십자가에 매달았다면 이후 기독교의 역사는 완전히 달라졌을 것이다. 하지만 그렇게도 소중한 존재를 소모하는 일은 너무나 고통스럽기 때문에 환각을 필요로 한다. '바다이야기' 라고 무엇이 다를 것인가? 슬롯머신에 화폐를 집어넣어 소모하는 이유는, '대박' 을 체험하고 싶기 때문이다. 더 많이 걸면 걸수록 더 큰 대박이 터질 수 있다. 그래서 게임기를 한번에 5대 돌린다. 하지만 존재 전체를 거는 사람에게 소모는 너무나 고통스러운 일이다. 그래서 고통을 잊게 해 줄 환각이 필요하다. 화려한 문양으로 부드럽게 유영하는 온갖 바다생물과 물고기들은 공리주의적 질서에서 완전히 벗어나 있다는 환각작용을 일으킨다. 더군다나 예고와 연타 기능은 지금까지 잃은 돈을 한 번에 되돌릴 수 있다는 가역성을 상기시킴으로써 공리주의적 질서를 완전히 망각하라고 유혹한다. 하지만 이 유혹은 사실 차가운 유혹이다. 슬롯머신은 이미 완벽하게 프로그램화되어 있기 때문에, 나의 수에 의해서 그 결과가 변경되는 내기가 아니기 때문이다. 그렇다면 남은 것은, 슬롯머신이 스스로 작동하여 자신의 프로그램에 따라 대박을 터트리도록 기다리는 일뿐이다. 게임을 하는 사람은 사실 차갑게 얼어붙은 수동적인 존재, 단말기인 것이다(Baudrillard, 1990a). 하지만 아무리 화폐를 파괴해도 대박(성스러움)은 터지지 않는다. 가끔 터진다 해도 차연, 즉 기표들의 무한한 환유적 연쇄로 작동하는 컴퓨터 게임은 영원히 멈춰지지 않기 때문이다. 성스러움의 체험이 없으니, 신성한 질서도 회복되지 않는다. 대박(성스러움)을 체험한다 해도 그것이 최종적인 것이 아니고, 앞으로 올 더 많은 대박을 예고하는 기표일 뿐이다. 따라서 성스러움의 체험은 완성되지 못하고 영원히 유예된다. 그럼에도 불구하고 계속해서 베팅을 하는 이유는 운을 시험하는 매 순간 맛보는 쾌락 때문이다. "운을 시험한다는 것은 평범한 쾌락이 아니다. 몇 달, 몇 년, 아니 두려움과 희망으로 가득 찬 전 생애를 한순간에 맛볼 수 있다는 것은 도취되지 않고서는 견딜 수 없는 쾌락이다"(벤야민, 2006: 1127). 그런 의미에서, 베팅은 매번 새롭다. "번개처럼 생생하고 타는 듯한 이들 환희는 싫증나기에는 너무 빨리 스쳐 지나가며, 지루해하기에는 너무 다양하다. 나는 단 한 번뿐인 인생에서 백 번의 인생을 살아간다"(벤야민, 2006: 1121). 니체의 영겁회귀!

세 번째 단계는 빈털터리로 '바다이야기'를 나서는 것으로 끝난다. 문을 나서는 순간 자신에게 남은 유용성은 하나도 없으며, 오로지 내면의 황폐함만이 있음을 절실히 깨닫는다. 도박을 하면 내면이 일깨워지는 것은 사실이다. 모든 내기는 자신의 일부나 전체를 걸기 때문에 갑자기 자신이 사물에서 실존으로 전환되는 것을 느끼게 된다. 실존(enistence)은 사실 '~로부터 벗어나 있음', 즉 탈존(脫存)을 의미하는 것으로, 신이 인간에게 생명을 증여한 바로 그 상태를 말한다. 필연성과 유용성으로부터 벗어나 있는 상태가 바로 실존인 것이다. '바다이야기'의 끝은 이렇듯 자신을 완전히 무용한 존재로 만드는 것으로 끝난다. 그렇다고 성스러운 존재로 된 것이 아니다. 다시 기다리고 있는 것은 지옥과 같은 필연성의 세계이다. 앞의 멕시코의 희생 집합의례와 달리 공동체 전체가 나누어 가질 성스러움이 창출되지 않았다. 오히려 가진 자와 그렇지 못한 자 사이의 간극만 커졌을 뿐이다. 유용성의 질서가 더 강화된 것이다. 유용성의 세계로 다시 떨어진 그는 생존 자체를 위해 몸부림치며 노동한다. 하지만 그의 일상 곳곳에 존재하는 소모의 공간은 그를 다시 유혹한다. 그래서 단돈 몇 십만 원만 주어져도 다시 소모의 공간으로 내달린다. 하지만 결과는 언제나 똑같다.

왜 이런 역설적인 결과가 발생하였는가? 그것은 무엇보다도 유용성의 파괴가 공동체 성원 전체가 바라볼 수 있는 곳에서 전시적으로 파괴되지 않고, 오직 컴퓨터 단말기만이 차갑게 그를 바라보는 가운데 파괴되기 때문이다. 그러므로 집합흥분이 발생하기 어렵고 발생한다 해도 공유되지 않는다. 집합흥분이 있기 위해서는 우선 그 집합의례에 참여하는 관중이 있어야 한다. 축제는 "소란스럽고 흥분된 사람들로 이루어진 큰 무리를 전제한다. 이러한 거대한 군중의 모임은 무척 쉽게 흥분을 불러일으키며 또 그것이 퍼져 나가도록 조장하게 된다. 그 흥분은 고함과 몸짓으로 표현되어 나타나며 가장 무의식적이고도 경솔한 충동에 아무런 통제도 없이 자신을 내맡기게 만든다"(카이유와, 1996: 145). 각자 자신의 컴퓨터 화면 앞에 붙들려 있는 개인들은 비록 공유된 환각 속에서 유용성을 파괴하고 있기는 하지만, 그 파괴가 전시적으로 이루어지지 않기 때문에 집합 흥분도 또 집합표상도 발전되어 나오지 않는 것이다.

한국게임산업개발원(2005)의 조사에 의하면 사행성 게임장 이용자의 43%가 월 평균 소득 200만 원 이하 저소득 가구라 한다. 한 신문의 다음과 같은 기사는 이 점을 잘 확인해 준다. "단속이 강화되면서 기존의 불법 게임장이 서울 중심에서 외곽이나 경기, 천안, 원주 등 지방의 재개발 주택가로 빠르게 이동하고 있다. 서울에서도 지난 두 달 사이 강서·중랑·동대문구 등 외곽에서 사행성 도박장 수가 가장 많이 늘었다. 서울경찰청 집계로는, 지난 5월 각각 40~50여 곳에서 이 달엔 80~100여 곳 가까이 급증했다. 이곳은 기초생활 수급자 규모가 수위를 다투는 서민 주거 지역들이다"(「한겨레신문」, 2006년 7월 27일 기사). 원래 소모는 왕, 귀족, 부유상인이 공동체 전체를 위해 과시적으로 잉여를 파괴하는 것이다. 그런데 '바다이야기'에서의 도박은 오히려 빈곤층이 이끌고 있다. 왜 이들은 도박에 빠져드는가? 이들은 사실 필연성의 세계에 묶여 허덕거리는 사물과 같은 존재이다. 그래서 원래는 소모를 할 능력이 없는 사람들이다. 그럼에도 이들이 소모를 행하고 있는 이유는, 성장은커녕 보존조차도 위태로운 상황이기에 역설적이게도 자신의 원래 존재의 모습을 되찾고 싶은 것이다. 다시 말해 유용성의 세계에서 극도로 시달리던 프롤레타리아는 성스러움을 만날 수 있는 축제를 원하고 있다. "축제는 노동의 의무에서 하나의 단절을, 또 인간조건의 한계점과 구속들로부터 해방을 이루는 것으로, 즉 사람들이 신화와 꿈을 그대로 체험하는 순간"(카이유와, 1996: 190)이기 때문이다. 성장해야 한다는 강박증에서 벗어나면 우리는 무엇이든 할 수 있다. '바다이야기'는 유용성으로 축소된 존재, 아니 유용성마저도 획득하지 못한 존재가 존재 본연의 모습을 되찾으려는 처절한 몸부림이다. 자기 자신을 희생제물로 던져 파괴하고, 실존의 성스러움을 되찾으려는 것이다. 프롤레타리아의 이러한 욕구를 부르주아는 자본의 이윤을 창출하는 소비와 소모의 장으로 끌어들인다. 하지만 위에서 보듯 그 결과는 처참하다. 프롤레타리아는 오히려 죽음의 늪에 빠지듯 필연성의 세계로 더 깊이 가라앉는다.

사정이 이렇게 된 데에는 물론 한국사회의 왕, 귀족, 부유상인에 해당하는 사람들이 공동체 전체를 위해 잉여를 베풀지 않았기 때문이기도 하다. 자본주의 이전에 지배자는 명예와 평판을 중요시했기 때문에 부를 아낌없이 베풀고, 베풀면 베풀수록 그의 도덕적 지배력은 더욱 강고해졌다. 원래 축제로 대표되는 집합의례는 경제적 차원에서 볼 때는 부의 순환을 이루게 하고, 사회적으로 서로 상이한 계급들이 서로 가까워지고 우호를 맺게 되는 기회이기도 했다(카이유와, 1996: 188-189). 하지만 자본주의의 지배자인 부르주아는 명예와 평판 대신 눈앞의 이익에만 눈이 멀어 있기 때문에 결코 거저 베풀지 않는다. 그런 점에서 자본주의는 그 본질적 성격이 천민적이다. 천민은 명예와 평판, 우리 식으로 말하면 예(禮)를 전혀 고려하지 않고 눈앞의 필연성과 유용성의 세계에 연연한다. 부르주아는 마치 공동체 전체를 위한 집합의례의 장을 개설해 놓은 것처럼 하면서도, 사실은 참여한 모든 사람들 자체를 파괴하여 이득을 얻고 있다. 자신의 귀중한 것을 소모하는 대신에 남의 것을 소모함으로써 이득을 챙기는 것이다. 그렇기 때문에 전시적으로 파괴하지 못하고 숨어서 파괴하는 것이다. 과연 천민적이라 하지 않을 수 없다. 프롤레타리아는 이렇듯 부르주아가 마련한 모의조작된 집합의례의 장에서 아무런 성스러움도 만나지 못하는 소모를 부질없이 행하고 있다.

V. 맺음말

나는 '바다이야기'에 대한 기존의 정치적/정책적/경제적 설명방식을 넘어 보다 거시적인 문화적 설명방식을 제공하기 위해 바타이유의 일반 경제론을 도입하였다. 이를 통해 한국사회에 '바다이야기'와 같은 사행산업이 횡행하는 이유가 자본주의의 공리주의적 질서가 내파되었기 때문이라는 점을 보여주었다. 또한 사람들이 도박에 빠져드는 이유가 무엇보다도 공리주의적 질서 속에서 유용성으로 축소되었던 자신들의 실존을 되찾고 싶은 광범한 열망을 가지고 있기 때문이고, 자본이 이러한 열망을 악용하여 모의조작된 집합의례의 장을 일상에 광범하게 구축하였기 때문이라는 점도 알게 되었다. 나는 또한 '바다이야기' 안에서 이루어지는 도박행위를 고대 멕시코의 집합의례와 견주어 살펴봄으로써 현 한국사회에 만연한 집합의례의 성격을 가늠해 보고자 했다. 그 결과 두 가지 차원에서 '바다이야기' 안에서 이루어지는 집합의례의 성격을 밝혀 볼 수 있었다. 개인적 차원에서 볼 때 '바다이야기' 안에서 이루어지는 집합의례는 그것을 행하는 개인으로 하여금 성스러움을 만나게 하지도 못하고 오히려 그를 파멸로 이끈다. 또한 집합적 차원에서 볼 때도, 그것은 공동체 전체의 연대를 갱신하기는커녕 오히려 극단적으로 더 분열시키고 있다.

성장지상주의에 빠진 경제학자들은 아마도 다음과 같이 물을 것이다. 한국의 자본주의는 계속해서 성장할 수 있는가? 그렇게 하기 위해서는 어떠한 새 성장모델이 필요한가? 그러한 새 성장모델이 만들어지면 남아도는 잉여를 남김없이 생산에 쏟아 부을 수 있게 되어 '바다이야기'와 같은 사행산업의 폐해는 사라지게 될 것이 아닌가? 문화사회학자로서 나는 이러한 무한성장 신화에 정면으로 맞선다. 맞다. 경제학자들이 보듯이 성장은 무질서에 질서를 부여한다. 성장의 방식으로 정규적으로 작동하도록 만들어 주기 때문이다. 에너지를 성장에 씀으로써, 에너지를 특정의 질서 지워진 방향으로 돌리게 된다. 하지만 성장은 본질적으로 일시적인 어떤 상태일 뿐이라는 점을 깨닫는 것이 필요하다. 성장은 많은 상태 중의 하나이지, 항상 성장상태에 있을 수는 없다. 자본주의는 끊임없이 항상적으로 성장상태에 있는 것으로 가정한다. 청년기만 있고자 한다. 그래서 늙어 가는 것을 두려워한다. 하지만 두려워하면 할수록, 나이듦이 다가온다. 숙명처럼, 갑자기. 이를 저지하기 위한 무한 노력이 지속된다.

한국사회는 그동안 성장지상주의에 빠져 있어 왔다. 모든 에너지를 성장과 생식에만 쏟아부어 온 것이다. 하지만 이제는 에너지의 일부만 성장과 생식에 쏟아도 충분할 단계에 접어든 것이 아닌지 깊이 성찰해야 할때가 왔다. 성장과 생식에 들어갈 필요도 없고, 들어갈 수도 없는 잉여를 어떻게 소모하느냐가 더 중요한 문제일지 모른다. '바다이야기'는 우리로 하여금 이러한 성찰을 촉구하는 하나의 징후이다. 우리가 무한성장 신화를 신봉하는 한 '바다이야기'와 같이 성스러움을 만들어 내지 못하는 무조건적인 소모를 막을 길이 없다. 무한성장 신화는 필연성의 세계에 묶여 허덕거리는 사물과 같은 존재를 전제로 하면서, 나중에 자유를 약속한다. 2만 불 시대가 오면, 3만 불 시대가 오면 필연성의 세계에서 벗어나 자유의 세계로 진입할 것이라는 경제학적 이야기가 그 전형적인 예이다. 하지만 현재 한국 자본주의의 발전단계는 이미 필연성의 세계로부터 사람들을 해방시킬 수 있는 충분한 에너지를 가지고 있으면서도, 여전히 대다수를 필연성의 영역에 붙들어 매놓고 있는 것은 아닌가? 그 결과 성장하면 할수록 양극화가 심화되어, 대다수가 필연성의 영역에서 허덕거리게 되는 것은 아닌가? 무한성장 신화를 붕괴시키지 않는 한 이는 결코 피할 수 없는 일이다. 이 신화는 우리가 붕괴시키고 싶다고 해서 붕괴되는 것도 아니고, 또 계속해서 유지하고 싶다고 해서 유지되는 것도 아닐 것이다. 어쩌면 우리는 보드리야르(Baudrillard, 1993)가 말하듯 이런 신화가 이미 붕괴되고 가역성이 지배하는 '상징적 교환(symbolic exchange)'의 포스트모던 사회에 살고 있는지도 모른다. 그럼에도 불구하고 여전히 무한성장 신화에 사로잡혀 있는 시대착오증에 시달리고 있는 것은 아닌지.

7 텔레커뮤니케이션과 사회적인 것의 미학화[1]

I. 사회적인 것의 미학화

뒤르케임(Durkheim, 1995) 이래로 많은 인류학자들이 인정하듯, '사회적인 것(the social)'의 핵심은 성(the sacred)과 속(the profane)의 이분법적 상징적 분류체계이다.[2] 기능주의적 지향을 가진 학자들은 여기에서 한발 더 나아가 이러한 이분법을 모든 사회적인 것이 존재하기 위한 기능적 필수물로 보는 경향이 있다(Alexander and Smith, 1993, 1999). 하지만 담론이론의 발전 이후, 이러한 이분법은 원래 자의적인 것으로서 담론적 실천(discursive practices)을 통해 자연성을 획득한다는 것이 밝혀졌다(최종렬, 2004a). 사실 기존의 이분법은 위장된 일원론이다. 이분법적 대립항에서 긍정적인 항(성, A)은 실체론적으로 자신을 먼저 정의한 후, 이 실체에 조금이라도 변형이 일어나는 것을 부정적인 항(속, −A)으로 정의하기 때문이다. 여기서 중요한 것은 A(성)는 자기 자신에 의해서만 정의되기 때문에 (만약 그렇지 않다면 실체가 아니게 되기 때문에) 기호의 영역 밖에 존재한다는 사실이다. A(성)는 말하자면 언어 외적 토대이다. 하지만 담론이론은 A가 공동체의 집단의례를 통해 성스런 존재로 근본적인 대전환을 겪으면서 언어 외적 토대, 즉 실체(substance)의 성격을 획득한다는 점을 폭로한다.

포스트모던 사회는, 집단의례(담론적 실천)가 근본적인 대전환을 통해 A를 성스런 실체로 만드는 데 실패함으로써 언어 외적 토대에 대한 믿음이 무너진 사회이다. 그 결과 실체론적으로 정의된 A가 사실은 그 부정태인 -A에 의해 정의된 기호적 토대임이 만천하에 폭로되었다(Ryan, 1982). 따라서 A의 자리를 점유했던 집단들의 성스러움도 -A의 자리를 점유한 집단들의 속됨에 의존하고 있음이 드러났다. 이제 A도 의미작용의 끊임없는 연쇄에서 결코 자유로울 수가 없게 되었다. A의 성스러움이 필연적(necessary)이 아니라 자의적(arbitrary)이 되었다. -A의 속됨도 마찬가지이다. 그런 점에서 성과 속의 이분법적 상징적 분류체계는 모든 담론과 마찬가지로 하나의 의미작용 체계(a system of signification)임이 밝혀졌다.

의미작용 체계는 우선적으로 차이들의 체계로서, 그 차이들의 의미는 순전히 관계적인 것이기 때문에 그 관계망을 한계 짓는 봉쇄(closure)가 없으면 결코 그 의미를 고정시킬 수 없다. 따라서 차이들은 반드시 체계를 형성해야만 의미작용이 가능하다. 차이들이 체계를 형성하지 않는다면 의미작용 그 자체가 불가능할 것이다. 차이들이 체계를 형성한다는 말은 무슨 뜻인가? 반드시 안과 밖을 가르는, 시작과 끝을 가르는 '한계'를 지니고 있어야 한다는 말이다. 체계가 한계를 가진다는 말은 그 한계는 체계 내에서 표상될 수 없다는 말과 같다. 그렇다면 의미작용이 일어나기 위해서는 반드시 한계가 있어야 하지만, 그 한계 자체는 결코 그 체계 내에서는 표상될 수 없다. 한계가 표상되려고 하면, 그 체계 자체를 전복시키는 힘으로서만 그렇게 되기 때문이다. 이러한 역설은 의미작용을 위해 필수적이다(Laclau, 1996: 37). 이것이 의미하는 바는 체계는 결코 자기 충족적일 수 없다는 것이다. 그런데 자신의 의미작용의 체계가 자기충족적이라 주장하는 담론이 있는데, 이것이 바로 '총체성의 담론'이다. 총체성의 담론은 타자를 차이, 즉 주체의 부정태/변형태로 환원함으로써 체계의 총체성을 완성한다. 하지만 담론이론에서 볼 때, 총체성의 담론 안에서 표상되는 차이는 진정한 의미의 타자, 즉 순수존재가 아니라 주체의 부정태/변형태에 불과하다. 따라서 반드시 주체의 부정태/변형태로 환원되지 않는 부분이 남게 되는데, 이 남은 부분은 총체성 담론의 한계를 설정해 주면서도 결코 그 담론 안에서 표상될 수 없다. 표상되려고 하면 총체성의 담론 체계 그 자체를 전복시키는 힘으로, 다시 말해 A와 −A의 이분법적 상징적 분류체계 자체를 해체시키는 힘으로 출현하기 때문이다.

나는 의미작용 체계 내에서 표상될 수 없었던 한계가 의미작용 체계 자체를 해체시키면서 표상되는 것을 '사회적인 것의 미학화'라 부른다. 사회적인 것의 미학화는 간략히 말해, 성과 속의 이분법적 상징적 분류체계에 기반한 사회적인 것이 성과 속 간의 관계가 차연적이 됨으로써 이전에는 표상될 수 없었던 체계의 한계가 무한한 환유적 연쇄를 이루면서 표상되는 것을 말한다.[3] 사회적 위기의 시기에는 속이 성의 완전한 부정태로 나타나, 보다 수준이 높은 가치와 규범의 차원에서 쟁투가 벌어진다. 반면 상습(routine)의 시기에서는 속에 대한 용인도가 상대적으로 높아 속이 성의 변형태로 나타나기 쉽다. 평상시에는 적대감이 극렬하게 노출되는 시기가 아니어서, 속이 주체의 부정태가 아닌 변형태로 표상될 수 있기 때문이다. 그래서 목적, 권력, 이해관계라는 보다 세속적인 수준에서 갈등이 일어난다. 이때의 갈등은 반복적인 상습의 절차 준수 여부를 싸고 일어난다. 그럼에도 불구하고 사회적 위기의 시기나 상습의 시기 모두에

성과 속의 이분법적 상징적 분류체계는 결코 해체되지 않는다. 이는 무엇보다도 역치단계 덕분이다. 역치단계인 집합의례에서는 성과 속이 일시적으로 뒤섞이는/전복되는 무질서의 시기이지만, 그 단계를 성공적으로 지나고 나면 다시 성과 속은 강렬한 형태로 재분리되어 재구획된다. 그런 의미에서 역치단계는 질서 지워진 무질서(ordered disorder)의 단계이다(Turner, 1969). 하지만 사회적인 것이 미학화되면 상황은 달라진다. 이 때는 사회적 위기와 상습의 시기라는 이분법이 무너져, 서로 차연적인 관계를 맺고 있다. 어떤 존재를 성 또는 속으로 존재전환시키는 역치단계가 사라진 것이다. 그 결과 성과 속의 이분법적 상징적 분류체계의 한계가 출몰한다. 한계의 출몰은 총체성의 체계를 불가능하게 만든다. 시작은 그 이전에 출몰하는 한계 때문에 결코 설정될 수 없다. 끝도 한계의 출몰과 텔레커뮤니케이션 상태에 있기에 언제나 새로운 시작을 기다린다. 한계의 출몰은 총체성의 체계에 의해 결코 통제될 수 없다.

나는 한계가 표상되는 이러한 과정은 데리다의 '차연'이라는 말로 가장 잘 표현될 수 있을 것이라 믿는다. 데리다가 만들어 낸 차연이란 용어는 '다르다'는 동사와 '연기하다'는 동사를 결합한 신조어로, 언어의 본성은 공간적으로 다르면서 시간적으로 지연되는 이중의 성격에 있다는 말이다(Derrida, 1982a: 1-27). 예를 들어 '…+y+z+a+…'라는 기표들의 환유적 연쇄가 있다고 하자. 여기에서는 y라는 기표보다 …라는 흔적이 먼저 있다. 현재 y라는 기표가 존재한다고 하자. 현재 시점에서 y는 그 자체만으로는 "y는 y이다."라는 동음반복 이외에는 의미작용할 수 없다. 오로지 그 이전에 있던 흔적(…)과 결합해서만 특정의 의미를 산출할 수 있다. 여기서 흔적은 완전히 사라진 것이 아니라 출몰하고 있으면서 언제든지 y와 일시적으로 인접하여 의미작용할 준비가 되어 있다. 하지만 곧 새로운 기표인 z가 첨가되면 기존의 의미는 흔들린다. 이렇듯 환유적 연쇄에서는 의미가 이미 앞으로 침입할 기표에 의해 상대화되기 때문에 계속해서 의미의 확정이 지연된다. 그 결과 고정된 사물화된 의미의 성취는 영원히 좌절된다. 좌절은 새로운 출발을 무한정 추동한다. 데리다는 이러한 흔적을 '유령(specters)'이라 불렀다. 차연은 스스로에 의해 정의되는 존재와 그의 변형태/부정태인 비존재의 대립이 있기 이전에 '유령'이 먼저 있으며, 또 미래에 항상적으로 대기하면서 출몰한다는 점을 보여줌으로써 전통적인 존재론을 해체한다. 유령은 애초부터 이분법적 분류체계에 의해 포획되지 않는 출몰이다. 존재가 있기 이전에 유령이 먼저 있으며, 이 유령은 흔적으로 흩뿌려져서 언제나 존재와 함께 있고, 또 미래에 있다(Derrida, 1994).

나는 데리다의 차연이라는 논리가 단순히 철학적 차원의 논의에 끝나지 않고 사회세계의 작동원리로 되어 가고 있음을 감지하고 있다. 이러한 변화를 야기한 것은 무엇보다도 텔레테크놀로지이다(김상환, 1998, 1999; Derrida, 1982b: 307-330; Clough, 2000; Landow, 1992; Poster, 1990; Taylor and Saarinen, 1994; Ulmer, 1985). 텔레테크놀로지는, 유령의 출몰이 존재와 비존재의 이분법적 상징적 분류체계보다 먼저이며 같이 있으면서 미래에도 있다는 데리다의 주장을 사회적으로 실현시켰다. 이제 만물은 텔레테크놀로지를 통해 원격통신(telecommunication)하고 있다. 인식론적으로도 텔레테크놀로지는 이전에는 결코 표상될 수 없었던 체계의 한계들을 표상시키고 있다. 체계의 총체성이 기표들의 환유적 전위를 통해 끊임없이 침범받기 때문에 지속적으로 전복된다. 고정된 아니 안정된 의미의 획득이 불가능하게 된 것이다. 그 결과 시간을 선형적 형태로 유의미하게 조직하는 것이 어렵게 되었고, 선형적 시간성에 기반한 전통적인 윤리학/정치학이 근본적으로 도전받게 되었다. 사회적인 것이 텔레테크놀로지에 의해 미학화되었다는 나의 주장을 이해하기 위해서는, 텔레커뮤니케이션의 성격을 파악하는 것이 먼저다. 더 나아가 모던 커뮤니케이션의 성격을 파악해야 한다. 나는 모던 커뮤니케이션이 오이디푸스 서사를 그 핵심으로 하고 있음을 보여줄 것이고, 텔레커뮤니케이션은 이러한 오이디푸스 서사를 근본적으로 해체시켜 버린 새로운 커뮤니케이션임을 밝힐 것이다. 마지막으로 텔레커뮤니케이션이 사회학적으로 어떤 함의를 지니는지 살펴볼 것이다.

II. 모던 커뮤니케이션의 논리

1. 의미작용의 봉쇄로서 커뮤니케이션

포스트모던 시대의 텔레커뮤니케이션과 그 이전 모던 시대의 커뮤니케이션은 의미작용과 커뮤니케이션의 관계를 살펴보면 쉽게 이해가 간다.[4] 언어적 전환(the linguistic turn) 이후에 의미는 언어에 의해 구성되며, 언어가 의미를 가지게 되는 것은 통합체의 축(syntagmatic axis)과 계열체의 축(paradigmatic axis)이 결합될 때라는 것이 일반적으로 받아들여지고 있다. 통합체의 축은 기본적으로 기표들이 인접성의 원리에 따라 무한한 환유적 연쇄를 이루는 것을 말한다. 이러한 환유적 연쇄가 지속되는 한 의미는 결코 확정될 수 없다. 이것이 바로 의미작용이다. 의미작용에는 의도적인 의미를 보내는 주체도 없고 이를 의도적으로 받는 수신자도 없다. 그저 주체 없는 의미작용만 있을 뿐이다. '의미의 공동체'를 전제하지 않는 의미작용만 있다. 의미가 고정되기 위해서는 반드시 환유적 연쇄를 끊는 계열체의 축이 작동해야 한다. 계열체는 기표들의 무한한 환유적 연쇄를 끊어 유한하게 만들고 또한 그에 상응하는 기의들의 연쇄를 결합시키는 것을 말한다. 그렇게 될 경우 기표들의 연쇄와 기의들의 연쇄는 하나로 통일된 기호들의 연쇄로 나타난다. 이러한 기호들의 연쇄는 한 번에 끝나는 것이 아니라, 유사성의 원리에 따라 확장되는 은유의 법칙을 따라 내포적 의미를 산출시킨다. 내포적 의미는 수직적이다. 다시 말해 깊이가 있다. 표면은 그 밑에 더 많은 심층을 가지고 있다. 이것이 바로 커뮤니케이션이다. 커뮤니케이션은 의도적인 의미를 만드는 주체가 필요하며, 또 이를 특정의 방식으로 해독하는 수신자도 필요하다. 다시 말해 수직적 깊이, 심층을 공유하는 '의미의 공동체'를 전제로 한다.

좀 더 자세히 살펴보자. 말을 할 때 우리는 동시에 두 가지 일을 수행한다. 어휘목록으로부터 일정 수의 언어적 단위들을 '선택'하는 동시에 그것들을 '결합'한다. 유사한 언어적 단위들의 집합인 어휘목록으로부터 특정수의 언어적 단위들을 선택하는 것이 계열체적 차원이라면, 선택한 언어적 단위들을 공간상에 결합하는 것이 통합체적 차원이다. 계열체적 차원에서의 선택이 유사성(또는 대립)의 원리에 따라 이루어진다면 통합체적 차원에서의 결합은 인접성의 원리, 즉 맥락적 연계의 원리에 따라 이루어진다. 이를 간단히 나타내면 다음과 같다(Lemaire, 1977: 31).

수평적 차원: 인접성의 관계

a	b	c	d
a'	b'	c'	d'
a"	b"	c"	d"
a"'	b"'	c"'	d"'

수직적 차원: 유사성의 관계

계열체적 차원은 은유의 기제를 따라 작동하는 반면, 통합체적 차원은 환유의 기제를 따라 작동한다. 은유는 간단히 말해 어떤 것을 다른 것으로 대체하는 것이다. 예를 들어 '내 마음은 호수'라고 할 때, 마음이라는 기호가 호수라는 기호로 대체되는 것을 우리는 은유라 부를 수 있다. 이때 마음과 호수 간의 유사성, 예컨대 '고요함'이라는 개념의 유사성에 의해 양자는 대체된다. 여기서 언뜻 볼 때, 호수라는 소리이미지가 마음이라는 소리이미지를 대체하는 데 불과한 것처럼 보일 수도 있다. 하지만 이러한 단순한 대체는 진정한 은유가 아니다. 호수라는 소리이미지가 그 이미지에 대한 개념으로 마음(마음이라는 소리이미지와 그 소리이미지에 대한 개념(고요함)의 통일인 기호)을 기의로 받아들이고, 이전의 기의를 방출할 때에만 진정으로 은유라 부를 수 있다. 따라서 진정한 은유는 이전의 개념(기의)을 방출하는 대신, 새로운 기호($\frac{기표}{기의}$)를 자신의 기의로 받아들인다. 그 결과 원래 기호의 내포(connotation)가 깊어지는 것이다. 단순히 또 하나의 기의가 이전의 기의 대신 삽입된다면 아무런 내포의 깊이도 있을 수 없다. 오히려 새로운 기호를 얻는 데 불과할 것이기 때문이다.

환유는 보통 이름을 변경하는 것을 말한다. 은유에서는 한 기호의 기의가 새로운 기호에 의해 대체되는 반면, 환유에서는 한 기호의 기의가 유보되는 반면 그것의 기표가 다른 기표와 결합되어 새로운 기표가 된다. 이때 기표가 아무렇게나 바뀌는 것이 아니라 원래 이름과 새 이름 사이에 연계를 통해 그렇게 한다. 이 연계는 인접성, 즉 시간·공간상의 맥락을 말한다. 인접성은 재료 대 대상 또는 그릇 대 내용물, 부분 대 전체, 원인 대 결과 등의 다양한 형식으로 나타날 수 있다. 예를 들어 보자. '서른 개의 돛'이라는 소리이미지(S1)는 말 그대로 '서른 개의 돛이라는 소리이미지가 의미하는 개념'(s1)과 결합되어 있고, '서른 개의 배'라는 소리이미지(S2)는 말 그대로 '서른 개의 배라는 소리이미지가 의미하는 개념'(s2)

과 결합되어 있다. 이때 '서른 개의 돛'이라는 기호로 '서른 개의 배'라는 기호를 지칭해 보도록 하자. 이 경우 '돛'이 '배'의 일부분이라는 맥락이 파악되지 않고서는, '서른 개의 돛'이 '서른 개의 배'를 지칭하는지 알 수 없다. 여기서 이전의 기표(S2)는 완전히 축출되는 것이 아니라, 새로운 기표(S1)와의 결합한다. 즉 S2는 S1이 왜 s2를 의미하게 되었는지 알려주는 '흔적'이 된다. 즉 S1은 그 자체로 의미작용할 수 없다. 오로지 흔적인 S2와 결합해서만 s2를 의미할 수 있다. 그런 점에서 환유에서의 기표는 은유에서와 달리 바로 기의와 결합하지 못하고 항상 다른 기표(들)를 지칭하게 된다. 은유가 의미의 확정을 가능케 한다면, 환유에서는 기표가 항상 자신 이외의 다른 어떤 기표를 지칭하기 때문에 계속해서 의미의 확정이 지연된다(Dor, 1997: 43-55).

이러한 간략한 논의에서 우리는 계열체/은유가 커뮤니케이션에, 통합체/환유가 의미작용에 해당함을 알 수 있다. 의미작용은 기표들의 환유적 연쇄가 존재하는 모든 곳에서 일어나지만, 모든 의미작용이 커뮤니케이션이 되는 것은 아니다. 의미작용이 커뮤니케이션으로 전화하기 위해서는 계열체/은유가 작동해야 하며 동시에 이를 공유하는 의미의 공동체가 생성되어야 한다. 그때에만 통합체/환유의 차연적 연쇄를 통제할 수 있다. 대상들과 인간들이 은유적 연쇄를 통해 계열체로 존재하는 사회에서는 대상들과 인간들이 자신들의 계열체를 벗어나 제멋대로 개별적으로 인접할 수 없다. 반드시 계열체의 성원들로서 특정의 시간적/공간적 순서와 위계를 지니고 인접해야 한다. 모던 세계 이전에는 가톨릭 종교 공동체가 커뮤니케이션 체계를 만들었다. 하지만 과학혁명 이후 가톨릭 종교 공동체가 해체되면서 커뮤니케이션 체계는 자의적인 의미작용 체계로 변화하고 말았다. 따라서 자의성을 자연성으로 전화시키기 위한 새로운 공동체가 모색되었는데, 그것이 바로 남성 부르주아 공동체이다.

남성 부르주아 공동체는 행위를 통해 자신의 가치를 창조하며 그 행위의 결과에 대해 완전히 책임을 지는 '영웅적 개인들'을 특권화하는 자유민주정치 모델에 기반하고 있다. 이를 위해 남성 부르주아 공동체는 리얼리즘 소설이라는 새로운 커뮤니케이션 체계를 만들어 낸다. 리얼리즘 소설은 총체적이고 통일된 자기동일성을 지닌 부르주아 남성이 여성으로 간주되는 세계에 대한 총체적인 지식을 구성하는 과정을 그린 이야기이다. 혈통이나 유산을 통해 자기충족적인 주체가 된 남성 귀족과 달리, 자기 스스로 역경을 헤쳐 가며 자기충족적인 주체로 발전되어 나온 영웅적인 부르주아의 여행기가 리얼리즘 소설이다. 여기에서 여성으로서의 세계는 총체적인 지식을 구성함에 있어 남성주체가 극복해 나가야 할 장애물로 간주된다. 따라서 총체적인 지식은 주체가 자기충족적인 통일된 주체로 완성되는 이야기의 종국에 가서 반드시 획득된다. 한 텍스트의 진정한 의미가 종국에 가서야 결정되는 것이다. 다시 말해, 리얼리즘 소설의 화자는 처음부터 이미 소설의 주인공의 주체성의 발전결과 뿐만 아니라 지식전체도 알고 있다. 다만 아직 실현되지 않았을 뿐이고, 종국이 되면 이 선험적 앎이 확실한 경험적 현실로 확인된다. 따라서 리얼리즘 소설은 '이전-현재진행-이후'라는 선형적 발전 서사를 따른다. 즉 시작과 끝이 분명한 체계를 형성한다는 말이다. 하지만 이 체계는 결코 자기충족적 또는 총체적일 수 없다. 그럼에도 불구하고 총체적이라 강변하는데, 이 총체성을 가능하게 하는 동시에 그 불가능성을 보여주는 것이 바로 오이디푸스 서사이다.

2. 체계의 총체성과 오이디푸스 서사

오이디푸스 서사는 자신이 타자와의 차이와 대립의 관계를 통해 그 정체성을 획득하는 기호학적 존재임을 부정하는 '남성주체'에 의해 쓰인다. 남성주체가 자신이 전송하는 커뮤니케이션 체계의 자기충족성 또는 총체성을 보증하는 것이다. 오이디푸스 논리를 간단히 요약하면 다음과 같다. 프로이드에 따르면 오이디푸스 콤플렉스는 주체의 정체성을 고정시키면서 해소되게 되는데, 이는 부모의 욕망과의 관련을 통해 성적 차이인 남성성(masculinity)과 여성성(femininity)으로 그 정체성이 고정되는 과정을 말한다. 라캉은 이를 구조주의 언어학을 통해 새롭게 재해석하는데, 이에 따르면 주체화는 '아버지의 법'에 의해 아이가 자신의 욕망의 대상인 엄마를 포기하게 되는 과정을 말한다.

이를 좀 더 자세히 살펴보자. 오이디푸스 경험을 처음으로 촉발시키는 것은 상상적 아버지, 즉 아버지라는 인물에 대한 환상의 총체, 이마고(imago)이다. 아이는 이 세상을 자기와 엄마로만 이루어진 이자관계로 알고 있다. 이 이자관계에서 아이는 자신이 엄마의 유일한 욕망의 대상, 즉 팰러스인줄 알고 있다. 아이에게 엄마가 전능한 존재인 팰러스적 엄마인 이유는 팰러스인 자기를 욕망하고 있기 때문이라는 주관적인 경험을 하고 있다. 하지만 아이는 갈수록 엄마가 자기 이외의 제삼자, 즉 아버지를 염두에 두고 있다는 것을 엄마의 '말'을 통해 알게 된다. 엄마는 계속해서 아이에게 엄마 이외의 다른 제삼자가 존재한다는 사실을 말로 표현하기 때문이다. 따라서 아이는 자신이 엄마의 유일한 사랑의 대상(팰러스)이 아니라는 점, 엄마란 존재는 아버지라는 제삼자와의 관련 속에서 그 존재의 위치가 정해진다는 점을 깨닫게 된다. 엄마가 자기 이외의 제삼자를 욕망할 수도 있다는 생각은, 아이로 하여금 자신과 그 제삼자와의 차이가 무엇인지 생각하도록 만든다. 그것은 성적 차이, 즉 엄마가 욕망하는 자지(팰러스)를 가졌느냐 안 가졌느냐에 대한 인식을 낳는다. 여기에서 처음으로 성적 차이에 대한 인식이 싹트는 것이다. 아이는 우선적으로 제삼자에 대한 경쟁심을 갖게 되고, 나아가 그에 대한 공격성을 보이게 된다. 그 결과 아이는 상상된 아버지와 엄마를 사이에 두고 라이벌, 경쟁, 전쟁으로 특징짓는 상상적 관계를 맺게 된다. 그 일차적 원인은, 아이가 엄마가 자신 이외의 다른 사람을 욕망한다는 사실을 '부정'하고 싶기 때문이다. 이러한 상상적 관계를 통해 아이는 오이디푸스적 상황으로 빨려 들어 간다.

상징적 아버지는 팰러스적 기능 또는 아버지의 기능이라고도 불린다. 원래 팰러스는 개인의 환상의 세계, 즉 상상적 질서에서는 아이가 처음으로 육화하고 싶은 그래서 소유하고 싶은 상상적 대상물이다. 이것이 상상적 질서에서는 아이 자신이다. 따라서 처음의 팰러스는 나르시스트적 성격을 띤다. 상징적 아버지는 이러한 나르시스트적 팰러스를 언어, 즉 사회현실을 따라 다시 쓴다. 상징적 아버지의 기능은 크게 보아 아이가 엄마와 쾌락적인 접촉을 갖는 것을 금지하는 계기와 엄마의 결핍을 상징화하는 계기로 구성된다. 라캉은 첫 번째 계기를 '소외(alienation)'라 부르고, 두 번째 계기를 '분리(separation)'라 부른다(Lacan 1981: 203-215; Fink, 1995, 1997; Laurent, 1995).

소외의 계기에서 아버지의 기능은 아이에게 '기표(S1)'를 부과하는 것이다. 여기에서 아버지의 'No'라는 '기표'가 '의미', 즉 엄마에 대한 갈망은 잘못된 것이라는, 사회적으로 구성된 의미를 갖게 된다. 이것이 '말'과 '의미'가 최초로 결합한 것이다. 그런 의미에서는 이는 '최초의 의미'라 할 수 있다. 이 기표는 온전하지는 않지만 아이에게 정체성을 부과하는 주인기표(master signifier)의 역할을 한다. 이 기표가 부과되기 전 아이와 엄마는 그 사이에 아무런 분화가 없는 사물이다. 사물로서의 엄마와 하나된 세계에는 아무런 결핍이 없는, 즉 희열이 충만한 세계이다. 아이와 엄마 사이에 아무런 경계가 없다. 하지만 이 기표가 부과되는 순간 일차적 엄마, 즉 주체와 대상의 구별이 없는 사물(물자체)로서의 엄마(엄마=아이)가 상실되고, 그 대신 대상으로서의 엄마가 생산된다. 이는 다음과 같이 표시된다.

$$\frac{주인기표}{사물}$$

그런 의미에서 라캉은 단어는 사물의 죽음이라 말한 것이다. 사물 대신에 주인기표가 들어섰기 때문이다. 사물이었던 아이는 이제 자신을 주인기표 안에 표상해야 한다. 하지만 아이의 모든 것이 주인기표 안에 표상될 수는 없다. 항상 남는 어떤 것이 있다. 그런 의미에서 아이는 소외된 것이다.

비록 주인기표가 사물을 대체했다 하더라도 소외는 진정한 의미의 은유가 아니다. 새로운 기호가 만들어졌을 뿐이기 때문이다. 앞에서 보았듯이 진정한 은유는 이전의 개념(기의)을 방출하는 대신, 새로운 기호($\frac{기표}{기의}$)를 자신의 기의로 받아들여야 한다. 하지만 아이에게 있어 아버지의 'No'라는 기표가 의미하는 바는 기호($\frac{기표}{기의}$)가 아니라 단순히 기의일 뿐이다. 새로운 기호가 'No'라는 기표의 기의가 된다는 것은, 주인기표 이외의 다른 기표가 존재해야만 한다는 것을 전제한다. 그건 바로 기표와 기표의 관계, 즉 기표들의 연쇄가 있다는 말이다. 하지만 아이는 아직 이 기표들의 연쇄를 모른다.

분리의 계기에 와서야 비로소 이러한 진정한 은유가 일어난다. 나는 소외에서는 아이가 자신의 전 존재를 주인기표에다 표상하려고 시도하지만 모든 것이 다 거기에 표상되는 것이 아니라고 했다. 그럼에도 불구하고 아이는 주인기표가 자신이라고 동일시한다. 동일시하는 순간, 그 주인기표가 다른 기표를 의미한다는 것, 즉 기표들의 연쇄가 있다는 것을 발견하게 된다. 그때 주인기표는 아이에게로부터 기표들의 연쇄인 대(大)타자의 세계로 옮겨가게 되고, 그 빈 자리에 대상 a가 생산된다. 아이는 원래 그 자리에 있던 주인기표를 자기자신이라고 생각했듯이, 주인기표가 다른 기표와의 연쇄로 옮겨 가면서 생긴 빈 공간, 즉 대상 a를 자기자신이라고 생각하게 되고, 모든 기표들이 자기를 중심으로 해서 연쇄적으로 구성되어 있다고 상상한다. 하지만 아이는, 고통스럽지만 곧 깨닫게 된다. 기표들은 자기가 아니라 아버지를 중심으로 해서 연쇄적으로 구성되어 있다는 것을.

라캉(Lacan, 1977: 200)이 만든 도식을 따라 설명해 보자.

$$\frac{\text{아버지의 이름}}{\text{엄마의 욕망}} \cdot \frac{\text{엄마의 욕망}}{\text{주체에게 의미된 바}} \rightarrow \text{아버지의 이름} \left(\frac{\text{O}}{\text{팰러스}} \right)$$

첫 번째 항에서는, 아버지의 이름이라는 '기표'가 엄마의 욕망이란 '기의'를 억압하고 있다. 두 번째 항에서는 엄마의 욕망이란 '기표'가 아이에게 어떤 의미, 즉 '기의'를 준다. 여기에서 첫 번째 기호가 두 번째 기호를 대체하는데, 그 결과 첫 번째 기호에서의 엄마의 욕망이란 '기의'와 두 번째 기호에서의 엄마의 욕망이란 '기표'는 모두 탈락해 버린다. 즉 사라지고 없어진다. 은유란 이 사라지고 없어진 것을 대신해 무언가 들어오는 것을 의미한다. 대신 들어선 새로운 기표는 고정된 하나의 주인기표가 아니라 기표들의 연쇄인 대타자(O)이며, 그것의 기의는 팰러스이다. 팰러스라는 새로운 기의가 생산됨으로써 새로운 의미작용이 수립된 것이다. 이때 아버지의 이름은 이 새로운 의미작용 외부에 놓여 있다. 위에서 보면 아버지의 이름은 괄호 밖에 놓여 있다. 그렇다고 아버지의 이름이 완전히 사라진 것이 아니다. 아버지의 이름은 의미작용 외부에 있으면서, 동시에 의미작용을 가능케 하는 주관자가 된다.

결국 체계의 총체성을 가져다주는 것은 의미작용 외부에 있으면서 동시에 의미작용을 주관하는 아버지의 이름이라는 비기호학적 존재라는 것이 밝혀진다. 하지만 스스로에 의해 스스로가 정의되는 비기호학적인 존재인 아버지의 이름은 인간세계에서는 불가능성이기 때문에, 대타자인 기표들의 연쇄를 완전히 멈추게 할 수 없다. 비기호학적 실체가 아니면서도 비기호학적 실체의 기능을 하는 아버지의 이름은 그 자체가 모순덩어리이고,[5] 따라서 그 모순덩어리에 의해 고정된 정체성은 일관된 정체성일 수 없다. 그런 의미에서 오이디푸스 콤플렉스의 해소는 실패이다. 이러한 실패야말로 다양한 무의식적, 환상적, 또는 상상적 (성적) 동일시를 가능하게 만드는 장본인이다. 엄마의 상실 그리고 이 상실의 부정이 성적 정체성에 항상 각인되어 있는 것이다. 무의식적 욕망의 핵심은 엄마를 상실했다는 사실 그리고 자신이 아버지의 법에 의해 거세되었다는 사실을 부정하는 방어적인 것으로, 자신이 총체적인 일관된 정체성을 지닌 존재라고 온갖 방식을 통해 환상한다. 이 환상의 핵심은 자신이 엄마를 상실한 것이 아니라, 엄마 자체가 상실된, 즉 거세된 존재라고 보는 것이다. 자신이 잃어버린 것은 결국 아무것도 없게 되며, 따라서 상상적 세계에서 자신이 누렸던 팰러스 자리를 다시 되찾는 것이다. 그 결과 자신이 마치 자신에 의해 스스로 정의되는 비기호학적 존재라 환상한다. 이러한 환상에 정당성을 부여 해 온 것이 남성 성기의 소유 여부로 가늠되는 조잡한 해부학적 차이이다. 남성은, 자신은 팰러스를 지니고 있기에 총체적인 비기호학적인 존재이고 여성은 팰러스를 지니고 있지 않기 때문에 팰러스와의 부정적인 관계를 통해 정의되는 기호학적인 존재라 환상한다. 결국 남성은 자신의 결핍을 타자인 여성에게 투사함으로써 자기충족적인 정체성을 환상적으로 구성한다. 이는 단순한 정체성의 문제인 것만은 아니다. 남성적 주체에 의해 씌어지는 텍스트는 자신이 의미작용의 체계임을 부정하고, 마치 경험적 실재에 대한 사실적 표상인 것처럼 가장한다. 남성적 저자의 권위를 특화하는 오이디푸스 서사는 자신이 통일된 전체적인 존재가 되려고 욕망하는 것과 마찬가지로 총체성을 미리 지각하는 일반 지식을 산출하기를 원하기 때문이다(Clough, 1992a, 1992b).

III. 텔레커뮤니케이션의 논리

1. 유비쿼터스(ubiquitous) 전송 드라이브: 오이디푸스 콤플렉스의 해체

오래전부터 페미니스트들은 오이디푸스 서사를 줄기차게 공격해 왔다. 그 공격의 핵심은 오이디푸스 서사가 남성과 여성을 각각 완결된 주체와 부분적 대상으로 재현하는 텍스트를 생산한다는 것이다. 여기에는 여성을 위한 주체 자리가 없기 때문에, 여성에게 주체 자리를 마련해줄 텍스트를 생산해야 한다고 주장하였다. 『스크린』지를 중심으로 벌어진 페미니스트 영화이론은 일찍이 이러한 남성적 주체와 여성적 대상을 뒤집어 놓으려 시도하였다(Mulvey, 1975: 6-18). 또한 여성적 주체를 세우려는 분리주의적 노력도 있었는데, 그 핵심은 망각되었던 전(前)오이디푸스 단계에서 엄마와 딸이 맺었던 관계를 되살리는 것이다(최종렬, 1999). 하지만 이러한 분석은 엄마와의 이자적 관계 그리고 아버지의 법의 존재를 상수로 간주한다.

하지만 텔레테크놀로지 시대에는 이러한 전제 자체가 근본적으로 도전받는다. 엄마와의 이자적 관계는, 현상학적 사회학의 용어를 사용한다면 대면적 상황에서의 '너-지향'으로 특징짓는 '우리-관계'이다. 대면적 상황에서 실제로 우리가 대면하는 것은 순수한 우리-관계가 아니라, 구체적인 우리-관계이기 때문에 매번 만날 때마다 주의의 수정(attentional modification)이 일어난다. 따라서 우리-관계에서는 서로에 대한 주의의 수정이 지속적으로 일어나기 때문에, 결국 나는 그의 동기적 맥락의 구성에 참여하는 동시에 그것을 통해 살아간다고 할 수 있다. 따라서 우리-관계는 서로의 세계를 풍부하게 하고 그 지평을 확장한다(Schutz, 1967: 163-207). 텔레테크놀로지 시대에는 대면적 상황에서의 너-지향으로 특징짓는 우리-관계가 텔레테크놀로지에 의해 '매개'되는 정도에 그치는 것이 아니라 조직화, 탈조직화, 재조직화된다. 아버지의 이름이 작동하기 이전부터 이미 엄마와 아이 사이에는 기표들의 환유적 연쇄인 텔레커뮤니케이션이 개입해 들어와 양자관계를 정신분석학이 그리는 이자관계와 다른 관계로 구성한다.

텔레커뮤니케이션이 단순한 매개가 아닌 이유는, 그것이 더 이상 주체를 중심으로 조직되어 있는 리얼리즘적 서사, 즉 낙원(이전)-상실(현재진행)-회복(이후)의 논리를 따르지 않기 때문이다. 텔레커뮤니케이션은 텔레테크놀로지를 통해서만 가능하다. 텔레테크놀로지란 테크노과학, 테크노문화, 테크노자연의 실현, 즉 컴퓨터 테크놀로지와 텔레비전의 완전한 접점이다. 이는 전자 이미지, 텍스트, 소리가 실시간으로 흐르는 정보와 커뮤니케이션의 지구화한 네트워크를 만들어 가고 있다. 사회적 공간은 끊임없이 영토화, 탈영토화, 재영토화의 순환을 가속적으로 거듭하고 있다. 또한 텔레커뮤니케이션 미디어가 만들어 낸 사건성(event-ness)이 끊임없이 출몰하고 있다. 이는 단순히 컴퓨터를 끄고 켜는 문제가 아니다. 컴퓨터를 꺼도 그것은 여전히 정보를 저장하고 있을 뿐만 아니라 언제든지 다시 되살아난다. 이런 점에서 텔레테크놀로지는 포스트-인간 사고의 등록소이자 실현인 것이다(Clough, 2000: 3).

이제 텔레커뮤니케이션의 서사는 자기현전하는 부르주아 남성 주체를 중심으로 구성되지 않는다. 앞에서 보았듯이, 텔레커뮤니케이션은 전통적인 의미에서의 발신자가 없이 발신되는 의미작용이다. 이것이 가능하게 된 것은, 기계가 커뮤니케이션에 외재하는 것이 아니라 내재하기 때문이다(Derrida, 1982a). 텔레커뮤니케이션은 잃어버린 기원, 또는 전(前)기호학적 실체를 회복하려는 무의식적 욕망에 의해 추동되지 않는다. 텔레테크놀로지는 무엇보다도 기계이며, 기계는 그저 영속적인 차연적 운동을 하고 있을 뿐이다. 오이디푸스에 의해 구성된 무의식적 욕망이 (원본의) 상실의 망각, 부정, 억압으로 이루어져 있다면, 텔레커뮤니케이션 기계는 잃어버린 원본 자체가 없기에 망각, 부정, 억압을 할 필요가 없다. 텔레테크놀로지는 모든 것을 텔레비쥬얼하게 만들어서 그것을 만인에게, 모든 곳에, 언제나 전송하려는 드라이브(drive to transmit)를 가지고 있을 뿐이다(Dienst, 1994: ix). 텔레커뮤니케이션은 끊임없이 흐르려고 한다. 빨리 흐르고 늦게 흐르고의 차이만 있을 뿐, 텔레커뮤니케이션은 모든 것을 보여주려고 한다. 따라서 숨기는 것이 없다. 실재를 실재대로 다가서지 못하도록 하는 상징적 분류체계를 모두 걷어 내어 실재를 있는 그대로 모두 보여주려 한다. 그 점에서 텔레커뮤니케이션은 의식과 무의식이 따로 있을 수 없다. 평면화되었다고 할 수 있다.

포스트구조주의가 말하는 기의에 대한 기표의 우위가 텔레커뮤니케이션에서 실현된 것이다. 여기에서 의미는 기표들의 연쇄와 기의들의 연쇄가 결합함으로써 만들어지는 것이 아니다. 오히려 의미는 무한정 이어지는 기표들의 연쇄를 일시 중단시켜 한계를 설정할 때 일시적으로 출현한다. 따라서 의미는 기표들의 연쇄를 일시 중지시킬 때 생산되는 의미효과(meaning-effect)가 된다. 최종적으로 출현한 기표가 그 앞에 있던 기표들의 가치를 결정해 주기 때문이다. 그런 점에서 의미효과는 항상 사후적으로 포획되는 것이다(Dor, 1997: 41). 하지만 이러한 의미효과는 절대로 안정적이지도 지속적이지도 않다. 언제든지 새로운 기표가 첨가되어 새로운 기표들의 연쇄가 시작될 수 있기 때문이다. 텔레커뮤니케이션은 기표들의 연쇄에 새로운 기표들을 첨가하는 속도가 극대화되어 있다. 그 결과 은유가 작동할 시간을 허용하지 않는다. 아버지의 법이 있다 한들, 그것이 가하는 결핍의 명명이 영향을 발휘할 충분한 시간적 여유가 없다. 바로 새로운 명명이 뒤따라오기 때문이다. 다시 말해, 명명의 회전속도가 너무 빨라 주체에게 비판적 거리를 허용하지 않는다.

이는 엄마와 아이의 이자적 관계를 근본적으로 해체시킬 뿐만 아니라, 더 나아가 아버지의 금지가 작동할 필요가 생기지 않는다는 것을 의미한다. 그 결과 오이디푸스 콤플렉스가 애초부터 작동될 수가 없다. 엄마와의 이자적 관계가 이미 텔레커뮤니케이션이 전송한 기표들의 환유적 연쇄에 의해 무한정 지연되기 때문에 애초부터 잃어버리고 다시 찾을 기원이 있을 수 없다. 이는 아버지의 이름이 금지할 이자적 관계가 없음을 의미하고, 따라서 희열이 생산되지 않는다. 또한 금지된 희열을 대체할 주인기표가 없기에, 성적 차이에 기반한 남성성과 여성성의 주체성들이 형성될 수 없다. 여기에서 주체는 기표들의 무한한 차연적 연쇄 그 자체이다. 따라서 체계의 자기충족성은 불가능하다. 당연히 체계의 자기충족성을 보증할 비기호학적 실체인 남성주체도 필요로 하지 않는다.[6]

2. 의미작용의 극대화

텔레커뮤니케이션은 의미의 두 축인 계열체와 통합체에서 통합체를 극대화한다는 점에 그 특징이 있다. 텔레커뮤니케이션은 수직적인 깊이를 지닌 은유적 연쇄를 파열시켜 표피만을 지닌 환유적 연쇄로 만들기 때문이다. 은유적 연쇄에서 각 구성요소들은 계열체의 컨텍스트 안에 소속되어 있는데, 텔레커뮤니케이션은 계열체를 해체시켜 각 구성요소들을 그 컨텍스트에서 해방된 텍스트로 만들어 버린다. 그 결과 깊이를 잃어버린 요소들은 깊이를 지니지 않은 기표로 변하고, 의미작용은 이러한 기표들의 우연한 인접성에 의한 결합에 의해 이루어지게 된다. 이것을 가능하게 한 것이 텔레테크놀로지의 발달이다. 이전에는 전혀 시공간적으로 인접하지 않은 것으로 생각되던 것들조차도 인접하는 것으로 볼 수 있게 되었다. 다시 말해 환유적 연쇄를 가능하게 만드는 인접성의 범위가 무한정확대되었다. 말 그대로 기표들의 원격통신이 시작된 것이다. 텔레커뮤니케이션은 기표들의 연쇄를 무한한 연장시킴으로써 텍스트와 컨텍스트 간의 경계를 무의미하게 만든다.

텔레커뮤니케이션이 산출하는 텍스트는 전통적인 의미에서의 최종생산물이 아니다. 텔레커뮤니케이션이 산출하는 사건, 이미지, 그래픽은 단지 일방적으로 전송되기 위해서 창조된 것이 아니다. 오히려 시공간을 넘어 있는 수용자들의 다방향적인 전용에 노출되어 있다. 텔레커뮤니케이션의 텍스트는 특별한 수신자에게 발송되지 않은 채 사이버 공간에서 데리다의 유령처럼 흔적으로 떠돌아다닌다. 예를 들어, 인터넷 사이트에 남겨진 기록은 원래의 컨텍스트로부터 독립하여 독자적인 정보단위로 떠돌아다니는 데이터 그림자이다. 데이터 그림자는 한 사람 또는 여러 사람이 동시에 이에 접근하여 이를 변화시키고, 뭔가를 보태며, 또 그것을 보다 큰 새로운 컨텍스트로 통합시킬 수 있다. 그리고 이 과정은 최종적인 목적지가 없다. 따라서 말 그대로 정보와 커뮤니케이션의 흐름만 있게 된다. 이 흐름에서 어디를 끊어 특정의 텍스트를 만든다 해도, 그 의미는 뒤에 나오는 컨텍스트를 통해서만 가늠되기 때문에 텍스트와 컨텍스트의 구분은 자의적인 것이 된다. 텍스트와 컨텍스트의 관계는 차연적 관계로

된다.

　이는 전통적인 발신자-수신자 모델을 근본에서부터 뒤흔든다. 전통적 모델은 근본적으로 선형적(linear)이다. 선형적인 경우에는 발신자와 수신자라는 극단들의 대립이 유지되기 때문에, 한 극단에서 다른 극단으로 옮겨가는 것이 가능하고, 그래서 매개 역시 가능한 것이다. 따라서 발신자에 의해 의미가 생산되는 계기가 있고, 이를 유통하는 계기가 있으며, 또 이를 재생산하는 계기가 있을 수 있다. 스튜어트 홀(Hall, 1986)의 그 유명한 코드화/탈코드화 모델이 정확히 여기에 해당한다. 여기에서 텔레비전이 생산한 텍스트는 코드화된 지배적인 헤게모니 담론을 실어 나르는 최종생산물로 간주된다. 이 최종생산물은 현 상황을 정당화하는 상징적 질서에 대한 적극적인 동의를 끌어내는 것을 목적으로 한다. 이는 최종생산물인 텍스트가 수용자로부터 무의식적 동일시를 끌어낼 수 있다는 가정에 기반한다. 하지만 수용자는 텍스트가 '선호하는 읽기' 대신에 자신이 수정을 가한 '협상된 읽기' 또는 그것에 대안으로서의 '대립적 읽기'를 할 수 있다. 이 모든 것이 가능한 이유는 발신자와 수신자라는 극단들의 대립이 유지되기 때문이다. 하지만 극단들이 사라져서 더 이상 옮겨갈 극단이 생기지 않으면, 선형적인 운동이 되지 못하고 그 자체로 순환하는 수밖에 없다. 텔레커뮤니케이션은 생산, 유통, 재생산을 차연적 관계로 만들어 버린다. 텔레커뮤니케이션이 생산한 텍스트의 지속기간은 텔레테크놀로지에 저장되어 있으면서 사람, 장소, 시간을 가리지 않고 항상 전송되고 있기에 이미 소비되어 있는 것이다. 사람들이 그것을 보든 안 보든 상관없이 텔레테크놀로지는 끊임없이 생산, 유통, 재생산을 스스로 행하고 있다. 텍스트는 더 이상 특정의 공간과 시간이라는 컨텍스트에 묶여 있지 않으며, 어느 곳에서도 출현할 수 있으며 또 그 수에 구애받지 않고 반복될 수 있다. 기존의 리얼리즘적 의미는, 한 영역에서 다른 영역으로, 한 사건에서 다른 사건으로, 한 시간에서 다른 시간으로 넘어가는 것에 의해 의미가 만들어진다면, 이제는 그러한 넘어갈 극단들이 독자적으로 또는 변증법적 대립으로 존재하지 않기 때문에 리얼리즘적 의미란 불가능하다고 할 수 있다.

텔레커뮤니케이션은 단지 의미작용이 극대화되었음을 의미하는 것에 그치지 않고, 주체 중심의 세계가 기표 중심의 세계로 이전하였음을 뜻한다.[7] 이전에는 다양한 담론이 제공한 주체성의 자리들에 주체가 어떻게 '무의식적 동일시'를 통해 자신의 주체성을 구성하게 되는가에 관심을 기울였다면, 이제는 텔레커뮤니케이션에 사용되는 시간이 얼마인가가 주된 문제로 떠오른다. 텔레커뮤니케이션에는 의식과 무의식이 따로 있지 않고 평면화되어 있기에, 무의식적 동일시를 끌어내는 것이 애초에 불가능하다. 인터넷에는 어떤 의미에서 모든 것이 항상 존재하고 있으며, 동시에 모든 것이 다른 모든 것들과 병렬적으로 놓여져 있다. 다시 말해 선형적인 시간적 질서를 통해 조직화되어 있는 것이 아니다. 이는 시간이 언제든지 가역성을 지닌다는 것을 뜻하며, 그 결과 시간이 항상적인 비결정성 상태에 놓여 있다는 것을 말한다. 텔레커뮤니케이션은 과소노출-노출-과잉노출의 논리를 따른다(Virilio, 1993: 7; Clough, 1996: 726). 인터넷에 광범하게 원격통신 중에 있는 포르노그래파를 생각해 보라. 여기에서 중요한 것은 적게 보여주었느냐, 다 보여주었느냐, 아니면 너무 많이 보여주었느냐가 문제가 되지 리얼리티와 표상 간의 차이와 일치에 더 이상 관심을 쏟지 않는다. 2002년 6월 20일에 벌어진 서해교전에 대한 '진실'을 인터넷에 폭로한 연평총각의 경우도 마찬가지이다. 여기에서 문제가 되는 것은 북방한계선을 둘러싼 남북의 싸움에서 보여주지 않아야 할 것까지 과잉노출했다는 점, 그것이 텔레커뮤니케이션을 통해 환유적 연쇄를 이루면서 실시간으로 원격통신되었다는 점이다. 그 과정에서 문제는 더 이상 북방한계선을 누가 넘었는가를 따지는, 다시 말해 리얼리티와 표상 간의 일치를 가늠하는 것이 아니게 되어 버렸다. 모바일을 통해 원격통신되는 포르노그래피에서 보듯 재생산된, 표상된, 심지어는 모의조작된 사물들이나 사건들의 출/몰의 '스피드'가 관건이다. 우리는 현재 과거에는 상상도 못했던 많은 한계들이 텔레테크놀로지를 빌어 환유적 연쇄를 이루면서 출몰하는 것을 목격하고 있다. 사이버 공간상에 출몰하는 엽기, 야오이, 팬픽(FanFic), 아바타 등이 손쉽게 눈에 띄는 예일 것이다.[8] 텔레커뮤니케이션은 성과 속의 이분법적 상징적 분류체계 내에서는 결코 표상될 수 없는 한계들을 표상시킨다. 텔레커뮤니케이션은 인류 역사상 처음으로, 이원론적 체계를 가능하게 만드는 동시에 그것의 총체성이 불가능하다는 사실을 알려 주는 한계들이 추방되지 않고 공개적으로 표상되는 시대가 도래하였음을 알려준다. 그렇다고 이 한계들이 주체의 부정태 내지는 변형태로 체계 내화하는 방식으로 표상되는 것이 아니다. 한계들은 출몰하는 유령들처럼 차연적 관계의 연결망을 형성하면서 출몰하기(haunting) 때문이다. 차연적 관계에서 한 기표는 현재 부재하는 과거 기표의 흔적과 결합함으로써 의미를 지니게 되지만, 곧 잇달아 나오게 될 부재하는 미래의 기표에 의해 상대화될 운명에 처해 있다. 이는 성과 속의 이분법적 분류체계에 의해 포획당하는 차이가 아니다. 한계들은 실체를 앞서는 차연적 관계이기 때문이다.

IV. 텔레커뮤니케이션의 사회학적 함의

1. 사회적인 것의 미학화와 정신병자의 출현

한계들이 환유적인 연쇄를 이루면서 출몰하는 것을 두고 새로운 시장을 개척하기 위한 자본의 음모로 보는 사람들도 있을 수 있다. 사실 엽기, 야오이, 팬픽, 아바타 등은 상품의 형식으로 출현하고 있다. 시장의 한계를 끊임없이 넓혀 온 자본의 운동의 역사를 볼 때, 뭐 그리 새로운 일이냐고 말할지도 모르겠다. 하지만 나는 환유적인 연쇄를 이루면서 출몰하는 한계들이 사회적인 것을 미학화한다는 점에서 완전히 새로운 현상이라 주장하고 싶다. 앞에서 보았듯이 사회적인 것의 핵심은 성과 속의 이분법적 상징적 분류체계인데, 이것이 미학화되었다는 말은 근본적인 차원에서 성스런 공동체가 해체되었다는 것을 의미한다. 그렇다고 성과 속의 이분법적 상징적 분류체계가 존재하지 않는 것은 아니다. 다만 성스러움이 더 이상 사람들에게 '존경심'을 불러일으키지 않다는 데 근본적인 문제가 있다. 하지만 성스러움이 극적인 격하의례를 통해 속된 것으로 존재론적 대전환을 이룬 탓에 그렇게 된 것도 아니다. 소련의 레닌 동상의 철거라는 격하의례처럼, 성스러움이 극적으로 격하된 것이 아니라는 말이다. 문제는 다른 데 있다. 성과 속의 이분법적 상징적 분류체계가 텔레커뮤니케이션에 의해 총체성을 잃고 자의적인 것으로 되어 버렸다.

그게 도대체 무슨 말일까? 존재론적 대전환은 은유를 통해서만 가능하다. 집합의례기간 동안 사라지고 없어진 것을 대신해서 무엇이 들어오는 것, 그것이 바로 은유이다. 따라서 은유는 반드시 상실을 전제로 한다. 단어가 사물의 죽음인 것처럼 말이다. 그런 점에서 은유는 상실과 회복의 오이디푸스 서사를 따른다. 은유는 상실한 것을 되찾으려 하기 때문이다.

그래서 주인기표 안에 자신의 전 존재를 표상하려고 한다. 이것이 성공할 경우 존재론적 대전환이 일어난다. 하지만 앞에서 보았듯이 텔레커뮤니케이션은 환유적 연쇄를 그 특징으로 한다. 환유는 상실을 전제로 하지 않는다. 흔적 또는 유령에서 시작하기 때문이다. 흔적 또는 유령은 결코 완전히 사라지지 않는다. 따라서 상실을 회복하려는 노력은 애초에 불가능하다. 또한 환유는 텔로스를 모른다. 미래 역시 흔적 또는 유령이기 때문이다. 이 흔적은 환유적 연쇄를 이루고 있는데, 그 성격상 유령인 것은 현전(presence)하지 않고 '저 멀리 어딘가에 존재(telepresence)'하기 때문이다. 텔레테크놀로지는 그 자체로 정의되는 고유한 실체와 같은 사태와 사물을, 다른 기표들과의 관계 속에서 정의되는 기표들로 표상한다. 사건(event)이 사건성(event-ness)으로 표상된다. 이 기표들은 다른 모든 기표들과 원격통신하고 있다.

원격통신 중인 기표들은 자의성을 극대화한 사이버 공간을 만들어 낸다. 전통적인 물리적 공간에서도 공간이 환유적으로 연쇄를 이룰 수는 있지만, 공간의 속성인 연장성(extension)으로부터 완전히 자유로울 수는 없다. 따라서 일정 정도 성스런 공간과 속된 공간이 나름대로의 연장을 유지할 수 있다. 하지만 사이버 공간은 연장을 지닌 공간 그 자체가 아니라, 그에 대한 '정보'를 담고 있기 때문에 공간의 연장성은 최소한이 된다. 우리가 경험하는 물리적 공간처럼 넓이, 높이, 깊이로 펼쳐져 있는 것이 아니다. 결국 사이버 공간에서는 연장성을 지닌 물질들 간의 거리가 부재하다. 따라서 어디로든 이동이 가능하다. 테크놀로지라는 형식의 입장에서 볼 때, 사이버 공간은 지구적인 컴퓨터 정보 네트워크이다. 이 공간은 물리적 공간과 달리, 독점적으로 점유될 수 없다. 사이버 공간은 수십, 수백만의 사람이 동시에 접속하여 점유할 수 있기 때문이다. 그렇기 때문에 사이버 공간은 '교감된 환각(consensual hallucination)'의 세계

라 불리는 것이다. 현재와 완전히 다를 유토피아, 즉 현재보다 더욱 바람
직스러울 공간이나 현실이 있을 거라는 공통의 비전이 교감된다. 유토피
아(utopia)로서의 가상현실은 현실에는 존재하지 않는다는 점에서 아우
토피아(outopia)인 동시에 현실보다 더 바람직스러운 현실을 지칭한다는
점에서 유토피아(eutopia)이다(Robins, 1995: 135). 사이버 공간은 현실
이 불완전하다는 점을 알려준다는 점에서 변혁지향적이다. 하지만 불완
전한 현실을 넘어선 세계를 환각의 공간에 구축한다는 점에서 자기기만
적이다. 더욱 중요한 것은, 환각은 원래 교감되기 어려운 것인데 사이버
공간에서는 교감된다는 것이다.

하지만 사이버 공간에서의 환각의 교감은 전통적인 의미에서의 집합
의례와 근본적으로 다르다. 진정으로 의례적이 되기 위해서는, 의례가 하
나의 유형화된 지위나 구조로부터 다른 유형화된 지위나 구조로 전이하
는 것을 담고 있어야 하며, 그 결과 의례가 통합적인 차원뿐만 아니라 반
구조적 차원도 가져야 한다. 기존의 분류체계로 분명하게 설명되지 않는
전환기인 역치단계 동안에, 참여자들은 강한 연대를 경험하고, 종종 이러
한 역치 연대의 조건이 일탈적 지위를 구성하기 때문에 사회변동을 열어
젖히는 역할을 할 수 있다(Alexander, 1988: 8; Turner, 1969). 사이버 공
간에서의 환각은 존재론적 대전환이 없이 교감된다. 왜냐하면 그 환각은
환유적 연쇄의 '속도'에서 나오는 것이기 때문이다. 이러한 환각을 창조
하는 데에는 디지털 복제라는 새로운 테크놀로지의 발전이 결정적이다.
그 이전에는 감히 볼 수 없었던 실재를 실재보다 더 실재인 것처럼 복제
해 내는 디지털 기술은, 3D 애니메이션이나 홀로그램이 보여주듯 의미
작용의 우발적 성격을 극대화시켜 현실언어의 힘으로부터 완전히 해방된
사이버 시공간을 만들어 낸다. 탈공간화하고 탈시간화한 사이버 공간에
서는, 기표들의 환유적 결합이 자의성을 넘어 우발적이기까지 하다. 텔레

테크놀로지는 이 우발적인 사이버 공간을 빛의 속도로 항상, 모든 곳에, 누구에게나 전송한다.

우발적인 사이버 공간은 '아버지의 이름' 또는 '아버지의 기능'을 배제(foreclosure)한다는 점에서 정신병자의 세계이다.[9] 라캉에 따르면, 상징적 질서는 아버지의 이름이라는 주인기표를 핵으로 하여 구성되는데, 아버지의 이름이 배제되면 마치 기표들이 아무런 필연적 연쇄 없이 자유롭게 떠다니는 것처럼 되어 버린다. 정신병자 역시 상상적 질서 속에서 에고를 형성시키게 될 처음의 조건, 즉 거울 속에 비친 자기 몸의 이미지를 본다. 하지만 이 몸 이미지를 '나'라고 여기도록 지속적으로 뒷받침해 주는 상징적 아버지가 없음으로 해서 그에 대한 동일시가 지속적이지 못하고 간헐적 또는 일시적이다. 자신의 몸 이미지가 상징적 아버지에 의해 승인 또는 인정받지 못하게 되면, 몸 이미지에 기반한 자아감은 중요한 순간에 굴절되거나 증발해 버린다. 몸 이미지는 자기 스스로 통제불가능한 자아이미지가 되어 버리는 것이다. 자기 몸을 마음대로 움직이지 못할 정도로 몸의 발육이 덜 된 상태, 즉 거울단계하에 있는 아이를 생각해 보라. 거울이미지가 주인기표로 작동하지 못하고, 그에게 있는 것은 유기적으로 구성된 총체적 몸이 아닌 분절된 몸뿐이다. 그 결과 더 이상 다른 것들과 지속적인 관계를 맺기 힘들다. 왜냐하면 '나', 즉 지향성이라는 인지가능한 중심이 없다. 현실에 있는 모든 것은 자신이 몸을 포함해서 모두 탈조직화된다. 몸을 조절하는 자아감이 상실됨으로써, 마치 몸이 제 맘대로 움직이는 것처럼 느껴진다. 이럴 경우 나와 타자의 경계가 존재하지 않는다.

정신병자의 상상적 질서는 또한 지각의 세계로서, 그 안에는 아무런 결핍이 있을 수 없다. 왜냐하면 결핍은 직접적으로 지각되지 않기 때문이다. 우리는 '없는 무엇'을 지각할 수 없다. 오로지 언어를 통해서만, 우리는 결핍을 인식할 수 있다. 따라서 동물들의 세계에는 결핍이란 있을 수 없다. 오로지 앞에 현존하는 것만이 전부이다. 이것이야말로 일차원적 세계이다. 인간만이, 즉 언어를 사용하는 존재인 인간만이 오로지 현존을 넘어선 다른 차원을 생각할 수 있다. 유토피아를 꿈꿀 수 있는 것도 이러한 결핍에 대한 인식 때문이다. 결핍이 있음으로 해서만 현실에 대한 불만이 생기고, 이는 곧 현실이 결핍되어 있다는 증거이고, 결핍이 없는 세계를 만들려는 노력이 여기에서 나온다. 인간의 종교성, 형이상학성은 모두 결핍을 상징화하는 언어의 사용에서 비롯되는 것이다. 그런 의미에서 정신병자는 동물의 세계, 또는 지각의 세계 속에 거주한다. 정신병자는 상징의 세계에서만 가능한 욕망은 모르고, 오로지 상상적 세계에서 즐기는 희열만 알 뿐이다. 여기에는 희열에 대한 금지도, 희열의 경계선을 정하는 법도 없다. 일차적 억압은 엄마와 아버지의 성적 차이를 부과하지만, 정신병자는 이를 거부한다. 그런 의미에서 정신병자에게는 남성과 여성이라는 성적 경계가 존재하지 않는다. 모든 것이 성적이며, 그래서 무성적(asexual)이다. 나에게 희열을 제공해 주는 것이 남성이든 여성이든 상관없다. 왜냐하면 정신병자에겐 남성도 여성도 존재하지 않고, 오로지 사물만 존재하기 때문이다.

그렇다고 정신병자가 완전히 금지와 법으로부터 해방되어 있다고 말할 수는 없다. 신경증자의 경우 억압된 것이 완전히 소멸하지 않고 무의식에 저장되었다가 다시 징후의 형식을 통해 되돌아오듯이, 정신병자의 경우에도 배제된 것(아버지의 이름)이 완전히 소멸하지 않고 외부를 떠돌다가 어느 날 갑자기 되돌아온다. 그런 점에서 라캉은 억압된 것이 주체 '내부로부터' 회귀한다면, 배제된 것은 주체 '외부로부터' 회귀한다고 말하였다(Lacan, 1993: 46). 이는 당연한 말이다. 배제는 주체 내부에 억압이 없다는 것을 뜻하므로, 내부로부터 회귀할 것이 없다. 대신 주체 외부로부터 배제된 것이 회귀한다. 따라서 정신병자는 자기 '밖에' 있는 누군가 자신에게 말을 하고 있다고 호소한다. 이것이 텔레커뮤니케이션이 아니고 무엇이랴! 배제된 것은 환각의 형태를 띠고 외부로부터 실재(the real)로 재출현한다. 환각의 형식을 띤다는 것은 아직 상징화되지 않았다는 것을 뜻한다. 보통의 신경증자들에게 실재에 출현한 상징화되지 않은 것은 무의미한, 즉 전(前)상징적인 어떤 이상한 것이다. 왜냐하면 환각의 형식을 띠고 돌아온 기표는 원래의 기의를 전혀 말해 주지 않기 때문이다. 하지만 정신병자에게는 환각의 형식을 띠고 돌아온 기표가 분명한, 흔들리지 않은 의미로 나타난다. 다시 말해 환각의 형태로 되돌아온 배제된 것이 정신병자에게는 실재, 즉 진짜 생생하게 느껴지는 현실이다. 실재에 출현한 상징화되지 않은 것에 대한 의미의 이러한 '확신' 이야말로 정신병자의 가장 큰 특징이다.

2. 연대: 금지에서 차가운 유혹으로

텔레커뮤니케이션 중에 있는 정신병자들 사이에 사회적 연대가 있을 수 있을까? 전통적인 의미에서 연대는, 금지를 통한 성스러움의 보호에 기반하고 있다. 금지는 현재의 희열을 포기하는 대가로 미래의 보상이 약속되어 있기 때문에 가능한 것이다. 다시 말해, 아버지의 기능의 두 계기인 '소외'와 '분리'가 성공적으로 이루어지기 때문에 가능한 것이다. 근대의 주요 제도들, 예컨대 국가, 학교, 가족, 감옥, 정신병원, 군대 등은 모두 소외와 분리라는 아버지의 기능에 기반하고 있다. 소외의 계기는 앞에서 보았듯이, 충만한 사물의 세계에 사는 주체에게 주인기표를 부과함으로써 주체를 소외시키는 것이다. 이제 주체는 자신의 존재를 주인기표에 표상시켜야 하는데, 그렇게 하자마자 주체는 그 주인기표가 다른 기표

를 의미한다는 것, 즉 기표들의 연쇄인 대타자가 있다는 것을 발견하게
된다. 그때 주인기표는 아이에게로부터 기표들의 연쇄인 대타자의 세계
로 옮겨가게 되고, 그 빈 자리에 대상 a가 생산된다. 주체가 대상 a를 포
기하는 이유는, 대타자가 대상 a대신에 팰러스를 제공해 준다고 약속하
기 때문이다. 다시 말해 기표들의 연쇄인 대타자의 기의가 팰러스라고 주
장한다. 이것을 보장해 주는 것이 바로 아버지의 '법'이다. 법은 기호들
의 필연적인 관계들로 이루어져 있어 불가역적이다. 금지가 작동하기 위
해서는 안과 밖, 또는 본질과 가상을 필연적으로 나누는 '법'이 존재하면
서 안과 본질을 밖과 가상으로부터 보호해야만 한다.

  하지만 아버지의 이름이 봉쇄되면, 기호들의 필연적인 관계들로 이루
어진 법은 자의적/가역적이 된다. 텔레커뮤니케이션이 전송하는 기표들
은 주인기표를 중심으로 조직되지 않은 채 자의적/우발적 관계상태로 출
몰한다. 따라서 정신병자에게는 법이 없으며, 금지가 작동하지 않는다.
대신 유혹이 작동한다. 유혹은 기호들의 자의적인 관계로 이루어져 있어,
성과 속의 분명한 경계가 언제든지 뒤집힐 수 있는 항상적인 가역적 상태
에 놓여 있기 때문이다. 유혹은 원래 양자 간의 결투여서 상호 간에 도전
과 내기로 이루어져 있다. 유혹이 지닌 힘은 기호들의 자의적 성격으로
인한 가역성에 있다. 미래가 이미 정해진 결투는 결코 사람들을 유혹하지
못한다. 그런 점에서 유혹의 힘은 기호학적 힘이다. 기호는 자신 이외의
다른 것을 지칭함으로써 끊임없이 자신을 빈 공간으로 만들어 도전과 내
기를 이끌어 내는 것이기 때문이다. 유혹은 또한 의례의 질서에 속한다.
자의적인 것을 자연적으로 만들기 위한 갖가지 의례가 행해지는 것이다.
모든 유혹은 반드시 비기능적이고 과장되며 사치스러운 의례를 포함할
수밖에 없다. '기능 그 자체'는 결코 유혹하지 못한다. 기능은 스스로를
지칭하는 비기호학적인 것이기 때문이다.[10]

하지만 텔레커뮤니케이션이 제공하는 유혹은 이러한 의미에서의 유혹이 아니다. 텔레커뮤니케이션에서의 유혹은 도전과 내기가 이미 완벽한 모델로 프로그램화되어 있어, 도전과 내기가 그 매력을 상실한다. 완벽한 모델로 프로그램화되어 있다는 말은 다른 말로 해서 기호가 그 유혹하는 힘을 상실하였음을 뜻한다. 유혹은 단순히 미리 프로그램화된 옵션으로만 존재할 뿐이고, 어떤 옵션을 선택하든 이미 그 결과는 결정되어 있는 것이다. 물론 최근의 온라인 롤플레잉(role-playing) 게임은 게임 환경만 주어지고, 실제 게이머들끼리 게임을 하면서 누구를 만날지, 어떠한 일을 하고 행동할지, 어디로 가야 할지 모두 자신들이 결정해야 한다. 게임의 시작도 없고 끝도 없다. 공간은 무한하며, 결국 각각의 게이머가 이야기를 이끌어 가는 주체처럼 보인다(홍윤선, 2002: 179-190). 하지만 이 역시 엄밀한 의미에서는 프로그래머들이 이미 완벽한 모델로 프로그램화해 놓은 것이다. 그런 점에서 이는 보드리야르가 말하는 하이퍼리얼리티이다(Baudrilard, 1994). 하이퍼리얼리티는 실재를 너무 많이 보여주어 더 이상 덧붙일 것을 남겨 놓지 않는다. 그 결과 유혹하는 힘을 상실한다. 기호학적 세계가 종말을 고하였기 때문이다. 하지만 보드리야르의 하이퍼리얼리티의 사회는 쉽사리 죽음을 맞이하지 않는다. 죽음을 벗어나기 위해, 이미 프로그램화된 것을 숨기기 위한 갖가지 과장된 의례를 행하여 기호학적 거품을 만든다. 컴퓨터 게임에 과장된 의례 단계가 존재하는 이유가 여기에 있다. 하지만 이러한 모의조작된 의례는 진정한 의미에서 기호학적 유혹이 되지 못한다. 여기에서는 '양자 간의' 도전과 내기의 결투가 아니라, 나르시스트적인 자기매혹에 빠진 '차가운 유혹'이 지배적이기 때문이다.[11] 이러한 차가운 유혹은 텔레테크놀로지가 발전하면 할수록 극대화될 것이다. 테크놀로지와 인간의 접점, 예컨대 HMD(Head Mounted Display)와 데이터글러브(Data Glove)와 같은 거추장스러운 각종 보조수단들이 사라지고 인간의 두뇌가 바로 텔레테크놀로지에 접속되는 것은 시간문제일 것이며, 그렇게 되면 실재와 가상의 구별은 말 그대로 소멸할 것이다.

이러한 세계에서 연대가 가능하기나 한 것일까? 최근 등장한 플래시몹은 뒤르케임의 집합의례와 비교해 보면 많은 것을 생각하게 해 준다.[12] 차가운 유혹에 끌린 정신병자들은 유령과 원격통신하지 않으면 불안하다. 따라서 정신병자는 휴대전화, PDA, 인터넷 등으로 끊임없이 원격통신 중에 있다. 하지만 가끔 텔레커뮤니케이션의 유령에 끌려 잠시 모였다가, 다시 또 다른 유령의 원격호출을 받아 흩어진다. 그것이 바로 플래시몹이다. 거기에는 어떠한 집합흥분도 없으며, 따라서 성스러움과의 만남을 통한 존재론적 대전환도 없다. 그러니 집합의례가 끝나 흩어진다 해도 동일한 집합의식을 공유할 수가 없다. 있는 것은 오로지 환각과 그에 대한 확신뿐이다. 정신병자는 환상과 현실을 구분할 능력이 없지만, 자신이 본 것이나 들은 것을 진실 또는 실제라고 철석같이 믿는다. 이는 집합의례의 흉내일 뿐이다. 하지만 인간의 두뇌와 텔레커뮤니케이션이 직접 연결되는 그날이 오며, 이러한 흉내조차 필요하지 않게 될지도 모른다. 가상적 현실, 또는 현실적 가상에서 직접 만나면 될 테니까. 현재 우리는 벌써 ID를 통해 만나다가 아바타로 서로 만나고 있지 않은가? 조만간 기계를 통해 사람과 사람이 원격통신하다가, 기계와 기계가 직접 원격통신하는 시대가 열릴 것이다. 기계와 기계 사이에도 연대가 필요할까? 기계는 전송 드라이브만 갖고 있을 뿐이다. 그렇게 되면 모든 기계가 서로 연결된 복잡계로서의 연결망 사회가 건설될 것이다. 거기에는 수많은 자의적/우발적 정보결합이 일어나겠지만, 성과 속의 이분법적 분류체계에 기반한 사회적인 것은 더 이상 가능하지 않을지도 모른다.

또 다른 가능성도 있다. 정신병자는 상징적인 것이 상상적인 것을 쓰는 데 실패하였기 때문에 상상적인 세계에 거주한다. 이 상상적인 세계에는 아버지가 존재하지 않기에, 갈등이 아버지로부터 인정을 얻어 내기 위한 투쟁으로 이루어져 있지 않다. 오히려 모든 이들이 자신과 동등한 존재들이다. 정신병자는 그 자신과 동일한 나이에 있는 경쟁자, 라이벌, 애인 등이 자신으로부터 귀중한 것을 빼앗아가지 않을까 노심초사한다. 하지만 이들은 순전히 상상적인 존재들일 뿐이다. 정신병의 일종인 편집증이 이를 잘 보여준다. 권위적인 존재로부터 인정을 얻어 내기 위해 노력하거나, 그에 저항하는 신경증자와 비교해 보면 정신병자의 속성이 쉽게 드러난다. 이제 제임스 딘의 "이유 없는 반항은 끝났다." 정신병자에게는 반항하고 대항할 권위적 존재가 애초에 없기 때문이다. 현재 텔레커뮤니케이션 테크놀로지의 절대적인 영향 아래 놓인 젊은 세대들에게는 어른은 존재하지 않는다. 그렇다면 이들 사이에 어떤 종류의 연대가 가능한가? 우리는 아마도 제각기 다음과 같이 외치는 수많은 '서태지와 아이들'을 만날지도 모를 일이다.

결코 시간은 멈춰질 순 없다 YO!
무엇을 망설이나 되는 것은 단지 하나뿐인데,
바로 지금이 그대에게 유일한 순간이며
바로 여기가 단지 그대에게 유일한 장소이다.
환상 속에 그대가 있다.
모든 것이 이제 다 무너지고 있어도
환상 속엔 아직 그대가 있다.
지금 자신의 모습은 진짜가 아니라고 말한다.
단지 그것뿐인가. 그대가 바라는 그것은.
아무도 그대에게 관심을 주지 않는다.

하나 둘 셋 LET'S GO! 그대는 새로워야 한다.

아름다운 모습으로 바꾸고 새롭게 도전하자.

그대의 환상 그대는 마음만 대단하다.

그 마음은 위험하다.

자신은 오직 꼭 잘될 거라고 큰 소리로 말을 하고 있다.

하지만 지금 그대가 살고 있는 모습은 무엇일까.

환상 속에 그대가 있다.

모든 것이 이제 다 무너지고 있어도

환상 속엔 아직 그대가 있다.

지금 자신의 모습은 진짜가 아니라고 말한다.

세상은 YO! 빨리 돌아가고 있다.

시간은 그대를 위해 멈추어 기다리지 않는다.

사람들은 그대의 머리위로 뛰어다니고

그대는 방한구석에 앉아 쉽게 인생을 얘기하려 한다.

FA, FAREWELL TO MY LOVE.

환상 속에 그대가 있다.

모든 것이 이제 다 무너지고 있어도

환상 속엔 아직 그대가 있다.

지금 자신의 모습은 진짜가 아니라고 말한다.

8 사이버공론장에서의 포스트모던 집합의례
: 문갑식 기자의 블로그 사건 담론 경합을 중심으로[1]

I. 머리말

소위 '87년 체제' 이후 한국 사회에서 시민사회에 대한 논의가 급증하였다. 이것은 1980년대 후반 이후 계급에 터한 정치학이 더 이상 충분한 설득력을 갖지 못하게 된 세계적 경향과 맥을 같이 하는 것이다. 1980년대 후반 이후 동구권의 몰락은 그동안 계급정치학에 묻혀 왔던 시민사회에 대한 '재발견'을 가져왔다. 실패한 사회주의 국가 통제 대신에 시민사회의 자율성에 주목하게 된 것이다(Keane, 1988: 33, 64). 또 다른 한편으로는 전통적인 계급정치학만으로 설명할 수 없는 '정체성의 정치학'이나 '신사회운동'이 서구 사회에서 광범하게 확산되면서, 한동안 잊혔던 공동체와 연대에 대한 관심이 광범하게 되살아났다(Jacobs and Smith, 1997). 이러한 세계적 추세와 발맞추어 한국에서도 80년대 소위 사회과학 시대의 계급담론이 87년 이후 급속도로 그 힘을 잃었고, 그에 대한 대안으로 시민사회 담론이 진보진영을 중심으로 떠오르기 시작했다. 근래에는 신자유주의가 성별 노동분업에 기초한 가부장적 핵가족으로 대표되는 전통적인 제도의 유대마저 해체시키게 되자 그에 대한 치유책으로 시민사회가 각광을 받고 있는 실정이다.

한국사회학 내에서 진행된 시민사회에 대한 논의는 크게 보아 두 진영으로 갈린다. 하나는 사회의 일반 모델을 규정하고자 하는 이론적 논의가 있다. 국가-시민사회 2분모델이냐 국가-시장-시민사회 3분모델이냐와 같은 추상적 논의가 바로 그것이다(유팔무·김호기, 1995; 유팔무·김정훈, 2001). 이러한 이론적 논의는 사실 한국사회의 변화와 맥을 같이하는 것이다. 시민사회론이 대안으로 떠오르던 초창기에는 주된 관심이 국가권력을 비롯해 사회 전체를 민주화시킬 수 있는 세력으로 시민운동을 어떻게 활성화할 것인가에 놓여 있었다. 하지만 IMF 체제 이후 소위 신자유주의의 영향으로 시장 논리가 사회 전체를 지배하는 상황으로 변해 가자, 단순히 국가를 조정하는 것을 넘어 시장을 조정하는 영역으로 시민사회가 주목받게 되었다. 이 과정에서 2분모델이 옳은가 3분모델이 적합한가 이론적 논의가 이루어진 것이다. 그래서 점차 국가, 시장, 시민사회 간의 관계를 이론적으로 정립하는 데로 논의가 이동하였다(김호기, 2007).

다른 하나는 한국 시민사회의 형성을 근현대사의 변화와 연관 지어 이해하려는 역사적 논의가 있다. 여기에도 크게 보면 조선사회(조혜인, 1993; Cho, 1997; 한태선, 1997) 또는 독립협회운동(박영신, 1996; 이황직, 2007)에서 시민사회의 기원을 찾는 입장과, 87년 이후 시민운동의 활성화에서 시민사회의 기원을 찾는 입장(김호기, 2000; 정철희, 2003)이 갈린다. 전자는 시민사회가 완전히 새로운 현상이 아니라 한국의 유교적 전통 또는 구한말 독립협회운동 속에 뿌리하고 있다는 역사와의 연속성을 강조한다면, 후자는 시민사회가 70년대 이후, 특히 87년 이후 성장해 온 것이라는 점에서 역사와의 단절을 강조한다. 역사와의 연속성을 강조하든 단절을 강조하든 양 진영 모두 한국의 시민사회가 충분히 성숙한 상태가 아니라는 점에는 한목소리이다. 그래서 양 진영 모두 시민사회가 발전하기 위해서는 가족주의로 대표되는 전통적인 '마음의 습속'이나 군사독재 정권의 권위주의 유산과 철저히 단절해야 한다고 주장한다(김호기, 2000; 박영신, 2000; 정철희, 2003; 송재룡, 2004b; 이황직, 2004).

이러한 이론적 논의와 역사적 논의는 서로 다른 것 같지만, 사실 자세히 뜯어보면 근본적 차원에서는 시민사회에 대한 '규범적 접근'을 하고 있다는 점에서 동일하다고 할 수 있다. 양 진영 모두 시민사회가 국가나 시장의 실패를 극복하게 해 줄 이상적 영역 내지는 원리로 규범화하고 있는 것이다. 이렇게 규범화하게 되면, 당연히 이러한 이상적 원리를 실현시켜 줄 '시민운동단체'에 초점을 맞추게 된다. 그 결과 시민운동단체는 누구도 그 도덕적 권위에 도전할 수 없는 새로운 권력으로 떠오르는 아이러니에 봉착한다. 실제로 1987년 이후 무수하게 많은 시민운동단체들이 봇물 터지듯 조직되어 각자 도덕적 권위를 내세우는 상황이 전개되었고, 이러한 '과도한 규범화'는 시민들의 참여를 막아 오히려 시민 없는 시민운동을 낳았다(정수복, 2002; 정태석, 2005). 그럼에도 불구하고 실제로 시민사회 내에서 이루어지고 있는 사건이나 운동을 성스러운 요소와 속된 요소를 특정화하는 문화 코드를 둘러싸고 조직되는 '집합의례'로 접근하는 경우는 거의 없고, 당연히 그러한 집합의례가 정말로 이렇게 이상적 모습을 보이고 있는지 구체적인 사례를 통해 경험적으로 확인하는 작업은 더더욱 없다. 사실 시민사회에 대한 관심이 고조된 근본적인 이유는, 정치가 더 이상 양극화된 계급 이해에 터한 투쟁 및 동맹만으로는 점점 더 설명하기 어려워지며, '상징에 근거를 둔 논쟁 및 연대성'과 더 깊은 관련을 맺고 있다는 깨달음에 있다는 점을 생각하면 이는 기이한 노릇이라 할 수 있다.[2]

또한 이러한 근본적 가정보다는 덜 명시적이긴 하지만, 양 진영은 '은 연중에' 적합한 제도적·절차적 합의가 보다 정당하고 관용적인 정치적 동의를 '자연적으로' 산출할 수 있다고 가정하는 경향이 있다. 그래서 의회, 법정, 자발적 결사체, 미디어와 같은 시민사회의 '제도 그 자체'의 성장에 주로 관심을 기울이게 된다. 그 근본적인 이유는 시민사회의 '제도'가 합리적-비판적 토론을 통해 자연스럽게 합의를 이끌어 낼 것이라는 하버마스 식의 다소 나이브한 믿음을 공유하고 있기 때문이다. 이는 하버마스 전통에 속한 학자들만이 그러한 것이 아니다. 시민사회 제도 그 자체보다 시민의 덕성을 강조하는 입장도, 사실 시민의 덕성을 키우지 못하는 '한국의 가족 제도'를 비판하고 그에 대한 대안으로 혈연의 한계를 넘어선 자발적 결사체로서의 '서구의 시민사회 제도'를 이상화한다는 점에서 시민사회 제도에 대한 나이브한 가정을 하고 있기는 마찬가지이다. 이러한 학문적 입장은 일상생활에도 광범하게 나타나고 있다. 그다지 크다고 할 수 없는 문제를 빌미로 하여 노무현 대통령을 탄핵하기 위해 헌법재판소에 제소하는 경우에서 보듯, 최근 한국사회에서는 모든 문제를 법정(시민사회 '제도')으로 끌고 가려는 시도가 도처에서 행해지고 있다. 혹자는 이를 한국사회에 제도적 차원의 민주주의가 정착한 증거로 보고 있는데, 이러한 시각의 밑바탕에는 시민사회에 대한 제도적·절차적 입장에 대한 어느 정도의 맹신이 깔려 있다.

나는 시민사회에 대한 이러한 기존의 접근을 시민사회의 '문화적 동학'에 대한 보다 경험적인 연구로 전환하자고 주장한다. 나는 시민사회의 목적이 '사회적 삶의 도덕적 조절'에 있다는 뒤르케임주의 전통을 받아들인다.[3] 시민사회는 그 자체의 제도들을 가지고 있다. 의회, 법원, 자발적 결사체, 미디어가 바로 그것들인데, 이 제도들을 통해 사회적 삶의 도덕적 조절이 행해진다. 이런 점에서 시민사회를 이상화하는 규범적 접근도 일리가 있다고 할 수 있다. 이러한 제도들은 위기와 문제가 해결되는 공공광장을 제공한다(Alexander and Smith, 1993). 하지만 이러한 공공광장을 제공한다는 사실 그 자체가 사회적 연대를 자동적으로 산출하는 것을 보장하는 것은 아니다. 우선 시민사회 안에서는 다양한 행위자들과 공동체들이 다양한 담론들을 형성하면서 서로 경합하고 있기 때문이다(Calhoun, 1991: 108-111). 하지만 보다 근본적인 이유는 다른 데 있다. 시민사회의 제도는, 하버마스의 경우처럼, 단지 합리적-비판적 토론을 통해 합의를 이루는 장으로 좁게 정의될 수 없다. 사실 행위자들이 합리적-비판적 토론을 통해 합의에 도달할 수 있는 문제는 인지적 차원의 형식적 절차뿐이다. 현재와 같이 극도의 '다신교'적 상황에서는 도덕과 정서를 담고 있는 신념과 가치에 관한 문제는 아무리 합리적-비판적 토론을 해도 합의에 도달할 수 없다. 그래서 시민사회의 기존 제도는 인지적 차원의 문제만 다루려는 경향을 보인다. 하지만 그렇게 하면 할수록 시민사회의 제도는 각 이해당사자들의 좁은 이해관계만을 표상하는 수단-목적 합리성의 정치학으로 떨어지게 된다. 그렇게 되면 시민사회의 행위자들은 소외감을 느끼게 된다. 의회, 법원, 자발적 결사체, 언론 미디어 등의 기존의 부르주아 시민사회 제도들이 위기에 처한 이유가 여기에 있다. 따라서 현재 진정으로 필요한 것은, 합의를 이루는 장을 넘어 '연대'를 창출/갱신하는 장으로서의 시민사회 제도이다. 뒤르케임주의 전통에 따르면, 자신의 좁다란 이해관계를 넘어선 성스러움을 공동으로 체험하고 이를 통해 하나로 묶일 때 사회적 삶은 도덕적으로 조절될 수 있다. 현재 한국 시민사회의 제도 안에서 이루어지는 집합의례는 과연 이러한 성격을 지니고 있는가? 이러한 질문은 선험적으로 시민사회의 제도를 규범화한다고 해서 답해질 문제가 아니다. 오히려 시민사회의 제도 안에서 행위자들이 다양한 담론의 경합을 통해 성스러움(상징체계)을 창출/갱신하는 것인지,

그래서 그것을 중심으로 연대를 이루는지 구체적인 사례를 중심으로 세밀히 탐구해야 답해질 수 있는 경험적 문제이다.

나는 이러한 문제의식을 가지고 사이버공론장 안에서 이루어지는 다양한 '담론 경합'을 포스트모던 집합의례의 시각에서 경험적으로 분석하고자 한다. 내가 사이버공론장을 선택한 이유는 인터넷이라는 신 미디어의 등장 이후 사이버 공간이 주요한 공적 주제들을 논의하는 공론장으로서 그 영향력을 점점 더 확대해 가고 있는 현실을 감안해서이다. 사이버공간은 누구나 자유롭게 참여하여 의견을 개진할 수 있을 뿐만 아니라 쌍방향적 커뮤니케이션을 가능하게 한다는 점에서 전통적인 부르주아 공론장보다 더 민주적일 수 있다는 주장이 있다. 하지만 양자 간에는 결정적으로 중요한 차이가 있다. "자신의 감정, 이해, 편견을 억누르고 이성적으로 의사소통할 수 있는 '훈육된 자아'"(최종렬, 2004a: 8)에 기반을 둔 기존의 부르주아 공론장이 참과 거짓을 가리는 인지적 차원의 논의에 집중한다면, 사이버공론장은 오히려 정서와 도덕 차원의 논의를 주로 하는 장이다.[4] 원리의 측면에서 볼 때 공론장의 가장 큰 특징은 타자의 현전을 전제로 하면서 담론을 통해 자신의 '탁월성'을 입증하려고 인정투쟁하는 자유인의 '행위'의 장이라는 점에 있다. 강제적 '노동'으로 점철된 프롤레타리아의 '필연성'의 장도 아니요, 자기 이해관계를 실현하려고 '작업'으로 눈이 뻘게진 부르주아의 '유용성'의 장도 아닌 것이다.[5] 따라서 공론장을 분석할 때는 그 핵심적 연구대상이 권력투쟁이나 이해관계투쟁이 아니라 담론경합이 된다. 나는 과연 사이버공론장이 이런 모습을 보이고 있는지 경험적으로 살펴볼 것이다. 내가 사이버공론장 안에서 벌어지는 담론들의 경합을 '포스트모던' 집합의례로 보는 이유는, 기존의 제도 안에서 이루어지는 담론들의 경합과 달리 사이버공론장 안에서의 담론경합은 차연(différance)을 그 근본논리로 하는 텔레커뮤니케이션을 통해 이루어지고 있다고 보기 때문이다. "텔레커뮤니케이션은 의미의 두 축인 계열체와 통합체에서 통합체를 극대화한다는 점에 그 특징이 있다. 텔레커뮤니케이션은 수직적인 깊이를 지닌 은유적 연쇄를 파열시켜 표피만을 지닌 환유적 연쇄로 만들기 때문이다"(최종렬, 2004b: 166).

포스트모던 집합의례의 성격을 알아보기 위해서는, 우선 전통적인 대면적인 상호작용에서 이루어진 집합의례의 성격을 가늠해 볼 필요가 있다. 여기에는 이에 대한 일반이론을 제출한 콜린스(Collins, 2004a)를 참조해 보는 것이 도움이 될 것이다. 콜린스는 전통적인 대면적인 집합의례는 네 가지 구성 요소를 가지고 있다고 지적한다. 첫째로 상호작용이 있기 위해서는 가장 기본적으로 둘 이상의 사람이 실제로 몸으로 현전해서 서로에게 영향을 주어야 한다. 둘째로 참여자들이 누가 내부인이고 외부인인지 구분할 수 있는 경계의 느낌을 가지고 있음을 지적한다. 셋째로 어떤 공공의 대상에 사람들이 상호 주의(attention)를 집중하고, 또 서로가 집중하고 있음을 느끼고 있어야 함을 지적한다. 넷째로 주의를 공동으로 집중함으로써 공동의 정서적 경험을 해야 함을 지적한다. 여기서 셋째(상호 주의 집중)와 넷째(공동의 정서적 경험)가 가장 중요한 구성 요소들이다. 공동의 활동에 더욱 집중적으로 주의를 기울이게 될수록 그래서 서로가 무엇을 하고/느끼고 있는지 더욱 잘 알수록, 사람들은 공유된 감정을 더 강도 높게 경험하게 된다. 이는 다시 그들의 인식에 커다란 영향을 미친다. 상호 주의 집중과 공동의 정서적 경험이 서로를 강화하는 리듬 동조화 현상(rhythmic entrainment)이 일어나는 것이다. 이러한 네 구성 요소가 성공적으로 잘 결합되어 높은 수준의 상호 주의 집중과 공동의 정서적 경험이 일어나게 되면, 참여자들은 다음을 경험하게 된다. 첫 번째로 집단 사이에 연대, 즉 서로가 같은 공동체에 소속되어 있다는 느낌이 생긴다. 두 번째로 자신보다 큰 집단에 소속되어 있다는 느낌 때문에 개인적으로 자신감을 가지게 되고 정서적 에너지가 충만하게 된다. 세 번째로 그러한 집단적 연대감을 표상하는 상징이 생긴다. 정서는 쉽게 사라질 수 있기 때문에, 이를 표상할 상징이 필요한 것이다. 이 상징은 성원 모두가 존경하는 성스러운 대상으로서, 성원들은 이를 보호하려고 시도한다. 네 번째로 집단과 그 상징에 헌신하는 것이 옳은 것이라는 가치평가적인 도덕감이 생긴다.

그렇다면 텔레커뮤니케이션의 장에서 이루어지는 집합의례는 어떠한 성격을 지니는가? 우선 텔레커뮤니케이션에서 이루어지는 집합의례의 구성 요소를 살펴보자. 첫째 사이버공론장에서는 둘 이상의 사람들이 몸으로 상호현전하지 않으면서, 다시 말해 원격현전(telepresence)하면서 상호작용하기 때문에 몸에 의한 상호 영향은 없다. 둘째 사이버공론장에는 누구나 참여와 탈퇴가 항상적으로 가능하기 때문에 내부인과 외부인의 경계의식이 닻 잃은 배처럼 떠돈다. 댓글이 계속해서 달릴 때에는 순간적으로 내부인과 외부인의 경계의식이 형성되었다가도, 누군가 더 이상 댓글을 달지 않으면 바로 그 의식은 증발한다. 하지만 이 과정은 원칙상 최종 종결이 없다. 셋째 댓글이 많이 달릴 때에는 순간적으로 상호 주의 집중과 공동의 정서적 경험이 일어나는데, 그 주요한 매개는 수사의 스타일이다. 참여자들로부터 주의를 끌기 위해 과격하고 생경한 수사를 자주 사용한다. 텔레커뮤니케이션은, 사실 면대면 상호작용보다 상호 주의 집중이 없으면 바로 깨지는 성격을 지닌다. 그런 점에서, 역설적이게도 가장 발달한 테크놀로지를 통한 상호작용이 슈츠(Schutz, 1967)가 말한 대면적 상호작용의 특징인 '너-지향'의 '우리-관계'보다 더 순수한 유형의 주의 집중 관계라 할 수도 있다(Tomlinson, 1999: 150-180). 댓글이 많이 달리는 순간에는 상호 주의 집중과 공동의 정서적 경험이 서로를 강화하는 리듬 동조화 현상이 일어난다. 그렇다면, 이러한 네 구성 요소가 상호작용하면 집합흥분이 발생하게 되고, 그래서 콜린스의 주장처럼 연대를 생산하게 되는 걸까. 이러한 질문은 선험적으로 답해질 수 없는 경험적으로 확인해야 할 문제이다. 미시사회학자인 콜린스는 상징체계의 존재를 미리 상정하는 대신, 성스러운 상징과 대상이 어떻게 자연적인 상호작용 의례를 통해 생산되는지에 초점을 맞춘다. 하지만 상징체계에 대해서는 말하고 있지 않기 때문에 알렉산더를 중심으로 한 뒤르케임주의 문화사회학 진영으로부터 중기의 뒤르케임에 의존하고 있다는 비판을 받기도 한다(Alexander and Smith, 2005; 스미스, 2007). 그래서 이 글에서는 텔레커뮤니케이션의 집합의례에 참여하는 사람들이 이미 상징체계를 가지고 집합의례를 시작한다는 점을 가정하는 동시에, 그 과정에서 그 상징체계가 어떻게 변화되는지 초점을 맞출 것이다. 나의 기본 가정은 다음과 같다. 전통적인 집합의례에서는 집합의례가 성과 속의 이분법적 상징적 분류체계를 중심으로 이루어지며, 그 결과 그 체계가 갱신되어 참여자들 사이의 집합연대를 재강화하는 것으로 기대된다. 반면 포스트모던 집합의례에서는 성과 속의 이분법적 상징적 분류체계의 총체성이 텔레테크놀로지가 실어 나르는 기표들의 환유적 전위(metonymic displacement of signifiers)를 통해 끊임없이 침범받기 때문에 지속적으로 전복된다. 그 결과 성과 속의 이분법적 상징적 분류체계에 기반을 둔 연대가 근본적으로 도전받게 된다(최종렬, 2004c).

나는 다른 글에서 포스트모던 세팅을 탐구하기 위해서는 기존의 신뒤르케임주의 문화사회학을 보다 급진화해야 한다고 주장한 바 있다(최종렬, 2004a). 이 글은 그러한 이론적 주장을 경험적 사례를 통해 구체화하고자 하는 노력의 하나이다. 나는 포스트모던 집합의례의 구체적인 예로 2004년 12월 14일 오전 11시경 「조선일보」 문갑식 기자가 자신의 블로그에 글을 올림으로써 촉발되었던 집합의례를 선택하였다. 선택 이유는 블로그가 당시에 새로운 사이버 공간으로 등장하여 아직 그 '포스트모던 성격'이 분명히 인식되지 않은 상태에서 문갑식 기자 블로그 사건이 터졌기에 그 진행상황을 보게 되면 포스트모던 집합의례의 성격을 잘 드러내 줄 수 있을 것이라 생각되었기 때문이다. 문갑식 기자는 「조선일보」인터넷판에 있는 자신의 블로그에 "신문시장이 망하게 된 이유"라는 글을 올렸는데, 자신의 의도와는 상관없이 성차별주의자로 몰려 심한 곤욕을 치른 바 있다. 당시 17년 경력의 베테랑 기자가 자신의 '사적 공간'이라 여겼던 블로그에 글을 올렸다가, 사회의 가치와 이해관계를 위협하는 '공공의 적(folk devil)'으로 내몰린 것이다(Cohen, 1973). 어떻게 이런 일이 일어날 수 있었는가? 그것은 우선적으로 블로그라는 새로운 텔레커뮤니케이션의 성격 탓에 있다. 텔레커뮤니케이션으로서의 블로그는 무엇보다도 공적 영역과 사적 영역이 환유적으로 교차하는 지점이라 할 수 있다. 이러한 교차적 성격은 한국에서는 「조선일보」가 2004년 8월 27일 맨 처음으로 기자의 이메일주소 대신에 블로그 사이트를 공식적으로 사용했다는 점에서 잘 드러난다. 이날 「조선일보」는 1면에 "「조선일보」가 최초로 앞서간다."며 "독자들은 기자들의 블로그에 접속해 신문기사 이외의 풍부한 정보를 얻을 수 있습니다."라는 사고(社告)를 냈다. 「조선일보」는 달마다 블로그 활동을 열심히 한 기자에게는 발행인상으로 '우수 블로거상'을 주고, 1일 평균 방문자수 1천명이 넘으면 일정 금액의 인센티브를 준다고 대외적으로 밝히기도 했다. 하지만 '뉴 미디어'에 적응하려는 '올드 미디어'의 노력은 처절히 깨지고 만다. 블로그가 단순히 공적 신문을 보완하는 친근한 사적인 공간이 아니라, 그 자체가 사적인 것과 공적인 것이 뒤섞이는 장이라는 것을 몰랐기 때문이다. 나는 블로그가 단순히 자유게시판과 미니홈피의 '중간형태'를 넘어, 성과 속이 뒤섞이는 역치단계일 수 있다고 본다(Turner, 1969). 역치단계에서는 보통 성이 속으로 변하는 속화(profanation) 또는 오염 의례가 행해지거나 속이 성으로 전환하는 성화(sacralization) 의례가 행해진다. 뒤르케임의 전통에 따르면, 이러한 의례가 성공적으로 수행되고 나면, 다시 성과 속의 이분법적 상징적 분류체계가 더욱 견고한 모습으로 재강화된다고 한다. 텔레커뮤니케이션을 통한 집합의례에서도 이러한 일이 그대로 일어날까?

II. 사례: 문갑식 기자의 블로그 사건

내가 구체적인 사례로 다루려고 하는 것은 2004년 12월 14일 문갑식 「조선일보」 기자가 자신의 블로그에 신문시장의 위기를 진단하는 글을 올린 후 벌어진 논쟁이다. 여기에서는 이 논쟁이 진행된 과정을 단계별로 나누어 간단히 살펴보도록 하겠다.

단계 1: 블로그에 글을 올림

2004년 12월 14일 오전 11시경 「조선일보」 문갑식 기자는 「조선일보」 인터넷판에 있는 자신의 블로그 '문갑식의 노동과 중동'에 "신문시장이 망하게 된 이유"라는 글을 올렸다. 문갑식 기자의 글의 외시적 의미 (denotation)는 신문시장의 위기를 나름대로 진단하고 앞으로의 신문의 지형을 전망한 것이다. 이에 따르면 신문시장의 위기는 신문을 안 보는 독자층이 넓어지고 경제상황이 나빠지면서 광고가 축소되었다는 것으로 요약된다. 이러한 위기의 원인은 우선 인터넷이 신문을 대체하는 시대에 제대로 적응하지 못하였고, 더 나아가 노무현 정권의 반신문적인 집요한 책략이 있었기 때문이다. 이 때문에 앞으로 신문은 애초부터 노무현 정권에 아부하여 유무형의 보조금으로 살아가는 신문(「한겨레신문」), 노무현 정권으로 변절한 신문(「경향신문」과 「한국일보」), 그리고 노무현 정권에 저항하는 신문(「조선일보」, 「중앙일보」, 「동아일보」)으로 재편될 것이다. 그중에서도 재벌에 기대지 않고 오로지 언론지향적인 「조선일보」만이 진정한 신문의 역할을 할 것이다.

단계 2: 블로그의 글을 퍼다 나름

문갑식 기자의 이러한 주장은 거의 이틀 반나절 동안 누구의 '주의'도 끌지 못하였다. 문갑식 기자의 말에 따르면 하루 평균 5명 정도 드나드는 블로그였기 때문에, 이는 어찌 보면 당연한 일이었다. 하지만 2004년 12월 16일 오후 5시 10분경 이오성 기자가 인터넷 신문인 「매일노동뉴스」라는 '공적 미디어'로 그 내용을 보도함으로써 공적 주의를 끌 전기가 마련되었다.[6] 그렇게 된 이유는 평범한 사건을 설명을 요구하는 '위기'로 재구성하였기 때문이다. 문갑식 기자의 신문시장의 위기에 대한 진단은 사실 「조선일보」를 아는 사람이라면 그다지 새로울 것이 없는 평범한 '내용'이다. 따라서 그 내용은 '설명'을 요구하지 않는다. 오히려 문제는 '내용'이 아니라 '수사의 스타일'이다. '공적 공간'에 실리기에는 너무 '사적인 스타일'로 KBS 여기자를 비난한 것이 문제다. 이오성 기자는 이를 재빨리 파악해 한국사회에 첨예하게 존재하는 '젠더 문제'를 일차적 구조틀(primary framework)로 하여 프레이밍 하였다.[7]

요즘 정권의 나팔수, 끄나풀이라는 지적에 전혀 부끄러움을 느끼지 못하는 TV에 개나 소나 등장해 (제가 개나 소라고 표현하는 것은 인생의 쓴맛한 번 본 적 없이 멍청한 눈빛에 얼굴에 화장이나 진하게 한 유흥업소 접대부 같은 여성 아나운서가 등장하는 국영방송의 한 심야 프로그램을 보며 느낀 것입니다) 씹어대는 조중동이 있습니다.

이러한 프레이밍 결과 신문시장의 위기와 향후 지형이라는 외시적 의미는 묻히고 젠더 이슈라는 새로운 내포적 의미(connotation)가 전면으로 돌출하였다. 하지만 이러한 프레이밍은 아직 널리 알려지지 않아 12월 16일 오후 6시 19분경부터 12월 17일 오전 9시 9분경까지 5개의 댓글만이 덧붙었을 뿐이었다. 그 이유는 「매일노동뉴스」 자체가 주류가 아닌 소수 미디어라 많은 사람들이 접근하지 않았기 때문이다. 하지만 포털 사이트에서의 반응은 매우 뜨거웠다. '다음'의 카페에서는 이오성 기자가 보도한 바로 직후인 5시 36분에 처음으로 퍼 나르기가 시작되었다. 네이버와 야후 같은 포털사이트에서도 마찬가지의 현상이 일어났다. 그래서 한때 문갑식 기자에 대한 보도가 검색 1위로 올라서는 기염을 토하기도 하였다.

단계 3: 공중의 주의의 1차 집중

2004년 12월 17일 오후 2시 5분경 인터넷 한겨레 온라인뉴스부 김순배 기자가 "'접대부 같은 아나운서도 조중동 씹어대': 조선 문갑식 기자, 여성 비하 '극언' - '신문위기는 정권 탓'"이라는 제목으로 보도하였다. 이 보도 후 곧 이오성 기자에 대한 댓글이 환유적으로 이어지면서 사회 쟁점화되었다. 이렇게 사회적 이슈로 넘어가자 「프레시안」 같은 다른 인터넷 미디어도 보도하기 시작하였다. 이렇게 인터넷 미디어의 보도수가 급증한 것은, 무엇보다도 네티즌들이 기자들의 기사에 댓글을 달거나 토론방에서 활발하게 토론하였기 때문이다. 「오마이뉴스」 손병관 기자가 17일 오후 1시 5분, 오후 4시 40분, 밤 10시 20분 세 차례에 걸쳐 문갑식 기자 사건에 대해 보도하였다. 이 과정에서 총 114개의 댓글이 붙었다. <부록>에서 보듯이 17일과 18일 양일 동안 신문의 보도 횟수와 댓글 횟수를 합한 수가 총 455회에 달한다. 여기에다 추천 클릭 수까지 합하면 그 수는 엄청나게 늘어난다.

단계 4: 공중의 주의 쇠퇴

19일부터 23일경까지 신문보도가 급격히 줄어들었고, 그에 대한 댓글도 현저히 적어졌다. 공중의 주의가 급격히 쇠퇴한 것이다. 물론 21일 문갑식 기자가 1차 사과문을 발표하고 잠시 동안 공중의 주의가 집중되기는 하였지만, 계속 이어지지 못하고 사그라지고 말았다.

단계 5: 공중의 주의의 2차 집중

12월 23일 KBS 전체 아나운서들은 비대위를 구성하고 문갑식 기자의 명예훼손 및 모욕에 대한 형사소송과 민사소송을 추진하기로 결정했다. 12월 24일 문갑식 기자는 KBS를 방문하여 자신의 발언을 사과했다. 하지만 사과가 제대로 받아들여지지 않자, 12월 24일 12시 경 자신의 블로그를 통해 "KBS 아나운서분들께 진심으로 사과드립니다"라는 제목으로 사과문을 올렸다. 여기서도 글의 내용은 옳았으나, 표현이 정제되지 않아 여성 아나운서에게 피해를 끼쳤다며 사과했다. 이를 보도한 12월 24일자 「오마이뉴스」기사에는 총 29개의 댓글이 붙었다. 신문기사에 대해, 12월 24일 오전 11시 21분부터 12월 25일 오후 2시 47분경까지 총 62개의 댓글이 붙었다. 그 핵심은 사과의 진정성 문제였다. 문갑식 기자의 사과가 진정이 아니며 법적 처벌을 피하기 위해 가장한 비겁한 행동이라는 주장으로 이루어져 있다. 이미 상징적으로 오염된 문갑식 기자는 아무리 자신이 가치합리성에 따라 행동하고 있다고 강변해도, 기껏 해야 수단-목적 합리성에 의해 움직이는 속된 존재로 더욱 낙인찍힐 뿐이었다.

단계 6: 법정으로 넘어감

2004년 12월 27일 KBS 여성 아나운서 33명이 서울 중앙지검에 문갑식 기자를 명예훼손 및 모욕 혐의로 고소하자 당일 하루 동안에 잠시 공중의 주의가 집중되었다가 다음날 곧 사그라지고 말았다. 그 이유는 모든 것을 절차민주주의에 떠맡김으로써, 당사자들 사이에서 해결될 수 있는 문제를 법정에 맡기는 '일상정치의 사법화'가 발생하였기 때문이다. '위기'는 법정에서 인지적으로 참과 거짓을 다루는 절차의 문제로 축소되고, 정서적이고 도덕적인 차원은 탈색되었다. 일단 이렇게 되자, 갑자기 공중의 관심으로부터 사건이 사라졌다. 그래서 꺼져가는 불씨를 살리기 위해 2005년 1월 19일 KBS 남성 아나운서 38명과 MBC 남녀 아나운서 35명 등 모두 78명의 방송사 아나운서들이 신속하고 엄중한 처벌을 요구하는 진정서를 서울중앙지검에 제출하였다. 3개월 후 2005년 4월 13일 검찰이 벌금 200만 원에 문갑식 기자를 약식기소 했다. 온 나라를 떠들썩하게 했던 사건치고 그 결과는 초라하기 짝이 없는 것이다. 그러자 2005년 4월 15일 KBS 아나운서협회와 아나운서 비상대책위원회가 「조선일보」 문갑식 기자의 약식기소와 관련 성명을 냄으로써 공중의 관심을 끌어 보려고 했지만, 결국 묻혀 버리고 말았다.

단계 7: 망각과 일상의 회복

2005년 4월 16일 오전 10시 30분경 「한국일보」가 연합뉴스 김가희 기자의 기사를 받아 "KBS 아나운서, '접대부' 발언 조선기자 관련 성명"이라는 제목으로 보도한 이후, 문갑식 기자 블로그 사건은 공중의 주의의 대상으로부터 완전히 사라졌다. 문갑식 기자는 여전히 활동 중이고, TV에 나오는 여성 아나운서도 여전히 짙은 화장을 한 채 보도를 하고 있다. 일상이 완전히 회복되고, 달라진 것은 거의 없다. 다만 블로그가 사적인

〈표 1〉 보도횟수＋댓글횟수

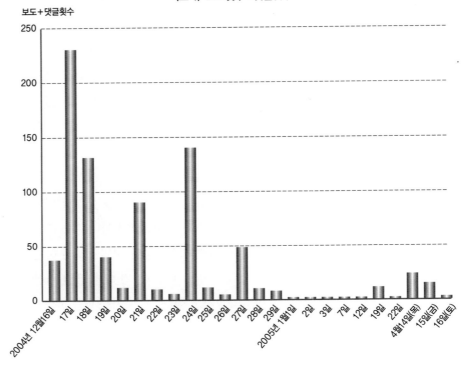

공간일 수만은 없다는 것이 밝혀져, 사람들이 블로그를 사적 공간으로 활용하기를 꺼리게 된 것이 변화라면 변화랄 수 있다.

III. 자료와 방법

이렇게 겉으로 볼 때 간단한 해프닝 정도로 보이는 이 사건을 포스트모던 집합의례로 보고 분석하면 어떤 일이 일어날까? 이러한 질문에 답하기 위해, 먼저 이 글에서 사용하는 자료와 방법에 관해 간략히 살펴보자.

1. 자료

이 글에서 사용하는 자료는 두 가지이다. 하나는 문갑식 기자가 자신의 블로그에 여러 차례 올려놓은 글과 이를 되받아 논쟁한 소위 진보진영의 인터넷 미디어의 담론이다. 다른 하나는 인터넷 미디어의 보도에 수없이 달린 댓글이다. 주된 자료는 가장 활발했던 「오마이뉴스」 기사에 대한 댓글과 한겨레 토론방 한토마에서 이루어진 댓글이다.

2. 방법

이 글에서 사용하는 주된 방법은 담론 분석이다. 그중에서 코드 분석과 서사 분석을 주로 할 것이다. 공론장에서 이루어지는 담론경합은 한 사회의 핵심적인 공적 코드를 중심으로 해서 이루어지며, 이러한 담론경합의 경로와 결과를 결정하는 것은 공론장의 행위자들이 공적 코드를 원재료로 하여 사용하는 서사경합에 달려 있기 때문이다.

1) 코드 분석

콜린스(Collins, 2004a, 2004b)는 집합의례의 참여자들이 사전에 아무런 공동의 코드 없이 모여 집합의례를 행하고, 그 과정에서 새로운 코드를 창출하는 것으로 보는 경향이 있다. 하지만 집합의례는 근본적인 차원에서 볼 때는 한 사회의 핵심적인 문화구조를 중심으로 해서 발생한다는 것이 뒤르케임주의 문화사회학의 근본 가정이다(최종렬, 2007). 일상에서 사람들은 인지적 차원의 수단-목적의 도식을 따라 공리적으로 행동한다. 여기에서는 가치 차원의 '의미'가 문제시되지 않는다. 그 이유는 일상생활에서는 공간-시간 세계의 의식의 차원(the level of consciousness of the space-time world)에 사는 에고가 생각하고 행위하기 때문이다. 삶에 대한 에고의 주의는 에고로 하여금 '순수지속(pure duration)'의 직관으로 가라앉는 것을 막는다. 세속적인 공간-시간 세계의 제도화된 범주를 통해 이 세계를 분류하기 때문이다. 하지만 한 사회의 근본적인 문화구조의 변화를 야기하는 것처럼 보이는 '위기'나 '영광'의 순간에 모여 집합의례를 행할 때 에고는 정서와 도덕을 핵으로 하는 가치의 정치학으로 들어간다. 어떤 이유에서건 심리적 긴장이 느슨해지면, 에고는 이전에는 분리되고 분명하게 정의된 항목처럼 보였던 것이 이제 지속적인 전이로 해체됨을 발견한다. 고정된 이미지들이 윤곽도, 경계도, 분화도 없는 존재했다가 사라지는 것(a coming-to-be and a passing-away)으로 대체되기 때문이다(Schutz, 1967: 47). 이것이 바로 성의 세계이다. 모든 일상의 세속적인 질서와 분류체계가 영구적인 흐름으로 뒤바뀐 것이다. 그 결과 세계는 혼돈으로 빠져든다. 행위자들은 이러한 혼돈을 견뎌 낼 수 없기 때문에 그것을 식별하고 분류하려고 한다. 상징체계를 통해서만, 우리는 특정의 사건에 우리의 주의를 기울이는 행위를 할 수 있다. 분류체계가 없이는 식별도 없고, 식별이 없으면 주의도 없고, 주의가 없으면 의미도 없다. 프레이밍의 힘을 통해서만 단순한 의식의 경험이 유의미한 체험이 될 수 있다. 모든 분류체계를 근본적 차원으로 소급하면 성과 속의 이원적 분류체계가 있다. 이항 코드는 현실을 인지적으로 이분화할 뿐만 아니라 가치평가적으로도 이분화한다. 이런 가치평가적 특성 때문에 이항 코드는 현실을 정서와 도덕으로 가득 찬 도덕적 현실로 만든다. 한 사건은 자동적으로 또는 즉각적으로 공적 위기가 되지는 않는다. 의례와 매우 유사하게, 이 과정은 평범한 일상의 삶으로부터의 '분리'의 시기와 이에 상응하는 집합적 주의로의 '집중'을 요구한다. 성과 속의 이분법적 상징적 분류체계가 이러한 프레이밍의 역할을 담당한다.

2) 서사 분석

성과 속의 이분법적 상징적 분류체계가 혼돈을 특정의 방식으로 프레이밍한다고 해서 한 사건이 바로 위기가 되어 그에 대한 공중의 주의 집중이 일어나는 것은 아니다. 성과 속의 이분법적 상징적 분류체계를 원재료로 하여 사건들을 서사로 구성하여 '극화(dramatize)'할 때에만 공중의 주의가 집중될 수 있다. 서사는 특정의 배열상태가 없는 사건들과 인물들을 극적으로 재구성함으로써, 개인들을 시민사회에 참여하도록 만들기 때문이다. 서사 분석은 크게 보아 플롯, 인물, 장르를 통해 이루어질 수 있다. 플롯이란 사건들을 선택하고, 평가하며, 더 나아가 그 사건들 각각에 상이한 의미를 부여하는 것이다. 플롯이 없다면, 수많은 사건들은 아무런 시간적 질서 없이 혼돈 상태로 놓여 있을 것이다. 그렇게 혼돈 상태로 있으면, 공중의 주의가 집중되지 않는다. 플롯은 주인공과 반대인물을 필요로 하며, 서사의 인물들은 한 사회의 깊은 문화코드를 체현하고 있다. 단지 추상적인 이원적 코드로만 머물러 있는 한, 가치평가적이고 극적인 강도(evaluative and dramatic intensity)가 증대될 수 없다. 구체적인 인물들이 그것을 실행하는 것으로 나타날 때에만 그렇게 된다. 공적 행위자들은 경쟁적이고 갈등적인 서사투쟁에 참여하여, 자신들과 동맹자들을 정화하고 적을 오염시키는 이야기를 유통시키려고 시도한다.

서사에는 말하는 자가 있고, 그 안에 인물과 사건이 있으며, 또 이를 듣는 청취자가 있다. 장르는 특정의 방식으로 이들 간의 관계를 수립시킨다. 대부분의 경험적 서사들은 하나의 분석적 장르의 경계들을 넘어서지만, 그럼에도 불구하고 서사화된 시간과 공간을 통해 특정 유형의 이야기들의 운동에는 지속적으로 나타나는 유형이 있다. 서구문학에는 희극, 로망스, 비극, 아이러니라는 네 가지 원형 서사가 존재한다(Frye, 1971: 158-239). '희극'에서는 주인공 또는 영웅이 그와 공통의 인간의 관점에서 보여진다. 일반적 주제는 사회통합이다. 희극은 주인공의 소망이 봉쇄되어 있는 한 종류의 사회에서 영웅을 중심으로 뭉쳐지는 다른 종류의 사회로 이동하는 방식으로 진행된다. 희극의 영웅은 평균의 또는 평균 이하의 권력을 가지며, 통상 협잡꾼, 익살꾼, 자기비하자로 나타난다. '로망스'에서는 영웅이 엄청난 권력을 가지고 있으며, 적은 분명하게 설정되고 종종 영웅과 비슷한 권력을 가지고 있다. 이야기의 진행은 어드벤처의 형식을 띠는데, 궁극적으로 영웅이 적에게 승리하는 것으로 나타난다. 로망스 장르는 수용자에게는 소망성취의 관점에서 접근되며, 여기에서 영웅은 이상을 표상하고 악인은 위협을 대표한다. '비극'에서는 영웅이 엄청난 권력을 가지고 있는 것이 전형적이지만, 그는 사회로부터 소외되어 있고, 궁극적으로는 전능하고 외적인 운명에 굴복하거나, 도덕법칙을 위반하게 된다. 독자는 그 결말이 불가피하게 파국으로 끝날 것임을 예상하기 때문에, 시민적 참여를 염두에 둔다면 비극은 특히 위험한 형태의 담론이다. 왜냐하면 비극은 도덕적 책임감과 자의적인 운명 간의 안티테제를 벗어나기 때문이다. 마지막으로 '아이러니'에서 주인공은 패러디와 풍자라는 부정적인 속성을 지니고 있기 때문에 관객은 거리를 두는 태도를 취한다. 하지만 부정적인 면만 있는 것은 아니다. 아이러니는 성찰성, 차이, 용인, 시민사회에 대한 건강한 형태의 비판을 촉진하며, 다중의 정체성 형성을 허용하고, 더 나아가 다중적이고 중첩적인 공동체들을 구성하도록 허용한다(Jacobs and Smith, 1997; Jacobs, 2004).

IV. 문갑식 기자 블로그 사건 집합의례 분석

시민사회 안에 있거나 그 안에 포함되려고 하는 사람들은 누가 그 성원의 자격이 될 수 있는지, 그리고 성원들의 의무가 얼마큼 확장될 수 있는지에 대한 협조적이고 갈등적인 상징적 대화에 참여한다. 이분법적 코드, 그리고 플롯, 인물, 장르와 같은 서사구조들을 사용하여, 행위자들은 연대, 용인, 포용을 확장시키거나 축소시키도록 강력한 영향력을 행사할 수 있다.

1. 문갑식 기자 대 소위 진보 미디어

1) 두꺼운 기술: 공동의 이분법적 코드의 재구성

시민사회는 '사회구조적 차원'에서 볼 때 행위자들, 행위자들 사이의 관계들, 제도들(의회, 법원, 자발적 결사체, 미디어 등)로 구성되어 있다. 시민사회는 국가와 분석적으로 구분되는 독자적 영역으로서, 그 주된 목적은 사회생활을 도덕적으로 조절하는 것이다(Alexander and Smith, 1993). 최근 시민사회의 새로운 제도로 떠오르고 있는 인터넷도 이러한 시각에서 접근될 필요가 있다. 제도는 자체 내의 형식적 규칙에 의해서도 움직이지만 보다 일반적인 맥락에서는 문화에 배태되어 작동한다. '자연적 태도'가 지배하는 평상시에는 문화가 제도를 안내하는 것이 잘 드러나지 않는다. 오히려 도구적 합리성에 따라 제도가 자동적으로 움직이는 것처럼 보인다. 하지만 가치가 일반화되는 상황(보통 위기나 영광의 순간)에서는 문화가 제도를 틀 지우는 것이 확연히 드러난다. 문화는 상징체계로서, 상징은 시민사회의 구성 요소들(행위자들, 행위자들 사이의 관계들, 제도들)을 지시대상으로 하지만 그렇다고 단순히 그 요소들을 반영하는 것이 아니라 그 요소들을 자의적으로 결합시킨다. 즉 요소들을 행위자들, 행위자들 사이의 관계들, 제도들로부터 끌어오지만, 그 원래 맥락에서 떼어 내어 상징들의 관계로 바꾸어 버린다. 이 요소들이 상호 관련을 맺게 될 때 상징들은 비물질적 구조인 문화구조를 제공한다. 문화구조는 인간 행위의 유형화된 질서, 즉 일관성을 창조함으로써 행위를 유형화한다. 앞에서 보았듯이 가장 대표적인 문화구조는 성과 속의 이분법적 상징적 분류체계이다. 이러한 문화구조를 가지고 행위자는 사회세계를 능수능란하게 전형화(typifying)함으로써 설명 가능한(accountable) 것으로 만든다. 그 핵심은, 상대방은 수단-목적 합리성에 따라 행동하는 속된 존재이고, 자신은 가치합리성에 터해 행동하는 성스러운 존재라는 것을 증명하는 것이다. 따라서 우선 문제는 두꺼운 기술을 통해 시민사회의 행위자들이 사용하는 이분법적 상징적 분류체계를 재구성하는 작업이 이루어져야 한다(최종렬, 2007: 17-18).

　문갑식 기자는 자신의 블로그에 첫 번째 올린 글에서 가용한 우연한 요소들 중에서 특정의 것을 선택하고, 평가하며, 그것에 나름대로의 의미를 부여하는 플롯화(enplotment) 과정을 통해 언론제도와 언론인(행위자)에 대한 이분법적 상징적 분류체계를 구성한다. 먼저 언론제도를 보면, 성과 속을 나누는 핵심 요소는 당파성, 자율성, 금권의 여부이다. 성스러운 신문은 국민 일반을 표상하는 비당파적인 신문이며, 속된 신문은 특정 집단을 표상하는 당파적인 언론이다. 성스러운 신문은 권력으로부터 자율적인 신문이며, 속된 신문은 권력에 빌붙는 어용적인 신문이다. 성스러운 신문은 자체 언론 활동으로만 존립하는 신문이며, 속된 신문은 재벌이나 권력으로부터 자금을 보조받는 신문이다. 이를 한마디로 요약하면, 성스러운 언론제도는 공적이며, 속된 언론제도는 사적이라는 것이다. 다음으로 언론인 개인, 특히 여성 언론인 개인에 관한 분류체계를 보면, 성과 속을 나누는 핵심적인 요소는 지성의 여부이다. 성스러운 여성 언론인은 지성을 갖춘 자이고, 속된 여성 언론인은 멍청한 자이다. 이런 이분법적 분류체계는 현재 한국의 시민들 사이에서 광범하게 공유되고 있는 공적 코드라는 점에서 문갑식 기자의 분류화는 매우 낯익은 것이다.

　그렇다면, 이렇게 낯익은 분류체계를 다시 한 번 언명한 것이 왜 그렇게도 문제가 되었는가? 제도의 차원에서 「조선일보」를 성의 진영에 위치지우고, 한겨레와 KBS를 속의 진영에 놓는 것은 글쓴이가 「조선일보」 기자라는 점을 고려하면 전혀 이상한 일이 아니다. 앞에서 말했듯이, 누구나 자신을 성화시키고 적을 오염시키려는 전략을 사용한다는 점에서 평범한 일이라 할 수 있다. 또한 여성 언론인에 대한 이분법적 코드 역시 낯선 것이 아니다. 현재 한국 사회에서 방송을 하는 여성 아나운서는 연예인 뺨치는 수준의 미모의 여성들이라는 점을 누구나 잘 알고 있는 '사회적 사실'이다. 한국의 일상생활의 습속에서, 여성 방송인은 지성은 기본적으로 갖추어야 하고, 여기에 미모가 덧붙여져야 한다는 것은 너무나 당연시된다. 아나운서는 이미 아나테이너(아나운서＋엔터테이너)가 된 지 오래이기 때문이다. 문갑식 기자는 여성 언론인에 대한 이분법적 코드를 통해 이러한 당연시되는 일상적 현실에 의문을 제기한 것이다. 그런 점에서 '자연적 태도'에 대한 '의심의 유보를 유보'한 것이다(Schutz, 1967). 자연적 태도는 어지간해서는 깨지는 것이 아니다. 그렇기에 문갑식 기자는 KBS 여기자가 지성이 결여된 존재가 아닌가 의문을 던질 때, 멍청한 속성을 가진 속된 여성 언론인을 '얼굴에 화장이나 진하게 한 유흥업소 접대부'와 같다는 일상생활의 '재고적 지식(knowledge in stock)'에서 볼 때 다소 과격한 은유적 수사를 사용하였다.

　하지만 일상생활의 자연적 태도는 강고한 것이다. 도전한 일상생활의 실재는 큰 영향을 받지 않고, 오히려 도전할 때 사용한 은유적 수사의 스타일이 문제가 된다. 문갑식 기자가 실제로 문제 제기한 것은 사실 제도에 대한 이분법적 분류체계인데, 이는 묻히고 행위자에 대한 이분법적 분류체계가 전면에 떠오르게 된다. 그 결과 내용은 묻히고, 수사만 부각된다. 이렇게 된 데에는 처음으로 보도한 「매일노동뉴스」의 영향이 컸다. 「매일노동뉴스」 이오성 기자는 2004년 12월 16일 오후 5시 10분경에 문 갑식 기자의 글 전체를 퍼오는데, 일반 블로거가 아닌 기자인 그는 이러한 내용을 "술집 접대부 같은 여성 아나운서도 씹어대는…"이라는 제목을 사용함으로써 젠더불평등을 일차적 구조틀로 사용한다. 그 핵심은 남성 언론인에 대한 이분법적 코드이다. 성스러운 남성 언론인은 젠더평등적이며, 속된 남성 언론인은 여성비하적이다. 이 역시 한국 사회에서 광범하게 받아들여지는 공적 코드이다. 그 어떤 남성 언론인도 공적인 자리에서 자신이 여성비하적 속성을 지니고 있다고 주장하지는 않을 것이기 때문이다. 문제는 젠더 이슈야 말로 한국사회에서 가장 정서적으로 충만되고 도덕적으로 가치논쟁을 일으키는 이슈라는 데 있다. 문갑식 기자의 표현은 단순한 실수가 아니라, 한국사회에 구조적으로 뿌리 깊게 박혀 있는 젠더불평등을 명확히 보여준 것이다. 따라서 문갑식 기자의 분류는 단순한 인지적 분류로 끝나지 않고, 정서적 흥분과 도덕적 분개를 야기하는 정서적/도덕적 분류체계로 작동한다. 이오성 기자는 이에 덧붙여 문갑식 기자의 노동계 폄하적인 전력을 들어 그의 자본편향적 당파성을 비판함으로써, 비당파성 대 당파성의 이분법도 제출한다.

「프레시안」은 잇따라 올린 글에서 언론인에 대한 이분법적 코드를 제출한다. 여기에서 성스러운 남성 언론인은 자신의 말에 책임을 지는 정정당한 자이며, 속된 언론인은 상황 모면에만 급급하는 궁색한 자이다. 여성 언론인에 대한 코드에 있어서도, 성스러운 여성 언론인은 실력이 있는 자이며, 속된 여성 언론인은 실력이 없는 멍청한 자이다. 문제는 현재의 여성 언론인은 실력이 있으면서도, 연예인처럼 예쁘다는 것이다. 그럼에도 여성 언론인의 주인 정체성(master identity)은 예쁘다는 것이 되어서는 안 된다고 주장한다. 이 역시 한국사회의 공적 담론에서 광범하게 공유되는 공적 코드라 할 수 있다.

「오마이뉴스」는 이러한 행위자에 대한 공적 코드를 인간 그 자체에 대한 이분법적 코드로 한층 더 근본화시킨다. 남성 언론인은 기자이기 이전에 무엇보다도 인간이다. 바람직하지 못한 인간의 품성은 사회적 약자를 무시하고, 인격이 미숙하며, 남 탓만 하는 인간이다. 반면 바람직한 인간은 이에 대한 기호학적 대립으로 구성된다. 여성 아나운서의 경우에도 상식의 지식을 동원하여 정의한다. 성스러운 여성 아나운서는 지성과 미모를 겸비한 자이고, 속된 여성 아나운서는 외모만 갖춘 자이다.

「한겨레신문」은 언론제도에 대한 이분법적 분류체계는 다루지 않고, 언론인에 대한 이분법적 분류체계를 문제 삼고 나선다. 그 핵심은 성스러운 언론인은 젠더평등적이고, 속된 언론인은 성차별적이라는 것이다. 「한겨레신문」이 언론제도에 대한 이분법적 분류체계를 문제 삼지 않은 이유는, 속된 언론제도의 당사자로 지목되었기 때문이다. 시민사회의 제도로서 언론에 대한 핵심적인 논의를 할 수 있는 장이 마련되었음에도 불구하고, 「한겨레신문」은 이 문제를 회피한다.

문갑식 기자는 뜻하지 않게 자신의 글이 문제가 되자, 언론인에 대한 이분법적 코드를 제출하기에 이른다. 성스러운 언론인은 그 의도가 순수하며, 속된 언론인은 그 의도가 악의적이다. 이 역시 한국사회에서 공동으로 받아들여지는 공적 코드이다. 그러자 다른 미디어도 이에 가세해서 언론인에 대한 이분법적 코드를 제출한다. 그 핵심은 성스러운 언론인은 성숙하고 정정당당하며, 속된 언론인은 치졸하고 궁색하다. 이 역시 한국사회에서 그 누구도 반박할 수 없는 공적 코드라 할 수 있다.

이미 앞에서 말했듯이, 언론제도에 대한 이분법적 분류체계 대신에 언론인 개인에 대한 이분법적 분류체계가 논의의 중심에 섰다. 그 핵심은 문갑식 기자가 속된 언론인이라는 것이다. 이러한 주장이 가능한 것은,

언론인이 언론제도에 여성비하적인 글을 올렸다는 것이다. 그러자 문갑식 기자는 자신은 결코 언론인으로서 여성비하적인 속된 존재가 아니라고 강변한다. 그 이유는 자신은 '언론제도 안에서' 공적으로 발언한 것이 아니고, '사적인 블로그'에서 사적인 발언을 했을 뿐이라는 것이다. 이때 그가 의미한 '사적'이라는 것은 인지적 차원의 공적 영역과 달리 개인의 감정과 도덕을 제멋대로 표현할 수 있다는 것을 뜻한다. 그러자 「한겨레신문」을 비롯한 다른 언론들은 '블로그'가 사적 공간이 아니라고 반박한다. 이제 문제는 블로그가 언론제도 안에 포함되느냐 그렇지 않느냐로 논란이 확산된다. 그래서 모든 미디어는 공과 사를 구분할 줄 아는 성스러운 언론인과, 공과 사를 구분할 줄 모르는 속된 언론인을 구분하게 된다.

<표 2>와 <표 3>은 지금까지의 논의를 간단히 요약한 것이다. 보통 「조선일보」는 보수 미디어이고, 「매일노동뉴스」, 「프레시안」, 「오마이뉴스」와 「한겨레신문」은 진보 미디어라 알려져 있지만, 아래에서 보듯 언론

〈표 2〉 언론제도에 대한 이분법적 코드

성	속
비당파적	당파적
자율적	어용비
금권적	금권적
공적	사적

〈표 3〉 언론인(행위자)에 대한 이분법적 코드

성	속
지성적인	멍청한
젠더평등적인	여성비하적인
순수한	악의적인
성숙한	치졸한
정정당당한	궁색한
공과 사를 구분할 줄 아는	공과 사를 구분할 줄 모르는

제도와 언론인에 대한 이분법적 코드에서 양 진영의 차이는 거의 없다. '일반화된 차원'에서 볼 때, 두 진영 모두 공동의 코드를 공유하고 있는 것이다.

도대체 왜 이런 일이 발생하였는가? 그건 한국사회가 나름대로 담론경합을 해 온 짧지 않은 역사를 가지고 있기 때문이다. 앞에서 말했듯이, 공론장에서 담론투쟁에 참여하는 행위자들은 보통 주인공과 반주인공의 인물의 대립을 중심으로 논쟁을 펼치게 된다. 자신과 동맹자들은 상징적으로 정화하고, 자신들의 적은 상징적으로 오염시키려는 시도가 광범하게 일어나는 것이다. 한국사회는 그동안 주요 사안이 있을 때마다 보수 미디어와 진보 미디어가 담론경합을 반복적으로 해 오면서, 시민사회 담론의 기호학적 체계를 나름대로 형성시켰다고 볼 수 있다. 서로 투쟁하고 있지만, 그 과정에서 공동의 코드를 공유하게 된 것이다. 이러한 공동의 코드를 공유하고 있기 때문에, 비록 서로 싸우고 있지만 행위자들 사이에 상호주체성이 가능하게 된다(Jacobs, 2004: 24).

2) 로망스와 비극의 경합

그렇다면 우리는 묻게 된다. 동일한 공적 코드를 공유하면서도 왜 이렇게 서로 다른 방식으로 이 사건을 표상하는가? 동일한 코드를 공유했다고 해서 동일한 행동이 나온다고 보장할 수는 없다. 상이한 사회집단들이 공동체의 특정의 사건들을 어떻게 이해하는지 파악하기 위해서는, 반드시 코드로부터 서사로 이동해야만 한다. 코드는 말 그대로 일반적인 공동의 코드이기 때문에, 특정의 개인이나 사회집단이 그 코드를 가지고 어떻게 행동하는지 그 과정과 행로를 보여주지는 않는다. 이것을 보여주는 것이 바로 서사이다. 코드는 상대적으로 안정적일 수 있지만, 특정의 서사적 구성으로 동원되는 것은 매우 변이가 크고 고도로 간접적인 것이다

(Jacobs, 1996).

그럼 이러한 공적 코드를 가지고 문갑식 기자, 「매일노동뉴스」, 「프레시안」, 「오마이뉴스」, 「한겨레신문」이 각자 어떠한 서사를 구성하여 나름 대로의 '담론적 실재(discursive reality)'를 창출하는지 살펴보자. 애초에 올린 글에서 문갑식 기자는 「조선일보」를 영웅으로 하고 한겨레와 KBS(와 여성 아나운서)를 반영웅으로 하는 로맨스 서사를 구성한다. 여기에서 반영웅의 담론적 성격은 당파적, 어용적, 금권적인 것으로 구성되고, 영웅의 담론적 성격은 이에 대한 기호학적 대립을 통해 구성한다. 하지만 '당파적, 어용적, 금권적'을 한마디로 요약한 '접대부 같은'이라는 은유적 수사를 사용함으로써 예기치 않게 젠더 이슈가 돌출하자, 문갑식 기자는 17일 오후 3시 51분경 자신의 블로그에 "언론발전을 위해 애쓰시는 여성 아나운서들께"라는 제목으로 사과문을 올렸다. 여기에서 제일 눈에 띄는 것은 장르를 로맨스에서 비극으로 바꾸었다는 것이다. 또한 반영웅의 자리에 자신은 물론 KBS 여 아나운서를 놓고, 속의 자리에는 인터넷 미디어인 「매일노동뉴스」, 「오마이뉴스」, 「프레시안」을 배당했다는 것이다. 또한 성의 속성을 공적인 문제만을 다루는 성숙한 존재로 규정하고, 속의 속성을 사적인 문제를 다루는 치졸한 존재로 규정한 것이 눈에

〈표 4〉 문갑식 기자의 담론의 서사적 형식

서사 형식	영웅	영웅의 담론적 속성	반영웅	반영웅의 담론적 속성
로맨스	「조선일보」	반영웅에 대한 기호학적 대립	「한겨레」, KBS, 여성 아나운서	당파적, 어용적, 금권적, 술집 접대부같은
비극	문갑식 기자	순수한	「매일노동뉴스」, 「프레시안」, 「오마이뉴스」	악의적인, 치졸한
비극	여성 아나운서	나이 어린, 격무에 시달리는	방송계	남성중심적인, 관료제적인

띈다. 「매일노동뉴스」, 「프레시안」, 「오마이뉴스」가 악의적이고 치졸한 이유는 '사적 공간'인 블로그에 올린 사적인 글을 글쓴이의 아무런 허가도 없이 전체를 퍼다 날랐을 뿐만 아니라, 글쓴이의 진정한 의도는 일부러 빼고 일부 사적인(정서적이고 가치평가적인) 표현만을 잡아 자신을 여성비하적인 속된 기자로 만들었기 때문이다. 이러한 주장을 통해 문갑식 기자는 블로그가 과연 사적 영역인가 공적 영역인가 공과 사의 구분 문제를 정면으로 제기하였다. 하지만 이러한 이분법적 코드는 그 진정성을 의심받는다. 가장 큰 이유는 '어린 나이에도 격무에 시달리는 여성아나운서'라는 표현을 사과문에 씀으로써, 다시 '연령 이슈'를 생산하는 꼴이 되었기 때문이다. 어린 나이에도 격무에 시달린다는 것은, 판단력이 부족한 어린 여자가 조직에 속해 자신의 의지와는 무관하게 강도 높은 노동에 시달리고 있다는 내포적 의미를 담고 있다. 그런 의미에서 '공적이고 성숙한'이라는 성의 속성과 정면으로 충돌하게 된다. '멍청한 눈빛에 얼굴에 화장이나 진하게 한 유흥업소 접대부'를 '어린 나이에도 격무에 시달리는 여성아나운서'로 환유적으로 전위시킴으로써, 오히려 여성 아나운서를 더욱 속화시키는 결과를 낳은 것이다.

「매일노동뉴스」역시 문갑식 기자와 마찬가지로 로망스 서사를 사용하는데, 다만 그 행위자가 달라져 있다. 반영웅은 문갑식 기자로서 그 속성은 자본편향적이고 여성비하적이다. 반면 영웅은 안티조선운동으로 대표되는 시민사회 일반으로서 그 속성은 비당파적이고 젠더평등적이다. 「매일노동뉴스」는 문갑식 기자와 같은 반영웅이 판치게 되면, 결국에는 말 그대로 신문시장이 망하게 될 것이라고 경고한다.

「프레시안」은 로망스 서사와 비극 서사 둘을 사용한다. 먼저 로망스 서사에서 반영웅은 문갑식 기자이고 그 성격은 악의적이고, 궁색하며, 공과 사를 구분할 줄 모르는 것으로 그려진다. 반면 영웅은 여성단체와 KBS

노조로서 그 성격은 반영웅에 대한 기호학적 대립을 통해 구성된다. 이러한 대립에서 결국 영웅이 승리할 것이다. 여기에서는 문제의 아나운서로 지목된 여성 아나운서 개인이 빠져 있다. 하지만 바로 비극 서사에 동원된다. 여기에서 반영웅은 방송계로서 그 성격은 성을 대상화하거나 비하하는 것으로 그려진다. 반면 영웅은 여성 아나운서 개인으로서 그 담론적 속성은 지성과 미모를 갖춘 것으로 구성된다. 하지만 영웅은 반영웅에 패해 성적 대상으로 전락하는데, 이는 비극적이다. 왜냐하면 여성 아나운서는 성적 대상화를 시킬 수 없는 지성적 존재로 가정되기 때문이다.

「오마이뉴스」 역시 로맨스 서사와 비극 서사 모두를 사용한다. 먼저 로맨스 서사를 보면, 반영웅은 문갑식 기자로서 그 속성은 사회적 약자를 무시하고, 인격이 미숙하며, 남 탓만 하는 것으로 나타난다. 사회적 약자를 무시한다는 것은, 요번 블로그 사건에서 나온 속성이 아니다. 문갑식 기자가 노동전문기자로서 오랫동안 활동하면서, 사회적 약자인 노동자를 무시해 왔다는 과거가 일차적 구조틀로 불려 나온 것이다. 이를 통해 과거, 현재, 미래를 특정의 방식으로 선택하여 엮는 플롯화가 이루어졌다. 나머지 두 속성은 문갑식 기자가 사과한 후에 나온 것인데, 그 사과가 진솔하지 못하다고 보고 인격 자체가 미숙해서 남 탓만 하는 것으로 그리게 된 것이다. 반면 참된 영웅은 구체적으로 언명되어 있지 않지만, 참된 기자라고 이름 붙일 수 있을 것이고, 그 담론적 속성은 반영웅에 대한 기호학적 속성을 통해 구성된다. 이러한 싸움에서 결국 영웅이 반영웅을 물리칠 것이라는 것이 이 서사의 핵심이다. 비극 서사에서는 반영웅은 문갑식 기자이고 그 속성은 여성비하적이며, 영웅은 여성 아나운서로 그 속성은 참하고 똑똑해 보이는 그래서 지성과 미모를 갖춘 것으로 나타난다. 비극에서는 영웅이 그보다 더 힘이 센 반영웅에 의해 무참하게 패배함으로써 관객에서 비장감을 불러일으키는 것을 목적으로 한 서사이다. 여기에서 영웅인 여성 아나운서는 반영웅인 문갑식 기자에 의해 무참하게 패배당함으로써 사회적 공분을 불러일으키도록 기대된다.

「한겨레신문」은 오프라인 미디어답게 자신의 직접적인 주장을 잘 하지 않고, 다른 사람들의 말을 인용해서 보도하는 경향이 강하다. 또한 다른 인터넷 미디어와 달리 로맨스 서사를 사용하지 않고 비극 서사만을 사용한다는 점에 그 특징이 있다. 그 이유는, 아마도 문갑식 기자가 제기한 내용이 그 자체로는 너무나 당연하였기 때문일 것이다. 언론제도에 관한 문갑식 기자의 이분법적 코드 그 자체는 논란의 여지가 없을 정도의 공적 코드이기 때문이다. 첫 번째 비극 서사에서 반영웅은 문갑식 기자이고 그 속성은 여성비하적이며, 영웅은 여성 아나운서로서 그 속성은 소박하고 친근한 외모를 가지고 있으며 또한 설득력 있는 말투를 지닌 것으로 그려진다. 여기서 주목할 만한 것은 결코 '미모'를 이야기 하지 않고 소박하고 친근한 말투라는 속성으로 영웅을 그리고 있다는 점이다. 이는 사실 한국의 일상생활의 '사회적 사실'과는 어긋난 것이다. 여성 아나운서는 연예인 수준의 미모를 가지고 있지, 결코 동네에서 흔히 만날 수 있는 소박한 외모나 친근한 말투를 가지고 있지 않은 것은 한국 사람이면 누구나 알고 있기 때문이다. 이 점에서 「한겨레신문」은 다소 비겁하다고 할 수 있다. 설득력이 떨어지자, 「한겨레신문」은 다시 제2유형의 비극 서사를 사용한다. 여기서 반영웅은 방송계이며 그 속성은 성차별적 관행을 일삼고 외모지상주의에 빠져 있으며, 영웅은 여성 아나운서로서 그 속성은 기혼의 나이 든 것으로 나타난다. 실력이 있으면서도 결혼했다는 이유만으로, 또는 나이가 들어 성적 매력을 상실했다는 이유만으로 여성차별적인 방송계에 의해 패퇴당하고 있는 비극적 존재로 그려지고 있는 것이다.

다음 <표 5>는 지금까지의 논의를 간단한 표로 요약한 것이다.

<표 5> 인터넷 미디어 담론의 서사적 형식

	서사 형식	영웅	영웅의 담론적 속성	반영웅	반영웅의 담론적 속성
「매일노동뉴스」	로망스	시민사회(안티 조선운동)	젠더평등적, 비당파적	문갑식 기자	여성비하적, 자본편향적
「프레시안」	로망스	여성단체, KBS노조	반영웅에 대한 기호학적 대립	문갑식 기자	악의적인, 궁색한, 공과 사를 구분할 줄 모르는
	비극	여성 아나운서	지성과 미모를 갖춘	방송계	성을 대상화/비하하는
「오마이뉴스」	로망스	참된	반영웅에 대한 기호학적 대립	문갑식 기자	사회적 약자를 무시하는, 인격이 미성숙한, 남탓 만 하는
	비극	여성 아나운서	참하고 똑똑해 보이는, 지성과 미모를 갖춘	문갑식 기자	여성비하적 말투의
「한겨레신문」	비극	여성 아나운서	소박하고 친근한 외모의, 설득력 있는 말투의	문갑식 기자	여성비하적 말투의
	비극	여성 아나운서	결혼한, 나이 든	방송계	성차별적 관행을 일삼 는, 외모지상주의의

2. 댓글

1) 각각의 댓글: 아이러니 서사의 지배

문갑식 기자와 인터넷 미디어가 주로 로망스 서사와 비극 서사를 사용한 것은 그리 놀라운 일이 아니다. 사회적 위기의 기간 동안에, 시민사회의 극적인 힘은 보통 서사의 두 장르, 즉 로망스와 비극 사이의 긴장에 의해 강화되기 때문이다. 그 핵심은 위기가 통일과 신뢰로 끝날 것인가 아니면 분절과 의혹으로 끝날 것인가 하는 것이다(Jacobs, 2004: 28). 그렇다면 이러한 담론들의 투쟁은 어떠한 결과를 낳았는가? 초기에는 로망스 서사가 힘을 발휘하여 이 사건이 바람직한 상태를 성취하고 끝나는 것처럼 보였지만, 시간이 흘러갈수록 비극 서사가 우세하게 되어 숙명주의로 귀결되는 것처럼 보였다. 하지만 사건이 일단락된 지금에서 되돌아보면,

이 위기는 로맨스로도 비극으로도 끝나지 않았다. 오히려 시민사회의 제도와 행위자 모두를 부정적 존재로 만들어 놓은 아이러니 상태로 끝난 것처럼 보인다.

왜 이러한 일이 발생하였는가? 텔레커뮤니케이션 시대에 담론들의 투쟁은 제도권 언론들 사이에서만 이루어지지 않는다. 단순히 방청객에 불과했던 일반 공중이 인터넷이라는 텔레커뮤니케이션 장에서 댓글을 통해 이 투쟁과정에 끼어들기 때문이다. 그렇다면 댓글은 어떠한 서사를 사용하고 있는가? 실제로 댓글의 각각을 살펴본 결과, 여기에는 주로 두 가지 서사 유형이 있음이 드러난다.[8] 첫째, 영웅과 반영웅을 뒤바꾸는 재분류화 유형이 있다. 둘째, 영웅과 반영웅 할 것 없이 모두 상징적으로 오염시키는 아이러니 유형이 있다. 이 중에서 특히 관심을 끄는 것은 아이러니 유형인데, 재분류화 전략은 적과 마주한 행위자라면 누구나 쓰는 전략이기 때문이다. 기사에 달린 댓글을 보면, 두 번째 유형인 아이러니 유형이 압도적임을 발견할 수 있다.

우선 문갑식 기자가 성스러운 언론제도로 평가한 「조선일보」를 부정적인 존재로 그리는 아이러니 서사가 압도적으로 나타나는데, 그 핵심은 부정적인 과거 역사의 기억을 일차적 구조틀로 불러오는 것이다. 이러한 아이러니 서사는 소위 진보진영 언론제도가 「조선일보」에 대해 일상적으로 사용하는 아이러니 서사와 크게 다를 바 없다. 다만 그 수사의 과격함이 돋보일 뿐이다. 문제는 견고하게 나누어져 있던 이분법이 해체되어 양자 모두 부정적으로 그리는 아이러니 서사가 나타난다는 것이다. 아래는 문갑식 기자가 이분법적으로 대립시킨 「조선일보」와 방송사 모두를 상징적으로 오염시키는 모습이 잘 드러나고 있다. 비교적 근래에 있었던 안티조선운동의 결과 「조선일보」의 부정적인 과거는 많이 알려져 있는 편이다. 반면 현재 비교적 신문보다 신뢰를 더 얻고 있는 것처럼 보이는 KBS와

MBC의 과거 군사독재 부역의 역사는 잘 알려지지 않은 편이다. 하지만 아래의 댓글에서는 여지없이 이러한 과거가 만천하에 발가벗겨진다.

군사독재, 살인정권인 전두환정권의 나팔수로, 견마지로를 아끼지 않았던 댓가로 성장한 너희 좆선이야 말로 진정 그들과 야합한 '간음한 여자'가 아니었던가? 언론 간의 건전한 비판을, 정권의 사주에 의한 탄압으로 여기는 기자의 붓끝에서 나오는 신문이야 말로 몰락 외에는 다른 길이 있을까? 굳이 일제강점기까지 올라가지 않더라도, 작금 벌어지고 있는 '빨갱이 타령'을 볼 때, 너희 좆선이야 말로 이 민족 앞에 지은 죄가 하늘에 이르며, 너희 좆선의 몰락이야 말로 역사의 필연인 것이다(「오마이뉴스」, 댓글 1-31).[9]

자신들의 양심과 순결을 정권에 팔아 조동을 앵무새 처럼 씹어대는 개비에스 엠빙신…이것들이 갈보가 아니면 세상 누구를 갈보라 부른단 말인가? 문기자의 유일한 잘못은 갈보를 갈보라 한것이다. 아무리 개인 블로그지만 공인이기에 아무리 갈보라도 갈보라 해서는 안되는 것이다. 땡하면 전두환이 얼굴 내보던던 자가 누구인가? 바로 지금의 엠빙신 개비에쓰다. 이런 갈보들이 자기들의 잘못은 반성치 않고 정권이 바뀔 때 마다 기둥서방 바꾸어 타고 여전히 갈보짓이다. 내가 조동을 좋아하는 한가지 이유가 최소한 이런 서방 바꿔 갈보짓은 안한다는 것이다. 그래서 이런 고초를 겪고 있지만…(한토마, 31)

또한 접대부와 아나운서의 대립이 해체되고 양자 모두 상징적으로 오염시키는 서사도 나타난다. 그 핵심은 돈을 위해 자신을 판다는 점에서 싸구려이긴 마찬가지라는 것이다.

신문이 망하게 된 원인은 동감하기 어렵지만, '유흥업소 접대부같은 아나운서'라는 말은 정말 기막히게 동감한다. 하루에 한 시간 얼굴 내밀고 월 2, 3백 받아 가면, 고급 유한마담 수준은 아니더래도, 2급 요정의 창기 수준은 되지…날라리 같은 아나운서들…걔네들이야 「조선일보」 취직했으면 방가를 지네 애비처럼 여겼을 골빈 것들이다. 그런 창녀같은 것들은 어딜가든 지네 주인한테 충성할 것들이다. 가치없는 싸구려들이다. (「오마이뉴스」, 댓글 1-30)

여자 아나운서 대 여성 접대부의 대립의 해체에 이어, 아나운서 일반 대 여성 접대부의 대립을 설정한 후 곧 해체시켜 버리는 경우도 나타난다. 이 경우 접대부를 성스러운 존재로 전환시킨 것 같지만, 실상은 오십 보 백 보라는 식으로 양자 모두를 속화시키는 것이다.

접대부가 어때서…?당신들이 접대부 보다 나은 것 있나…? 왜 ? 접대부는 사람 않인가…?…그 자리에 패션옷 입고 품 잡고 않아 있으니 접대부가 웃읍다 이건가…?…문갑식 기자는 그런 면에서 접대부도 폼잡는 당신들과 같은 레벨로 보았다는 면에서…올해의 인권상을 받아야 할 분이다…접대부라고 했다고 고소를 해?…그럼 니들이 접대부 보다 우월한 사람들이라 생각하나…?…접대부 접대부 하지마…듣는 접대부 기분 나뻐지려 하내…열받으면 우리 접대부도 당신들 인권유린으로 고소 하는수가 있어…알긋나…? 응 접대부 보다 못한 인간들아…비싼 시청료 받어서 헛소리 하구 있는 당신들 보다 접대부가 훨~났다…(「오마이뉴스」, 댓글 1-96)

더 나아가 현재 우리 사회에서 가장 도덕적으로 우월하다고 평가받고 있는 페미니즘을 부정적으로 만드는 희극적 아이러니 서사 유형도 나타난다. 아래에서 보듯 사회적 약자로 평가받아 온 페미니즘 진영을 강력한 권력을 지닌 부정적 집단으로 설정하고, 우리 사회에서 가장 강력한 언론 제도의 지위를 누려온 「조선일보」를 사회적 약자로 만들어 「조선일보」 기자가 강력한 페미니즘 권력에 도전했다가 낭패를 당하는 것으로 그리고 있다. 이러한 서사는 원래 장엄한 비극으로 끝나야 하지만, 이 글을 읽는 독자들은 모두 실소를 머금게 된다. 「조선일보」 기자가 평범한 존재 이하의 희극적 존재로 보이기 때문이다.

> 「조선일보」 기자의 위대하고도 야심찬 도전. 그러나 무모한 도전…바로 패미들에게 도전한 것이다. 승산없는 싸움…아무나 이겨라!!! 그건 글쿠, 문갑식이 개 여자보는 눈은 있네?! 이번 일로 올라오는 글덜을 보니 여자아나운서가 이번 일루 상처를 받는다는 식의 헛소리덜이 상당히 많은데, 이런 일루 상처받는 대면 접대부 맞지!!! 이러다 접대부들쪽에서 시비거는거 아닌가? 오너라! 기꺼이 다 받아주마!!! 까짓거 우리 성매매사범으로 쇠고랑한번 차자꾸나!(한토마, 44)

또한 지금 누구도 감히(?) 그 도덕적 권위에 도전하지 못하는 여성단체 마저도 사실은 접대부라는 현실적으로 존재하는 특정 직업을 비하하는 속된 자로 그림으로써 아이러니의 성격을 더욱 강화한다. 문제는 젠더 이슈가 아니라 '직업위세 이슈'라는 것을 드러내 준 것이다. 이를 통해 여성단체는 '여성일반'의 인권을 위해 싸웠다기보다는 아나운서라는 특정 직업의 여성의 권리를 위해 투쟁한 것이라는 점이 폭로되었다. 여성단체는 한국사회에서 분명히 '사회적 사실'로 존재하는 성화된(sexualized) 여성 직업의 존재를 부정하고, 몰성화된(asexualized) 특정 여성 직업만을 옹호하는 '특수한' 단체임이 드러나게 된 것이다. 그 결과 팰러스중심주의 대 여성주의의 대립이 내파(implosion)되었다.

> 접대부 같은 아나운서···사기꾼 같은 정치인···조폭같은 대기업···다 비
> 슷한 말 아닌가? 문기자의 발언이 잘못되었다는 것을 부정하는 것은 아니
> 다. 비난받아 마땅하지만, 성희롱에 법정소송이라니???? 도대체가 여성단
> 체는 왜 나와서 설치는지 모르겠다. '간신배같은 아나운서'라고 했다면,
> 여성단체에서는 가만히 있었겠지. 우리사회에 접대부라는 직업이 엄연
> 히 존재함에도 불구하고 그 직업과 비유를 했다고 해서 성희롱이라는 정
> 말 어처구니 없고 황당한 주장을 하는 여성단체!! 여성단체 스스로가 접
> 대부들에 대한 혐오감을 가지고 있는 것은 아닌가?(한토마, 82)

2) 아이러니 서사의 환유적 연쇄

문제는 아이러니 댓글이 하나로 끝나지 않고, 계속해서 환유적으로 이
어진다는 점에 있다. 그 이유는 무엇보다도 아무런 유사성 없는 기표들마
저도 무한정 인접시킬 수 있는 텔레테크놀로지 덕분이다. 텔레테크놀로
지로 인해 사이버공론장이 성과 속의 이분법이 내파한 일차원적 시공간
으로 되어 버렸다. "성과 속을 가르는 공간과 시간이 안으로부터 폭파하
여 일차원적 공간과 시간이 되면, 유사성을 기반으로 하는 응축의 세계,
즉 외현과 본질의 이분법은 힘을 잃는다. 그 결과 만물은 일차원적인 외
현이 된다. 이제 모든 외현은 인접성의 원리에 따라 얼마든지 서로 고리
를 형성하여 무한하게 연장된다. 유사성을 기반으로 한 은유에서는 각 항
목들이 응축되어 있기에 서로 자유로울 수가 없다. 하지만, 이러한 응축
이라는 맥락에서 풀려지게 되면 아무런 유사성 없이 자유롭게 조합될 수
있다"(최종렬, 2004a: 10).

형식적 차원에서 볼 때 댓글은 환유적 연쇄를 이루면서 연결된다. 각

각의 댓글은 어떤 유기적 연관을 통해 이어지는 것이 아니다. 그런 점에서 각각의 댓글은 독립된 기표라 볼 수 있다. 김종길(2005: 56)은 2002년을 전후로 해서 "'머리글-답글'이라는 초기 단순 계단형 구조에서 벗어나 ① 발제문-머리글-댓글-꼬리글, ② 발제문-머리글-댓글, ③ 발제문-머리글-꼬리글, ④ 머리글-댓글-꼬리글, ⑤ 머리글-댓글, ⑥ 머리글-꼬리글 등의 다양한 형태로 분화하는 양상을 보인다."고 지적한다.

사실 이러한 분화는 김종길이 제안하는 것처럼 그렇게 큰 차이가 있는 것이 아니다. 발제글, 머리글, 댓글, 꼬리글은 그 자체만으로는 확정된 의미를 지니지 않는 기표에 불과하다는 점에서 모두 동일하다. 그 자체로는 의미가 고정되지 못하고 앞으로 올 댓글에 의해 그 의미가 상대화될 운명에 처한 하나의 기표인 것이다. 꼬리글들을 수반하는 댓글은 그 자체로 의미가 완성되는 것처럼 보이지만, 또 다른 댓글이 붙음으로써 그 의미가 불안정하게 된다는 점에서 전체적으로 볼 때 하나의 기표라 할 수 있다. 중요한 것은 이러한 구분 자체가 아니라, 기표들의 환유적 연쇄에서 댓글의 의미는 차연적으로 구성된다는 점이다. 데리다가 만들어 낸 차연이란 용어는 '다르다(differ)'는 동사와 '연기하다(defer)'는 동사를 결합한 신조어로, 언어의 본성은 공간적으로 다르면서 시간적으로 지연되는 이중의 성격에 있다는 말이다(Derrida, 1982a). 예를 들어 '…+y+z+a+…'라는 기표들의 환유적 연쇄가 있다고 하자. 여기에서 부분들인 'y', 'z', 'a'는 사전에 하나의 축을 따라 구성되어 있는 총체화된 체계의 일부가 아니다. 오히려 각자 그 자체의 독특성을 지니고 있는 개별자이다. 하지만 각 개별자의 의미는 스스로에 의해 정의될 수 없다. 혼자만 있으면 'I=I'라는 동음반복밖에 되지 않기 때문이다. 위의 간단한 도식에서 볼 때, y라는 기표보다 '…'라는 흔적이 먼저 가용한 문화자원으로 떠돌고 있다. 현재 y라는 기표가 존재한다고 하자. 현재 시점에서 y는 그 자체만

〈표 6〉 게시글 구조의 진화

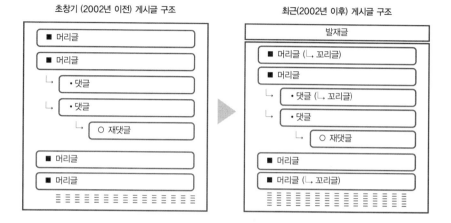

〈표 6〉 게시글 구조의 진화

으로는 "y는 y이다."라는 동음반복 이외에는 의미작용할 수 없다. 오로지 그 이전에 있던 흔적(…)과 결합해서만 특정의 의미를 산출할 수 있다. 여기서 흔적은 완전히 사라진 것이 아니라 출몰하고 있으면서 언제든지 y와 일시적으로 인접하여 의미작용할 준비가 되어 있다. 하지만 곧 새로운 기표인 z가 첨가되면 기존의 의미는 흔들린다. 이렇듯 환유적 연쇄에서는 의미가 이미 앞으로 침입할 기표에 의해 상대화되기 때문에 계속해서 의미의 확정이 지연된다. 그것들의 의미는 환유적 연쇄를 끊어 체계를 만든 후에야 사후적으로 구성될 수 있지만, 언제 다시 또 다른 댓글이 덧붙여질지 모르기 때문에 그 의미는 고정되지 않는다. 그런 점에서 댓글에서 이루어지는 담론은 발신자가 전혀 통제할 수 없는 방향으로 진행된다고 할 수 있다. 텔레커뮤니케이션에서는 발신자-메시지-수신자의 직선적 관계가 완전히 '내파' 되어 있어, 발신자가 전혀 자신의 메시지의 독해방식을 통제할 수 없다(최종렬, 2004c).

토론방에서 댓글은 각자 아직 분명한 기의를 가지지 않은 기표일 뿐이다. 그것의 기의는 다음에 붙을 댓글에 의해 사후에 구성될 것이다. 일단 아래의 댓글을 보자.

뭐가 잘못 됐나…? 접대부 같다는 것을 그렇게 부정적으로 볼것이 아니라…그렇게 상냥하다는 말이다 좀 새겨 들어라…정권에 그렇게 상냥하게 나팔수 노릇하잖어…아니냐…? 누가 썼는가는 모르겠다만…니들생각은 없잖아…써준데로 감정 넣어서 읽고 있잖아…하다가 보니 좀 챙피하기도 하잖아…아니면 사람 아니지…그런데 고소 하겠다고 무슨 죄목으로?…명예회손…?…자존심 영예 인권 …그런거 월래 없었잖어…그런 프로그램 방영할 때 철판 깔고 했잖어…당연히 욕먹을 것 각오하지 않었나…? 좋은 소리듯길 바랫나…?(「오마이뉴스」, 1-114)

네 어머니를 상냥해서 접대부라하면 좋겠냐…????? 좋기도 하겠다…(댓글 1)

네 그렇지요? 니놈 딸도 접대부, 에미도 접대부, 마누라도 접대부, 이모, 고모…저놈 가족은 모조리 접대부랍니다…화장을 지우면 멍청한 모습의 눈망울을 가진 멍처하고 흐릿한 접대부(댓글 2)

이 미친 새끼야…지나가는 여자들 붙잡고 접대부같이 열라 상냥하시네요…그래봐라…30분 안에 하수구에 골 깨진 네 시체가 두둥실 ~~~~(댓글 3)

ID가 123인 네티즌이 올려놓은 첫 번째 글은, 그 이후 달린 댓글 1에 의해 바로 상대화된다. 하지만 둘을 결합하면 어느 정도 안정된 의미를 사후적으로 구성할 수는 있다. 하지만 곧 댓글 2가 따라붙어 이 의미를 흔들어 놓는다. 하지만 이 역시 셋 모두를 구성해서 새로운 의미를 다시 만들 수 있다. 하지만 또 댓글 3이 붙어 그 의미를 뒤흔든다. 하지만 이 역시 사후적으로 전체적인 의미를 구성할 수 있다. 문제는 이러한 내용과 아무런 상관없는 새로운 토론글이 계속해서 이어 붙는다는 것이다. 그렇게 되면, 위의 댓글 전체가 하나의 기표로 전락한다. 이 과정은 공중의 주의가 더 이상 집중되지 않을 때까지 계속된다.

그럼 언제 공중의 주의 집중이 끝나는가? 나는 앞에서 성의 세계에 들어가면 모든 속의 질서가 혼돈 속으로 빠져든다고 말하였다. 이러한 혼돈이 있음으로 해서, 행위자들은 우선 속의 세계로부터 '분리'된다. 이러한 분리 이후 행위자들은 수많은 담론들을 사용하여 혼돈을 쪼개어 분류하려는 경쟁을 펼치게 된다. 이 과정은 기존의 질서를 위반하는 것이기 때문에, 엄청난 정서적 흥분과 도덕적 분개를 야기하고 따라서 공중의 주의를 단박에 '집중'시킨다. 공중의 주의 집중이 사라지는 것은, 바로 이러한 정서적 흥분과 도덕적 분개가 사라질 때이다. 그럼 언제 사라지는가? 성과 속의 경계를 가로지르는 위반이 너무나 일상화되어 위반하는 것 자체가 더 이상 정서적 흥분과 도덕적 분개를 야기하지 못할 때 공중의 주의는 사라진다. 사이버공론장에서는 이러한 위반의 일상화가 매우 급속도로 단기간에 이루어진다. 이 사건의 경우에도 보면 이틀 이상 공중의 주의가 집중된 상태를 유지하지 못한다. 그 이유는 사이버공론장에서 수많은 댓글들이 차연적으로 연쇄를 이어 가는 과정에서 기존의 분류체계의 경계를 위반하는 일이 너무나 많아지기 때문이다. 위반을 한다는 것은 보여주지 않아야 할 부분까지 보게 된다는 것을 의미한다. 댓글의 연쇄는 바로 그 지점, 즉 모든 것이 까발려져 더 이상 덧붙일 것이 없게 되는 지점까지만 연속된다.

한토마의 댓글의 연쇄를 한번 따라가 보자.

　문갑식 기자＝…＋왕또라이＋미친 놈＋병신 새끼＋시대부적응자＋
조중동 사장 마늘 접대부＋저격수＋남근 우월주의의 속물＋이성을 잃
음＋옳은 말 한 사람＋회사의 부속품＋얼뜨기 하수인＋올바른 언론인
＋낮에는 언론인 밤에는 권력의 시녀＋식물인간 제조기 선우휘＋공공
의 적＋현실과 동떨어진 왜곡보도＋인생의 쓴 맛을 본 적 없음＋40대
노가다 기자＋정권에 야합하지 않는 의리 있는 기자＋성희롱자＋표현
만 과격할 뿐 바른 말한 언론인＋딸과 아내를 접대부로 보는 자＋비겁한
자＋공적 영역과 사적 영역을 구분 못하는 자＋페미니즘에 도전하는 용
감한 자＋유치한 비유와 졸렬한 변명을 일삼음＋인격모독자＋접대부
많이 접해 본 자＋돈만 밝히는 자＋실수를 인정＋추잡한 인생＋순진＋
여자 보는 눈이 있음＋솔직＋개＋무뇌아＋진정성이 없음＋옳은 주장
을 함＋여성운동을 띄워주는 자＋천박한 가부장주의자＋뚝심 있음＋줏
대 없음＋…

　여자 아나운서＝…＋르노 배우＋빨강색 립스틱 하면 간첩으로 몰
림＋갈보＋가볍지 않은 차분함, 가라앉지 않는 진지함, 따스함이 가득한
목소리＋독설을 뿜어 냄＋어린 나이에 격무에 시달림＋똑똑하고 소신
있고 말 잘하고 거기에 미모까지 겸비＋방송국 고위층에 성상납한 대가
로 앵커가 된 자＋위병 여학생＋매춘부＋…

　「조선일보」＝…＋밤의 권력 보유자＋수구기득권의 개＋골수 꼴통＋
히틀러보다 더 악독＋빨갱이 신문＋월급 많이 주는 곳＋매국노＋친일
파＋친미사대주의 집단＋올바른 언론＋찌라시＋거짓된 정보 전달자＋

왜곡보도 + 교활하고 더러움 + 기회주의적 + 지는 해 + …

　한겨레 (KBS · MBC) = … + 개비에스, 엠빙신, 한걸레 + 갈보 + 교활 + 뜨는 해 + 양심이 살아 있음 + 군사독재 시절 공안당국보다 더함 + 의리도 없는 더러운 초원의 들개떼 같은 홍위병 + 사기꾼 + 과거사 들추어 연좌제 강제 + 간첩질 + 조작날조 + 개인 블로그까지 뒤져 침소봉대 + 일제강점기 헌병 앞잡이들 같음 + 노빠 + 선동적 + 아부, 아첨, 편파로 얼룩짐 + 주사파 정권을 위한 창녀 + 능력보다 얼굴 이쁜 여자를 얼굴마담으로 사용 + 권력이 바뀔 때마다 권력에 빌붙음 + 전라도 및 열우당 지지자 소굴 + …

　댓글이 환유적으로 연쇄를 이루는 과정에서 보여주지 않아야 할 부분까지 남김없이 너무나 까발려진다. 성스러운 속성과 속된 속성이 분명하게 이분화되지 못하고, 둘 다 즉물적 기표로 변하여 단순히 인접성의 원리를 통해 연결되기 때문이다. 그 결과 무슨 일이 일어나는가? "성과 속의 이분법적 상징적 분류체계에 기반한 사회적인 것이 성과 속 간의 관계가 차연적이 됨으로써 이전에는 표상될 수 없었던 체계의 한계가 무한한 환유적 연쇄를 이루면서 표상"된다(최종렬, 2004c: 148). 인터넷 미디어가 애초에 설정하지 않았던 이슈들, 예컨대 친일 부역문제, 독재권력 부역문제, 직장 내 성 문제, 접대부 경험 문제, 공/사 문제, 지역 문제, 한미관계 문제, 이념 문제, 성의 이중적 규범 문제 등이 봇물 터지듯 쏟아져 나온다. 이런 점에서 사이버공론장은 전통적인 부르주아 공론장의 '한계'를 남김없이 표상한다고 할 수 있다. "텔레커뮤니케이션은 성과 속의 이분법적 상징적 분류체계 내에서는 결코 표상될 수 없는 한계들을 표상시킨다. 텔레커뮤니케이션은 인류 역사상 처음으로, 이원론적 체계를 가능하게 만드는 동시에 그것의 총체성이 불가능하다는 사실을 알려 주는 한계들이 추방되지 않고 공개적으로 표상되는 시대가 도래하였음을 알려 준다. 그렇다고 이 한계들이 주체의 부정태 내지는 변형태로 체계 내화하는 방식으로 표상되는 것이 아니다. 한계들은 출몰하는 유령들처럼 차연적 관계의 연결망을 형성하면서 출몰하기 때문이다"(최종렬, 2004b: 170). 문제는 보여주지 않아야 할 부분까지 남김없이 너무나 까발리다 보면, 모든 분류가 자의적이라는 인식이 싹튼다는 점이다. 우리 일상생활의 재고적 지식인 진보(한겨레)와 보수(『조선일보』)의 대립, 여성 아나운서와 여성 접대부의 대립, 팰러스중심주의와 페미니즘의 대립은 완전히 내파되어 버린다. 성의 실체와 속의 실체의 대립이 아니라, 성과 속이 차연적으로 뒤섞이는 흐름이 있을 뿐이다.

3) 포스트모던 집합의례의 결과: 하이퍼리얼리티

이것이 무엇을 의미하는가? 사이버공론장은 포스트모던 공간이라는 것이다. 포스트모던 공간으로서 사이버공론장에서 행해지는 집합의례의 가장 큰 특징은 여기에서 "사회적 위기와 상습의 시기라는 이분법이 무너져, 서로 차연적인 관계를 맺고 있다."는 점이다. "어떤 존재를 성 또는 속으로 존재전환시키는 역치단계가 사라진 것이다"(최종렬, 2004c: 149). 그 이유는 무엇보다도 텔레테크놀로지 덕분에 너무도 빨리 누구나 댓글을 달 수 있게 되었기 때문이다. 행위자/제도의 속성이 성과 속의 차연적 연쇄를 통해 계속 미끄러지게 된 결과, 행위자/제도의 속성을 둘러싸고 아무리 집합의례를 행해도 전통적인 대면적 집합의례처럼 성스러움을 창출 내지는 갱신하지 못한다. "이러한 역치단계의 소멸은, 특정의 기표와 기의의 견고한 결합을 가능하게 하는 집합흥분을 만들지 못하고 따라서 공통의 코드를 공유하지 못하도록 만든다. 공동의 안정적인 코드는 집합흥분과 집합의식을 나눠 가질 때 생기는 것이기 때문이다. 뒤르케임이 알려 주는 바에 의하면 공동체가 구성되기 위해서는 공통의 의미를 공유해야 하며, 공통의 의미는 안정된 코드 때문에 가능한데, 포스트모던 사회에서는 이것이 어렵게 된 것이다. 안정적이어야 할 코드 자체가 일시적으로 출현하였다가 사라지는 바람처럼 되어 버려 의미가 공유되지 못하기 때문이다"(최종렬, 2004a: 21).

그렇다면 이러한 집합의례는 어떤 결과를 낳는가? 우선 리얼리티가 하이퍼리얼리티로 바뀌었다는 것이고, 다음으로는 하이퍼리얼리티가 감정의 마비와 도덕의 몰도덕화를 낳았다는 것이다. 텔레커뮤니케이션이 지배적으로 되기 이전까지는, 어떻게 하면 리얼리티를 있는 그대로 남김없이 표상하는가가 문제였다. 하지만 이제는 리얼리티를 너무나 많이 보여주고 그것도 실재보다 더 실재처럼 보여준다는 것이 문제이다. "이분법의 해체로 인해 실재가 너무 많이 보여질 뿐만 아니라, 그 과실재가 실재보다 더 실재인 것처럼 보이기에 더 이상 덧붙일 그 어떤 것도 남지 않은 것처럼 되어 버렸다. 실재의 참혹함을 참아낼 수 없어 환상을 꿈꾸는 니체의 아이러니가 과실재에 압도당한 보드리야르의 아이러니로 뒤바뀐 것이다"(최종렬, 2004a: 24). 이렇게 리얼리티를 하이퍼리얼리티로 전화시키는 데에는, 아이러니 서사의 환유적 연쇄가 결정적인 역할을 하였다. 아이러니 서사에는 긍정적 목적이 없다. 따라서 아이러니 서사가 지배하게 되면 니힐리즘적 정치문화가 지배할 가능성이 많다(Jacobs and Smith, 1997). 어느 곳에나 어디에서나 아이러니와 마주치게 되면 사람들이 아이러니에 지치게 될 수 있다. 모든 인물을 부정적으로 그리는 관점들을 너무나 많이 언제 어디서나 마주치게 되면, 그것에 지치고 짜증이 나게된다. 감정이 마르고, 모든 가치를 평준화시키는 몰도덕화가 나타나는 것이다. 그래서 그놈이 그놈이지 하면서 시민사회 전체로부터 거리를 두게 되는 것이다.

그렇다면 남은 것은 무엇인가? 아무런 감동과 도덕성을 일깨우지 못하는 '노빠'와 '조빠'의 대립뿐이다. 노빠와 조빠는 각자 성스러움을 창출하지 못하고 상대방을 상징적으로 오염시키고 그에 대한 기호학적 대립을 통해 자신의 정체성을 구성한다는 점에서 동일하다. 노빠와 조빠는 스스로 만들어 낸 이름이 아니라, 상대방이 서로에게 부정적인 이름으로 낙인찍은 것이다. 그런 점에서 부정적 정체성만 있는 것이다. 하지만 진정한 정체성은 자신을 넘어선 성스러운 존재와 하나 되는 체험을 통해 존재론적 전환을 이룰 때 가능하다는 점을 감안한다면, 양 진영은 모두 자신이 노빠 혹은 조빠임을 부정할 수밖에 없다. 나는 앞에서 진정한 공론장은 타자의 현전을 전제로 하면서 담론을 통해 자신의 탁월성을 입증하려고 인정투쟁하는 자유인의 행위의 장이라 정의한 바 있다. 이러한 정의와 대립되게, 사이버공론장에서 이루어지는 담론경합은 상대방을 상징적으로 오염시키려는 것을 주된 목적으로 한다.[10] 그러다 보니 공적으로 공유된 이분법적 상징적 분류체계마저도 해체시켜 상대방을 상징적으로 오염시키는 데 사용한다. 댓글이 달리는 것은, 공중의 주의가 집중될 때이다. 때문에 댓글을 올리는 사람들은 자신의 글이 공중의 주의를 끌도록 최대한 노력한다. 이는 우선적으로 '수사의 실험'으로 나타난다. 이러한 수사의 실험은 기존의 부르주아 공론장에서 표상될 수 없었던 정서와 도덕을 표출하는 실천으로 간주될 수 있다. 온갖 생경하고 과격한 수사가 난무한다. 점잖게 글을 써 가지고는 절대 공중의 주의를 끌 수 없다. 그래서 내용을 중심으로 토론이 일어나지 않고, 수사의 스타일만이 난무한다. 하지만 너무나 많은 수사에 너무나 많이 노출되면, 수사는 힘을 잃는다. 노빠와 조빠가 아무리 대중으로부터 헤게모니를 얻기 위해 담론경합을 해도 쉽게 헤게모니는 획득되지 않는다.[11]

이러한 부정적인 측면은 또한 긍정적으로도 접근될 수 있다. 앞에서 아이러니는 성찰성, 차이, 용인, 시민사회에 대한 건강한 형태의 비판을 촉진한다고 했다. 사실 역겨울 정도로 견뎌 낼 수 없는 차이에 대한 용인만이 진짜 용인이라 할 수 있다. 그런 점에서 볼 때 사이버공론장은 너무나 역겨운 차이들을 용인할 수밖에 없는 집합의례의 장이다. 우리는 나와 너무나 다른 차이와 직면해서만 자연스런 의식의 흐름을 끊어 자신을 성찰하게 된다. 사이버공론장에서 우리는 수도 없이 많은 차이와 직면하게 됨으로써 성찰성을 극대화하게 된다. 이러한 성찰성은 과거의 전범에 기대어 현재를 비추어 보는 전통적인 의미의 성찰성과는 완전히 다른 것이다. 비추어 볼 거울이 아직 도래하지 않은 미래에서 온다는 점에서, 이 성찰성은 현실의 '자연성'을 계속해서 차연적으로 뒤흔든다. 한 사건의 의미는 오로지 사후적으로 구성될 뿐이며, 이 또한 곧 미래에서 닥칠 새로운 사건에 의해 계속해서 상대화된다. 이는 우리로 하여금 현실의 다차원성, 애매성, 복합성, 비결정성, 가역성, 불확실성을 인정하지 않을 수 없도록 만든다. "그 결과, 역설적이게도 그 어느 때보다도 윤리적/정치적 자유를 확대시켜 놓는다. 사람들을 서로 묶어 줄 상위규범은 더 이상 문화구조처럼 견고한 객관적 실체로 주어지는 것이 아니기 때문에, 매 순간 새로운 윤리적/정치적 문제에 직면하게 하는 것이다"(최종렬, 2004a: 26). 이런 점에서 사이버공론장에서의 포스트모던 집합의례의 긍정성은, 한 사회에 윤리적/정치적 자유를 확대시켜 놓는다는 점에서 찾을 수 있을 것이다. 하지만 이는 다음과 같은 근본적인 질문을 우리에게 던져 놓는다. 우리 모두 경외하는 성스러움을 공유하지 않고서 어떻게 사회성을 유지할 수 있는가?

V. 맺음말

나는 시민사회에 대한 규범적·제도적 접근 대신에 시민사회에서 일어나는 구체적인 사건을 두고 벌어지는 집합의례를 통해 한국사회의 시민사회의 모습을 경험적으로 탐구해 보고자 했다. 이를 위해 사이버공론장에서 문갑식 기자 블로그 사건을 둘러싸고 벌어진 집합의례를 경험적 사례로 선택하여 이를 분석해 보았다. 문갑식 기자의 블로그 사건을 둘러싼 집합의례 과정에서 성스러운 언론제도/언론인과 속된 언론제도/언론인의 대립, 진보와 보수의 대립, 공적 영역과 사적 영역의 대립, 여성 아나운서와 여성 접대부의 대립, 팰러스중심주의와 페미니즘의 대립이 내파되었다. 집합의례의 결과 애초의 이분법적 코드가 갱신되기는커녕, 새로 출현한 이분법적 코드들과 뒤섞이는 과정에서 모든 코드가 내파되었다. 이 모두를 아우르는 하나의 거대한 성스러운 상징체계가 창출되지도 않았고, 따라서 이를 중심으로 한 연대도 만들어지지 않았다. 대신 현실세계의 분류가 자의적이라는 인식만이 팽배해졌다. 여기에는 아이러니의 환유적 연쇄로 특징지어지는 댓글의 연쇄가 큰 역할을 하였다. 연대 대신, 성찰성이 극대화되었다. 이런 점에서 앞에서 소개한 콜린스의 일반이론은, 최소한 이 사례를 통해 볼 때, 사이버공론장에서의 포스트모던 집합의례에서는 들어맞지 않는다는 것이 드러났다.

하지만 여기에서 마지막으로 한 가지 의문이 나온다. 담론과 실재를 '분석적'으로 구분해 본다면, 담론의 차원에서는 집합의례를 통해 이분법이 내파된 것이 확실해 보인다. 그럼에도 불구하고 실재에서는 여전히 성스러운 언론제도/언론인과 속된 언론제도/언론인의 대립, 진보와 보수의 대립, 공적 영역과 사적 영역의 대립, 여성 아나운서와 여성 접대부의 대립, 팰러스중심주의와 페미니즘의 대립이 강고하게 지속되는 것처럼 보인다. 그렇다면 집합의례를 통해 도대체 무엇이 변화했단 말인가? 담론의 변화도 결국 집합의례 기간 동안 잠시 나타났을 뿐 다시 제자리로 되돌아간 것이 아닌가? 이런 점에서 알렉산더로 대표되는 신뒤르케임주의 문화사회학의 핵심적 주장, 즉 "심지어 성과 속의 경계가 흐트러지는 사회적 위기 동안에도, 주체는 성의 자리를 차지하고 타자에게는 속의 자리를 할당하는 의례화 과정을 통해 성과 속의 이분법적 상징적 분류체계 그 자체는 결코 도전받지 않는 (반)자율적 문화구조로 유지된다."(최종렬, 2004a: 26)는 주장이 포스트모던 세팅에서도 여전히 타당한 것처럼 보일 수 있다. 나는 이러한 해석에 맞서, 아이러니와 성찰성이 행위자의 배경적 지식으로 깊숙이 산개해 들어가 자연적 태도로 자리 잡고 있음을 강조하고 싶다. 이 때문에 사람들은 모든 이분법적 문화구조들이 비록 실재의 차원에서 건재한다 해도 이를 아이러니 서사를 통해 성찰적으로 바라본다. 그러한 문화구조들이 실제(actual) 현실에서는 그 구성요소들이 경계를 넘어 서로 차연적으로 계속해서 이어진다는 사실을 잘 알고 있는 것이다.

이러한 해석은 현재 한국사회에 전반적으로 나타나는 참여의 저조 현상을 새롭게 해석할 수 있는 한 잣대를 제공한다. 현재 한국에는 국가사회와 시민사회가 아무리 '참여' 민주주의를 외쳐대도, 행위자들은 이에 쉽게 참여하지 않아 민주주의가 위기에 처했다는 주장이 있다. 하지만 이는 흔히 말하듯 한국인들이 유사가족주의에 빠져 있다거나 보수화되어서인 것만이 아니며 그래서 이를 도덕적으로 비난한다고 해결될 문제도 아니다. 더 이상 국가사회와 시민사회를 이분법적 상징적 분류체계에서 성의 위치를 차지하고 있는 것으로 보지 않고 속과 차연적 관계를 맺고 있는 것으로 보기 때문에 참여를 꺼린다고 보는 것이 맞을 것이다. 이분법적 상징적 분류체계가 내파되어 행위자들의 배경적 지식으로 깊숙이 산개되어 들어가 자연적 태도로 자리 잡고 있는 것이다. 하지만 나는 참여의 부족을 곧 민주주의의 위기로 등치시키는 단순한 주장에는 동의하지 않는다. 시장사회로부터 퇴출당해 있거나 퇴출당할 위험에 처해 있는 사람들에게 심지어 시장사회에 진입조차 못한 사람들에게, 국가사회와 시민사회에 적극적으로 참여하라고 요구하는 것 자체가 폭력적 발상이다. 생산의 영역에서는 필연성의 수준에서 허덕거리게 만들면서 소비의 영역에서는 광란적 소비로 유혹하는 시장사회의 압력을 생각하면, 국가사회와 시민사회에 적극적으로 참여하라고 요구하는 것은 더욱 지나치다 할 것이다. 오히려 참여가 극대화된 사회는 테러를 당한 직후의 미국사회가 보여주듯 '병적 흥분 구역'에 빠진 상태에 있다는 것을 반증하는 것일 수도 있다(Collins, 2004b). 대중들의 무기력과 무관심이, 사회체계에 참여하기를 거부하는 그들의 진정한 전략, 즉 저항의 형식이라는 보드리야르 (Baudrillard, 1990b: 99)의 주장이 울림을 갖는 이유가 여기에 있다. 이런 점에서 볼 때, 현재 한국사회의 민주주의가 참여의 부족으로 위기에 처한 것이 아니라, 오히려 민주주의가 한 단계 업그레이드된 상태로 나아가고 있는 것이라 보는 것이 보다 균형 잡힌 시각일 것이다. 이제 사람들은 제도권 정치의 로망스 서사와 비극 서사의 싸움에 더 이상 설득당하지 않는다. 로망스의 목적론적 상승 서사에 이끌려 과잉 동원되려고도 하지 않고, 비극의 숙명론적 하강 서사에 이끌려 장엄하게 좌절하려고도 하지 않는다. 오히려 사람들은 시간을 언제나 가역적인 상태로 재구성할 수 있게 해 주는 아이러니 서사를 따라 다양한 시각, 정체성, 공동체를 끊임없이 구성한다. 따라서 모든 사람들을 하나로 꿰뚫는 거대서사는 한국사회의 현 민주주의 발전 단계에서는 더 이상 통하지 않는다. 이것을 어찌 민주주의의 위기라 부를 수 있을 것인가? 오히려 참여를 조장하는 로망스와 성찰성을 북돋우는 아이러니 간의 건강한 '긴장'이 보다 나은 민주주의의 발전에 필수적이라는 인식을 할 필요가 있다.

이에 발맞추어 현재 한국사회에 새로운 형태의 민주주의가 실험되고 있는 것은 아닌지 사회학적 감수성의 촉각을 내뻗어야 한다. 사람들은 이제 친밀성의 영역(섹슈얼리티, 사랑, 에로티시즘)에 더 열렬히 참여하고 있으며, 그곳에서 민주주의를 실험하고 있다는 기든스(Giddens, 1992)의 주장에 귀 기울일 필요가 있다. 그렇다면 국가사회, 시장사회, 시민사회가 침투하지 않는 친밀성 영역의 자율성을 증대시켜 주는 것이 지금 진정 필요한 '진보'일지도 모른다. 현재 한국사회에는 국가사회, 시장사회, 시민사회가 개별자의 영역과 친밀성의 영역에 과도하게 개입하여 얼마나 많은 폭력을 휘둘러 대고 있는가? 개별자의 영역과 친밀성의 영역은 권력, 화폐, 도덕으로부터 자율적인 영역이어야 한다. 그곳에는 오로지 '순수관계(pure relationship)'가 지배적이어야 한다(Giddens, 1992). 현재 성별 노동분업에 기초한 가부장적 핵가족 제도가 해체되어, 둘 사이에서 유의미한 코스모스를 찾는 사랑이 세속적인 종교가 되는 시대로 접어들고 있다(벡·벡-게른샤임, 1999). 이 모두는 사실 행위자들이 기존의 근대 제도들을 아이러니 서사를 통해 볼 수 있게 되었기 때문에 가능해진 것이다. 그렇다면 사회학자인 우리는 그곳에서 싹터 나올지도 모르는 새로운 사회성의 씨앗을 탐구하려고 노력해야 하지 않겠는가?

부록

「조선일보」 문갑식 기자 사건 보도 일지

날짜와 시간	보 도	댓글 개수
2004년 12월 14일 오전 11시경	「조선일보」 문갑식 기자가 자신의 블로그에 "신문시장이 망하게 된 이유"라는 제목으로 글을 올림.	
12월 16일 오후 5시 10분경	「매일노동뉴스」 이오성 기자가 문갑식 기자의 블로그 내용을 "술집 접대부 같은 여성 아나운서도 씹어대는…"이라는 제목으로 처음으로 보도함.	12월 16일 오후 6시 19분경부터 12월 17일 오전 9시 9분경까지 5개
12월 16일 오후 6시 40분경	인터넷 한겨레 온라인뉴스부 김순배 기자가 상세히 보도함.	
12월 17일 오전 9시 33분경	「매일노동뉴스」 이오성 기자가 자신의 원래 기사를 수정해서 다시 올림.	12월 17일 10시 4분경부터 12월 31일 11시 2분경까지 13개
12월 17일 오전 10시 54분경	「프레시안」 이영환 기자가 "조선 기자 '접대부 같은 KBS 아나운서' 파문–문갑식 '조선닷컴 블로그'서 막말, 「중앙일보」는 재벌이익 대변"이라는 제목으로 보도.	
12월 17일 오전 11시 3분경	「조선일보」 문갑식 기자가 일부 문제 내용 삭제함.	
12월 17일 오후 1시 5분경	「오마이뉴스」 손병관 기자가 "조선 기자의 막말 유흥업소 접대부 같은 KBS 아나운서"라는 제목으로 글을 올림.	12월 17일 오후 1시 22분경부터 12월 17일 오후 4시 21분경까지 38개
12월 17일 오후 2시 5분경	인터넷 한겨레 온라인뉴스부 김순배 기자가 "'접대부 같은 아나운서도 조중동 씹어대': 조선 문갑식 기자, 여성 비하 '극언'–'신문 위기는 정권 탓'"이라는 제목으로 보도.	
12월 17일 오후 2시 47분경	「프레시안」 이영환 기자가 "문갑식 '유흥업소 접대부' '개나소' 삭제–KBS와 여성계 '사법대응' 직후, 네티즌 '양심의 소리였다면 왜 삭제?'"라는 제목으로 보도.	
12월 17일 오후 2시 57분경	한겨레 온라인뉴스부 김순배 기자가 "문갑식기자 '논란부분' 삭제, KBS PD는 '쓴 분이 불명예'"라는 제목으로 다시 보도함.	
12월 17일 오후 3시 51분경	「조선일보」 문갑식 기자가 "언론발전을 위해 힘쓰시는 여성 아나운서분들께"라는 제목으로 1차 사과문을 올림.	
12월 17일 오후 4시 40분경	「오마이뉴스」 손병관 기자가 "막말 파문 확산되자 17일 오후 아나운서들에게 '사과문'"이라는 제목으로 글을 올림.	12월 17일 오후 4시 46분부터 12월 17일 오후 9시 57분경까지 43개

날짜와 시간	보 도	댓글 개수
12월 17일 오후 4시 45분경	한겨레 온라인뉴스 김순배 기자가 "문갑식기자 '진심으로 사과' 블로그 올려"라는 제목으로 보도.	
12월 17 오후 4시 55분경	「프레시안」 전홍기혜 기자가 "여성계 분노, '문갑식 기자 발언, 명백한 성희롱' – '공격대상조차 구분 못해, 사회적 책임져야'"라는 제목으로 보도.	
12월 17일 오후 5시 6분경	「매일노동뉴스」 이오성 기자가 "레이버투데이 '문갑식 막말' 단독보도 일파만파"라는 제목으로 보도.	12월 17일 오전 11시경부터 12월 19일 오전 10시 44분경까지 8개
12월 17일 오후 5시 32분경	「한국일보」 김오성 기자가 "「조선일보」 막말 블로그 소동: 유흥업소 접대부같은 KBS 아나운서"라는 제목으로 보도.	
12월 17 오후 6시 11분경일	「프레시안」 이영환 기자가 "'어린 나이에 격무에 시달리는 여성아나운서께'–문갑식 '초저자세 사과문' 게재, '특정매체–특정인 비하 의도 전혀 없어'"라는 제목으로 보도.	
12월 17일 오후 5시 뉴스	KBS가 저녁 9시 뉴스 후반부에 "'접대부같은 아나운서' 기자 블로그 파문"이라는 꼭지로 문갑식 기자 사건을 정면으로 비판.	
12월 17일 밤 10시 20분경	「오마이뉴스」 손병관 기자가 "법정으로 가는 조선 기자 막말 파문"이라는 제목으로 글을 올림.	12월 17일 오후 10시 24분경부터 12월 19일 오전 9시 57분경까지 23개
12월 18일 오전 9시 17분경	「프레시안」 이영환 기자가 "KBS, '문갑식 망언' 강력 대응키로–명예훼손 소송 제기, 뉴스·노조성명 통해 비판, 여성단체 가세"라는 제목으로 보도.	
12월 18일 오전 11시 9분경	「프레시안」 임경구 기자가 "우리당「조선일보」, 공룡이 왜 멸망했는지 아는가': '문갑식 망언' 비판, '온갖 저주와 남 탓으로 일관'"이란 제목으로 보도.	
12월 18일 오후 12시 2분경	한겨레 온라인뉴스 김순배 기자가 "여성 아나운서 비하 파문, 갈수록 커져"라는 제목으로 보도.	
12월 19일 오후 12시 3분경	인터넷 한겨레 온라인뉴스 김순배 기자가 "'보여주려고 쓴 일기'가 '사적 영역'이라고?"라는 제목으로 보도.	
12월 19일 오후 5시 52분경	「매일노동뉴스」 마영선 기자 "'막말 파문' 조선 문갑식 기자 법정 가나?"라는 제목으로 보도	
12월 19일 오후 12시 3분경	한겨레 온라인뉴스 김순배 기자가 다시 보도.	
12월 20일 오후 3시 51분경	「한국일보」가 연합뉴스 김가희 기자의 기사를 받아 "아나운서협, '접대부 비하파문 시간 두고 검토'"라는 제목으로 보도.	12월 21일 2시 32분경부터 12월 21일 2시 41분경까지 2개
12월 20일 오후 3시 59분경	「조선일보」가 연합뉴스를 인용해 "아나운서협회 '시간을 두고 소송여부 결정할 것'"이란 제목으로 짧게 보도.	

날짜와 시간	보 도	댓글 개수
12월 20일 오후 4시 3분경	「한국일보」가 연합뉴스 김가희 기자의 기사를 받아 "아나운서 협, '좀 차분해진 후 행동 취할지 결정'"라는 제목으로 보도.	
12월 20일 오후 5시 20분경	「경향신문」 변희재 브레이크 뉴스 편집국장이 "[미디어비평] 조선기자의 망언, 그 이후"라는 제목으로 글을 올림.	
12월 21일 오후 2시 20분경	「프레시안」 이영환 기자가 "KBS 아나운서협, 문갑식 기자 형 사고소키로: PD 연합회 '문갑식 기자 있어 「조선일보」 미래가 암울' 비판성명"이라는 제목으로 보도.	
12월 21일 오후 4시 12분경	한겨레 온라인뉴스 김순배 기자가 "KBS 아나운서협회 '문갑 식 기자 형사고소'"라는 제목으로 보도.	
.12월 21일 오후 5시 8분경	「매일노동뉴스」 마영선 기자 "KBS 아나운서협, 문갑식 기자 형사고소"라는 제목으로 보도.	
12월 21일 오후 6시 33분경	「오마이뉴스」 김진희 기자 "KBS 아나운서 3명 '조선' 기자 고소하겠다"는 제목으로 글을 올림.	12월 21일 6시 57분경부 터 12월 22일 오후 1시 49분경까지 19개
12월 22일	한국여성민우회 성명 발표. "문갑식 기자의 성차별적 만언에 단호히 대처하는 KBS 여성 아나운서들을 적극 지지한다."	
12월 23일 오후 3시 17분	한겨레 온라인뉴스 김진철 기자가 "KBS 김윤지 '여성방송인 이 비난받을 이유는 없다'"는 제목으로 보도.	
12월 23일 오후 9시 32분경	한겨레 온라인뉴스 김진철 기자가 "KBS '시사투나잇' 김윤지 아나운서"라는 제목으로 보도.	
12월 24일 오전 10시 51분경	「중앙일보」가 연합뉴스를 인용해 "아나운서 '접대부 비유' 기 자 KBS 사과 방문"이라는 제목으로 보도.	12월 24일 오전 11시 21 분경부터 12월 24일 오후 9시 3분경까지 12개
12월 24일 오전 11시경	「오마이뉴스」 김진희 기자 "갑자기 KBS 아나운서실 찾아간 문갑식 '죄송합니다'"라는 제목으로 글을 올림.	12월 24일 오후 12시 4분 경부터 12월 26일 오후 12시 17분경까지 29개
12월 24일 오전 11시 1분경	「한국일보」가 연합뉴스 김가희 기자의 기사를 받아 "KBS 아 나운서 비대위, 「조선일보」 기자 고소"라는 제목으로 보도.	12월 24일 11시 48분경부 터 12월 27일 오전 2시 39분경까지 14개
12월 24일 오전 11시 9분경	「한겨레신문」이 연합뉴스를 받아 "KBS 아나운서, 27일 「조선 일보」 기자 고소"라는 제목으로 보도.	
12월 24일 오전 11시 42분경	「경향신문」 계지은 기자가 "KBS 아나운서 비대위, 문갑식 기 자 고소키로"라는 제목으로 보도.	
12월 24일 오전 10시 49분경	「조선일보」가 연합뉴스를 인용해 "KBS 아나운서 비대위, 27 일 「조선일보」 기자 고소"라는 제목으로 짧게 보도.	12월 24일 1시 31분경부 터 12월 25일 오후 2시 47분경까지 7개
12월 24일 12시 경	문갑식 기자가 자신의 블로그를 통해 "KBS 아나운서분들께 진심으로 사과드립니다"라는 제목으로 사과문을 올림.	

날짜와 시간	보도	댓글 개수
12월 24일 오후 1시 10분경	「프레시안」 이영환 기자가 "문갑식 기자 KBS 방문 '백배사죄': 당사자들 '받아들일 수 없다', 27일 서울지검에 고소키로"라는 제목으로 보도.	
12월 24일 오후 2시 10분경	「매일노동뉴스」 이문영 기자 "조선 문갑식 '모두 부덕의 소치' 이번엔 고개 숙여 사과"라는 제목으로 글을 올림.	12월 28일 오전 8시 25분경 1개
12월 24일 오후 3시 27분경	「한겨레신문」 온라인뉴스부 김미영 기자가 "문갑식, KBS 사과방문-아나운서실 '수용거부'"라는 제목으로 보도.	
12월 27일 오후 3시 55분경	「한겨레신문」 사회부 김태규 기자가 "KBS 아나운서 33인, 문갑식 고소"라는 제목으로 보도.	
12월 27일 오후 4시 5분경	「중앙일보」가 연합뉴스를 받아 "KBS 女아나운서 33명, 「조선일보」 문갑식 기자 고소"라는 제목으로 짧게 보도.	12월 27일 오후 4시 21분경부터 12월 27일 오후 6시 58분경까지 4개
12월 27일 오후 4시 33분경	한국일보가 연합뉴스 조준형 기자의 기사를 받아 "KBS 여아나운서들도 기자 고소"라는 제목으로 보도.	12월 27일 오후 4시 52분경부터 12월 28일 오후 42분경까지 16개
12월 27일 오후 5시 49분경	「경향신문」 오창민 기자가 "'女 아나운서 모욕'「조선일보」 기자 피소"라는 제목으로 짧게 보도.	
12월 27일 오후 6시 56분경	「오마이뉴스」 유창재 기자 "KBS 여성 아나운서들, 문갑식 '조선' 기자 명예훼손으로 고소"라는 제목으로 글을 올림.	12월 27일 오후 7시 33분경부터 12월 28일 오전 10시 36분경까지 19개
2005년 1월 19일 오후 4시 2분경	「중앙일보」가 연합뉴스의 기사를 받아 "KBS 아나운서 등, '접대부' 발언 관련 검찰에 진정서 제출"이라는 제목으로 보도.	
1월 19일 오후 4시 9분경	「매일노동뉴스」가 연합뉴스의 기사 "KBS 아나운서들, '접대부' 발언관련 검찰에 진정서"를 올림.	
1월 19일 오후 4시 9분경	한국일보가 연합뉴스 홍성록 기자의 기사를 받아 "아나운서 73명, '접대부' 발언 진정서 제출"이라는 제목으로 보도.	1월 19일 오후 4시 16분부터 1월 19일 오후 6시 36분까지 5개
1월 19일 오후 4시 13분경	「한겨레신문」이 연합뉴스를 받아 "KBS 아나운서, '접대부' 발언 관련 검찰에 진정서"라는 제목으로 보도.	
1월 19일 오후 4시 18분경	한국일보가 연합뉴스 홍성록 기자의 기사를 받아 "여아나운서 '접대부' 비하 발언 속히 수사하라: KBS·MBC 아나운서 73명 '엄중한 처벌' 요구 진정서 제출"이라는 제목으로 보도.	1월 19일 오후 6시 19분경 1개
1월 19일 오후 5시 58분경	「프레시안」 이영환 기자가 "KBS-MBC 아나운서 73명 '검찰, 문갑식 수사 빨리하라': 중앙지검에 진정서 제출, 가중처벌 요구하기도"라는 제목으로 보도.	
4월 14일 오전 0시 13분경	「오마이뉴스」 신미희 기자 "'여자 아나운서 비하' 조선 기자 약식 기소"라는 제목을 글을 올림.	4월 14일 오전 0시 35분경부터 4월 14일 오전 2시 13분경까지 3개

날짜와 시간	보도	댓글 개수
4월 14일 오전 1시 27분경	한국일보가 "'여아나운서 비하' 기자 벌금 200만 원 기소"라는 제목으로 보도.4월 14일 오전 1시 34분경 「한겨레신문」 김태규 기자가 "개인 블로그 글도 형사처벌 가능"이라는 제목으로 보도.	
4월 14일 오전 9시 10분경	「프레시안」 이영환 기자가 "문갑식 「조선일보」 기자, 벌금 2백만 원 약식기소: 여성 아나운서 비하 글, 검찰 '모욕죄에 해당'"이라는 제목으로 보도.	
4월 15일 오후 7시 53분경	「오마이뉴스」 신미희 기자 "문갑식 기자, 휘적여 쓴 글 위력 알 것"이라는 제목으로 글을 올림.	4월 15일 오후 8시 31분경부터 4월 16일 오전 10시 54분경까지 7개
4월 16일 오전 9시 51분경	「한겨레신문」이 연합뉴스를 받아 "KBS 아나운서, '접대부' 비하 기자 약식기소에 성명"이란 제목으로 보도.	
4월 16일 오전 9시 58분경	「중앙일보」가 연합뉴스의 기사를 받아 "KBS 아나운서, '접대부' 비하 기자 약식기소에 성명"이라는 제목으로 보도.	4월 16일 오후 4시 26분경부터 4월 17일 오후 2시 31분경까지 2개
4월 16일 오전 10시 30분경	한국일보가 연합뉴스 김가희 기자의 기사를 받아 "KBS 아나운서, '접대부' 발언 조선기자 관련 성명"이라는 제목으로 보도.	4월 16일 오후 12시 6분경부터 4월 17일 오후 1시 49분경까지 8개

III
문화연구의 사회학화

9 초기 영국 문화연구
: 고전 사회학 기획의 되살림[1]

I. 머리말

1990년대 들어서부터 한국에서 '문화연구(Cultural Studies)'에 대한 관심이 증폭되었다. 여기에는 여러 이유가 있을 터이지만, 무엇보다도 이 시기에 접어들면서부터 한국사회가 이전과 다른 대규모의 구조적 변동을 겪고 있으며, 이 변동이 우선적으로 문화변동으로 체험되고 있다는 사실에 있다. 다른 그 어떤 학문보다도 사회학은 이러한 변동에 예민한 감수성의 촉수를 뻗고 그것에 의미를 부여하는 작업을 하는 것이 당연한 일일 것이다. 사회학이란 학문 자체가 사실 전통적 공동체에서 모던 사회로 대규모의 구조적 변동과정에 대한 체험에 의미를 부여하는 과정에서 탄생하였기 때문이다. 하지만 실제로 문화변동에 대한 논의를 주도한 것은 사회학이라기보다는 영문학을 비롯한 인문학이었다. 여기에는 알게 모르게 인문학은 '문화'를 연구하고, 사회학은 '사회'를 탐구한다는 분과학문적 분리주의가 크게 작용하였다. 이러한 분리주의는 각 분과학문의 전문성과 자율성이라는 이름으로 대학에서 제도화되어 있기에 더욱 힘을 받아온 것이 사실이다. 그 결과 인문학은 상상력과 허구의 영역으로 축소되고, 사회학은 사회학대로 실증주의적 탐구로 좁혀지는 결과를 낳았다.

영국에서 비롯된 문화연구는 이러한 분과학문적 분리주의를 극복하는 학제적 연구로 출범하였기에 분과학문 분리주의자가 이를 쉽게 수용하기 힘든 것이 사실이다. 하지만 문화연구의 역사를 보면, 보다 유연한 존재는 인문학자들이었음을 알 수 있다. 그들은 인문학적 전통에서 출발하여 갈수록 사회학 쪽으로 이동하여 왔다. 한국에서도 역시 전통적인 인문학적 전통의 틀 안에 갇혀 있는 것을 거부한 일단의 인문학자들이 점차로 사회학 쪽으로 영역을 넓혀 오는 과정에서 문화연구가 발전되어 왔다고 할 수 있다.[2] 인문학은 이렇게 사회학 쪽으로 접근해 오고 있는 반면, 사회학은 오히려 '과학'으로서의 정체성을 더욱 굳건히 하려고 노력하고 있는 형국이다. 과학이 되려고 발버둥치는 한, 사회학은 절대 새로운 변화를 '감지'할 수 없다. 논박불가능한 공리에서는 결코 불확실성과 애매성을 특징으로 하는 모순된 명제를 연역적으로 끌어낼 수 없다. 또한 경험적으로 확인가능하도록 조작된 변수들의 인과관계에 대한 가설과 미리 예측된 객관적 선택지를 통해 구성된 자료로 이를 검증 내지는 반증하여 결국 경험적 일반화의 가능성을 타진하는 경험과학 역시 새로움 자체를 생산하는 것을 목표로 하지 않는다.

나는 이러한 상황이, 맑스, 뒤르케임, 베버와 같은 고전 사회학의 창건자들이 모두 사회와 문화를 포괄하는 학제적 연구를 발전시켰다는 점을 고려할 때, 고전 사회학의 기획으로부터 이탈한 것이라 주장한다. 따라서 나는 고전 사회학의 기획을 되살리는 것이 시급하다고 보고, 그 핵심은 잃어버린 '의미의 문제'를 되찾는 것이라 주장한다. 특히 '사회'의 체계성, 반복가능성, 예측가능성이 심하게 도전받고 있는 현 상황, 그래서 행위의 애매성과 불확실성이 증대되는 지금, 의미의 문제는 그 어느 때보다 절실한 것으로 떠오른다. 의미의 문제의 핵심은 어떻게 사는 것이 선한 삶이며, 이 선한 삶을 어떻게 집합적 차원에서 실현할 수 있을 것인가를 묻는 데 있다. 이는 구조적 변동으로 인해 삶의 선함을 보증해 주는 기존의 토대를 상실하였고, 그 결과 역설적이게도 인간의 삶에 새로운 윤리적/정치적 지평을 열어 놓았기 때문이다. 나는 이러한 고전 사회학의 기획을 이어받은 성공적인 예증으로 초기 영국 문화연구에 주목한다. 초기 영국 문화연구는 이차대전 이후 벌어지고 있는 사회와 문화의 대규모 구조적 변동이 야기한 변화를 이해하기 위해, 가깝게는 1930년대로 멀게는 1780년까지 거슬러 올라가 그 변화의 기원과 과정을 추적하였다. 또한 이러한 대전환을 사람들이 어떻게 살아가는지 그리고 동시에 그것이 인간 주체성에 어떠한 변형을 일으키는지 탐구하였다. 이는 결국 새롭게 열린 윤리적/정치적 영역에 대한 탐색이었다. 이러한 점에서 볼 때, 초기 영국 문화연구의 기획은 고전 사회학의 그것과 다르지 않다고 할 수 있다.

II절은 고전 사회학의 기획을 의미의 문제를 다루는 문화사회학으로 정의하고, 모던 사회학이 어떻게 이러한 기획으로부터 멀어져갔는지 따져볼 것이다. III절에서는 초기 영국 문화연구를 고전 사회학의 기획을 이으려는 노력으로 재평가할 것이다. IV절에서는 보다 구체적으로 초기 영국 문화연구의 기획을 문화변동, 매스 커뮤니케이션 테크놀로지와 주체성의 역사적 변형, 윤리적/정치적 기획의 항목으로 살펴볼 것이다. 결론인 V장에서는 고전 사회학의 문제들이 지구화로 대표되는 현 상황을 탐구하는 데 여전히 유효하다는 점을 지적한다.

II. 고전 사회학의 기획과 모던 사회학의 배반

사회와 문화의 이원적 대립은 지식사적으로 볼 때 모던 세계의 두 축인 계몽주의 및 대항계몽주의에 연결되어 있다(최종렬, 2004b). 계몽주의의 출현은 전통적인 종교적 질서의 '자의적 성격'이 폭로된 것과 밀접하게 연결되어 있다. 뉴턴의 수학적 물리학으로 대표되는 과학혁명이 하나님의 섭리로 그득한 세계를 수학적인 보편법칙을 따라 운동하는 물질들의 세계로 만들어 '의미'를 제거하였을 때, 많은 계몽주의자들은 뉴턴의 수학적 물리학을 사회세계에 적용하고자 하였다. 그 이유는 사회세계의 질서를 뒷받침하던 종교적 토대가 상실됨으로써 모든 사회관계가 '자의적'인 것으로 드러났기 때문이다. 사회세계의 모든 관계가 자의적이라면 사회세계의 규칙성을 유지시켜 주는 질서는 어떻게 가능한 것인가? 계몽주의자들은 사회세계를 마치 뉴턴의 수학적 물리학의 세계처럼 보편적 법칙을 따라 기계적으로 운동하는 물질의 세계처럼 만들고 싶어 했다. 그것이 바로 쾌락의 극대화와 고통의 최소화의 보편적 법칙을 따라 움직이는 경제적 인간들의 '사회'이다. 사회는 각 개인이 타고난 권리로서 자신의 이익과 발전을 자유롭게 추구하는 중립적인 영역으로서, 거기에는 기껏해야 합리적인 계산에 기반을 둔 의도적 행위만이 존재할 뿐이다. 따라서 사회는 주체성, 욕망, 감정, 열망, 수사와 같은 어떤 의미적 요소도 개입되지 않는 투명한 체계가 된다.

이에 반해 대항계몽주의는 인간세계에서 '의미'의 문제를 보존하고 종교적 의미와 다른 새로운 의미로 사회적 관계의 자의성을 극복하고자 하였다. 그 의미는 자연적으로도 종교적으로도 주어지지 않는 사회적 구성물 내지는 구성과정일 수밖에 없었다. 대상과 대상, 대상과 사람, 사람과 사람, 사람과 사건, 사건과 사건 간의 관계맺음에 그 어떠한 자연적인 또는 내재적인 법칙이 없다. 그럼에도 불구하고 왜 사람들은 특정의 방식으로 관계맺음을 하며 살아가고, 그 관계맺음을 벗어나면 제재를 가하는 것일까? 왜 하필 다른 것도 아닌 지금과 같은 특정의 관계맺음 방식만이 마치 자연적인 것처럼 여겨져야 하는가? 관계맺음이 모두 자의적인 되면 인간의 삶은 기호학적 삶이 된다. 기호는 현전하지 않은 것을 마치 현전한 것처럼 꾸며대기 때문에 기호학적 삶은 거짓말의 세계라 할 수 있다(에코, 1985: 14-15). 이런 의미에서, 인간세계는 거짓말에 터하고 있다. 인간의 삶은 허위이다! 이것이 바로, 사드와 니체를 비롯한 반계몽주의자들이 본 모던 세계의 비극이다. 대항계몽주의자들은 이러한 거짓말의 세계에 의미를 부여함으로써 질서를 수립하고자 하였다. 그 질서는 계몽주의자들이 말하듯 외재적으로 주어지는 보편적인 절대법칙이 아니라, 사회적 맥락 안에서 태어나고 지속적인 변형과정에 있는 부분적인 상대법칙이었다. 짧게 말해, 인간세계는 수학적 물리학이 지배하는 '사회'가 아니라 맥락적 의미질서가 지배하는 '문화'로 특징짓는다.

맑스, 뒤르케임, 베버는 모두 계몽주의와 대항계몽주의의 영향을 받았을 뿐만 아니라, 나름대로 독특한 방식으로 양자를 결합시켰다(Choi, 2004: 110-135). 이러한 결합이 그들의 사회학을 풍요롭게 만들었지만 다른 측면에서 볼 때는 너무 다의적이고 때로는 모순적인 것으로 만들었다. 하지만 한 가지 분명한 것은, 계몽주의의 절대적인 영향력하에 놓여 있었던 고전 정치경제학, 사회계약론, 공리주의와 비교한다면, 맑스, 뒤르케임, 베버는 대항계몽주의의 영향을 더 받았다는 점이다. 고전 사회학자 그 누구도 고전 정치경제학, 사회계약론, 공리주의에 전적으로 동의한 사람은 없다(Seidman, 1983a, 1983b, 1983c). 사회적 질서는 물리적 질서와 달리 본질적으로 자의적인 것이며, 오로지 상징적 분류체계를 통해서만 자연성을 획득한다는 점을 그들 모두 인식하였기 때문이다. 따라서 그들은 '사회'의 무의미성을 '문화'의 의미를 통해 극복 내지는 보완하려고 노력하였다.

첫째, 그들은 모두 서구사회가 전통적 공동체에서 모던 사회로 대규모적 차원에서 대전환하는 과정을 각각 상품화, 분화, 합리화로 이론화하고자 하였다. 대항계몽주의의 영향을 받은 그들은 모두 새로운 '사회'의 출현의 핵심이 질의 양화, 즉 의미의 제거라는 점을 잘 알고 있었다. 둘째, 이들은 또한 이러한 대전환을 사람들이 어떻게 살아가는지 그리고 동시에 그것이 인간 주체성에 어떠한 변형을 일으키는지 소외, 아노미, 철창이란 용어로 이론화하고자 하였다. 기계적인 또는 수학적인 절차적 행위법칙이 지배하는 무의미한 '사회'에 의해 주조되면서도 적극적으로 대응하는 행위, 이는 다름 아닌 '문화'를 의미하는 것이었다. 종교의 이데올로기성을 비판한 맑스, 종교생활의 원초적 형태를 분석한 뒤르케임, 세계종교의 (경제)윤리를 연구한 베버, 이들이 모두 종교를 집중적으로 탐구한 것은 전혀 우연이 아니었다. 세계가 양화됨으로써 삶의 의미에 위기가 왔을 때, 지금까지 삶의 의미의 원천이었던 종교를 되짚어 보고 새로운 삶의 의미의 원천을 모색하는 것은 어찌 보면 당연한 일이었다. 이들은 새로운 이론 또는 이야기(상징적 틀)를 만들고, 전혀 무의미해질 수도 있는 것을 이 틀을 통해 봄으로써 그것을 유의미한 것으로 볼 수 있게 만들었다. 최근에는 이들의 종교사회학이 단순히 종교라는 사회학의 한 하위분야가 아니라, '문화사회학' 그 자체였음을 깨닫는 흐름이 형성되고 있다.[3]

하지만 이러한 '사회'와 '문화'의 생산적 긴장관계에서, 사회학은 오로지 사회만을 다루어야 한다는 실증주의적 과학관이 모던 시대에 득세하면서 문화는 사회학의 지평으로부터 탈락하고 말았다.[4] 실증주의는 사회세계를 물리적 세계와 마찬가지로 닫힌 체계 안의 무수한 인과관계의 망으로 보기 때문에, 인간의 사회적 행위를 설명할 때 원인으로 분명히 변수화할 수 없는 것들은 독립변수에서 제외한다. 문화개념은 너무나 광범하기 때문에 독립변수로 조작화하기 힘들다. 동일한 문화를 공유한 한 집단의 성원들에게서 다르게 나타나는 행위를 어떻게 동일한 문화라는 독립변수를 통해 설명, 예측하고 더 나아가 통제할 수 있겠는가? 이는 실증주의 패러다임 내에서 이론과학의 입장을 취하는 기능주의에서도 별반 다르게 나타나지 않는다. 기능주의는 문화체계와 사회체계를 분석적으로 구분하지만, 문화체계가 사회체계에 제도화되어 있다고 주장함으로써 결국에는 포괄적인 가치와 규범의 체계를 강조하게 된다. 문화의 제도화 속에서는, 제도화된 가치로부터 벗어나려는 개인과 집단은 부정적 제재를 받고 잘 따르는 개인과 집단은 긍정적 제재를 받는다. 이 경우 의례, 성화, 오염화, 은유, 신화, 서사, 형이상학, 코드와 같은 순전히 상징적인 현상들에 대한 분석은 뒷전에 물러나고, 오히려 기계적 문화개념이 전면에 나서게 되는 아이러니를 낳게 된다(Alexander, 1990: 1-27). '사회'는 스스로 재생산하면서 유지되는 자기조절적 체계이며, 제도화된 '문화'는 이 기계를 잘 돌아가게 하는 윤활유의 역할을 떠맡을 뿐이다. 문화의 제도화를 통해 사회의 가치를 내면화한 행위자들이 규범에 동조하는 행위를 하는 것으로 여겨지기 때문이다.

나는 모던 사회학이 이렇게 '사회'만을 과학적으로 탐구하는 분과학문적 자율성 속에 갇혀 있는 것은 고전 사회학의 기획을 배반하는 것이라 주장한다. 기계적 '사회'에 의미를 부여하여 '문화'를 되살리려 했다는 점에서 고전 사회학은 그 자체가 문화사회학이었다고 할 수 있다.[5] 여기에서 문화를 탈락시키고 사회만을 말하는 것은 사회학의 지평을 지나치게 좁히는 것이다. 실제로 모던 사회학의 발전과정을 보면 사회학이 얼마나 고전 사회학으로부터 후퇴하여 왜소화되었는지 알 수 있다(Choi, 2004: 135-161). 현재 주류 사회학 이론은 사회학을 어떻게 하면 과학으로 만들까 하는 인식론적/방법론적 문제에 집중하고 있는데, 그 핵심은 미시와 거시를 통합하는 일이다(Alexander, Giesen, Münch, and Smelser, 1987). 이는 사회학이라는 분과학문을 자연과학과 같은, 아니 최소한 경제학과 같은 사회과학으로서의 지위를 공고히 하고자 하는 노력으로부터 나온 것이다. 그 결과 사회학에 주제의 전문성과 방법론적 세련됨을 가져다주었지만, 그것은 당대의 윤리적/정치적 문제로부터 추상됨으로 인해 공중으로부터 괴리되는 비싼 대가를 치른 것이었다(Agger, 2000). 이는 고전 사회학이 전통적 공동체에서 모던 사회로 대전환하는 과정에 생긴 당대의 윤리적/정치적 문제에 대응하는 과정에서 생성되었다는 점을 감안한다면, 고전 사회학에 대한 엄청난 배반이라 할 것이다.

III. 초기 영국 문화연구의 기획: 고전 사회학 기획의 계승

모던 사회학이 이렇듯 고전 사회학의 기획을 이탈하여 과학화로 달려가던 시절, 초기 영국 문화연구는 고전 사회학의 기획을 이어받아 발전시키고 있었다. 하지만 문화연구의 주춧돌을 세운 사람들은 사회학자들이 아니라, 리차드 호가트(Richard Hoggart), 레이몬드 윌리엄스(Raymond Williams), 에드워드 톰슨(Edward Thompson)과 같은 인문학자들이었다. 그래서 그런지, 지금까지 초기 영국 문화연구를 고전 사회학의 기획의 계승이라기보다는 영국 내 문화주의의 연장으로 보는 입장이 주류를 이루었다(Brantlinger, 1990; Turner, 1990; Grossberg, 1993; Hall, 1980: 57-72; Schwarz, 1994: 377-393; Agger, 1992a; Denzin, 1992; Inglis, 1993; McCall and Becker, 1993: 1-15). 이러한 주장에 따르면, 호가트(Hoggart, 1998)의 『읽고 쓰는 능력의 이용』, 윌리엄스(1988)의 『사회와 문화』, 톰슨(2000a, 2000b)의 『영국노동계급의 형성』은 문화연구의 초석을 닦아놓은 고전으로 간주된다. 우선, 위의 고전들이 문화 개념을 고급 문학산물에서 일반 문화산물로 확장시켰다는 점이 강조된다. 호가트는 광범한 영역의 문화산물, 특히 대중(노동계급) 문화를 분석하였고, 윌리엄스는 문화가 지적·상상적 작업의 총체만이 아니라 전체적인 생활방식임을 밝혔으며, 톰슨은 노동계급의 체험을 강조하였다는 것이다. 더 나아가, 이 고전들이 통일되고 단일한 문화 개념을 투쟁, 협상, 저항의 영역으로 개념화하였다는 점을 강조한다.

영국의 문화주의의 전통을 강조하는 이러한 서사는 호가트, 윌리엄스, 톰슨 모두가 모던 영국의 상대적으로 긴 문화변동사를 다루고 있다는 점을 무시하고 있다. 버밍햄 연구소의 3대 소장인 리차드 존슨이 올바르게 지적하고 있듯이 영국의 문화연구는 영국 내의 '문학적 경향'과 '역사적 경향'이라는 두 가지 모체로부터 출현하였다(Johnson, 1996: 75-76). 하지만 그 후 문화연구는 문학적 전통을 강조하는 반면 역사적 전통은 무시해 온 감이 있다. 결과적으로 문화연구의 발전을 추적하는 많은 이들은 톰슨을 문화연구의 전통에서 배제시키고 호가트와 윌리엄스만 문화연구의 창건자로 받들고 있는 실정이다(Green, 1996: 49-60; Seidman, 1996: 3-25; Sparks, 1996: 14-30). 그래서 어떤 이는 호가트와 윌리엄스의 영향력을 과장하여 그들의 이름을 '레이몬드 호가트'라고 합성하여 부르기까지 한다(Jones, 1994). 톰슨은 맑시스트 역사연구나 상부구조-토대 논쟁을 통해 언급이 되지, 문화연구의 발전과 관련해서는 구석자리를 차지할 뿐이다(Johnson, 1979a: 41-71; 1979b: 201-237; 1996: 75-114). 그 결과 초기 영국의 문화연구의 기원이 마치 문화주의에만 있는 것처럼 오해를 사게 되었다. 이러한 오해는 이후 문화연구가 정치경제학을 버리고 과도하게 텍스트주의로 흐르는 것을 정당화 내지는 방조하는 데 이용되었다.

나는 초기 영국 문화연구의 기획을 이렇듯 문화주의적 전통으로 좁히는 것은 잘못된 것이며, 반드시 역사주의적 전통을 되살려야 한다고 본다. 그 핵심은 고전 사회학자들과 마찬가지로 사회와 문화의 대규모 구조적 변동을 탐구하였다는 점에 있다.[6] 이러한 틀을 받아들인다면, 초기 영국 문화연구는 일차적으로 이차대전 후 영국 사회의 구조적 대변형에 대한 영국 지식인들의 문화적 대응으로 간주되어야 한다. 그 대변형의 핵심은 우선 전 세계적 차원에서 대영제국의 쇠퇴와 이에 뒤이은 이전 영국의 피식민지 국가들로부터의 대량이민을 들 수 있다. 대영제국의 쇠퇴는 '위대한 대영제국'이라는 기존의 정체성을 근본적으로 뒤흔들었을 뿐만 아니라, 영국인은 곧 백인이라는 기존의 신화를 무너뜨렸다. 결국 영국의 정체성의 위기를 낳은 것이다(Stratton and Ang, 1996: 361-391). 이러한 영국의 정체성의 위기에 덧붙여서, 전통적인 영국 계급문화의 위기를 들 수 있다. 이러한 변화를 야기한 것은 전후 영국자본주의의 지속적인 성장과 새로운 매스 커뮤니케이션 테크놀로지의 발전이다. 포디즘적 축적체제 또는 복지국가 자본주의라 불리는 전후 영국자본주의의 발전은 노동계급에게 상대적인 삶의 풍요함을 가져다줌으로써 전통적인 계급문화를 뿌리부터 흔들어 놓았다. 프롤레타리아가 모두 부르주아지가 된다는 풍요사회 또는 소비사회 이데올로기가 전후 영국 노동계급을 휩쓸었다. 이러한 이데올로기의 전파에 혁혁한 공을 세운 것이 새로운 매스 커뮤니케이션 테크놀로지의 발전이다. 미국 할리우드 영화를 비롯한 다양한 새로운 매스 테크놀로지가 대량생산한 문화는 계급에 상관없이 모두에게 호소력을 지니는 것으로서, 이제 노동계급은 매스 미디어를 통해서 자신의 세계를 인식하게 되었다. 고급 부르주아 문화로부터 분리된 노동계급의 생생한 문화는 매스 미디어 산업에 의해 근본적으로 탈색되었다.

　이러한 두 위기, 즉 영국의 정체성 위기와 노동계급의 정체성 위기는 주체성의 문제를 핵심적인 과제로 제출해 놓았다. 호가트, 윌리엄스, 톰슨의 책이 각각 전후 시기인 1957년, 1958년, 1963년에 출간된 것은 단순한 우연의 일치가 아니다. 그들은 모두 전후 영국 사회의 대규모 변동을 보다 거시적인 역사적인 맥락 안에 집어넣음으로써 그 의미를 파악하려고 하였을 뿐만 아니라, 그 변동을 살아가는 사람들의 문화적 대응을 탐구하려 하였다. 그들은 산업화의 진전과 매스 커뮤니케이션 테크놀로지의 발전이 전통적인 공동체와 문자중심의 교육체계에 터한 주체성을 심대하게 변형시키고 있음을 경험하였다. 그들은 이러한 변형을 당대 갑자기 발생한 공시적 현상이라기보다는 보다 장기적인 역사적 현상으로 보았고, 이를 당대 위기에 처한 노동계급의 정체성의 뿌리가 어디에 있고 그것이 어떻게 변화하였는지 통시적으로 연구함으로써 확인하려 하였다.[7] 그러한 연구는 새롭게 열린 윤리적/정치적 지평을 탐색하려는 목적에 의해 추동되었다. 이는 고전 사회학의 기획과 그 맥을 같이하는 것이다.

IV. 잊혀진 전통으로 돌아가기

1. 문화변동: 산업화에 대한 유의미한 대응

호가트의 『읽고 쓰는 능력의 이용』, 윌리엄스의 『사회와 문화』, 톰슨의 『영국노동계급의 형성』은 모두 영국 사회와 문화의 대변형이라는 비교적 장기간의 역사를 다루고 있다. 호가트는 1930년대에서 1950년대까지, 윌리엄스는 1780년에서 1950년까지, 그리고 톰슨은 1790년에서 1832년까지 다루고 있다. 그들은 모두 영국에서 진행된 산업화의 과정과 효과를 추적하지만, 일차적 관심사는 양적인 또는 경제적인 지수가 아니라 그 변화를 사는 사람들이다. 산업화는 기본적으로 원자화된 개인들의 인과적 무한연쇄인 의미가 사라진 '사회'를 만드는 과정이었지만, 이를 살아가는 사람들은 수동적으로 주조되는 원자가 아니라 이에 능동적으로 대처하며 새로운 삶의 의미를 만들어 갔다. 무의미한 기계적 운동일 수도 있는 사회의 변화는 이야기, 즉 상징적 틀을 통해서만 그 의미를 획득한다. 따라서 위 세 저자의 주된 관심은 산업화 자체보다는 산업화를 살아가는 사람들이 어떠한 이야기를 통해 무의미한 사회의 변동에 의미를 부여하는지 역사적으로 추적하는 것이었다. 그것은 '문화변동'으로 요약된다.

호가트가 다루는 시기는 산업화의 초기단계라기보다는 자본주의가 소위 말하는 독점자본주의로 넘어가던 시기인 1930년대에서부터 1950년대까지이다. 당대 변화의 핵심은 노동계급의 물질적 삶의 상대적 호전과 문화산업의 팽창으로 요약될 수 있다. 호가트는 도시지역에 사는 노동자들이 이러한 변화를 어떻게 유의미하게 만들었는지 그들의 살아 있는 삶을 통해 생동감 있게 보여준다. 산업화는 농촌에 살던 농민들을 도시로 이주시켰다. 이주자의 아들이기도 한 호가트는 어려서부터 이들의 삶을 생생하게 체험할 수 있었다. 호가트는 이들을 노동계급이라 불렀지만, 사실 맑시즘적 전통에서 말하는 역사적 주체로서의 프롤레타리아라기보다는 도시빈민에 가까운 사람들이었다. 1930년대의 이들은 여전히 "솔직한 태도, 좋은 이웃, 낙관적 사고, 개방성, 상호부조, 겸손함, 충성심"(Hoggart, 1998: 127)과 같은 전통적인 농촌적 가치를 지닌 뿌리 뽑힌 사람들로 그려진다. 이러한 전통적인 가치들 또는 이야기들을 가지고 도시빈민들은 급속한 산업화 또는 기술적인 변화를 자신들만의 독특한 방식으로 유의미하게 만들었다. 그들 중 대다수는 교육을 거의 받지 못했고, 그래서 역설적이게도 문자 형태에 기반을 둔 지배 이데올로기의 선전수단에 크게 좌우되지 않았다. 그들은 지배 집단과 분리된 자신들만의 공간, 예컨대 노래하는 클럽에서 살았다. 이러한 클럽에서 그들은 말하고 읽는 훈련을 하였다(Hoggart, 1998: 111). 이러한 제도들을 통하여 노동민중은 당시 산업화가 야기한 혹독함을 피할 수 있는 공간으로서의 이웃을 유지하였다. 하지만 1950년대에 이르러서는 1930년대와 다른 상황이 벌어졌다. "작금의 사회는 능숙하게 상호 방종과 만족된 일상의 테크닉을 발전시켜 왔다. 전통적인 제재가 제거되거나 혹은 부적절한 것으로 판명나자, 엄청나게 새로운 설득기제를 가진 통속물이 무방비로 방치된 사회를 차지하여 버렸다"(Hoggart, 1998: 130-131). 호가트의 관찰에 따르면, 미국 할리우드 영화, 싸구려 잔혹범죄 소설, 밀크 바(milk bar), 자동전축 음악 등이 노동계급 공동체를 조작하고 착취하기 시작했다. 진정한 노동계급 공동체가 섹스 폭력 소설, 음란잡지, 상업대중음악, 자동전축과 같은 보다 새로운 대중예술에 의해 문화적 건망증으로 해체되어 가고 있는 과정에 있었다. 여기서 호가트는 노동계급이 세계를 나름대로의 상징적 틀을 통해 유의미하게 만드는 능력을 상실한 것처럼 그리고 있다. 이러한 비관주의적 서사는 사실 '사회'의 발전이 노동계급의 삶의 전체, 즉 '문화'를 파괴하고 있음을 강조하기 위한 것이지만, 노동계급이 상징적 능력을 상실했다고 보는 것은 과장된 측면이 있다.

　윌리엄스는 호가트보다 더 역사적 지평을 넓혀 1780년에서 1950년까지 영국에서 발생한 문화변동을 탐구하였다. 하지만 호가트와 달리, 문화 개념의 역사를 추적함으로써 그 변동을 가늠한다. 여기서 중요한 것은, 윌리엄스가 문화 개념을 당시 영국에서 진행되고 있던 산업화에 의미를 부여하려는 대응으로 정의하였다는 점이다. 산업화는 단순한 경제적 변화에 그치는 것이 아니라 새로운 정치적/사회적 운동인 민주주의 그리고 새로운 사회계급과 관련을 맺고 있기에, 문화라는 개념은 이 모든 것에 대한 대응이라 할 수 있다. "**문화**라는 단어의 의미에 집중된 문제는 **산업, 민주주의, 계급**의 변화가 그 나름의 방식으로 표상하고 있는 거대한 역사적 변화에 의해 직접적으로 제기된 문제라는 점, 예술에 있어서의 변화는 그에 긴밀하게 연관된 대응이라는 점이라고 말할 수 있을 것이다. **문화**라는 단어의 발전은 우리의 사회적, 경제적, 정치적 삶의 이러한 변화에 대한 일련의 중요하고도 지속적인 대응의 기록이며, 그 자체로 이러한 변화를 탐구하게 해 주는 특별한 종류의 지도이다"(윌리엄스, 1988: 15).[8] 윌리엄스는 추상화된 문제들의 체계보다는 실제 개인들의 진술의 변화를 추적함으로써 이러한 변동을 탐구하고자 하였다. 그 이유는 그가 실제 개인들의 진술을 그들이 겪은 산업화에 의미를 부여하려는 적극적인 반응으로 보았기 때문이다. 그런 점에서, 윌리엄스가 보는 실제 개인들은 추상적인 체계에 의해 결정되는 수동적인 존재가 아니라 변화를 실제 겪으면서 그 경험에 나름대로의 의미를 부여하는 능동적 존재이다. 윌리엄스가 보기에 문화 개념에 대해 사고한 대부분의 사람들은 산업화라는 공동의 모체에 대항하여 작업하였다. 따라서 그는 버크(Burke), 코벳(Cobbett), 낭만주의 예술가, 카일라일, 산업주의 소설가, 로렌스, 토니(Tawney), 엘리어트, 맑스주의자 등이 산업화에 어떻게 반응했는지 차례로 분석하면서 문화 개념의 변화를 추적한다. 결국은 문화 개념의 역사가 사람들의 공동의 삶의 변화된 조건에 대한 사고와 감정상의 대응의 기록이며, 따라서 사람들의 행위라는 맥락 속에서만 이해될 수 있다고 주장한다. 산업화와 이에 수반된 민주주의 및 새로운 계급의 출현 등은 누구도 경험하지 못한 새로운 현상이며, 문화 개념은 이러한 상황에서 새로운 공동체를 구성하려는 노력 속에서 구성된 것이다. 그것은 사실 사회를 단순한 중립적 영역이나 추상적 통제기구로 보는 부르주아 사회 개념에 대한 비판에서 나온 것이다(윌리엄스, 1988: 431).

톰슨은 1780년부터 1832년 사이 벌어지고 있는 산업화와 이에 대한 노동계급의 대응을 탐구한다. 직조공, 양말제조공, 면방적공 등과 같은 다양한 노동 계급 민중들이 산업화를 어떻게 경험하고 그 속에서 계급의식을 어떻게 형성하는지 탐구하는 것이지, 산업혁명이 야기한 경제변화를 추상적 계급개념으로 연구하는 것이 아니다. 톰슨에 따르면 계급경험은 사람들이 태어나면서부터 맺게 되는, 그래서 자신의 의지와는 무관하게 진입하게 되는 생산관계에 의해 주로 결정된다. 이런 점에서 볼 때 계급경험은 생산관계 결정론이라 불릴 수 있으며, 따라서 그리 새로울 것도 없는 주장이다. 하지만 톰슨에게서 빛나는 것은 그의 계급의식이란 개념인데, 이에 따르면 계급의식은 계급경험들이 문화에 의해서 조정되는 방식, 즉 전통, 가치체계, 관념, 그리고 여러 제도적 형태들이 구체화되는 방식이다(톰슨, 2000a: 7). 노동계급은 결코 텅 빈 공간에 놓여 있으면서 생산관계에 의해 그저 주조되는 계급경험에 매몰된 존재가 아니다. 오히려 다양한 전통, 가치체계, 관념, 제도를 자원으로 지니고서 구조적 대변동에 대처하는 능수능란한 행위자라 할 수 있다. 이러한 시각에서 보면 산업화에 대한 노동계급의 대응은 '산업혁명의 큰아들'인 공장일꾼으로부터 갑자기 나왔다기보다는, 면직공업 이전부터 존재하고 있던 제화공, 직조공, 안장과 마구 제조공, 서적판매상, 인쇄공, 건축노동자, 소직종인 등과 같은 전통적인 노동자들의 경험과 그 경험의 조직화로부터 나온 것이다. 그런 점에서 노동계급의 형성은 면직공업과 함께 돌연 출현한 경제적 역사라기보다는, 정치적이고 문화적인 연속선상에서 이해될 수 있는 역사이다. 노동계급 민중은 대공장제도와 함께 출현한 원자적인 원재료가 아니라, 갖가지 전통을 적극적으로 이용하여 새로운 이야기를 만듦으로써 유의미한 자신을 형성하는 존재이다(톰슨, 2000a: 272-274).

2. 매스 커뮤니케이션 테크놀로지와 주체성의 역사적 변형

호가트는 1930년대의 소수 엘리트의 문자 시대의 옛 질서에서 1950
년대의 대중의 시대라는 새 질서로 영국의 문화가 변형되고 있는 과정을
기술하고 분석하였다. 책의 전반부는 옛 질서의 시기를, 후반부는 새 질
서의 시기를 다루고 있다. 옛 질서의 시기에는 노동민중의 주체성이 구전
적인 전통, 가족, 이웃을 통해 형성되는 반면, 새 질서의 시기에는 대중매
체의 산물을 통해 구성된다. 옛 질서에서는 노동계급의 주체성이 가족과
이웃에 터하고 있다. "노동계급의 삶을 들여다보면 볼수록, 그들 태도의
핵심에 가려고 노력하면 할수록, 개인적인 것, 구체적인 것, 지역적인 것
이 그 핵심이라는 사실이 명확하게 드러난다. 이러한 생각은 우선 가족
에, 그리고 두 번째로는 이웃에 구체화되어 있다"(Hoggart, 1998: 18). 이
웃에 속한 개인은 "이웃이 무엇을 생각할 것인가?"를 고려하는 타자지향
적 인간이다(Hoggart, 1998: 19). 이는 집단감, 즉 그 성원들이 모두 거의
비슷하고 또 그렇게 유지될 것이라는 느낌을 고무한다. 하지만 이것이 곧
공동체에 대한 자기의식인 것은 아니다(Hoggart, 1998: 54-55). 노동계급
은 그 성격상 인격적이고 지역적인 전통에 살아가면서 자연스럽게 속하
게 된 것이지, 자기의식을 갖고 선택해서 그렇게 된 것은 아니다.

이러한 점에서 볼 때, 노동계급의 주체성은 아직 국가의 요구와 강제
력에 종속되지 않았었다. 국가는 당시까지만 해도 노동계급 민중을 선한
시민으로(푸코의 용어를 빌리자면 모던 주체로) 구성할 수단을 교육체계 이
외에는 가지고 있지 못하였다. 하지만 노동계급은 정식 교육을 받지 않았
기 때문에 국가의 교육체계에 무관심하였다. 따라서 국가와 사회는 이들
이 국가와 사회의 필요에 반응하지 않는다고 비판하고, 선한 시민이 되도
록 학습하고 그 마음에 공동의 선을 가지라고 요구하였다. 하지만 노동계

급 민중은 일반적인 요청, 의무, 희생, 개인적 노력 따위가 자신들에게 유관하다고 생각하지 않았다(Hoggart, 1998: 73). 알튀세(Althusser, 1971)의 용법을 따르자면, 국가와 사회는 노동계급 민중을 선한 시민이라는 지배 이데올로기를 통해 '호명' 하여 주체로 만들고자 하였지만, 이는 잘 작동되지 않았다. 모던 국가의 규율은 "혼란스럽고 무익하며 또는 위험한 다수의 인간을 질서 지워진 다양성"으로 변형시키려고 노력한다는 푸코(Foucault, 1995: 148)의 말을 따른다면, 이 시기 노동계급 민중은 아직 질서 지워진 다양성으로 변형되지 않은 상태였다. 그들은 도박을 좋아하고(Hoggart, 1998: 100), 그들의 세계는 너저분하고, 난잡하며, 기괴하다(Hoggart, 1998: 106). 이웃과의 대면적 상호작용을 통해서 아니면 이웃이 공유하는 구전적 전통을 통해서 노동계급 민중의 주체성은 형성된다. 그런 점에서 산업화 이전의 또는 도시화 이전의 공동체에 터하고 있다. 매스 커뮤니케이션 테크놀로지가 채 발전하지 않았고 또한 교육받은 노동계급 민중이 아직 출현하지 않았기 때문에 복종하는 생산적 노동자라는 지배 이데올로기는 그 힘을 강력하게 발휘하지 못하였다.

하지만 1950년대에 이르면 상황은 완전히 달라진다. 문자를 깨우친 노동계급 민중을 겨냥한 잡지와 신문과 같은 대중 출판물이 발전하여 "자부심, 야망, 동료를 능가하기, 과시주의, 과시적 소비"(Hoggart, 1998: 127)와 같은 새로운 상업가치가 그들을 폭격하였다. 국가가 제공한 교육은 교육받은 노동계급 민중의 수를 증대시켰는데, 이는 문자에 터한 매스 커뮤니케이션 테크놀로지의 발전과 같이 이루어졌다. 사실 호가트의 『읽고 쓰는 능력의 이용』의 원제목이 『읽고 쓰는 능력의 오용(The Misuse of Literacy)』이었다는 사실이 알려 주듯이, 그 오용은 엄청난 것이었다. 대중 출판물들은 노동계급을 자아의 충족을 추구하도록 그리고 소위 쾌락주의적 집단-개인주의로 나아가도록 유혹하였다(Hoggart, 1998: 130).

대중 출판물은 무엇보다 새로운 상품으로의 끊임없는 대치라는 자본의 논리를 따르는바, 자유, 평등, 진보와 같은 개념들의 한계선을 붕괴시켜 버렸다. 한계 없는 자유, 진보주의, 평등주의는 쾌락주의적 개인, 즉 자신의 욕망의 충족을 모르는 소비자를 고취하였다. 새로운 현재성은 또 다른 더 새로운 현재성에 의해 대체되고, 따라서 역사마저 이제 새로운 현재성의 끊임없는 대체로 되어 버렸다. 이 속에서 새로움은 그것이 어떠한 질적인 성격을 지니든 상관없이 무조건 과거보다 바람직한 것으로 간주되었고, 따라서 과거는 조롱거리로 바뀌었다. 옛날 방식은 비난받아 마땅한 것이 되었다(Hoggart, 1998: 145).

끊임없는 연쇄에서 가장 최근의 것, 그리고 최대 다수의 소망을 충족시키는 것이 선한 것이라 한다면, 질은 양으로 변한다. 모든 종류의 활동이 결국에는 숫자 세는 것으로 환원되기 때문에 그 의미를 상실한다. 옳고 그름이 숫자의 문제로 환원되는 세계에서는 만물이 '취미의 문제'로 변하고, 따라서 즐기는 것이 유일한 모토가 된다(Hoggart, 1998: 147-148). 일간지와 주간지와 같은 대중 출판물은 쾌락주의적 개인의 취미를 과도하게 자극시키고, 결국에는 제거해 버린다. 또한 말초를 자극하고 환상을 북돋아 책임과 헌신과 같은 심각한 문제로부터 독자들을 떼어 놓는다. 한마디로 말해, 새로운 매스 커뮤니케이션 테크놀로지는 노동계급 민중의 주체성을 수동적인 것으로 변질시킨다. 그들을 지배의 주체로 호명하는 데 성공하여, 지배 이데올로기에 대한 종속이 이전 질서에서보다 더욱 강고해진다. 문화적 종속은 쉽게 이루어지지만, 경제적 종속에서처럼 파업을 감행하기는 어려운 법이다(Hoggart, 1998: 187). 그렇다고 노동계급 민중이 아무런 저항도 없이 수동적인 지배의 주체로 변화한 것은 아니다. 그들은 두 가지 방식으로 지배에 저항하였다. 첫째, 그들은 전통에 의지하였다. 삶의 사적 영역에서는 사람들은 여전히 이전의 호소력에 의지하였고, 이를 통해 외부에 밀려드는 수많은 목소리들에 대응하였다 (Hoggart, 1998: 131). 둘째, 그들은 자신들의 독특한 방식으로 대중 출판물을 읽었다. 그들은 신문과 영화가 그 자체로 그들 건강에 좋은 것이 아님을 잘 알고 있다. 그럼에도 그들은 그것에서 자신들이 원하는 즐거움을 얻어 낸다(Hoggart, 1998: 184).

윌리엄스의 '결론' 부분도 매스 커뮤니케이션 시대의 노동계급 민중의 주체성 변화를 탐구한 것으로 읽힐 수 있다. 그 핵심은 매스 커뮤니케이션 테크놀로지가 제공하는 대량의 싸구려 책, 잡지, 신문, 전단, 포스터, 방송과 텔레비전 프로그램, 영화 등이 새로운 주체성의 형식으로 불리는 대중과 맺는 관계이다. 우선 윌리엄스는, 대중은 실질적으로 노동하는 민중이기에 단순히 익명적인 군중으로 볼 수 없다고 주장한다. 어리석고, 변덕스러우며, 집단적인 군중적 편견과 저속한 취미와 습관을 지닌 것으로 그려지는 대중은 사실 존재하지 않으며, 오히려 그렇게 보는 관점만 있다는 것이다. 이는 사실 타인을 대중으로 묶어 증오와 공포의 대상으로 만들려는 정치적 공식에 가깝다. 대중 민주주의에 대한 혐오에서 공공연하게 노출되고 있는 것은 사실, 민주주의를 독점하던 이전의 특권세력이 이에 새롭게 진입하는 노동하는 민중에 대한 혐오와 적대감에 불과하다 (윌리엄스, 1988: 397-400).

매스 커뮤니케이션에 대한 부정적 인식 또한 일면적인 것이다. 윌리엄스는 당시의 지배적인 입장, 즉 매스 커뮤니케이션 테크놀로지가 문자를 깨친 사람들에게 엄청난 영향을 미쳐 그들을 떼거리로서의 대중으로 변모시켰다는 입장에 반대하였다. 새로운 매스 커뮤니케이션 테크놀로지는 자신의 메시지를 수용자에게 전파하지만, 이러한 전파는 일방적인 것이 아니다. 주체성은 단순히 매스 커뮤니케이션에 의해 수동적으로 결정되는 것이 아니라, 능동적인 수용과 반응이 같이 진행되기 때문이다(윌리엄스, 1988: 414). 하지만 당시 민중은 "엄청나게 많은 속악한 예술, 속악한 오락, 속악한 저널리즘, 속악한 광고, 속악한 주장이 존재한다는 사실" (윌리엄스, 1988: 405-406)에 직면해 있는 것 또한 사실이다. 그렇다고 문자에 터한 통속문화가 일방적으로 노동자를 저속하게 만든다는 비관적인 태도는 매체의 우월성을 지나치게 과장하는 것이다. 읽고 쓰는 형식에 터한 문화산업이 대중을 폭격한다 하더라도, 대중은 비관적 연구자들이 생각하는 것만큼 그렇게 엄청난 영향을 받는 것은 아니다. 대부분의 사람들은 자신들의 삶에서 읽는 행위에 그렇게 중요한 의미를 부여하지 않기 때문이다. 그들의 생각과 느낌은 보다 넓은 사회적 삶과 가족생활이라는 복합적인 유형에 의해 형성된다. 단지 읽는 것만이, 그리고 영화, 콘서트, 화랑 등만이 숙련되고 지성적이며 창조적인 활동의 형식인 것은 아니다. 사람들은 그것 이외에도 원예, 자갈 까는 일, 목수일부터 활발한 정치에 이르기까지 보다 일반적인 형태의 기술을 지니고 있다(윌리엄스, 1988: 410). 이를 무시하고, 속악한 매스 커뮤니케이션이 노동계급을 속악한 덩어리로 그 주체성을 변화시켰다고 과장해서는 안 된다.

소위 말하는 통속문화는 노동계급 문화가 아니다. 그것은 노동자들이 생산한 것이 아니라 다른 이들이 정치적 또는 상업적 목적을 위해 생산한 것이다. 노동자들이 생산한 것은 오히려 급진적 신문, 정치 팸플릿과 선전물, 노조의 깃발과 도안 등이며, 이것들은 항상 뛰어난 것은 아닐지 모르지만 정치적 또는 상업적 목적을 위해 생산된 매스 커뮤니케이션 산물들과는 질적으로 다른 것이다. 따라서 속악한 대중문화를 노동계급문화와 동일시하는 것은 잘못된 것이다. 노동계급은 좁은 의미의 문화를 만들어 내지는 못하였지만, 노동조합이나 협동조합운동 또는 정당 같은 집단적 민주제도를 만들어 내었다. 문화의 의미를 지적이고 상상적인 작업으로 보는 사람들에게는 이러한 성취가 하찮은 것으로 보일지 모르지만, 이는 새로운 공동체를 만들어 나가는 데 필요한 좋은 자원이다. 이 시각에서 볼 때, 사회는 중립적인 것도 보호적인 것도 아니며, 오히려 개인의 발전을 포함한 모든 발전을 가능하게 하는 수단이다. 그 핵심은 발전과 이득이 개인적인 것이 아니라 공동적인 것으로 해석된다는 데 있다(윌리엄스, 1988: 430).

톰슨이 탐구한 시기인 1780년부터 1832년까지는 매스 커뮤니케이션 테크놀로지로 무장한 문화산업이 아직 지배하지 않던 시기로서, 구전적 전통에 기반을 둔 주체성에서 문자에 터한 주체성으로 변하고 있던 시기이다. 톰슨은 1830년대부터 보다 분명히 정의된 의식, 말하자면 맑스주의에서 말하는 계급의식이 성숙되고 있다고 주장하면서, 여기에는 읽기, 쓰기, 셈하기 등 기본적 교육이 결정적인 역할을 수행하였음을 상세히 보여준다. 읽고 쓰는 훈련을 받기 이전의 구전적 전통에서도, 기층민중은 정치적 담론으로부터 완전히 배제된 존재가 아니었다. 발라드 가수와 재담꾼들이 길에서 벌이는 익살극과 풍자적 개작시 낭독은 급진적 또는 반교황적 내용을 지니고 있었기에 기본적으로 정치적 학습의 효과를 가지고 있었기 때문이다(톰슨, 2000b: 367). 또한 발라드 가수들과 행상인은 문맹을 퇴치하는 데에도 영향을 발휘하였다. 그들은 노동계급지역을 순회하면서 싸구려 책, 달력, 급진주의적 정기간행물들을 팔았고, 문맹 노동자들은 글을 읽을 수 있는 동료들에게 정기간행물의 기사를 큰소리로 읽어 달라고 요구하기도 했다.

또한 노동자들은 읽고 쓰는 능력을 배양하기 위해 갖은 노력을 했다. 사실 영국 전역에 걸쳐 부인학교, 야간학교, 일요학교, 성경공부반 등 노동자를 위한 많은 교육기관이 산재해 있었다. 이러한 기관에서 교육을 받은 노동자, 장인, 상점주, 사무원, 학교교사들은 더 나아가 개별적으로 또는 그룹을 지어 자학자습을 해 나갔다.

일찍이 1816년 1월에 반즐리에서는 직조공들이 급진주의적 신문이나 정기간행물들을 사기 위해 월 1페니 클럽을 조직하였다. 햄프든 클럽과 정치동맹들은 독서회를 만들기 위해 많은 노력을 기울였고 비교적 큰 중심도시들에서는 포터리즈의 헨리에 있는 것 같은 상설 신문열람실이나 독서실을 개설하였다. 이런 장소들은 오전 8시부터 오후 10시까지 개방되었다……그리고 매일 저녁 런던의 신문들이 공개적으로 읽혔다. 죠우지프 미첼에 따르면, 1818년의 스톡포트 동맹 회의실에서는 월요일 밤이면 각 분반지도자들의 회합이 있었고, 매주 화요일에는 '도덕과 정치에 관한 독서'가, 수요일에는 '대화 및 토론'이, 그리고 매주 목요일에는 '문법과 산수 등등'이 교습되었다. 토요일에는 친목을 다지는 저녁시간을 가졌으며, 한편 일요일은 성인과 아동을 위한 수업이 있는 날이었다 (톰슨, 2000b: 374).

노동자들은 기본적으로 원자적 개인이라기보다는 다양한 사회적 연결망을 가진 공동체적 인간이었다. 작업장에서, 밀주집에서, 커피하우스에서, 개인 집에서 모여 읽고 토론하는 과정에 자신들의 주체성을 형성해나가는 존재였던 것이다(톰슨, 2000b: 375). 이러한 읽고 쓰는 능력을 발휘하는 여러 독서클럽은, 하버마스(Habermas, 1998)를 빗대어 말한다면 '프롤레타리아 공론장'을 형성하는 중요한 역할을 수행하였다. 실제 당시에는 「유력한 인지 없는 신문」, 「빈민의 보호자」, 「노동자의 벗」, 「빈민의 옹호자」와 같은 노동계급 신문들이 상당히 발전하여 노동계급을 위한 공론을 형성하는 데 많은 역할을 수행하였다. 이러한 신문들은 파업투쟁, 공장폐쇄와 같은 노동자와 관련된 소식들을 담았을 뿐만 아니라 사회주의와 노동조합에 관한 탐구적 토론과 해설을 실었다(톰슨, 2000b: 389). 이를 방해하는 국가의 검열에 반대하여 언론과 출판의 자유를 위해 강력하게 투쟁하였다. 따라서 읽고 쓰는 능력은 오용된다기보다 노동계급이 계급의식을 만들어 나가는 데 중요한 역할을 하였다고 할 수 있다. 우리는 톰슨을 통해서 주체성을 형성함에 있어 읽고 쓰는 능력이 행하는 역할에 대한 보다 균형 잡힌 시각을 얻게 된다.

3. 윤리적/정치적 기획

그렇다면 왜 이들은 문화변동을 탐구하였을까? 또한 왜 매스 커뮤니케이션 테크놀로지가 주체성에 어떤 변화를 가져오는지 연구하였을까? 이들의 연구를 촉진시킨 것은 문화변동을 야기한 독립변수를 찾아내어 설명하려는, 그리고 주체성에 미치는 미디어의 효과를 탐구하려는 인식론적 관심은 아니었다. 인식론의 핵심은 내가 아는 것이 참인가 아닌가를 따지는 것인데, 이는 결국 자신이 속한 지식공동체의 방법론적 규칙을 준수하는 문제로 귀결된다. 이는 토마스 쿤이 말한 '정상과학'의 퍼즐풀기에 해당하는 것이다. 정상적 연구를 결론으로 끌고 가는 것은 예측된 바를 새로운 방식으로 성취하는 것이며, 이는 온갖 종류의 복합적인 도구적, 개념적, 수학적 퍼즐을 해결하는 것을 요구한다. 이미 그 결론이 예측된 바를 새로운 방식으로 성취하는 것을 목적으로 하는 것이지, 예측되지 않는 것을 발견하고자 하는 것이 아니다. 그런 의미에서 해결책은 이미 존재하며, 이를 어떻게 새로운 방식으로 얻을 것인가 하는 방법론적 문제로 정상과학의 활동이 축소된다(Kuhn, 1970: 36-37).

이들의 연구를 추동시킨 것은 이러한 인식론적 관심이 아니라 윤리적/정치적 관심이었다. 이미 해결책이 존재하고 그에 대한 새로운 방법을 찾는 상황에서는 합리적 선택은 있을지언정, 윤리적/정치적 문제는 있을 수 없다. 윤리적/정치적 문제가 발생하는 것은 해결책이 없는 상황에서 뿐이다. 이는 기존 질서가 붕괴되고 있어, 기존의 방식으로 살아가는 것이 더 이상 선하지도 않을 뿐만 아니라 그렇다고 새로운 선한 삶의 방식이 수립되어 있지도 않은 상황이다. 다시 말해 사회관계가 자의적으로 되어 버린 상황이다. 그 결과 사회세계에 애매성과 불확실성으로 가득 차있어, 매 순간 어떻게 사는 것이 선한 삶인지 존재론적 결단을 행해야 한다. 이는 엄청난 윤리적/정치적 부담으로 다가오지만, 역설적이게도 새로운 자유를 탐색할 미답의 영역을 열어젖힌다. 호가트, 윌리엄스, 톰슨은 모두 이러한 미답의 영역을 개척하고자 연구를 수행하였다.

호가트는 1950년대를 1930년대와 극명하게 대립시킴으로써 새로 열린 윤리적/정치적 지평의 애매성과 불확실성을 생생하게 보여준다. 호가트가 보기에 1930년대의 공동체적 윤리로는 그에 합당한 정치적 공동체를 만들 수 없을 정도로 1950년대는 기존의 윤리적/정치적 토대가 붕괴되어 있었던 것이다. 모든 이들이 중산층이 된다는 풍요 이데올로기라는 장단이 여기저기서 울려 퍼질 때 호가트는 이에 맞추어 마냥 즐겁게 춤을 출 수는 없었다. 그 근본적인 이유는, 그러한 주장이 자신이 체험한 노동계급의 삶과는 너무나 맞지 않았기 때문이었다. 때문에 그의 글은 전지적 시각을 지닌 과학적 또는 객관적인 주체에서 쓰일 수 없었고, 대신 연구자와 피연구자가 하나인, 즉 피연구자의 '내부에서' 쓰일 수밖에 없었다. 이는 단순한 방법론의 문제가 아니라, 사실은 새로 출현한 매스 커뮤니케이션 테크놀로지 속에서 사는 것이 어떠한 윤리적/정치적 의미를 지니는 것인가를 그 속에서 직접 살아가는 대중들을 탐구함으로써 밝혀내기 위한 것이다. 특히 텔레비전이 아직 대중화되지 않던 시기인 1950년에 『읽고 쓰는 능력의 이용』을 쓰기 시작했다는 사실은, 연구란 애매하고 불확실한 세계를 탐색하는 윤리적/정치적 기획이라는 점을 분명히 보여준다.

윌리엄스가 문화를 탐구한 것은 실질적인 민주주의를 옹호하기 위한 윤리적/정치적 이유 때문이다. 윌리엄스에 따르면 대부분의 영국 중산계급의 교육은 공무원이 되는 훈련에 집중되어 있다. 이 훈련의 중심은 질서를 유지하는 통치법을 배우는 것이지 봉사하는 것이 아니다. 하지만 윌리엄스 자신은 이러한 정신을 따르도록 훈련받지 않았기에 나중에 이러한 교육에 맞부딪혔을 때 이를 이해하는 데 애를 먹었다고 털어놓는다(윌리엄스, 1988: 432-433). 이러한 경험에 터하여, 윌리엄스는 봉사라는 관념이 무너질 수밖에 없음을 지적한다. 고위 공무원은 현존 조직과 동일시할 수 있지만, 하위 공무원은 그렇게 할 수 없기 때문이다. 노동자의 아들로서 태어나고 자란 윌리엄스에게 유용한 시민의 육성, 또는 공동체에 대한 봉사를 위한 훈련 같은 어구들이 사실은 기존 질서에 노동계급이 복종하도록 기능한다고 느껴졌다. 또한 사다리의 이념으로 대표되는 개인의 기회개념 역시 절대적 가치를 지녀야 할 공동 원칙을 약화시킬 뿐만 아니라 돈과 태생의 위계질서와 그릇된 가치의 위계질서라는 독에 사탕발림을 하는 것이기에 잘못된 것이다(윌리엄스, 1988: 435). 필요한 것은 공동 문화의 발전이지만, 과거로의 회귀가 아니라 미래에 건설할 것이기에 미답의 영역이라 할 수 있다. 의식이 창조보다 앞설 수 없기에 미지의 경험에는 미리 규정된 처방이 있을 수 없다. 그런 점에서 새로운 공동체의 건설은 윤리적/정치적 문제에 끊임없이 직면한다. 이는 역설적이게도 민주주의를 위한 조건이 된다. 민주주의를 위한 노력은 인간평등의 인식을 위한 노력이며, 이는 인간의 개성과 다양성을 인정하고 실제적인 면에서 사상과 표현의 자유를 인정하는 것이다. 이는 당연한 개인의 권리라기보다는 공동체 구성의 필수조건이다. 무엇이 미래를 풍요롭게 할 것인지 확실히 모르기 때문에, 모든 가능성이 표출되어야 하기 때문이다(윌리엄스, 1988: 438).

톰슨 역시 영국 노동계급의 형성을 탐구한 것은 산업화가 야기한 새로운 윤리적/정치적 상황에서 그 상황을 살아간 사람들의 경험을 구해 내기 위한 것이다. 가난한 양말제조공, 러다이크 운동에 가담한 전모공, 시대에 뒤떨어진 수직공, 유토피아적 장인 등이 지녔던 전통적 기술, 산업화에 대한 글의 적대감, 폭동모의 등은 이후의 발전적 관점에서 보면 퇴행적이고 무모한 것이었을지도 모른다. 하지만 그들은 해답을 줄 윤리적/정치적 토대가 부재한 상황에서 자신들의 삶을 만들어 나간 능동적인 존재들이며, 비록 실패하였다 하더라도 그들의 노력 속에서 아직도 치유되지 못한 산업화가 야기한 사회악의 본질에 대한 통찰을 얻어 낼 수도 있다. 더군다나 영국에서 실패한 주의주장이, 이후 산업화 문제와 민주주의 제도의 형성 문제를 겪는, 또는 겪고 있는 아시아나 아프리카에서 현실화될 지도 모를 일이다(톰슨, 2000a: 12). 이렇게 본다면 노동계급의 행위는 새로운 윤리적/정치적 상태에 대한 자신의 소망을 실현시키는 과정이며, 이 소망은 노동계급의 경험에서 보면 타당한 것으로 보일 수 있다.

V. 맺음말

고전 사회학은 '사회'의 변화를 객관적 사물로 보는 대신에 '문화'를 통해 그것에 의미를 부여하고자 하는 문화사회학이었지만, 이후의 발전은 사회학이 '사회'만을 다루는 협소한 분과학문으로 축소되어 왔음을 보여준다. 최근 이에 대한 반성으로 사회학을 학제적 연구로 만들고자 하는 노력이 진행되고 있는데, 문화연구가 그 좋은 출발점으로 간주되고 있다(참고 Long, 1997). 이 글은 문화연구에 대한 이러한 관심이 사회학에서 전혀 낯선 것이 아니라는 점을 보여주고자 했다. 초기 영국 문화연구는 사실 고전 사회학의 문제틀과 별반 다른 것이 없다. 호가트, 윌리엄스,

톰슨은 산업화 과정에 대해 연구하였는데, 보다 넓게 보면 이는 전통사회가 경쟁자본주의로, 그리고 경쟁자본주의가 독점자본주의로 넘어가는 과정을 탐구한 것이라 할 수 있다. 이들 모두에게 있어 역사적 변형은 경제적 또는 인구학적 지표와 같은 추상적이고 객관적인 범주의 변형이 아니었다. 노동계급을 위시한 주변적 인물들의 적극적인 대응에 초점을 맞추어, 그들이 단지 변화에 의해 주조되는 것이 아니라 그 변화를 적극적으로 살아가면서 나름대로의 의미를 부여하는 존재라는 점을 보여주었다. 거기에는, 거시적 변화는 기존의 질서를 떠받치던 토대가 붕괴됨으로써 새로운 윤리적/정치적 지평이 열리기 때문에 벌어지지만 이는 역설적이게도 인간에게 자유를 허용하기 때문에 무엇보다도 사람들의 실천을 살펴보는 것이 중요하다고 여겼던 관점이 들어 있다.

나는 이러한 문제의식이 사실은 맑스, 뒤르케임, 베버와 같은 고전 사회학의 문제의식과 기본적으로 동일한 것이라고 주장하였다. 고전 사회학이 발흥하던 당시는 국민국가와 함께 자본주의적 시장 경제가 출현하면서 계급, 인종, 젠더, 민족, 성적 지향 등을 둘러싸고 형성되는 새로운 주체성의 형태들이 출현하고 있었으며, 고전 사회학자들은 모두 이를 탐구하고자 하였다. 그 핵심은 기존 삶의 의미의 토대가 붕괴되었기에 새로운 삶의 가능성을 탐색해 보는 것이었다. 이런 점에서, 초기 영국 문화연구와 고전 사회학은 크게 보아 같은 문제틀을 지니고 있다고 할 수 있다. 나는 이러한 문제틀이 현재의 사회학에도 여전히 유효하다고 믿는다. 현재는 지구적인 시장체계가 새로운 매스 커뮤니케이션 테크놀로지로 무장한 다국적 또는 초국적 조직체들과 함께 출현하면서, 기존의 주체성의 범주들에 정박해 있던 주체성을 뒤흔들고 있다. 따라서 지구화로 대표되는 변동을 사람들이 어떻게 살아가며 대응하는지, 그리고 텔레커뮤니케이션으로 상징되는 새로운 매스 커뮤니케이션 테크놀로지가 주체성을 어떤 방식으로 변화시키고 형성하는지 탐구할 필요가 있다(최종렬, 2003a). 이는 기존의 삶을 안내하던 안정된 틀이 깨지고 있다는 것을 의미하기도 하지만, 한편으로는 새로운 윤리적/정치적 지평이 열리는 과정이기도 하다는 점을 뜻한다. 아직 열려 있지 않기에 새로운 지평은 애매성과 불확실성으로 가득 차 있다. 사회학은 이를 어떻게 할 것인가? 존재와 의식과 언어를 일치시키려는 과학의 이상을 따라 애매성과 불확실성을 제거하여 투명한 사회체계를 만들려고 할 것인가? 아니면, 존재와 의식과 언어의 틈새에서 나오는 애매성과 불확실성을 실존적 조건으로 인정하고 그 속에서 인간의 지평을 넓히는 의미화 실천을 감행을 것인가?

10 포스트모던 미국 사회학의 문화연구[1]

I. 머리말

미국 사회학이 과학화를 지향하면서 변방으로 밀려났던 문화에 대한 관심이 근래 미국 사회학계에 되살아나고 있다. 이는 우선적으로 미국 주류 사회학계에 사회학의 하위 영역으로서 '문화분과 사회학' 이란 이름으로 나타나고 있고(Crane, 1994; Grisword, 1987, 1994; Lamont, 1987; Mukerji and Schudson, 1986; Wuthnow, 1987; Wuthnow and Witten, 1988), 다른 한편 비주류 사회학계에서는 영국의 버밍햄 학파로부터 시작된 문화연구(Cultural Studies)의 전통을 받아들여 포스트모던 시대의 문화연구로 발전시키고 있다(Agger, 1991, 1992a; Denzin, 1992, 1996; Dickens, 1994, 1996; Seidman, 1996).

이 글의 일차적 목적은 위의 두 진영 중에서 후자를 한국 사회학계에 소개하는 것이다. 나는 사회(학)이론의 유의미성을 그것의 윤리적 · 정치적 관심의 성격으로 가늠한다. 윤리학이 선한 삶이 무엇이며 또한 이 삶을 어떻게 살 것인가를 고민한다면, 정치학은 이것을 실현시키기 위해 어떤 조정된 또는 협력된 행위가 가능한지를 따진다. 나는 선한 삶이란 인간이 필연성과 유용성의 추구에 머물지 않고 탁월성을 추구할 수 있게끔 그 지평이 넓혀진 삶이라 보며, 사회학이 이를 실질적으로 실현하는 의미화 실천이 되길 원한다. 영국에서 기원한 문화연구의 전통은 시공간을 벗어나 보편타당한 '진리'를 발견 또는 획득하려는 인식론적 관심 대신, 역사적 맥락에 따라 계급, 젠더와 섹슈얼리티, 인종/민족 등의 불평등하게 구조화된 사회문화적 구성물들을 보다 평등하게 재구성하려는 윤리적·정치적 관심을 현실화시켜 왔다. 포스트모던 미국 사회학의 문화연구는 이러한 전통을 이어받아, 포스트모던 시대의 구조화된 불평등을 보다 평등한 상태로 재구성하고자 노력한다. 하지만 경제적 불평등에 주로 주목한 문화연구 전통을 넘어, 인간의 지평을 넓히는 의미화 실천에 매진하고 있다.

내가 이러한 전통을 한국 사회학계에 소개하는 근본적인 이유는 90년대 이후 문화연구 혹은 문화학에 대한 폭발적 관심을 보여 온 한국사회의 지적 상황에 대한 불만 때문이다. 80년대 증폭된 한국사회의 변혁에 대한 열망이, '새로운 사조 도입하기'와 그것의 역사적·사회적 맥락을 사장하고 해석과 수용의 자유를 과장하는 '텍스트주의'로 변질되는 일부 경향에 나는 경종을 울리고 싶다. 나는 외래 이론이 도입되고 수용될 때는 반드시, 그것이 원래 어떤 역사적·사회적 맥락에서 출현하고 발전하였는지, 그 기본 성격은 무엇인지, 그리고 앞으로 어떤 방향으로 나아가고 있는지 살펴보는 것이 필수적이라 본다. 그렇지 않을 경우, 문화연구 역시 하나의 새로운 스타일로 떠돌다 철지난 유행처럼 사그라들지도 모를 일이다.

II절은 문화연구의 뿌리인 영국의 문화연구의 초기 기획을 기술하고,

그 기획이 어떻게 시간을 따라 현실화되었는지를 살펴본다. III절에서는 문화연구가 어떻게 포스트모던 미국 사회학의 문화연구로 발전되었는지 알아보고, 네 명의 대표적인 문화연구자를 통해 그 성격을 진단한다. 결론인 IV절에서는 포스트모던 미국 사회학의 문화연구의 전망을 기술한다.

II. 영국 문화연구의 역사[1]

1. 초기 영국 문화연구의 기획

우리가 흔히 '문화연구' 또는 '문화학'이라 부르는 문화에 대한 학제적 연구는 영국 버밍햄 대학교의 현대영문학 교수였던 호가트(Richard Hoggart)가 1964년 현대문화연구소(Center for Contemporary Cultural Studies)를 설립함으로써 시작되었다. 그렇지만 사실 그 기본적 틀은 이미 그와 함께 1950년대부터 활발하게 활동한 윌리엄스(Ramond Williams)와 톰슨(Edward Thompson)에 의해 공동으로 만들어지고 있었다(Hall, 1980; Brantlinger, 1990; Schwarz, 1994; Turner, 1990). 호가트의 『읽고 쓰는 능력의 이용』이 1957년에, 윌리엄스의 『문화와 사회』가 1958년에, 그리고 톰슨의 『영국노동계급의 형성』이 1963년에 각각 출간됨으로써 이후 영국 문화연구의 초석을 깔아놓았다(Hoggart, 1998; 윌리엄스, 1988; 톰슨, 2000a, 2000b). 이들은 연구의 대상을 문학에서 보다 넓은 문화적 산물로 확대함으로써 문화의 개념 그 자체를 넓혀놓았다. 이러한 새로운 문화 개념은 문학(고급문화)을 위대한 고전적 저작들로 개념화하는 레비스(Frank R. Leavis)의 전통과의 단절을 의미하는 것일 뿐만 아니라

(Brooker, 1998), 주변인(당시는 노동계급)의 문화를 긍정적으로 그림으로 써 부르주아 지배문화에 대항하는 정치적 의미까지 지니는 것이었다.

문화 개념이 이렇게 확대된 데에는 전후 영국의 역사적·물질적 맥락이 놓여 있다. 이차대전 후 영국은 전쟁의 영향에서 벗어나 자본주의 경제가 부흥하고, 노동계급의 소비능력이 증진되어 부르주아화하며, 더 나아가 복지국가가 모든 계급 간의 합의를 이끌어 낸다는 풍요사회 이데올로기가 헤게모니를 획득하고 있었다. 당시 영국인들에게는 영국사회가 마치 계급의식과 계급갈등이 해소되고 모든 계급들이 중산층이 되는 무계급사회로 접어들고 있는 듯이 보였다(Clarke, Hall, Jefferson and Roberts, 1991; Hall, 1992: 16-17). 이렇듯 풍요 이데올로기가 세를 얻게 된 데에는 노동계급의 삶이 물질적으로 어느 정도 개선된 것과도 관련이 있지만, 보다 결정적인 것은 텔레비전과 광고, 펄프픽션, 대중신문, 대중잡지로 대표되는 매스 미디어가 사회 일반을 조직하는 중요한 힘이 되는 대중사회의 출현이다. 하지만 풍요한 대중사회가 출현하고 있다는 주장은 역설적이게도 전 세계 패권국가로서의 대영제국이 쇠퇴하고 대신 미국이 그 자리를 차지하는 역사적 전환기에 제기되었다.

이러한 변화는 전통적인 영국의 정체성의 위기를 불러일으켰다. 첫째로, 소비주의는 모든 이를 중산층으로 변모시키는 것처럼 느끼게 만들어 전통적인 계급에 기반한 정체성을 무너뜨리기 시작했다. 둘째로, 새로운 매스 커뮤니케이션 테크놀로지로 무장한 대중문화의 융성은 부르주아 문화와 노동자 문화라는 계급에 터한 대립적 문화구도를 뿌리째 흔들었다. 마지막으로, 대영제국의 쇠퇴로 인한 식민사회의 붕괴는 피식민지인들, 특히 서인도인과 아시아인들이 영국으로 대량 유입되는 계기를 마련하였고, 이는 곧 전통적인 '영국성(Britishness)'의 위기를 불러일으켰다 (Stratton and Ang, 1996: 383).

호가트, 윌리엄스, 그리고 톰슨은 모두 문화연구를 통해 이러한 위기에 대응하였다.[2] 첫째, 우선 당시 진행되고 있던 사회와 문화의 대규모의 구조적 변형을 탐구하였다. 둘째, 노동계급을 위시한 주변적 존재들이 이 구조적 변형을 어떻게 살아가는지를 연구하였다. 마지막으로, 새로운 매스 커뮤니케이션 테크놀로지로 무장한 문화산업이 전통적인 사회화 조직의 구성적 힘을 능가해서 사람들의 정체성을 구성하는 방식을 탐구하였다. 이를 위해 그들은 대규모의 구조적 변동을 탐구하는 역사학적 연구, 이 변동을 살아가는 사람들의 살아 있는 문화에 대한 문화기술지적 (ethnographic) 연구, 그리고 매스 미디어에 대한 텍스트적 탐구를 포괄하는 학제적 연구 전통을 유산으로 남겨 놓았다.

전통적인 분과학문 간의 견고한 경계에 도전하는 이러한 방법론은 단순한 형식주의적 종합을 의도한 것이 아니라, 소외된 주변인의 입장에서 사회와 인간을 보다 평등하게 재구성하려는 윤리적 · 정치적 관심으로부터 나온 것이었다. 그들 모두는 노동계급 가정에서 자라나 장학금을 받고 공부했으며, 전통적인 대학 외부에서 성인 노동계급 학생들을 가르친 경험이 있다. 이 과정에서 그들은 노동자들의 생생한 삶뿐만 아니라 그들 문화의 변형도 몸으로 경험하였다. 이러한 체험을 통하여 그들은 편협하고 경직된 노동분업에 기반한 분과학문만으로는 위의 주제들을 탐구하는 데 한계가 있음을 절감하였다. 이렇듯 학제적 연구는 노동계급의 일원됨과 학문세계의 일원됨 간의 '이중적 의식'으로부터 출현하였다(Long, 1997: 17). 그들은 엘리트적인 지배문화가 영국 노동계급문화를 인정하고 긍정하도록 만들고자 하였다. 이런 점에서 문화연구의 기획은 "자본주의적 사회관계의 일부인 문화투쟁을 노동계급의 입장에서 보는 대립적인, 넓은 의미의 사회주의적 정치운동이었다"(Garnham, 1995: 63).

2. 상징적 상호작용론과의 만남: 하위문화

현대문화연구소의 문화연구자들은 갈수록 문학 내적인 전통 안에서 이러한 문화연구의 기획을 성취하기가 어렵다는 것을 깨닫게 되었다. 문학을 넘어선 보다 포괄적인 접근이 요구되었는데, 여기서 사회학에 눈을 돌린 것은 어쩌면 당연한 일이었다. 하지만 당시 영국 사회학은 미국의 이론과 모델, 그중에서도 파슨즈의 구조기능주의에 깊이 물들어 있었다. 구조기능주의는 모순의 범주를 버리고 대신 역기능과 긴장관리라는 용어를 채택했다. 문화란 단일한 가치체계이며, 대중의 문화는 그 속으로 반드시 통합되어져야만 한다고 주장한다. 이러한 문화에 대한 기능적이고 통합적인 개념은 주변인의 입장에서 인간과 사회를 보다 평등하게 재구성하려는 문화연구의 윤리적 · 정치적 관심과 들어맞지 않았다(Clarke, Hall, Jefferson and Roberts, 1991: 20-21).

이때 다른 대안을 찾던 중 미국 시카고 학파의 상징적 상호작용론과의 만남이 있었다. 베커(Howard Becker)와 하위문화 이론가들에 의해 되살아난 상징적 상호작용론은 스스로를 위해 자신들이 살아가는 '조건을 정의하는' 사회행위자의 능력을 강조하고, 일련의 문화기술지적 방법을 통해 지배문화로부터 분화되어 스스로의 가치와 의미를 창조하는 하위문화를 생생하게 보여주었다(Hall, 1992: 23-24). 이러한 상징적 상호작용론과의 만남을 통해 영국 문화연구는 전통적인 남성 육체노동자 중심의 좌파정치학을 넘어 새로운 흐름으로 떠오르고 있는 젊은이 문화, 하위문화, 일탈에 대한 정치적 연구를 수행하였고, 또한 작업장과 학교와 같은 생산적 · 재생산적 제도들에 관심을 쏟았다.

하지만 '체험(Erlebnis, lived experience)'에 대한 강조는 영국의 문화연구를 성인 노동계급과 하위문화 성원들의 일상문화에 대한 '미시적'

연구로 협소화시키는 결과를 낳았다. '체험'의 자발성, 창조성, 자연스러움 등을 강조하다 보니 구조화된 불평등 현실을 자연화·사물화하여 영속화시키는 그것의 이데올로기적 성격이 무시되었고, 결국 보다 역사적이고 구조적인 연구는 주변화되었다. 이는 상징적 상호작용론이 지닌 '실천편향적' 경향 때문에 빚어진 필연적인 결과라는 점이 인식되기 시작했다. 때문에 연구자들은 갈수록 사회행위자들의 '체험'을 보다 넓은 역사적·구조적 맥락 속에 위치 지워야 할 필요성을 느끼게 되었다.

3. 맑스주의와의 만남: 문화와 물질적 토대의 변증법

이때 이러한 인문학적 기획에 대한 가장 중요한 대안으로 맑스주의가 도입되었다(Brooker, 1998: 6-16; Storey, 1993: 20-42). "인간들이 역사를 만든다, 단 그 자신들이 만들지 않은 조건 아래에서" 또는 "삶이 의식에 의해 결정되는 것이 아니라, 의식이 삶에 의해 결정된다."는 맑스의 언명은, 현대문화연구소 연구자들로 하여금 의식이 항상 물질적·역사적 조건을 지닌 이데올로기적 요소와 뒤섞여 있음을 깨닫게 하였다. 따라서 문화 텍스트 또는 문화 실천의 의미들을 이해하기 위해서는 그것들이 생산·유통되고 소비되는 사회역사적 조건 속에 집어넣어 탐구해야만 한다. 루카치의 문학적·역사적 저작, 골드만의 『숨은 신』, 프랑크푸르트학파의 초기 텍스트들, 사르트르의 『방법의 문제』 등이 당시에 관심을 끌었고, 이는 '토대'와 '상부구조'라는 고전적 문제를 되살려 놓았다(Hall, 1980: 25).

이러한 보다 인문학적인 맑스주의는 문화연구의 인문학적 전통과 잘 들어맞았지만, 정작 1973년경에 이르러 주도권을 차지한 것은 알튀세의 구조주의적 맑스주의였다. 알튀세(Althusser, 1971)의 '문화의 상대적 자율성'과 '중복결정'과 같은 테제는 '표현적 총체성'을 '구조적 총체성'으로 뒤바꾸어, 토대/상부구조에 대한 기계적인 해석을 넘어섰다. 하지만 이데올로기에 대한 '기능주의적 해석(이데올로기는 계급사회의 생산양식에 필수적인 조건과 관계를 재생산하는 기능을 수행한다)', 무의식을 통해 이데올로기가 호명적 힘을 발휘한다는 주장, 그리고 인간을 이데올로기의 수인(囚人)으로 보는 입장 등은 인간존재를 역사를 만들어 가는 주체로 이론화할 공간을 제거해 버렸다.

따라서 인간 실천과 그것의 역사적·사회적·물질적 조건 간의 변증법적 관계를 밝혀줄 새 이론이 절실히 요구되었는데, 이때 그람시의 헤게모니 이론이 도입되었다. 특정 사회집단의 예비적 동맹이 다른 종속적 집단들로부터 자발적인 동의를 얻어 지배를 획득한다는 헤게모니 이론은, 헤게모니를 획득하기 위한 집단들 간의 다양한 실천 양식이 어떻게 특정의 사회구조적 국면 속에서 이루어지는지 고찰할 길을 열었다. 이데올로기의 통일성과 일치를 강조하는 알튀세의 구조주의와 비결정된 열린 세계에서의 창조적인 인간의 실천을 강조하는 상징적 상호작용론의 일면성이 '움직이는 평형상태'를 둘러싼 세력관계라는 헤게모니론을 통해 극복될 길이 보였다. 이는 무엇보다도 실천의 구조적 성격을 인식하면서도 정치투쟁의 장을 열어 놓는 장점이 있었다(Kellner, 1997: 103).

연구주제라는 관점에서 볼 때, 맑스주의적 문화연구는 노동계급의 하위문화와 매스 미디어에 그 노력을 집중하였다. 『의례를 통한 저항』과 『위기단속』은 시카고 학파의 하위문화연구, 알튀세의 이데올로기론, 그리고 그람시의 헤게모니론 등을 종합하여 행해진 대표적인 연구들이며(Hall and Jefferson, 1976; Hall, Critcher, Jefferson, Clarke and Roberts, 1978), 『문화, 미디어, 언어』는 매스 미디어에 대한 맑스주의 문화연구의 대표작이다(Hall, Hobson, Lowe and Wills, 1992).

4. 페미니즘과의 만남: 사적인 것이 정치적인 것이다

1970년대를 통해 영국의 문화연구는 페미니즘과의 만남을 통해 남성계급중심주의적인 기획의 협소함을 넘어서게 되었다. 1978년 현대문화연구소 여성연구집단은 『여성이 문제삼다』를 출간하여 페미니스트적 문화연구의 문을 열었다(Women's Studies Group, 1978). 이 책은 물질적 삶의 생산과 재생산에 있어 여성이 차지하는 구조적 지위, 그리고 이 구조적 지위가 정치적 · 이데올로기적으로 어떻게 이해되고 표상되며, 여성들이 이 표상 안에서 그리고 그것을 통하여 어떻게 살아가고 있는가를 탐구하였다.

이 책에서 맥로비(Angela McRobbie)는 기존의 문화연구가 거리나 다른 공공장소에서 쉽게 눈에 띄는 남성집단들의 행위에만 초점을 맞춤으로써 여성들을 참여자들 사이에서 무시당하는 존재로 표상하는 경향이 있음을 꼬집었다. 이러한 공적 편견은 가정과 같은 사적 영역을 주변화해서, 그 속에서 여성들이 공적 영역에서 일어나는 의례, 반응, 협상 등과 유사한 일들에 참여하고 있음을 지워 버리게 된다는 것이다. 그녀는 노동계급 소녀들의 하위문화에 대한 문화기술지적 탐구를 통해, 결국은 소녀들의 종속적 지위를 재생산하는 데 일조하는 그들의 저항문화를 그려 보였다. 홉슨(Dorothy Hobson)과 브런드슨(Charlotte Brundson) 같은 다른 페미니스트들은 남성들의 공적 프로그램만을 다루는 기존의 미디어연구의 젠더적 편견을 지적하고, 소프 오페라(soap opera) 같은 여성 장르를 분석하였다. 이들은 가내 영역 역시 정치학의 영역과 마찬가지로 이데올로기와 지배가 작동하고 이에 대한 저항이 일어나는 정치적 영역이라는 점을 간과해서는 안 된다고 주장하였다. 결과적으로 페미니스트적 문화연구는 사적인 것이 정치적인 것이라는 점을 분명히 함으로써 공적 영역이라는 개념의 틀 안에서만 발전되어 온 권력 개념을 확대하고, 사적 영역에서 작동하는 권력과 그에 대한 저항에 초점을 맞추었다.

결혼, 가족, 가사노동, 패션, 소비 등 여성들이 주로 거주하는 영역에서 일어나는 '사적인' 일들에 대한 관심 고조는, 계급, 정치, 생산 등 남성들이 주로 거주하는 영역에서 일어나는 '공적인' 일들을 탐구하는 이론들의 기본 가정에 도전한다. 예컨대, 페미니스트적 정신분석학을 통해 남성중심적인 오이디푸스 사회화에 기반한 기존의 정신분석학이 지닌 '생물학적 결정론'을 비판하고, 이를 벗어나는 여성의 전(前)오이디푸스적 사회화에 대한 가능성을 탐색하였다. 이를 통해 주체성이 단지 계급에 의해서만 구성되는 단순한 것이 아니라, 젠더, 섹슈얼리티, 권력, 욕망, 무의식 등과 서로 얽힌 복합적인 과정을 통해 구성되는 것이라는 점을 밝혔다. 또한 성적 지배를 종식시킬 미래에 대한 전망의 일환으로 인류학에 대한 관심도 고조되었다. 젠더와 섹슈얼리티 자체가 문화마다 다르게 사회적으로 구성된다는 인류학의 보고는 현재의 불평등한 성적 노동분업이 영원한 것이 아니라는 점을 확인시켜 주는 것이다. 이러한 학제적 연구는 물론 주변인 중의 주변인인 여성에게 힘을 주려는 윤리적·정치적 관심에서 비롯된 것이다.

5. 포스트식민주의와의 만남: 인종/민족의 사회문화적 구성

앞에서 말했듯이 영국 문화연구를 추동시킨 한 원인이 영국 민족정체성의 위기였음에도 불구하고, 1980년대 초반까지 영국 문화연구는 '순수 백인 영국성'이라는 신화를 유지했다. 그 주된 원인은 영국 문화연구가 영국 국민국가(상상된 단일한 공동체)의 독특성을 당연시하는 국민국가의 틀 안에서 작업을 하였기 때문이다. 그 결과 영국성은 백인성과 동일시되었고, 아무도 그것에 심각하게 도전하지 않았다.

하지만 1980년대 초반을 지나면서, 영국 문화연구는 인종/민족/국가 등과 관련된 영국 정체성의 위기를 보다 분명히 다루기 시작했다 (Brantlinger, 1990; Gilroy, 1992; Turner, 1990). 대도시 메트로폴리탄 지역에 대거 존재하는 포스트식민주의 주체들 그 자체가 영국 문화연구로 하여금 인종 문제를 수용하도록 촉구한 것이다(C. Hall, 1996). 여기서 중요한 점은 포스트식민주의 주체들의 존재 그 자체가 하나의 정치적·경제적·문화적 단위로 당연시되어 온 근대 국민국가에 대한 가정에 도전한다는 점이다. 이런 점에서 포스트식민주의 주체들의 존재는 19세기와 20세기를 통해 형성된 국민국가, 민족주의, 민족문화 등의 개념이 어떻게 확산되었는지, 그리고 민족 간(inter-national)이라는 개념이 어떤 독특한 역사적인 조건들을 통해 형성되었는지 탐구할 것을 요구한다 (King, 1997: 4). 또한 지구적인 것과 지역적인 것 간의 관계를 재구성할 것을 요구한다(Hall, 1997b: 26-27).

포스트식민주의 주체들의 존재는 또한 영국 문화연구로 하여금 대규모의 구조적 변동이 포스트식민주의 주체들, 특히 영국 메트로폴리탄 지역에 사는 제삼세계 주체들의 일상적 삶에 어떤 영향을 미치는지를 탐구하도록 요구하였다. 이 주체들에게는 정체성이 큰 이슈였다. 그들은 백인 영국성도, 상상화된 조국도 자신들의 문화적 정체성으로 완전히 받아들일 수 없었다. 그 주된 이유는 '그들이 유래한 곳'과 '그들이 현재 살고 있는 곳' 사이에 쉽게 풀릴 수 없는 긴장이 존재하기 때문이다(C. Hall, 1996: 65). 자기동일성이라는 전통적인 정체성 개념은 고도로 배타적인 문화정체성을 지니고 있기에 포스트식민주의 주체들에게는 더 이상 유효하지 않았다. 대신 혼성적 정체성, 즉 인종, 민족, 지역, 문화 등의 혼합이 더 적합한 듯이 보였다(Hall, 1997c). 이러한 두 주제를 탐구하기 위해 포스트식민주의는 역사학, 문화기술지(ethnography), 문학, 정신분석학, 해체주의 등 다양한 방법론을 사용했다. 주변인으로도 간주되어 오지 않았던 포스트식민 주체들을 새로운 주변인으로 표상함으로써 상상적으로 통일된 대영제국의 인종적/민족적 모순과 갈등을 폭로하였다.

6. 포스트모더니즘과의 만남: 사회와 문화의 대규모 구조적 변동

1980년대 중반까지 영국 문화연구는 초기 기획의 첫 번째 주제인 사회와 문화의 대규모 구조적 변동에 대해서는 상대적으로 등한시해 왔다. 이러한 영향 아래, 1980년대 중반 동안에 영국의 문화연구는 지배 이데올로기가 어떻게 '재생산' 되는가에 관심을 가지기보다는, 그것에 사람들이 어떻게 '저항' 하는가에 주의를 기울였다. 문화기술지적 방법과 매스미디어에 대한 텍스트적 분석을 통해 민중들의 비판적 수용능력을 과장하고, 민중문화가 생산, 분배, 소비, 교환되는 사회적 · 정치적 · 경제적 맥락을 탐구하는 정치경제학을 소홀히 했다(Turner, 1990: 205).[3]

이렇듯 텍스트주의적 문화연구가 정치경제학과 갈라져 있는 형국에, 영국의 문화연구는 포스트모더니즘이라는 또 하나의 강력한 새로운 지적 조류와 만나 뒤엉키게 된다. 포스트모더니즘이 문화연구에서 중요한 이유는, 지금까지 상대적으로 소홀히 다루었던 '사회와 문화의 대규모 구조적 변동' 에 대한 관심을 다시 불러일으켰다는 점이다. 포스트모더니즘은 모더니티에서 포스트모더니티로 서구 사회가 대규모의 구조적 변동을 겪고 있다고 주장하는데, 이 변동의 성격에 대해 크게 보아 포스트구조주의적 포스트모더니즘(Baudrillard, 1983, 1990a; Deleuze and Guattari, 1983, 1987; Lyotard, 1984, 1993)과 비판적 포스트모더니즘(Harvey, 1989; Jameson, 1984)으로 갈린다.

포스트구조주의적 포스트모더니즘은 기본적으로, 담론/실천이 주체성(과 대상성)을 구성한다는 담론이론(discourse theory)의 주장을 따른다.⁴⁾ 담론이론은 서구사회의 의미론을 오랫동안 지배해 온 전통적인 실재론과 관념론을 넘어, 의미는 한 체계 내에 존재하는 요소들 간의 관계(담론적 질서)에 의해 형성되지, 사물과 단어 간의 상응관계 또는 사물이 지닌 내적인 속성의 결과는 아니라 주장한다. 담론은 기표들의 무한한 환유적 전위로 이루어진 의미작용 연쇄로서, 이 속에서 의미는 확정적이지 않고 끊임없이 미끄러진다. 비교적 안정된 의미의 획득은 의미작용 연쇄를 특정의 상태에서 봉합하는 정치적 행위에 의해 이루어진다. 그런 의미에서 의미의 형성은 권력투쟁의 장이다.

담론이론을 받아들이는 포스트구조주의적 포스트모더니즘의 핵심은, 전후 서구 선진 자본주의 사회들이 계열체적 질서에 의해 지배되는 구조주의적 구조의 세계에서 통사체적 질서에 의해 지배되는 포스트구조주의적 구조의 세계로 전환하였다고 주장한 점에 있다. 이러한 전환을 가능케 한 것은 기표들의 무한한 환유적 전위를 가능케 한 텔레테크놀로지의 발전이다. 새로운 텔레테크놀로지를 통해 초고속으로 그리고 대량으로 산포되는 정보와 엔터테인먼트는 확정적 의미의 가능성을 제거해 버린다. 이것이 극단적이 되면, 의미는 그 스스로가 소음으로 변해 버려 의미작용은 과잉인데 커뮤니케이션은 실패하게 된다. 이러한 의미의 내파는 결국 '사회성의 죽음'으로 치닫는다.

이와 달리 비판적 포스트모더니즘은 정치경제학의 유용성을 주장한다. 이는 크게 보아 제임슨(Fredric Jameson)류의 포스트모더니즘과 포스트포디즘적 포스트모더니즘으로 갈린다. 제임슨은 1983년 발표한 "포스트모더니즘과 소비사회"에서 소비문화와 포스트모더니즘을 연결지었는데, 그 다음 해에 이를 보완해서 "포스트모더니즘 또는 말기 자본주의의 문화

논리"를 『신좌파평론』에 발표해 포스트모더니즘에 대한 새로운 논의를 열어젖혔다(Jameson, 1984). 맑스의 토대/상부구조 모델을 이용해, 제임슨은 포스트모더니즘을 말기 자본주의(late capitalism)라는 토대 위에 세워진 상부구조로 보았다. 만델(Mandel, 1993)을 따라 제임슨은 말기 자본주의를 자본주의의 가장 말기 상태로서, 이전까지 전(前)자본주의 지역으로 남았던 '자연'과 '무의식'까지 상품화하는 보다 순수·발전·실현된 자본주의로 보았다. 포스트모더니즘은 다름 아닌 이러한 '말기 자본주의의 문화적 발전 논리'의 새로운 한 단계이다(Jameson, 1984: 85). 하지만 제임슨은 경제적 토대의 결정적 힘을 인정하였음에도 불구하고 경제적 토대의 변화보다는 그것의 문화적 '논리'에만 주로 관심을 보이고 정치경제학에 대한 논의를 사실상 제거해 버렸다. 그 결과 프랑크푸르트 학파의 '총체적으로 관리되는 사회(totally administered society)'처럼, 마치 포스트모던 사회가 완벽하게 상품화된 자본주의 사회인 것처럼 만들어 변혁을 위한 어떤 노력도 부질없을 것 같은 인상을 심어 주었다.

이에 반해 포스트포디즘적 포스트모더니즘은 포스트모던 문화현상을 포스트포디즘적 발전과정이라는 보다 큰 사회경제적 맥락 속에 위치 지움으로써, 문화를 탐구함에 있어 정치경제학이 여전히 중요하다는 점을 상기시켰다. 하비(David Harvey)의 『포스트모더니티의 조건』이 그 대표적인 경우인데, 기표들의 무한한 환유를 가능케 하는 물질적 힘이 사실은 자본의 회전수의 가속화로 인한 시간과 공간의 압축임을 밝혔다(Harvey 1989). 결국 사회의 텍스트화를 다룸에 있어 자본의 과잉축적의 문제를 해결하는 방식을 탐구하는 것이 중요하다는 점을 깨우쳐, 문화의 생산보다는 소비에 과도하게 주의를 기울이는 텍스트주의적 문화연구의 편벽된 경향에 경종을 울렸다.

III. 포스트모던 미국 사회학의 문화연구

1. 문화연구의 미국화: 텍스트주의의 융성

1980년대 중반부터 영국 문화연구는 논문, 책, 컨퍼런스, 인터넷 사이트, 토론회 등을 통해 전 세계로 확산되어 지구화하기 시작했다. 미국 역시 1980년대 중반을 거쳐 인문 사회과학의 형식주의적이고 실증주의적인 패러다임에 대한 한 대안으로 영국의 문화연구를 받아들였는데, 그 선두에 매스 커뮤니케이션 연구가 있었다. 초기에는 이해적 패러다임이 가장 활발히 문화연구를 받아들였는데, 이 경향은 텍스트와 그 의미를 역사적·사회적 맥락 속에 집어넣지 않고 분석하는 텍스트주의적 포스트모더니즘이 미국의 인문학 전반, 그중에서도 영문학에 막강한 영향력을 행사하고 있던 당시의 조류와 잘 어울렸다. "텍스트 외부에는 아무것도 없다."는 데리다의 주장에 대한 일면적 수용을 통해 텍스트주의적 포스트모더니즘은 간맥락적(inter-contextual) 의미보다는 간텍스트적(inter-textual) 의미를 분석하는 데 주력하였다.

매스 커뮤니케이션 연구의 이해적 패러다임과 영문학의 텍스트주의를 흡수해서 문화연구를 수행한 대표적인 학자가 그로스버그(Lawrence Grossberg)이다. 텔레비전을 비롯한 매체 연구와 대중음악에 대한 연구를 통해, 그로스버그(Grossberg, 1983-1984, 1984, 1989)는 소비자들이 매체와 대중음악에 의해 조작된다기보다 그 메시지, 광고 및 가치를 그 나름대로의 방식대로 능동적으로 사용한다는 문화적 민중주의를 뒷받침하였다. 매체의 상품적 성격을 상대적으로 무시하고 그 텍스트가 지닌 다의미적 성격을 과장함으로써, 매체 문화의 정치경제학과 매스 미디어에 대한 제도적 분석을 주변으로 밀어냈다(Budd, Entman and Steinman,

1990; Harms and Dickens, 1996).

이러한 텍스트주의는 담론이론에서 정치성을 제거하고, 의미의 비결정성만을 극단적으로 강조한다. 이에 따르면 기의로서의 문화산업의 메시지는 기표들의 무한한 연쇄 속의 한 계기에 불과해 어떠한 확정된 의미도 없기 때문에, 독자가 문화산업의 의도와 상관없이 얼마든지 자기 이해에 따라 탈코드화할 수 있다. 저자는 죽었으며, 읽기는 항상 열려 있고, 파편적이긴 하지만 능동적인 읽기가 가능하다. 따라서 텍스트주의는 대중 유행문화가 제공하는 지엽적인 쾌락과 소비에 주의를 집중하고, 대신 그것이 생산, 분배, 소비, 교환되는 사회적·정치적·경제적 맥락을 무시한다. 문화상품의 교환가치적 성격을 무시하고 사용가치, 즉 레저 및 팝 텍스트가 제공하는 쾌락, 욕망, 로맨스 등의 다의적이고, 개방적인 성격을 무비판적으로 찬양하고, 문화연구의 목적을 물질적 투쟁이 아닌 '기호의 투쟁'으로 축소시킨다.

2. 포스트모던 미국 사회학의 문화연구: 포스트모던 시대의 문화연구

1990년대 초반 일단의 미국 사회학자들이 영국의 문화연구를 본격적으로 수용하기 시작하였다. 이러한 계기를 만든 결정적인 동인은 사회학이라는 분과학문에 대한 포스트모더니즘의 도전이었다. 물론 당대 유행하던 텍스트주의적 문화연구의 도전 역시 거셌지만, 미국 사회학자들이 느낀 위협은 상대적으로 크지 않았다. 그 이유는 사회학자들이 텍스트화를 '문화 영역'에만 타당한 고유 현상으로 보았고, '사회 영역'은 나름대로의 사회법칙이 있다고 믿었기 때문이다. 하지만 포스트모더니즘은 "사회가 텍스트화되었다."고 주장함으로써 사회학자들의 사회/문화라는 이분법에 정면으로 도전하였다.

　보다 구체적으로 보면, 다음과 같은 포스트모더니즘의 주장은 분과학문으로서의 미국 사회학의 기본틀을 뒤흔들어 놓기에 충분했다.[5] 1) 사회는 유연하고 유동적이며 더 나아가 유약해서 그 속에서 반복적이거나 지속적인 유형이 질서 있게 나타나지 않는다. 여기서 핵심적인 것은 매스커뮤니케이션 테크놀로지의 혁신과 운송체제의 발달로 인해 가능케 된 지구적 시장체계가 국민국가의 규제와 통제의 한계를 넘어 다국적 또는 초국가적 기업조직과 함께 출현한다는 사실이다. 지구적 경쟁체제하에서 최대이윤을 찾아 떠도는 자본의 휘발성은 돈, 인간, 상품의 유동성을 증대시켜 기존의 사회성을 해체시킨다. 2) 인간은 지속적인 불안정 속에서 탈중심화되고, 분산되며 다중화되었다. 그 결과 안정적이고 지속적인 상호작용이 어렵게 되어, 일시적·유동적이며 더 나아가 쉽게 깨질 수 있게 되었다. 지구적 전자 미디어가 사회와 인간에 미친 탈분화적 효과로 인해 계급, 나이, 성, 인종, 민족, 성적 지향 등의 전통적인 고정된 정체성으로부터 풀려나왔기 때문이다. 3) 과학적 지식과 비과학적 지식 간의 근대적인 분리는 표상의 위기 때문에 흐려져 버렸고, 그 결과 통일성, 일관성, 체계를 강조해 온 전통적인 과학적 방법은 진부하게 되었다. 표상의 위기는 진리를 말하는 메타자리인 과학이 사실은 특정 집단(근대/부르주아/서구백인/남성)의 특수담론이라는 깨달음에서 비롯된다. 이제 모든 표상은 부분적 또는 파편적이다. 4) 자기규제적이며 자기부정적인 도덕적 가치는 그 성격상 현실에 순응적이며, 따라서 필요한 것은 몸의 욕망을 자유롭게 흐르도록 하는 것이다. 개인들을 사회 속으로 완전히 통합시키려는 이상은, 그것이 자유주의든 사회주의든, 총체화 폭력이며, 문화와 가치의 차이, 다원성, 통약불가능성이 수용되어야 한다.

　잘라 말해 "사회성 자체가 텍스트화되었다."는 포스트모더니즘의 주장에 접하면 과연 사회성이라는 연구주제를 잃어버린 사회학의 운명은 어떻게 되는가라는 회의가 뒤따를 수밖에 없다. 비주류를 형성하고 있는 비판적 사회학과 상호작용론적 사회학은 이러한 포스트모더니즘의 도전에 호의적이다.[6] 그 이유는 양 진영 모두 사회와 인간을 질서로 특징지음에도 불구하고, 그 질서의 협상가능하고 유연한 성격을 강조하기 때문이다. 더 나아가 사회학적 탐구를 가치중립적 활동이라기보다 가치관여적 실천으로 보고, 잉여의 생산과 전유를 둘러싸고 벌어지는 부르주아 정치학과 프롤레타리아 정치학을 넘어 인간의 지평 자체를 넓히려는 윤리적·정치적 관심을 지니고 있었기 때문이다. 이러한 관심은 영국의 문화연구의 전통과 친화성을 지니는 것이며, 따라서 양자는 이를 수용하여 포스트모던 시대의 문화연구로 발전시켰다.

이러한 문화연구를 대표하는 사회학자로 이 글에서는 덴진(Norman K. Denzin), 사이드만(Steven Seidman), 애거(Ben Agger), 그리고 디킨스(David R. Dickens)를 소개하려 한다. 이 네 학자들은 미국 사회학에 대한 포스트모더니즘의 도전을 받아들여, 포스트모던 시대에 걸맞은 새로운 존재론, 인식론(방법론), 윤리학/정치학을 담은 포괄적인 문화연구의 기획을 제출하였다는 점에서 공통된다.[7]

1) 노만 덴진

『상징적 상호작용과 문화연구』에서 덴진(Denzin, 1992)은 상징적 상호작용론이 그 지평을 영국 문화연구, 포스트구조주의, 포스트모더니즘에까지 확대하여 문화연구로 나아가야 한다고 주장한다. 그 핵심은 상징적 상호작용론을 정치화하는(politicize) 것이다. 그 결과 덴진은 문화연구가 문화적 변동과 그에 따른 주체성의 변화를 탐구하기 위한 학제적 연구라 정의한대 "문화 대상과 그 의미의 생산, 분배, 소비 및 교환; 문화 대상과 그 의미, 그리고 그를 둘러싸고 벌어지는 실천에 대한 텍스트적 분석; 그리고 일상생활 속에 유통되는 문화적 의미에 의해 형성되는 살아 있는 문화와 경험에 대한 탐구"(Denzin, 1992: 81)].

첫 번째 주제는 사실 사회와 문화의 대규모 구조적 변동에 대한 탐구와 맥을 같이 하는데, 덴진은 여기서 제도적 차원보다 문화적 차원에 더 주목한다. 그 주된 이유는 그가 정보 사회론 또는 소비 사회론의 기호학적 버전을 선호하기 때문이다. 이 기호학적 버전의 핵심은 "현실에 대한 이미지가 현실을 대체해 왔다."(Denzin, 1996: xx)는 보드리야르류의 주장에 있다. 전자 미디어가 대량생산하여 유포하는 현실에 대한 이미지는 현실을 표상한다기보다는 항상 다른 텍스트들의 일부가 되는 텍스트들을 생산할 뿐이다 "텍스트는 고정된 경계를 지닌 유한한 실체가 아니다. 왜냐하면 텍스트는 항상 다른 텍스트들로 흘러들어 가기 때문이다" (Denzin, 1991: 25)]. 그렇다고 덴진이 사회가 완전히 자유로운 정보의 유통으로 이루어져 있다고 주장하지는 않는다. 현실에 대한 이미지를 생산, 분배, 소비 및 교환 하는 과정에서 (초국가적) 문화산업이 휘두르는 막강한 힘을 무시하지 않기 때문이다(Denzin, 1996).

덴진이 정의한 두 번째와 세 번째 문제는 사실 초국가적 문화산업이 인간 주체성에 미치는 영향을 탐구하자는 말과 같다. 우선 전자 미디어가 인간의 주체성을 텍스트처럼 구성하는 방식에 관심을 기울여야 한다. 덴진에 따르면, 포스트모던 시대의 인간존재는 다른 텍스트들과 마찬가지로 매스 커뮤니케이션 테크놀로지가 중개하는 다양한 담론들에 의해 구성된다. 이 담론들은 구전과 활자매체에 기반한 읽기 형식을 일련의 매체 논리와 포맷을 가진 시각적 형식으로 대체한다. 시뮬레이션으로 특징되는 이 형식은 사람들이 현실과 맺는 관계를 뒤바꾸어 놓을 뿐만 아니라, 사람들 자체를 상징의 바다를 떠도는 문화적 대상물로 뒤바꾼다. 따라서 모든 사람들이 아무런 제도적 구속을 받지 않고 마음대로 떠돌 수 있는 자유로운 기표가 된 것처럼 보인다. 하지만 덴진은 이러한 새로운 매체가 지배 이데올로기를 재생산하는 기능이 있음을 무시하지는 않는다. 상징적 상호작용론의 전통에서 잔뼈가 굵은 덴진은 일상생활 속에서 살아가는 인간존재의 적극적 문화수용을 강조하는 동시에, 매스 미디어에 현혹되어 결국은 지배체제를 재생산하는 데 일조하는 대중들의 몰비판적 성격도 잊지 않는다. 따라서 덴진은 양자 간의 관계가 어떻게 실제로 진행되는지 경험적으로 탐구할 것을 강조한다.

방법론적으로 볼 때, 덴진 역시 학제적 연구를 강조한다. 첫 번째 문제는 "이데올로기와 기호의 정치경제학(기호현상)의 문제, 즉 이러한 기호가 어떻게 말로 또는 사진으로 만들어지는지, 누가 그것을 유통시키는지, 누가 그것을 사는지 등등의 문제가 핵심주제이다. 문화대상에 부착되는 의미를 만드는 담론의 체계들 또한 반드시 탐구되어야만 한다"(Denzin, 1992: 81). 두 번째 문제는 "하나의 텍스트가 특정의 이데올로기적 계기와 장소에서 주체를 어떻게 구성하는지(호명하는지)를" 탐구한다(Denzin, 1992: 82). 이를 위해 페미니스트적, 기호학적, 해체적, 정신분석학적 읽기전략과 같은 다양한 전략들이 사용될 수 있다. 세 번째 문제는 "상호작용하는 개인들이 어떻게 자신들의 삶을 이데올로기적 텍스트에 연결시키는지 그리고 어떻게 자신들의 경험을 그 텍스트의 의미로 이해하는지를" 탐구한다(Denzin, 1992: 82).

덴진은 또한 자유주의로 대표되는 전통적인 실용주의 정치학이 지닌 보수적 성격, 즉 구조적으로 불평등한 현 상태를 영구화하는 성격을 비판하고 그 대안으로 포스트실용주의 정치학을 제시함으로써 자신의 윤리적·정치적 관심을 드러낸다(Denzin, 1992). 이 정치학은 공적 영역과 사적 영역 간의 허구적 경계를 존속시켜 결국은 개인주의 및 생산주의적 가치를 주입하는 부르주아 이데올로기에 도전하며, 젠더, 인종, 민족 관계를 급진적으로 민주화하고자 시도한다. 따라서 공적, 사적 영역을 넘나드는 다양한 문화적 현상들, 예컨대 포스트모던 가족, 미디어와 대중문화, 사이버 공간, 과학, 저항운동, 민족주체성, 인종, 젠더 등을 해석적이며 정치적인 행위가 일어나는 장소로 간주한다(Denzin, 1996: xxiii).

2) 스티븐 사이드만

사이드만은 스튜어트 홀, 몰리(David Morley), 홉슨, 윌스(Paul Wills), 헵디지(Dick Hebdige), 챔벌스(Ian Chambers), 맥로비 같은 영국 문화연구의 2세대의 작업을 높게 평가한다. 사이드만에 따르면, 문화와 사회를 다소 불분명하게 정의했던 1세대와 달리, 2세대는 사회를 국면적으로 접합된 질서로 정의하여, 문화를 사회적 삶의 일상적 재생산의 일부일 뿐만 아니라 사회구조, 권력관계, 역사의 차원을 지닌 것으로 개념화하였다(Seidman, 1996: 7). 프랑스 구조주의와 포스트구조주의의 영향 아래 2세대는 텍스트적 또는 기호학적 전환을 이루어 내어, 사회현상을 기호, 의미, 또는 텍스트의 장으로 접근하였다. 그럼에도 불구하고 문화를 텍스트와 표상으로 환원하지 않고, 구체적인 역사 속에 자리 잡고 있으며 그래서 계급, 젠더, 인종, 민족 관계를 통해 분석되어야 할 사회실천과 제도적 구조까지 포괄하는 것으로 보았다(Seidman, 1996: 6).

사이드만은 포스트모던 사회에서는 사회 또는 사회적인 것이, 동일성과 차이의 관계를 통해 유형화된 기호와 의미에 의해 조직되는 문화적인 것으로 변화되기 때문에, 필연적으로 텍스트적 전환을 이루어야 한다고 주장한다(Seidman, 1996: 9). 그는 사회성에 대한 이러한 텍스트화를 정보사회 또는 소비사회 속에 집어넣어 이해한다. 매스 미디어의 확산, 광고와 상품화의 일상생활로의 침투, 새로운 정보 테크놀로지, 문화 정치학의 각광 등이 르네상스 이후 서구사회에서 일어난 두 번째의 거대한 대변형을 알리는 것일지도 모른다고 그는 말한다(Seidman, 1996: 11). 사회현실이 기호, 의미, 또는 텍스트의 장이 되어 버린 현실에서는 사회적 구속성을 지닌 기존의 범주들, 즉 "계급, 경제적 역학, 관료제, 직업, 직업집단, 시장 교환, 인구 역학, 그리고 네트워크 구조" 등이 낡은 것으로 간주된다(Seidman, 1996: 11). 그러나 여전히 이러한 낡은 범주들에 계속해서 의존하고 문화를 별개의 동떨어진 가치, 믿음, 태도, 정체성, 또는 이데올로기로 보는 기존 사회학은 텍스트적 전환을 이루어야 한다.

자아 또는 정체성에 대해 미국 사회학은 "개인을 사회활동의 토대로 가정하며 자아를 내적으로 일관되고 합리적으로 계산하는 행위자로 본다"(Seidman, 1996: 12). 사이드만이 볼 때, 이러한 방법론적 개인주의는 전(前) 사회적 자아 개념과 사회를 합리적 주체의 창조물로 보는 관점을 비판했던 고전 사회학의 기획에 대한 배반일 뿐만 아니라, 매스 미디어가 개인들 속에 깊이 침윤한 현 서구사회의 현실과도 맞지 않는다. 문화연구는 매스 미디어가 주체성을 '구성'하는 방식에 관심을 갖는다. 문화연구는 매스 미디어가 다양해서 때로는 모순적이기까지 한 담론과 실천을 담고 있으며, 따라서 이를 통해 복합적으로 구성된 주체는 "다중적이며 모순적인 정신적·사회적 자리들 또는 정체성들을 점유하는 것으로" 본다(Seidman, 1996: 12). 따라서 중요한 것은 특정한 국면 또는 맥락에서 주체가 어떻게 구성되는가를 탐구하는 것이다.

방법론적으로 사이드만은 과학적 인식론을 비판하고, 인문학에서 사용되는 다른 방법들을 활용해야 한다고 주장한다. 예컨대, 푸코의 고고학과 계보학은 몸, 욕망, 정체성의 형성, 권력/지식 체제, 그리고 정상화(normalization), 훈육, 감시의 역할을 탐구하는 데 유용하다. 정신분석학은 정신과 사회 간의 상호작용 그리고 정신 내적인 역학관계에 초점을 맞춤으로써 주체성, 젠더 정체성, 남성지배, 섹슈얼리티 등의 사회적 형성을 연구하는 데 뛰어나다. 사이드만이 이러한 방법들을 활용하자고 주장한 이유는, 학문활동을 자신들의 이해, 감정, 욕망, 삶의 궤적, 그리고 계급, 인종, 젠더, 섹슈얼리티와 관련된 주체성의 자리들에 의해 틀 지워지지 않는 가치중립적 활동으로 간주하는 주류 사회학에 대한 반발 때문이다. 문화연구는 권력/지식의 연계를 인정하여, '유기적 지식인', 즉 항상 어떤 사회적 · 정치적인 상황에 처해 있어 어떤 대상이나 사건에 대해 언급할 때 초월적 위치 대신 특수한 사회적 위치에서 말해야만 하는 지식인을 필요로 한다(Seidman, 1996: 18). 유기적 지식인은 구체적 상황에 들어가 있을 때에만 당면한 문제에 대한 효과적인 지적 개입을 할 수 있다.

사이드만은 초월적인 또는 보편적인 도덕적 규준은 존재하지 않기 때문에 개인들은 지역적인 가치나 전통에 의존해야 한다고 주장한다. 그렇다고 한 가지 지역적 가치나 전통에 묶여 있어야 한다고 주장하는 것은 아니다. 사이드만은 이상적인 사회를 충분히 다원화된 사회로 보기 때문에, 인간의 정체성과 집단소속이 다중적이어야 한다고 믿는다. 그는 사회적 차이를 말소시켜 온 전통적인 자유주의 대신에 차이의 통약불가능성을 인정하는 급진적 자유주의를 주창한다(Seidman, 1991).

3) 벤 애거

『비판이론으로서의 문화연구』에서 애거는 미국 주류의 양적 미디어 연구 및 미국판 포스트구조주의의 일종인 예일 학파의 순응주의적인 문학연구를 넘어 보다 정치화된 문화연구를 제출하였다(Agger, 1992a). 그 핵심은 맥락주의, 즉 문화산물과 문화실천을 구체적인 사회적 · 물적 맥락 속에 집어넣어 연구하는 것이다. 맑스는 자신의 이데올로기 비판을 19세기 자본주의라는 역사적 맥락 안에 위치 지웠다. 이때만 해도 실제적 현실에 뿌리를 둔 표상이 상품물신주의라는 허위 표상을 비판할 수 있었다. 프랑크푸르트 학파는 문화산업 체제를 문화산업이 낳는 허위의식 효과로 인해 실제 사람들의 실제 삶에 뿌리내리기가 어려워져 맑스의 이데올로기 비판이 그 효용성을 의심받게 되는 말기 자본주의 안에 집어넣었다. 문화연구는 이러한 전통을 이어받아 작금의 포스트모던 문화현상을 속도 자본주의(fast capitalism)라 불리는 말기 또는 독점 자본주의의 제2단계 속에 위치 지워야 한다.

이전 저작인 『속도 자본주의』에서 애거는 이차대전 이후 서구사회에서 진행된 대규모 구조적 변동을 맑스주의 용어를 통해 설명한다(Agger, 1989). 속도 자본주의는 노동력 −지금은, 성차별적 마르크주의자들이 빠트린 섹슈얼리티, 가사노동도 포함하여 −착취에 기반한다는 점에서 이전의 자본주의와 동일하다. 하지만 다른 점도 있다. 우선 맑스가 말한 이데올로기는 이제 더 이상 성경과 부르주아 경제서적과 같은 책의 세계에만 있는 것이 아니라 오히려 일상생활에 산포되어서 부정할 줄 모르고 긍정만 하는 일차원적 문화를 구성하고 있다. 지배 이데올로기는 돈, 과학, 건물 등 공적 세계의 모든 결 속에 아로새겨져 있어 현재를 영원히 불변하는 것으로 만들고 있다(Agger, 1989: 19). 이러한 산포는 생산적인 것과 비생산적인 것, 노동과 텍스트, 과학과 허구, 남성과 여성, 백인과 비백인, 토대와 상부구조를 구분·분리하는 것을 사실상 불가능하게 만들었다(Agger, 1992b: 9). 이데올로기의 이러한 산포를 가능케 한 것이 바로 텔레비전과 같은 새로운 매스 커뮤니케이션 테크놀로지의 발전으로서, 이를 통해 이데올로기는 사람들의 일상생활 곳곳에 침윤하게 되었다.

결국 구조적 변동의 핵심은 대중의 주체성을 구성하게끔 눈부시게 발전한 새로운 매스 테크놀로지이다. 하지만 애거는 문화산업의 담론이 주체를 완전히 떠도는 기표로 구성한다고 믿는 것은 형이상학에 빠지는 것이라 주장한다. 기본적으로 마르쿠제주의자인 애거는 지배담론이 결코 완전히 조작할 수 없는 인간 주체성의 핵심적 부분, 즉 에로스가 지닌 역사적 형식에 주목하고, 담론과 주체성 간의 관계에 대한 경험적인 연구가 필요하다고 주장한다(Agger, 1992b).

애거 역시 학제적 연구를 주창한다. 우선 그는 자본주의의 구조적 모순과 위기경향에 대한 프랑크푸르트 학파의 경험적 연구를 높게 평가하며, 이를 따라 현 자본주의의 연속성과 단절을 인식해야 한다고 주장하였다. 그는 또한 상품화된 문화적 소비를 통해 허위 필요(false need)를 부과하는 문화텍스트와 문화실천의 역할을 해체하는 것을 주목적으로 하는 정치화한 해체적 읽기와 쓰기를 주창하였다. 문화연구자는 자신의 살아온 궤적이 시간과 공간의 산물로서 절대적인 것이 아니라는 역사적 시각을 갖고, 자신의 개인적 경험을 보다 큰 역사적 · 사회적 맥락과의 관계 속에서 성찰적으로 고찰해야 한다. 이런 의미에서 문화연구는 우선적으로 자기비판이다. 텍스트를 읽고 쓴다는 것은 곧 자신을 읽고 쓰는 것과 분리될 수 없으며, 따라서 자신을 변화시키지 않고서는 남을 변화시킬 수 없는 것이다. 저자는 자신의 주체성의 자리—계급, 성, 인종, 민족, 나이, 직업 등등—에 의문을 던지지 않은 채 세상에 의문을 던질 수 없다. 애거의 이러한 학제적 연구는 "속박 없는 자기표현과 실질적인 정치경제적 자율성과 같은 진정한 문화적 필요"(Agger, 1992a: 146)가 이룩될 지배 없는 사회를 만들어 가려는 그의 윤리적 · 정치적 관심에서 비롯된다. 지배 없는 사회에 대한 꿈은 계급, 인종, 민족, 젠더, 섹슈얼리티 등의 불평등 구조로 특징되는 현재의 사회를 비판할 수 있도록 해 주는 유토피아이다. 현재를 이미 성취된 유토피아로 영속화하려는 지배 이데올로기에 맞서, 문화연구는 이러한 유토피아에 대한 희망과 그를 이루기 위한 구체적 실천전략을 가지고 당대의 공적인 문제에 적극 개입해야 한다.

보통 소비는 몸의 욕망이 자유롭게 흐르는 영역으로, 생산은 소외와 지배가 이루어지는 영역으로 간주되어 왔는데, 애거는 이러한 이분법을 거부하고 놀이와 일의 융합, 즉 노동의 에로스화를 좋은 삶의 이상으로 삼았다(Agger, 1992b). 애거는 정치적으로 자아동일적인 주체에 기반한 전통적인 정치학을 거부하지만, 그렇다고 주체성의 정치학으로 축소되는 차이의 정치학을 맹목적으로 수용하는 것은 아니다. 차이에 기반한 주체성의 정치학은 반드시 연대를 가능케 하는 제도적 정치학과 결합되어야 하는데, 이러한 연대는 재생산에 대한 생산의 지배라는 구조적 법칙하에 억압되는 차이들이 존재하기 때문에 가능하다(Agger, 1993).

4) 데이빗 디킨스

디킨스는 문화연구를 포스트모던 조건 속에 위치 지우는 '포스트모던 지향적 문화연구'를 제안하였다(Dickens, 1996). 디킨스에게 있어 포스트모던 조건은 "사회적 삶의 물질적 차원과 문화적 차원 모두에서 일어나는 극적인 변화"를 말한다(Dickens, 1996: 210-211). 그는 현 선진사회에서 일상생활을 구조화하고 조직하는 문화의 힘이 강대해졌다는 점을 인정하지만, 그것이 곧 자본주의, 국민국가, 거대관료제와 같은 근대적 제도들이 지속적으로 행사하는 힘을 부정해야 한다는 점을 의미하는 것은 아니라고 항변한다.

디킨스는 사회가 죽었다거나 텍스트화되었다고 주장하는 기호학판 정보사회론 또는 소비사회론을 무비판적으로 받아들이지는 않는다(Dickens, 1990). 그가 생각하기에 이 이론은 현대사회의 변화를 정치경제학과 문화 간의 관계를 통해 보지 않고, 너무 일방적으로 문화만을 통해 본다는 점이 한계이다. 그렇다고 그가 정치경제학과 문화 간에 완벽한 동질성이 있다고 주장하는 것은 아니다. 현 자본주의에서 물질적 생산체계가 갈수록 분절 또는 탈중심화되는 것과 마찬가지로, 문화산업과 소비자들이 만들어 내는 문화대상과 그 의미의 생산, 분배, 수용 역시 같은 경향을 보여주고 있다는 것을 부정할 수는 없다. 그렇다고 사회적인 것이 완전히 텍스트화되었다는 것은 받아들이기 힘들다. 아무리 분화되고 탈중심화되었다 해도, 이데올로기는 여전히 정치적 저항을 무력화시키는 물질적 힘으로 작동하고 있기 때문이다(Dickens, 1996: 31). 현재 대개의 경험이 매스 커뮤니케이션 테크놀로지를 매개로 한 문화산업을 통해 이루어지고 있다 해도, 그렇다고 역사적·물질적·경제적 조건과 관계가 사회경험을 형성시킨다는 사실에도 눈감을 수 없다. 따라서 사회가 완전히 텍스트화되었다고 섣불리 말하는 것보다, 과거와의 연속성과 단절성을 동시에 인식하려는 치밀한 노력이 필요하다.

이러한 주장에 맞물려 디킨스는 인간 주체가 새로운 매스 커뮤니케이션 테크놀로지로 무장한 문화산업이 매일매일 제공하는 다중적 의미의 바다 속에서 탈중심화·산포되었다는 주장에도 제동을 건다. 그는 여전히 작동중인 근대적 제도들, 즉 자본주의, 국민국가, 거대 관료제가 커뮤니케이션 과정에 미치는 힘을 무시해서는 안 된다고 강조한다. 문화산업이 아무리 새롭게 보인다고 하여도 여전히 자본주의의 논리를 따라 작동하고 있으며, 이는 제도적으로 볼 때 문화산업이 일차적으로 자본축적에만 관심을 지닌 거대기업에 의해 소유되고 있다는 현실에 의해 확인된다(Harms and Dickens, 1996: 219-220). 이런 의미에서 주체는 '담론적' 으로도 형성되지만, 여전히 '사회적' 으로도 형성되는 것이다.

포스트모던 사회와 주체의 이런 복잡한 성격 때문에, 그것을 연구하는 방법론 역시 다시각적(multiperspectival) 접근을 취하지 않을 수 없다. 이 접근은 세 가지 상호관련된 주제를 다룬다. "문화텍스트의 생산; 문화대상과 그 의미에 대한 텍스트적 분석; 그리고 살아 있는 문화와 경험에 대한 연구"(Dickens, 1996: 32)]. 이를 위해 다시각적 문화연구는 정치경제학, 텍스트적 분석, 문화기술지 모두를 활용한다.

디킨스 역시 자신의 문화연구에서 강한 윤리적 · 정치적 관심을 드러낸다. 그는 기본적으로 차이, 다원주의, 문화와 가치의 통약불가능성이 수용되어야 한다고 주장하는 포스트모더니스트들에 동의하지만, 동시에 대중문화에 이미 이러한 수용이 이루어져 있으며 따라서 이제 남은 것은 그것을 즐기는 것뿐이라고 주장하는 문화적 민중주의에는 반대한다. 아무리 분절되고 탈중심화되어 있다 해도 문화산업은 여전히 정치적 저항을 무력화시키는 이데올로기이며, 따라서 단순한 '킬링 타임'으로 다원사회를 이룰 수는 없는 것이다. 대다수의 사람들의 삶에 결정적인 영향을 미치는 당면한 현안에 대해 적극적으로 개입하는, 텍스트적 정치학을 넘어선 물질적 정치학이 여전히 필요하다(Harms and Dickens, 1996).

IV. 맺음말: 포스트모던 미국사회학의 문화연구와 문화사회학

지금까지 논의한 포스트모던 미국 사회학의 문화연구는 다음과 같은 초기 영국 문화연구의 기획을 포스트모던 시대의 문화연구로 되살려 놓았다. 1) 사회와 문화의 대규모 변동, 2) 이 변동이 인간 주체에 미친 영향, 3) 이 두 주제를 탐구하기 위해 학제적 연구 활용, 그리고 4) 소외된 주변인의 입장에서 인간과 사회를 보다 평등하게 재구성하려는 윤리적 · 정치적 관심. 그렇다고 포스트모던 미국 사회학의 문화연구가 초기 영국 문화연구를 그냥 되풀이 한 것만은 아니다. 오히려 그것을 포스트모던 시대의 문화를 탐구하는 일종의 '문화사회학'으로 변형시켰다.

첫째, 포스트모던 시대의 사회와 문화의 대규모 변동을 탐구하면서 기존의 주류 사회학이 지닌 사물화된 사회관을 완전히 버렸다. 그 핵심은 '무의미한 사회'와 '유의미한 문화'의 경직된 이분법을 폐기하고 사회가 텍스트화할 정도로 수많은 의미들이 변전하면서 흐르는 항상적인 역치단계에 접어들었음을 인정한 것이다. 주류 사회학이 쫓아낸 신념, 도덕, 정서가 사회세계에 카이로스적으로 되돌아와, 지역과 지구가 복합적으로 연계된 새로운 미학적 현실이 등장한 것을 인정한 것이다.

둘째, 인간 주체에 대한 문화연구의 논의를 포스트모던적으로 사회학화함으로써 주류 사회학이 지닌 내적으로 정합적이고 합리적으로 계산하는 인간관으로는 포스트모던 시대의 행위를 설명하는 데 부적절하다는 것을 분명히 했다. 행위자의 정체성은 선험적으로 주어진다기보다는 수많은 지구화된 미디어가 제공하는 문화를 통해 구성과 해체를 거듭한다. 따라서 행위를 이해하기 위해서는 문화와 행위자가 맺는 관계를 탐구해야 한다. 지구화된 미디어가 제공하는 문화, 특히 이미지 문화는 인간의 정체성 형성을 위한 수많은 문화자원들을 제공하고, 행위자들은 이러한 자원들을 가지고 자신들의 정체성을 구성하고 해체한다. 따라서 중요한 것은 행위자들의 의미화 실천이다. 사회적으로 점한 구조적 자리, 즉 성, 젠더, 계급, 인종, 지역 등이 행위자의 정체성을 기계적으로 결정한다고 미리 단정해서는 안 된다.

셋째, 방법론적으로 주류 사회학이 쫓아낸 신념, 도덕, 정서를 탐구하기 위해 학제적인 연구가 필요하다는 점을 밝혔다. 사회를 문화텍스트로 봄으로써 그 의미를 해석하기 위해 텍스트적 분석, 정치경제학, 문화기술지를 사용한다. 텍스트적 분석이 연구 대상의 내적 의미구조를 밝히는 두꺼운 기술이라면, 정치경제학은 그것이 생산·유통·소비되는 구체적인 상황 안에 맥락화시켜 해석하는 것이고, 문화기술지는 의미가 어떻게 행위로 전화되는지 탐구하는 문화화용론이 된다.

　마지막으로 윤리적·정치적 관심에서 기존의 부르주아와 프롤레타리아의 정치학을 넘어서 새로운 비전을 탐색하였다. 기존의 정치학이 잉여의 생산과 전유를 둘러싸고 벌어지는 부르주아와 프롤레타리아의 투쟁을 모델로 하여 이루어졌다면, 새로운 정치학은 양자 모두를 생산중심주의 정치학으로 비판하고 그 대안으로 인간의 지평을 넓히는 일종의 문화정치학을 내세운다. 기존의 문화연구는 윤리적·정치적 관심을 주로 사회구조의 평등의 관점에서만 본 감이 있다. 문화정치학은 사회구조의 평등을 이루려는 근본적 목적이 인간을 필연성과 유용성의 영역에 머무는 것에 만족하지 않고 탁월성의 영역으로까지 넓히려는 것이라는 점을 분명히 한다.

주석
참고문헌
색인

주석

제 I 부

1. 포스트모던: 모던에 대한 미학적 도전

1) 이 논문은 한국이론사회학회 편(2003), 『사회와이론』 2권 1호에 발표되었다.

2) 이 책에서 모던(the modern)은 modernism과 modernity 모두를 포괄하는 용어로서, '근대'나 '현대'로 번역하지 않고 그냥 모던이란 용어로 사용할 것이다. 한국에서 이 용어는 '근대'나 '현대'로 번역되는 경향이 있는데, 사실 모던이란 용어는 고대, 중세, 모던이란 서구역사의 시대구분에서 나온 것이다. 이를 바로 근대나 현대로 번역하는 것은 혼란이 있을 것으로 생각된다.

3) 이와 더불어 텍스트가 생산, 분배, 소비, 교환되는 사회적·정치적·경제적 맥락을 탐구해야 한다. 하지만 여기에서는 포스트모더니즘이라는 담론이 생산, 분배, 소비, 교환되는 사회적·정치적·경제적 맥락은 직접적으로 다루지 않을 것이다. 그에 대한 논의는 또 다른 지면을 요구할 것이다.

4) 여기서 한 가지 지적해야 할 것은 실제로 어떤 서양의 개인 학자가 내가 재정의한 모델을 그 자체로 주장하지는 않았다는 점이다. 따라서 각 지식 모델은 이념형적 성격을 지닌 것으로 간주되어야 할 것이다.

5) 서구의 시간성 개념인 진보에 관해서는 이 분야의 고전인 베리(Bury, 1920)를 볼 것.

6) 여기서 정의한 미학은, 서구 사상의 두 축, 즉 플라톤적 그리스사상과 유대기독교적 사상을 뿌리부터 흔드는 지식 패러다임으로서 그 원형은 고대 그리스 소피스트들에게서 발견된다. 플라톤주의의 원천이 된 파르메니데스(Parmenides)의 주장, 즉 "존재는 존재하며, 비존재는 존재하지 않는다(What is, is; what is not, is not)."를 정면으로 뒤집은 고르기아스(Gorgias)가 그 대표자이다. 파르메니데스에 따르면 존재는 일자(the One)의 절대적인 단일성/영속성과 등치되어 운동, 변화, 되어감(becoming)을 배제한다. 왜냐하면 그것들은 일자의 절대적인 단일성/영속성에 위배되기 때문이다. 따라서 비존재는 존재가 아닌 것으로, 즉 존재의 부정으로만 정의된다. 비존재는 존재 이외의 다른 것, 즉 존재를 조금이라도 변형시킨 것이다. 고르기아스는 "아무것도 존재하지 않

는다; 존재한다 하더라도 인간에게는 알려질 수 없다; 알려진다 해도, 여전히 다른 사람에게 표현될 수도 설명될 수도 없다."(Sprague, 1972: 42)고 주장함으로써 이러한 위계적 이분법을 뒤엎는다. 이 이분법은 사실 존재와 되어감을 '하나'로 보는 위장된 일원론이다. 여기에 따르면, 존재의 변형이 비존재이기 때문에, 존재는 비존재의 원형이고 반대로 비존재는 존재의 복사물이다. 고르기아스의 말인 "아무것도 존재하지 않는다."는 말은, '존재와 비존재의 하나'를 넘어선 잉여물이 존재한다는 말로 원형과 복사물이 따로 존재하지 않는다는 뜻이다. 거기에는 인과관계로 맺어진 원형과 복사물이 존재한다기보다, 원형이 없기에 끊임없이 앞의 것을 복사하는 복사물의 끝없는 연쇄만 존재한다(Vitanza, 1997). 따라서 제일원인과 최종원인은 물론 제이원인조차도 찾을 필요가 없는 것이다. 다른 말로 하면, 모든 것이 있는 그대로 노출되어야 한다. 지식 패러다임으로서 미학은 서구의 역사에서 억압되고 배제되었다가, 모던 시대에 사드와 니체 등에 의해 되살아났고 보다 최근에는 포스트구조주의적 미학을 통해 복권되었다. 캐롤(Carroll, 1987)을 볼 것.

7) 지금까지 모던 유럽 지성사는 독자적인 시대들에 대한 일종의 연대기적 서술을 해 온 것이 일반적이었다. 이에 따르면 르네상스와 종교개혁이라는 시대가 있고 이성의 시대, 계몽주의의 시대, 그리고 낭만주의 시대가 그 뒤를 잇는다고 한다(Mandrou, 1979). 모던 시대를 열어젖힘에 있어 르네상스 휴머니즘이 결정적이라 인정하면서도, 계몽주의가 프랑스 혁명에서 정점에 이른 혁명적 사상운동으로 협소하게 정의된다. 하지만 보다 최근의 연구는 계몽주의의 기원을 17세기 더 나아가 16세기에서 찾는다(Hulme and Jordanova, 1990: 3). 그렇다고 이 시기를 계몽주의만이 지배하는 시대로 보지는 않는다. 계몽주의와 더불어 다른 흐름이 계몽주의와 길항관계 속에서 존재하고 있음을 지적한다. 계몽주의에 대한 주요 저작들은 모두 이러한 두 흐름이 존재하고 있었음을 지적하고 있다(Becker, 1963; Cassirer, 1979; Crocker, 1959; Lovejoy, 1964; Saiedi, 1993). 사실 이러한 두 흐름은 17세기와 18세기에 갑자기 출현한 것이 아니라, 그 이전 르네상스 휴머니즘으로부터 발원한 것이다(Grafton, 1991; Tarnas, 1991; Toulmin, 1990). 르네상스 휴머니즘에서 계몽주의는 과학적 전통을 대항계몽주의는 도덕적 전통을 발전시킨 것이다. 나는 이 계몽주의와 다른 이 흐름을 벌린(Berlin, 1979)을 따라 대항계몽주의라 부를 것이다.

8) 여기서 합리주의적 계몽주의는 데카르트와 스피노자를 발전시킨 조류를 말한다. 데카르트가 플라톤에서 기원하는 초월주의적 이론과학을 계승하였다면(Osler, 1994; Randall, 1954), 스피노자는 아리스토텔레스에서 기원하는 본질주의적 이론과학을 발전시켰다고 볼 수 있다(Harris, 1995). 대표적인 합리주의적 계몽주의자들인 볼테르, 콩딜락, 달랑베르는 모두 이들에게서 직접적이든 간접적이든 영향을 받았다.

9) 데카르트와 스피노자 모두 실체라는 개념을 통해 신을 되살린 것은 잘 알려진 사실이다. 데카르트에게 두 개의 실체가 존재한다면, 스피노자에게는 단 하나의 실체만이 존재한다.

10) 여기서 경험주의적 계몽주의는 베이컨, 홉스, 로크, 영국과 스코틀랜드의 감각주의자들, 그리고 특히 헬베시우스와 홀바흐 같은 프랑스 물질론자들을 말한다(Vitzthum, 1995). 그중에서 특히 홀바흐를 대표적인 인물로 보는데, 이에 대해서는 페카로만(Pecharroman, 1977)을 볼 것.

11) 나의 이런 주장은 벌린(Berlin, 1999)에게서 빌려온 것이다. 사실 벌린은 낭만주의의 두 흐름을 지적하였지만, 그중 하나를 반계몽주의라 부르지는 않았다. 하지만 나는 낭만주의 속에 대항계몽주의와는 질적으로 다른 또 다른 흐름을 발견한다. 나는 이를 반계몽주의라 부른다.

12) 사드에 대해서는 그에 대한 최근의 해석들을 편집해 놓은 소니(Sawhney, 1999)를 볼 것.

13) 19세기에는 또한 헤겔적 본질주의(Hegelian essentialism)가 이론과학의 종주자리를 놓고 실증주의적 유기체론과 경합을 벌였다. 헤겔적 본질주의는 스피노자의 실체론을 이어받아 절대정신을 사회를 조직하는 원리로 보았다. 실체는 그 자신 안에 모순을 지니고 있고, 그렇기에 살아 움직이는 유기체가 된다. 사회는 유기체이며, 그것의 발전은 그 본질인 절대정신의 필연적인 실현으로 간주된다. 본질은 아리스토텔레스와 스피노자의 실체와 같이 특수성들 속에 내재하면서 발현하는 원리이다. 인간 역시 이와 동일하다. 사회나 인간 모두 자기의 본질을 실현하기 위해 특정의 방향으로 필연적인 계기를 이루면서 운동하는 유기체이다. 과학은 실체의 이러한 필연적인 계기운동을 파악하는 것이며, 오로지 과학자만이 이 운동을 알 수 있다. 헤겔적 본질주의는 맑스에게로 이어지며, 특히 중앙집권적 관료적 공산주의에서 사회이론으로서 그 정점에 달한다. 여기에서 공산당은 사회의 발전법칙을 과학적으로 알고 있는 과학자들의 집합이며, 따라서 사회를 합리적으로 조직하는 중앙세력이 된다. 하지만 실증주의적 유기체론과 달리 헤겔적 본질주의는 독자적인 '사회학' 이론으로 발전하지는 못하였다. 오히려 철학이나 인류학에서 구조주의의 형태로 변화, 발전되어 나온다. 따라서 이 글에서는 헤겔적 본질주의의 역사적 발전태들을 사회학이론으로 직접 논의하지는 않을 것이다.

14) 유기체적 사고는 사실 고대 그리스까지 거슬러 올라가는 오래된 사고이다. 다윈의 진화론 이전에, 또 그것과 무관하게 프랑스에서는 실증주의적 유기체론이 광범하게 퍼져 있었다. 이러한 사고는 19세기 중반경까지 유행했던 전(前)다윈적인 진화론적 생물학(evolutionary biology)과 결합되어 주류 사회이론으로 떠오른다(Burrow, 1970). 이러한 진화론적 생물학은 엄밀한 의미에서 다윈의 자연선택이론과는 다른 것이다. 전자가 진화를 동일종 내의 분화발전으로 인식한다면, 후자는 종의 변화 자체를 야기하는 혁명적인 변화를 말한다. 이러한 혁명적 변화와 관련이 없다는 점에서, 실증주의적 유기체론과 그것의 발전태들은 다윈의 진화론으로부터 직접적인 영향을 받지 않았다고 할 수 있다. 오히려 '존재의 거대한 연쇄(the Great Chain of Being)'의 전통을 이어받고 있다(Lovejoy, 1964).

15) 후기 바르트, 데리다, 푸코, 라캉 등도 포스트구조주의의 범주 안에 묶을 수는 있겠지

만, 나는 이들을 포스트모던 사회이론의 범주 안에는 놓지 않는다. 그 주된 이유는 이들이 자신들의 주장을 현대 사회의 제도적 차원의 변화 속에 위치 지우지 않고 주로 철학적 내지는 인식론적 주장에 머물고 있기 때문이다. 이론이 사회이론이 되기 위해서는 반드시 설명하고자 하는 관념, 이론, 이데올로기 등의 담론을 담론 내적인 분석에만 머물지 않고 그것이 생산, 분배, 소비되는 물적·제도적 맥락 속에 집어넣어 이해하려고 해야 한다. 하지만 우리는 바르트, 데리다, 푸코, 라캉 등을 포스트모던 사회이론가로 사용할 수는 있다. 그들의 이론을 맥락화시키는 것이 그 조건이다. 실제로 그들을 포스트모던 사회이론가로 사용한 경우에 대해서는 베스트와 켈너(Best and Kellner, 1991)와 포스터(Poster, 1989, 1990)를 볼 것. 구조주의와 포스트구조주의의 역사에 대한 좋은 설명서로는 도스(Dosse, 1997a, 1997b)를 볼 것.

16) 의미작용과 커뮤니케이션에 대한 이러한 구분은 에코(1985)로부터 나온 것이다. 이에 대한 좋은 설명으로는 고트디너(Gottdiener, 1995: 36-39)를 볼 것.

2. 사회학, 왜 문화적 전환을 이루어야 하는가?

1) 이 논문은 한국사회이론학회 편(2005), 『사회이론』 27권에 "사회이론, 왜 문화적 전환을 이루어야 하는가?"라는 제목으로 발표되었다.

2) 의미의 문제와 관련하여 맑스를 알아보려면 다음을 볼 것. 맑스(1987, 1988, 1989, 2002).

3) 맑스는 물론 '기호화 과정'과 '탈기호화 과정'이란 용어를 사용하지는 않았다. 이 용어들은 '담론이론'의 시각에서 맑스를 다시 읽으면서 내가 만들어 낸 용어이다.

4) 의미의 문제와 관련하여 베버를 알아보려면 베버(1987, 2002, 2003)와 베버(Weber, 1951, 1958b)를 볼 것.

5) 의미에 대한 여러 관점에 대한 좋은 설명으로는 홀(Hall, 1997a)을 볼 것.

6) 사회학 '외부에서' 구조주의적 언어적 전환을 이룬 것은 그보다 훨씬 이전의 일이다. 특히 영국의 버밍햄 학파는 일찍이 구조주의적 언어적 전환을 이루어 문화연구를 수행해왔다. 이 점에서 문화사회학은 한참이나 늦깎이이다. 하지만 버밍햄 학파가 사회학을 문화사회학으로 전환시키기 위해 구조주의적 언어적 전환을 이룬 것은 아니기에, 이 글의 논점상 논의에서 제외한다.

7) 집합기억이 사회적 연대에 기여하는 경우와 달리, 오히려 사회의 고통스러운 순간을 기억할 것인지 말 것인지, 또는 특정 사건이 기념할 만한 사건인지 아닌지를 결정하는 것과 같은 갈등을 불러일으키는, 기억을 기억하는 문제에 대한 연구(Wagner-Pacifici and Schwartz, 1991)도 있다. 최근에는 문화적 트라우마에 대한 연구도 나오고 있다(Alexander, Eyerman, Giesen, Smelser, and Sztompka, 2004).

8) 데리다가 만들어 낸 차연이란 용어는 '다르다'는 동사와 '연기하다'는 동사를 결합한 신

조어로, 언어의 본성은 공간적으로 다르면서 시간적으로 지연되는 이중의 성격에 있다는 말이다(Derrida, 1982a; Ryan, 1982).

3. 포스트모던과 문화사회학

1) 이 논문은 한국문화사회학회 편(2006), 『문화와사회』 창간호에 발표되었다.
2) 이 글에서 포스트모던(the postmodern)은 postmodernism으로 불리는 문화적 차원과 postmodernity라 불리는 제도적/시대구분적 차원 모두를 포괄하는 용어로 쓰일 것이다.
3) 여기서 말하는 모던 사회학은 실증주의적, 혹은 신실증주의적인 사회학을 주로 지칭한다. 실증주의적 사회학은 뉴턴의 수학적 물리학을 모델로 하여 사회와 인간에 대해 보편적 법칙을 찾고, 그러한 소수의 보편적 법칙을 통해 사회와 인간 모두를 설명하려 한다. 신실증주의적 사회학은 실증주의의 절대법칙 대신에 통계학을 모델로 한 경험적 일반화를 추구한다(Hinkle, 1980, 1994). 물론 모던 사회학에 이러한 (신)실증주의적 경향만이 존재한 것은 아니다. 상징적 상호작용론 학파와 비판적 사회학도 존재한 것이 틀림없지만, 사회학 내에서는 물론 모던 기획 전체에서 이들이 지배적인 자리를 차지한 것은 아니다.
4) 이 점에서 포스트모던에서의 고대적 요소를 지적하는 마페졸리(1996)는 독보적이다.
5) 래시(Lash, 1990) 역시도 포스트모더니즘의 사회학을 논의하면서, 근대화를 '원시적 단계', '종교적-형이상학적 단계', '근대적 단계'로 나누어 살펴보고 있는데 이는 많은 시사점을 제공해 준다.
6) 베버 자신의 입장에 대해서는 베버(Weber, 1958a, 1968)를 볼 것. 그리고 베버의 철학적 인류학에 대한 좋은 연구서로는 슈레더(Schroeder, 1992)를 볼 것. 베버는 인류의 역사가 주술, 세계종교, 과학 순의 계기적으로 발전한다는 진화론적 관점을 취하기는 하였지만, 그렇다고 해서 각 단계가 이전의 단계와 완전히 단절된다고는 보지 않았다. 오히려 중첩되어 나타나는 것이 일반적이다. 그럼에도 각 역사적 단계에서 지배적인 경향이 주술이냐, 세계종교냐, 과학이냐는 말할 수 있다.
7) 의미작용 양식이란 용어는 래시(Lash, 1990)로부터 빌려온 것이다. 모든 문화적 대상의 의미작용은 기표(the signifier), 기의(the signified), 지시대상(the referent) 간의 관계맺음의 양식에 달려 있다는 걸로 이해하면 된다.
8) 적지 않은 사람들이 문화사회학을 말하면, 마치 문화가 모든 것을 설명한다고 주장하는 문화 환원론자인 것으로 오해하는 경향이 있다. 나는 문화가 인간의 행위를 '모두' 설명한다는 시각은 결코 받아들이지 않는다. 인간의 행위는 도구적으로 설명이 가능하다. 하지만 그것만으로는 너무 협소하다는 것이다. 그래서 나는 보완을 말하지 '대체'를 말하지는 않는다.

9) 사실 문화사회학으로 전환해야 하는 이유는 기존 모던 사회학의 도구적 설명을 넘어서야 한다는 방법론적 요청에만 있는 것이 아니다. 오히려 사회성이 근본적으로 변화되고 있다는 존재론적 차원과, 이러한 새로운 사회성 아래에서 어떻게 사는 것이 좋은 삶인가를 따지는 윤리적 차원, 그리고 그것을 집합적 차원에서 성취하려는 정치적 차원까지 모두 포괄하는 것이다. 이러한 차원들은 불충분하나마 다른 글(최종렬, 2005a)에서 이미 다루어진 적이 있고, 또 이 글은 방법론적 차원에 주로 문제의식을 갖고 문화사회학으로 전환할 것을 요청하기에 이를 논외로 한다.

제 II 부

4. 탈상품화, 재성화, 재주술화: 도덕, 정서, 신념의 회귀

1) 이 논문은 한국사회이론학회 편(2006), 『사회이론』 29권에 발표되었다.
2) 탈상품화, 재성화, 재주술화는 도덕, 정서, 신념 회귀의 '한' 대표적 예일 뿐이지 전부인 것은 아니다. 그 외에도 다양한 현상들에서 회귀를 발견할 수 있을 것이다. 다만 사회학의 전통에서 도덕, 정서, 신념의 회귀를 말하다 보니 자연스럽게 사회학의 창건자들의 핵심적 이론을 주로 다루게 된 것이다.
3) 물론 뒤르케임이 직접 역치단계(liminal phase)란 용어를 쓴 것은 아니다. 후에 반 게 넵(1985)이 이 용어를 만들었고 빅토르 터너(Turner, 1969)가 이를 널리 전파했는데, 뒤르케임이 원래 의미한 바를 잘 표현한다고 생각했기에 이 용어를 사용하였다.
4) 의미의 문제와 관련하여 베버를 알아보려면 다음을 볼 것. 베버(1987, 2002, 2003)와 Weber(1958b).

5. 불멸성 추구의 파편화와 존재의 연속성에 대한 노스탤지어

1) 이 논문은 한국사회이론학회 편(2008), 『사회이론』 34호와 『뒤르케임을 다시 생각한다』(동아시아, 2008)에 "뒤르케임 전통에서 본 신자유주의와 문화"라는 제목으로 발표되었다.
2) 노동/필연성(labor/necessity), 작업/유용성(work/utility), 행위/탁월성(action/excellence)에 관한 나의 이러한 구분은 아리스토텔레스를 재해석한 아렌트(Arendt, 1958)로부터 빌려온 것이다.

3) 여기서 말하는 국민국가는 단일적이고 정합적인 국가인 것처럼 보이지만, 실제 역사에서는 내부의 상이한 세력들, 국내의 다양한 사회세력들, 초국적인 행위자들 간의 복잡한 상호작용으로 이루어져 있다. 이 글은 이러한 상호작용을 구체적으로 밝히는 것을 목적으로 하지 않는다. 대신 시장과의 관계(배태, 탈배태, 재배태)라는 '이론적 차원'에서만 국가를 볼 것이다.

4) 기존의 시각처럼 정경유착으로만 보게 되면, 온 나라가 부패하여 망해야 했다. 하지만 우리가 모두 알듯이 한강의 기적이라 불릴 정도로 큰 경제적 성공을 이루었다. 이를 도대체 어떻게 설명해야 하나? 나는 호혜성의 원리가 이러한 설명의 공백을 메우는 중요한 기제라 생각한다. '도덕적 의무감'은 단순히 받은 것을 되갚아야 한다는 것을 의미하는 것이 아니라, 공동체 전체를 유지하고 발전시켜야 한다는 것을 뜻한다. 따라서 공동체가 지향해야 할 '이상향의 설정'은 막강한 도덕공동체를 형성한다. 박정희 정권이 한 일이 바로 그것이다. 그것은 "우리는 민족중흥의 역사적 사명을 띠고 이 땅에 태어났다."와 같은 강력한 공동체주의의 설정이다. 이것이 '배경적 기대'로 서로 공유되면, 사회적 교환과정에서 상대방으로부터 받은 도움을 되갚아야 한다는 '도덕적 의무감'은 각각의 교환당사자가 도움을 되갚음으로서 그러한 의무감을 해소할 것이라는 '기대'와 밀접히 융합되게 된다. 이러한 기대는 교환 당사자들 사이에 당연시될 뿐만 아니라 공유된다.

5) 영원성(eternity)과 불멸성(immortality)의 구분은 아렌트(Arendt, 1958)로부터 빌려온 것이다.

6) 육체적(physical), 정서적(emotional), 종교적(religious) 에로티시즘의 구분은 바타이유(Bataille, 1986)로부터 빌려 온 것이다. 이후 에로티시즘에 관한 논의는 모두 바타이유에 기대고 있다.

6. 무조건적 소모의 사회: '바다이야기'를 중심으로

1) 이 논문은 한국사회이론학회 편(2007), 『사회이론』 31권에 발표되었다.

2) 그렇다고 해서 내가 위의 세 입장이 쓸모없다고 말하는 것은 아니다. 권력형 비리와 부패가 있다면 반드시 뿌리 뽑아야 한다는 점에 나는 동의한다. 또한 정부기관이 협조 시스템을 갖추어 효율적으로 작동해야 한다는 점에도 동의한다. 마지막으로 정부가 사행산업을 주도해서는 안 된다는 생각에도 뜻을 같이한다. 하지만 현재의 카지노 자본주의를 도덕적으로 비난하고 금욕적 자본주의로 되돌아가야 한다는 주장에는 동의하지 못한다. 도덕적 비난으로 자본주의 체제 자체를 되돌릴 수 없다는 것은 이미 너무나 명확한 사실이다. 이는 자본주의가 일정 정도 발전하면 생산의 금욕적 문화와 소비의 환락적 문화 사이에 문화적 모순이 발생한다는 벨(Bell, 1976)의 주장에서 이미 확인된 바 있다.

3) 이 글은 '바다이야기' 도박장 안에서 실제로 이루어지고 있는 집합의례를 참여관찰하여 쓴 문화기술지(ethnography)가 아니다. 따라서 이 글에 문화기술지적 속성이 부족하

다고 비판하는 독자가 있다면, 그것은 애초부터 이 글의 한계를 뛰어넘는 것이다. '바다 이야기'에 대한 문화기술지적 연구는 이 글이 아닌 또 다른 곳에서 이루어져야 할 독립적 작업이다.

4) 사회이론에서 은유가 행하는 필수적 역할을 논한 좋은 글로는 브라운(Brown, 1989)과 리처드슨(Richardson, 1994)을 볼 것.

5) IMF 외환위기 이전에만 해도 객관적 지표상 하층임에도 불구하고 자신을 중산층이라고 대답하는 한국인들이 적지 않았던 점을 생각할 때, 왜 이런 변화가 일어났는지는 진지한 사회학적 탐구를 요하는 문제이다. 한 가지 분명한 사회학적 사실은 교육, 수입, 부라는 객관적 지표로 계층을 나누는 기존의 범주화만으로는 이러한 변화를 설명할 수 없다는 것이다. 오히려 일상생활의 상호작용에서 한국인들이 수행하는 '계급행하기(doing class)'를 살펴보는 것이 도움이 될 것이다. 계급행하기에 대해서는 요다니스(Yodanis, 2006)를 볼 것.

6) 이러한 시각은 사실 쇼펜하우어(1994)로부터 나온 것이다. 잘 알다시피 니체는 쇼펜하우어의 삶의 의지를 권력의지로 전화시켰고, 바타이유는 이런 전통을 이어받아 일반경제론을 발전시켰다.

7) 이러한 점과 관련해서 맑스, 뒤르케임, 베버에 관해서는 최종렬(2006a)을, 짐멜에 관해서는 짐멜(2005, 2007)을 볼 것.

8) 혹 누군가, 왜 공리주의적 질서를 프롤레타리아가 아닌 부르주아 중심으로 서술하느냐고 비판할지도 모르겠다. 나는 생산의 질서를 떠받든다는 점에서 프롤레타리아는 부르주아와 근본적 차이가 없다고 본다. 프롤레타리아는 곧 부르주아가 앞서 간 길을 뒤좇는다. 맑스가 생산 영역에서의 소외를 역설했듯이, 프롤레타리아는 생산과정에서 유용성 그 자체로 축소된다. 하지만 모든 에너지를 생산에만 쏟아붓게 되면 반드시 성장이 불가능한 지점에 이르게 된다. 그러면 존재는 동요한다. 프롤레타리아가 주기적으로 파업을 감행하는 이유가 여기에 있다. 때문에 부르주아는 파업을 막기 위해 황홀경의 세계로 프롤레타리아를 초대한다. 벤야민(2005: 120)이 말했듯이, 물신 순례의 중심지인 최초의 만국박람회(1855년)는 "'노동자 계급을 즐기게 해 주고 싶다'는 바람에서 탄생했는데, '해방의 축제가 되었다.' 노동자들이 최초의 고객을 형성하게 된다." 하지만 모던 시대에는 만국박람회와 같은 황홀경이 일상생활 곳곳에 수립되지는 않았기에, 프롤레타리아는 유용성의 세계에 더 갇혀 살았다고 할 수 있다.

7. 텔레커뮤니케이션과 사회적인 것의 미학화

1) 이 논문은 한국사회이론학회 편(2004), 『사회이론』 25권에 발표되었다.

2) 물론 사회적인 것을 꼭 뒤르케임의 전통을 따라 정의해야 하느냐는 볼멘소리가 나올 수도 있다. 경제(사회)학자들처럼 사회를 원자적 인간들의 무한한 인과연쇄, 즉 시장으로

볼 수도 있지 않을까 하는 것이다. 하지만 나는 사회적인 것을 단순히 '사회적 연결망'으로 보는 입장을 받아들이지 않는다. 근대의 과학혁명이 코스모스를 종교적 의미에서 해방시켜 원자적 물질들의 무한한 인과연쇄로 변전시킨 이래, 계몽주의자들은 이를 사회세계에 적용하여 시장 사회(market society)를 만들어 내었다. 이러한 탈주술화는, 하지만 곧 재주술화를 낳았다는 것이 역사의 가르침이다. 맑스의 '상품물신주의', 뒤르케임의 '도덕적 개인주의', 베버의 '유의미한 코스모스에 대한 형이상학적 욕구'가 모두 이를 지적하고 있다. 그 핵심은, 뒤르케임을 빌어 말한다면, 세계를 새로운 형태의 성과 속으로 상징적으로 재분류하는 것이다. 왜 재분류하는가? 구조주의자들은 인간에게는 '질서에의 요구'가 내재한다고 주장하는데, 실은 상징적 분류체계를 통해 내(집단)가 성스럽게 되기 위해서이다. 뒤르케임, 그리고 그를 이어받은 푸코는 질서에의 요구(지식)가 자신을 성스런 존재로 만들려는 (권력)의지와 연합되어 있음을 극명하게 보여준다.

3) '사회적인 것의 미학화'라는 나의 용어와 '일상생활의 미학화'라는 페더스톤 (Featherstone, 1990)의 용어를 구분하는 것이 좋을 듯하다. 페더스톤에게 있어 일상생활의 미학화란 고급문화와 대중문화 간의 경계의 소멸, 예술과 일상생활 간의 경계의 와해를 말한다. 베버 식으로 말해, 근대 세계에서는 탈주술화로 인해 상위규범이 깨지고, 그렇게 깨진 각 영역이 자율성을 지니고 각각 자신의 토대를 만들어 나가는 가치의 다신교가 진행되었다. 각 영역은 더 이상 기댈 과거의 상위규범이 없기에, 주의를 미래로 돌려 각자 스스로 독자적인 규범을 만들어야 한다. 이는 끊임없는 새로운 실험을 가져올 수밖에 없다. 기댈 과거가 없다면 새로운 것이 더 좋을 수밖에 없기 때문이다. 귀족과 부르주아의 지향 차이는 이를 극명하게 보여준다. 누적된 자랑스러운 과거의 전통을 지닌 귀족에게는 오래된 것일수록 가치 있는 것이다. 반대로 내세울 과거의 전통이 없는 부르주아는 스스로 모험에 가득 찬 세계에 맞서며 미래를 개척하면서 획득한 진기한 새로운 것이 더 가치 있다. 끊임없는 새로운 실험(실험을 위한 실험)은 구조의 분화와 기능의 전문화를 가속화시켜, 각 영역은 공중과 유리된 비교(秘敎)처럼 되어 버린다. 베버가 우려한 관료제화가 실현된 것이다. 미학은 이러한 과정으로부터 해방된 영역인 것처럼 여겨졌지만, 아방가르드의 끊임없는 새로운 실험의 과정과 결과가 보여주듯이 미학 역시 구조의 분화와 기능의 전문화를 통해 일상생활과 격리된 비교가 되기는 마찬가지였다. 기괴함, 호기심, 혼란, 쾌락, 흥분과 같은 미학의 영역과 기계처럼 밋밋하게 돌아가는 공리주의적 상습의 일상생활의 영역은 날카롭게 분리된 것처럼 보였다. 하지만 독점자본의 과잉생산으로 인해 소비문화가 열린 이래, 자본주의 소비문화는 항상적인 과소비에 시달린다. 이를 극복하는 과정에서 독점자본은 미학을 통해 일상생활을 스펙터클한 어드벤처로 바꾸어 놓는다. 일상생활의 미학화는 일상생활을 뒤집어 놓지만, 결국에는 정서에 대한 통제된 탈통제(controlled de-control of emotions)에 기반하고 있다. 스펙터클한 어드벤처의 경험은 정서를 혼란상태에 빠트리지만, 이러한 경험은 반드시 자기통제를 필요로 하기 때문이다. 이 자기통제를 결여한 사람에게는 감시/훈육이 작용한다. 페더스톤이 말하는 일상생활의 미학화는 결코 한계의 출몰을 말하지 않는다.

일상생활의 미학화란 사실 자기혁신을 존재의 이유로 하는 쁘띠 부르주아가 관료제적 독점자본에 포섭된 것이기 때문이다. 반면, 사회적인 것의 미학화라는 나의 테제는 결코 통제될 수 없는 한계의 출몰을 말한다. 여기에서 텔레테크놀로지는 중심적인 역할을 하며, 이 때문에 사회적인 것의 미학화는 인간이후(post-human) 세계의 전조로 여겨질 수 있다.

4) 이러한 나의 구분은 에코(1985)와 고트디너(Gottdiener, 1995: 36-39)로부터 나온 것이다.

5) 이는 데리다(Derrida, 1978: 278-293)가 말하는 '불가능성으로서의 중심'과 그 논리가 같다. 중심은 다른 모든 존재들의 가치를 결정한다는 점에서 체계의 중앙에 존재하는 동시에, 스스로가 스스로에 의해 정의되기 위해서, 즉 자명한 토대가 되기 위해서 체계 밖에 존재해야 한다. 이는 불가능성 그 자체인데도 인간세계에서 작동하고 있음을 데리다는 지적한다. 아버지의 이름 역시 마찬가지이다. 다른 기표들의 가치를 결정해야 한다는 점에서 기표들의 연쇄 안에 들어가 기표들을 응집시키는 주인기표가 되어야 하는 동시에, 의미작용 외부에서 기표들의 연쇄의 기의가 팰러스가 되도록 관장해야 한다. 이는 불가능성이다.

6) 물론 모든 텔레커뮤니케이션이 오이디푸스 콤플렉스를 사용하지 않는다는 것은 아니다. 텔레비전의 멜로드라마는 여전히 오이디푸스 콤플렉스를 사용하는 대표적인 경우이다.

7) 이러한 주장에 대해 지나친 기술결정론이 아닌가 비판할 수 있겠다. 하지만 문제는 사태가 그리 단순하지 않다는 데 있다. 나는 텔레테크놀로지가 가져온 현재의 인간 삶의 존재론적 조건 자체가 인간의 통제력을 넘어섰다는 주장에 동의한다. 이는 과학을 통해 사회세계를 인간복지를 위해 합리적으로 조직할 수 있다는 계몽주의적 꿈이 뒤집혔음을 나타낸다. 텔레커뮤니케이션에서는 계산가능성에 기반한 예측가능성이 불가능하고, 따라서 통제가 실패할 수밖에 없다. 텔레커뮤니케이션은 인간의 인지적 인식능력을 넘어서는 애매성과 불확실성을 증대시킨다. 텔레커뮤니케이션은 주체가 배제된 시뮬레이션 세계를 만들고, 너무나 지나친 정보과잉으로 오히려 수용자를 배제한다. 역설적이게도, 인간의 한계를 넘어서게 해 준다는 의미에서의 테크놀로지의 발달이 오히려 인간을 탈주체화시키는 결과를 낳은 것이다. 하지만 이러한 조건 자체가 인간의 담론적 실천의 가능성을 증대시켜 놓은 것도 부정할 수 없는 사실이다. 텔레테크놀로지는 어떤 누구라도 담론적 실천을 통해 특정의 현실을 자의적으로 구성할 수 있는 가능성을 열어 놓았다. 의미와 가치의 '생산'의 중심이 지역적인 제한에서 해방되어 있고, 일국의 법적 제한으로부터도 벗어나 있다. 자신이 구성해 놓은 순간부터 그 특정의 담론적 현실은 생산자를 떠나 유령처럼 떠돌아다닌다. 수많은 담론적 현실들이 떠돌아다니면서 부딪히며 내는 파열음은 애매성과 불확실성을 더욱 증대시킨다. 이러한 상황에서 의미와 가치의 '소비'는 탈지역적이고 치외법권적 성격을 더욱 두드러지게 보여준다.

8) 야오이는 괴상하다는 뜻을 가진 일본어로서, 사이버 공간상에서는 여성을 위한 성애물로 남성들 간의 동성애적 경향을 보여주는 만화류나 소설류를 지칭한다. 팬픽은 팬(fan)

과 픽션(fiction)의 합성물로, 연예인 팬들이 자기들이 좋아하는 남자연예인들을 짝으로 등장시켜 동성애적 사랑이야기를 만들어 즐기는 현상을 말한다. 아바타(avatar)는 고대 인도의 산스크리트어로 '내려오다' 라는 뜻의 ava와 '아래, 땅' 이라는 뜻의 tara를 합성한 말이다. 신성 내지는 인격을 갖춘 존재가 땅위로 내려온다는 뜻을 나타내는데, 사이버 공간상에서는 자신의 모습을 나타내는 캐릭터 형태, 즉 일종의 가상육신이라는 의미의 말로 통용되고 있다. 이에 대해서는 홍윤선(2002)을 볼 것.

9) 배제(foreclosure)는 프로이트의 원래 용어인 Verwerfung를 라캉이 번역한 것이다. 라캉 이전의 영어권에서는 이를 rejection이라 번역한 바 있다. 하지만 라캉은 rejection으로는 그 뜻을 충분히 드러낼 수 없다고 보고 foreclosure라는 용어를 사용하였다. 이에 대해서는 라캉(Lacan, 1993: 321)을 볼 것.

10) 유혹에 대한 이러한 입장은 보드리야르(Baudrillard, 1990a)로부터 빌려 온 것이다.

11) 보드리야르는 맥루한의 '쿨(cool)' 미디어라는 용어를 차용하여 '차가운(cold)' 유혹이라는 용어를 만들었다. 맥루한에 따르면, 텔레비전으로 대표되는 쿨 미디어는 정세도(精細度)가 낮아 수용자가 메시지를 재구성하는 데 투입하는 상상력의 정도를 높이는 데 긍정적인 것이다. 하지만 보드리야르는 맥루한과 반대로 미디어가 개인들을 커뮤니케이션 네트워크의 단말기로 기능하도록 '얼어붙게' 만드는 효과를 강조하여 차가운 유혹이라는 부정적인 함의를 나타내는 용어를 쓰게 된 것이다. 여기에서 주체는 정보와 커뮤니케이션 네트워크의 결합의 한 부분에 불과한 대상으로 변형된다.

12) 플래시몹은 갑자기 접속자가 폭증하는 현상을 뜻하는 플래시 크라우드(flash crowd)와 동일한 생각을 가진 집단을 뜻하는 스마트 몹(smart mob)의 합성어로서, 텔레커뮤니케이션을 통해 한 날 한 장소에 모인 사람들이 짧은 순간 동안 아무 의미 없는 퍼포먼스를 행하다가 흩어지는 군중을 말한다.

8. 사이버공론장에서의 포스트모던 집합의례: 문갑식 기자의 블로그 사건 담론 경합을 중심으로

1) 이 논문은 한국문화사회학회 편(2006), 『문화와사회』 3권에 발표되었다.

2) 이런 점에서 민주화운동의 '문화적' 기원과 동학에 관해 탐구한 정철희 외(2007)와 시민사회의 논의 중심을 '합의' 에서 '연대' 로 돌려놓은 강수택(2007)은 주목할 만한 것이다. 하지만 전자의 경우 주된 관심이 시민운동의 문화적 실천과 운동조직 간의 역학관계를 이론적으로 밝히는 데 가 있는 탓에, 그리고 후자의 경우에는 연대의 이론적 유형 분류에 초점이 맞추어짐으로써, 둘 다 실제 '한 구체적 사례' 를 중심으로 이루어지는 집합의례의 과정과 결과에 관한 세밀한 문화사회학적 논의가 누락된 아쉬움이 있다.

3) 내가 말하는 뒤르케임주의 전통은 후기 뒤르케임을 이어받은 전통을 말한다. 이에 대해서는 최종렬(2007)을 볼 것.

4) 사이버공론장을 '합의의 우선' 내지는 '절대성'을 미리 상정하지 않고 오히려 참여자들 간의 자유로운 소통과 공감적 경청, 공동 성찰과 상호 이해의 숙의의 공간으로 본 김종길(2005)의 연구는 기존의 공론장의 접근보다 한 단계 나아간 것이라 할 수 있다. 공론장에서의 논의가 단순히 인지적 차원의 합리적·비판적 토론의 장이 아니라, 정서 역시 개입하는 이중적 장이라고 본 것이다. 하지만 이 역시 왜 정서가 담론경합에서 핵심으로 들어가는지에 대한 깊은 이해가 부족하다. 그래서 정서는 결국 공동 성찰과 상호 이해라는 목표를 얻기 위해 작동하는 '매개' 정도로 축소된다. 공론장에서의 담론경합이 한 사회의 핵심적 문화코드를 둘러싸고 벌어지는 정서/도덕적으로 충전된 강도 높은 에너지를 집합적으로 소비하는 장이라는 것을 이해하지 못하는 것이다. 예를 들어 인터넷 한겨레 토론방에서 이라크 파병에 관한 토론을 분석할 때, 김종길은 그것이 한국사회의 어떤 핵심적인 문화코드를 둘러싸고 벌어지는 집합의례인지 탐구하는 대신에 "인신공격성 발언이나 참여자들 간 말싸움 또는 비난이 난무"(62)함으로써 숙의민주주의를 가로막고 있다는 식으로 피상적으로 진단하는 것에 그치고 만다.

5) 노동/필연성(labor/necessity), 작업/유용성(work/utility), 행위/탁월성(action/excellence)에 관한 나의 이러한 구분은 아렌트(Arendt, 1958)로부터 빌려온 것이다. 이러한 시각에서 볼 때, 생존과 지배의 폭력으로 점철된 계급투쟁이나 더 많은 유용성을 차지하기 위한 이익집단 간의 투쟁은 원칙적 차원에서 볼 때 시민사회의 영역에 속한다기보다는 국가사회와 시장 사회에 속한다고 할 수 있다. 현재 한국사회에서 정말 필요한 것은 이러한 투쟁을 공론장의 영역으로 끌고 들어와 한국사회의 공적 코드를 둘러싸고 벌어지는 집합의례로 전환시킬 수 있는 시민사회의 문화적 능력이다. 노동하고 작업하는 목적이 필연성을 벗어나고 유용성을 얻으려는 데 멈추어 있어서는 안 된다. 오히려 이것을 넘어 행위를 통해 탁월성을 입증하려는 것으로까지 나아가야 한다. 문제는 국가사회와 시장 사회가 이것을 막는다는 점이며, 이 때문에 시민사회의 문화적 능력이 더욱 절실한 것이다.

6) 왜 하필 「매일노동뉴스」가 아무도 주시하지 않던 문갑식 기자의 블로그의 내용을 보도하게 된 것일까? 그것은 문갑식 기자가 노동전문기자로 활동하면서 반노동계적인 글로 이미 악명(?)이 높았기 때문이다. 그래서 복수의 칼을 갈고 있는 「매일노동뉴스」의 감시의 망 안에 들어와 있었고, 어떤 면에서 문갑식 기자는 이런 감시망에 걸려든 것이라 할 수 있다. 서로가 서로를 감시하는 사회!

7) "이전의 해석이나 '근원적' 해석에 의존하지도 않고 또 그것에 되돌아가지도 않으면서 사람들이 어떤 구조틀이나 관점을 적용하게 된다면," 그 구조틀은 일차적이라 할 수 있다. "실로 일차적 구조틀은 그것이 없었다면 의미 없는 양상이 되었을 것을 유의미한 어떤 것으로 만드는 구조틀이라 할 수 있다"(Goffman, 1974: 21).

8) 물론 드문 경우이긴 하지만, 우리 모두 부족한 존재들이니 다 용서하고 하나로 가자는 희극 장르도 나타나기도 하지만 대세를 형성하지는 못한다. 희극의 공연이 성공하려면, 무엇보다도 배우나 관객 모두 인간에 대한 연민이 있어야 하는데 여기에서 살펴본 사이

버공론장에서는 그러한 연민이 거의 나타나지 않는다.

9) 나는 댓글의 특징은 과격 · 생경 · 조악한 '수사'와 정제되지 않은 맞춤법에 있다고 보고, 그 '아우라'를 느낄 수 있도록 되도록 고치지 않고 그대로 싣기로 했다.

10) 전통 사회에서 집합의례 중에 오염의례를 행하는 대상은 주로 왕위에 막 오를 사람을 대상으로 이루어진다. 그를 철저히 상징적으로 오염시켜 천한 자로 만든 후 왕위에 오르게 하는 것이다. 그래야만 왕위에 올라서도 피지배자들을 배려할 수 있는 마음자세를 가질 수 있다고 믿기 때문이다(Turner, 1969). 하지만 사이버공론장에서의 오염의례는 '공공의 적'을 만들어 파괴하기 위해서 이루어진다. 다수에 의한 소수의 감시, 즉 시놉티콘(synopticon)이 이루어지는 것이다. 얼마 전 일어났던 개똥녀를 둘러싼 오염의례는 이를 잘 보여준다.

11) 이 글의 초고를 읽은 사람들 중 적지 않은 사람들이 도대체 노빠와 조빠는 어떤 사람들인가 나에게 묻곤하였다. 인터넷의 속성상 이들을 누구인지 일일이 경험적으로 확인하기는 어려운 일이다. 그럼에도 불구하고, 나는 이들이, 콜린스(Collins, 2004b)가 말한 '병적 흥분 구역'에 진입하여 상징적 중심으로 각광을 받으려 극단적으로 행동하는 보안광과 유사하다고 생각한다.

제 III 부

9. 초기 영국 문화연구: 고전 사회학 기획의 되살림

1) 이 논문은 한국사회이론학회 편(2004), 『사회이론』 24권에 발표되었다.

2) 한국의 문화연구는 크게 보아 문화과학사를 중심으로 묶여 있는 일단의 인문학자들과, 대학에서 언론학을 전공한 학자들에 의해 주도되어 왔다. 전자에 대해서는 2002년 『문화과학』 10년에 대한 특집을 마련한 『문화과학』 30호를 볼 것. 후자에 대해서는 1997년 발간된 『언론과 사회』 18호를 볼 것.

3) 뒤르케임과 베버의 사회학을 문화사회학으로 자리매김한 것에 대해서는 조이너(Zeuner, 2003), 알렉산더(Alexander, 1988), 슈레더(Schroeder, 1992)를 볼 것. 맑스의 작업을 문화사회학으로 보는 것은, 사실 그의 작업이 그람시와 알튀세 등을 통해 영국의 문화연구의 발전에 결정적인 역할을 했다는 점에서 두말할 필요도 없을 것이다.

4) 물론 실증주의적 사회학을 비판해 온 상징적 상호작용적 사회학이나 비판적 사회학 역시 비주류이나마 존재해 온 것도 사실이다. 하지만 그 역시 사회와 문화의 이분법적 대립 속에서 작업한다는 점에서 큰 차이가 없다.

5) 이러한 나의 주장과 맥을 같이하는 글로는 롱(Long, 1997: 1-32)을 볼 것.

6) 이러한 점에서 나는 문화연구를 다시 정치경제학과 화해시켜야 한다는 주장이 옳다고 생각한다. 문화연구가 텍스트주의로 과도하게 나아가고 있으며, 이를 극복하기 위해서는 정치경제학과 다시 화해해야 한다는 주장에 대해서는 간햄(Garnham, 1995: 62-71)과 켈너(Kellner, 1997: 102-120)를 볼 것.

7) 물론 이들에게는 요즈음 말하는 포스트식민주의에 대한 인식이 결여되어 있었다. 따라서 문화산업의 영향에 대한 연구에 비해, 당시에는 아직 식민주의의 영향과 결과에 대해서는 연구가 이루어지지 않고 있었다.

8) 위 인용문은 영어본 xvi-xvii쪽에서 새로 번역하였으며, 강조는 원문에 있는 것임.

10. 포스트모던 미국사회학의 문화연구

1) 이 논문은 한국사회학회 편(2003), 『한국사회학』 37권 1호에 "포스트모던 미국 사회학의 문화연구: 정치경제학과 담론이론의 학제적 연구를 향해"라는 제목으로 발표되었다.

1) 문화연구의 발전과정에 대한 이러한 연대기적 서술이 반드시 문화연구가 내부적 복잡성과 갈등을 지니지 않은 채 동일한 성격을 지니고 단계적·지속적으로 발전해 왔다는 것을 의미하는 것은 아니다. 오히려 문화연구는 항상 다양한 관심 및 방향으로 인해 갈등을 지닌 역동적인 성격을 지니고 있었다.

2) 당시 이들은 인종적/민족적 정체성의 위기에는 상대적으로 무관심했는데, 영국의 하나됨 또는 통일성에 대해 의심을 품지 않았기 때문이다. 비록 노동계급의 종속성을 말하긴 했어도, 그들에게 있어 영국성이란 모든 영국인에게 자연적으로 주어진 '단일 인종/민족'이라는 흔들리지 않는 정체성이었다(Stratton and Ang, 1996: 378).

3) 비록 소수의 목소리였지만, 이러한 경향에 대항해서 정치경제학의 유용성을 강조하는 목소리에 대해서는 맥기건(McGuigan, 1992)을 볼 것.

4) 내가 말하는 담론이론은 소쉬르로부터 시작된 구조주의와 포스트구조주의, 그리고 포스트맑스주의로 묶일 수 있는 전통에 기반한다. 담론이론의 좋은 개론서로는 맥도넬(Macdonell, 1986)과 호워드(Howarth, 2000)를 볼 것. 실제 분석의 경우에 대해서는 토핑(Torfing, 1999)과 호워드 등(Howarth, Norval, and Stavrakakis, 2000)을 볼 것.

5) 물론 어떤 개인학자가 이러한 주장을 명시적으로 종합해서 내놓은 것은 아니다. 하지만 포스트모더니즘의 주창자들을 따라가 보면 분과학문으로서의 사회학의 정체성에 도전하는 주장에 접하게 된다.

6) 주류 사회학인 실증주의적 사회학과 기능주의적 사회학은 포스트모더니즘의 도전을 거의 무시하다가, 점차 젊은 사회학자들을 통해 포스트모더니즘이 세력을 얻기 시작하자 그때서야 반응을 보였는데 그나마 기존의 근본적인 가정들을 방어하는 데 급급하였다.

실증주의적 사회학의 경우는 그 대표적인 이론가인 터너(Jonathan H. Turner)의 글
(Allan and Turner, 2000)을 볼 것. 기능주의적 사회학의 방어적 반응의 경우는 알렉
산더(Alexander, 1991, 1992, 1995)를 볼 것.

7) 이들 모두는 현재 비판적 사회학과 상호작용론적 사회학을 이끄는 대표적인 중진학자들
이다. 덴진은 미국의 상징적 상호작용론의 전통을 이끌어 가는 대표적인 학자 중의 하나
로서, 포스트구조주의와 포스트모더니즘의 수용을 통해 기존 상징적 상호작용론의 문화
연구를 보다 정치적인 기획으로 확대시켰다(Denzin, 1992, 1996). 사이드만은 정통적
맑스주의에서 출발하여 점차 실용주의 전통과 포스트구조주의로 이동한, 사회학의 과학
주의를 비판하는 대표적인 이론가로 꼽힌다 (Seidman, 1991, 1992, 1994). 애거는
맑스주의 사회학자로, 마르쿠제를 중심으로 한 프랑크푸르트 학파의 전통을 포스트구조
주의적 전통과 결합·확대시켜 주류 사회학에 도전하였다 (Agger, 1991, 1992b,
1993, 2000). 디킨스는 포스트모더니즘이 텍스트주의에 물들어 있던 당시에서부터 줄
곧 포스트모더니즘을 사회학화하고자 한 대표적 학자들 중의 하나이다(Dickens,
2000; Dickens and Fontana, 1994, 1996).

참고문헌

강수택. 2000. "근대, 탈근대, 지식인." 『한국사회학』 34: 507-529.

강수택. 2001. "지그문트 바우먼의 탈근대적 지식이론." 『현상과 인식』 25(1/2): 144-165.

강수택. 2004. "근대, 탈근대, 사회적 연대." 『한국 사회학』 38(5): 1-29.

강수택. 2007. 『시민연대사회』. 아르케.

김상조. 2006. "고도성장 종식과 새로운 성장모형의 모색: 재벌 중심의 성장 신화 극복을 중심으로." 『경제와 사회』 69: 40-70.

김상준. 2003. "온 나라가 양반되기: 조선 후기 유교적 평등화 메카니즘." 『사회와역사』 5: 5-29.

김상환. 1998. "정보화시대의 해체론적 이해." 『매체의 철학』. 김상환 외 엮음. 나남출판. 61-110쪽.

김상환. 1999. "디지털 혁명은 존재론적 혁명이다. 정보화 시대의 철학적 화두 세 가지: 기술, 언어, 실재." 『철학과 현실』 40: 181-206.

김성기. 1991. 『포스트모더니즘과 비판사회과학』. 문학과지성사.

김욱동. 1992. 『포스트모더니즘의 이론: 문학/예술/문화』. 민음사.

김종길. 2005. "사이버공론장의 분화와 숙의민주주의의 조건." 『한국사회학』 39(2): 34-68.

김호기. 2000. "시민사회의 구조와 변동, 1987-2000." 『한국사회』 3(1): 63-87. 고려대학교 한국사회연구소.

김호기. 2007. 『한국 시민사회의 성찰』. 아르케.

김홍중. 2006a. "모더니티 미학의 역사시학 : 니체와 벤야민을 중심으로." 『경제와 사회』 70: 89-110.

김홍중. 2006b. "멜랑콜리와 모더니티 : 문화적 모더니티의 세계감 분석." 『한국사회학』 40(3): 1-31.

류석춘 · 왕혜숙. 2008. "사회자본 개념으로 재구성한 한국의 경제발전." 『사회와이론』 12: 109-162.

류석춘 · 최우영 · 왕혜숙. 2005. "유교윤리와 한국 자본주의정신." 『한국사회학』 39(6): 52-86.

레비-스트로스(Claude Levi-Strauss). 1999. 『야생의 사고』. 안정남 옮김. 한길사.

마페졸리(Michel Maffesoli). 1997. 『현대를 생각한다』. 박재환 · 이상훈 옮김. 문예출판사.

맑스(Karl Marx) · 엥겔스(Frederick Engels). 1987. 『경제학-철학 수고』. 김태경 옮김. 이론

과 실천.

맑스(Karl Marx). 1988. "서문."『정치경제학 비판을 위하여』. 김호균 옮김. 중원문화. 5-10쪽.

맑스(Karl Marx). 1989. "상품."『자본론』. 김수행 옮김. 비봉출판사. 43-105쪽.

맑스(Karl Marx). 2002.『독일이데올로기 1』. 박재희 옮김. 청년사.

민문홍. 2001.『에밀 뒤르케임의 사회학: 현대성 위기극복을 위한 새로운 패러다임을 찾아서』. 아카넷.

바란(Paul A. Baran) · 스위지(Paul M. Sweezy). 1984.『독점자본』. 최희선 옮김. 한울.

바우먼(Zygmunt Bauman). 2003.『지구화, 야누스의 두 얼굴』. 한길사.

바타이유(Georges Bataille). 2004.『저주의 몫』. 조한경 옮김. 문학동네.

박선웅. 1998a. "문화, 의례와 정치변동: 한국의 민주적 전환."『한국사회학』 32: 29-61.

박선웅. 1998b. "뒤르껭주의 문화사회학: 분류체계와 의례를 중심으로."『한국사회학』 32: 905-931.

박선웅. 2007. "의례와 사회운동: 6월 항쟁의 연행, 집합열광과 연대."『한국사회학』 41(1): 26-56.

박영신. 1996.『새로 쓴 변동의 사회학』. 학문과사상사.

박영신. 2000. "잊혀진 이야기: 시민사회와 시민종교."『현상과 인식』 80: 63-85.

박영신. 2005. "'운동 문화'의 사회학: 집합 열광의 공간과 '운동 노래'."『사회이론』 27: 57-90.

박창호. 1999. "Z. Bauman의 포스트모던 사회의 사회성과 도덕적 방법론: 불확실성 시대의 새로운 지식론을 위하여."『사회과학연구집』 6: 79-92. 대구 효성카톨릭대학교 사회과학연구소.

박창호. 2000. "포스트모더니티의 사회이론을 위하여."『담론 201』 9: 83-112.

박창호. 2001. "사이버공간의 탈근대성: 공동체와 자아의 의미."『담론 201』 4(2): 60-91.

박창호. 2002. "근대성의 극복과 문명 공존."『현상과 인식』 26(3): 49-73.

박창호. 2005a. "탈맥락적 삶과 문화적 혼란: 이미지 지배에 대한 사회학적 인식."『사회이론』 27: 115~137.

박창호. 2005b. "사이버공간의 미학화와 양면성."『사회이론』 28: 95-118.

반 계넵(Arnold van Gennep). 1985.『통과의례』. 전경수 옮김. 을유문화사.

베버(Max Weber). 1987.『프로테스탄트 윤리와 자본주의 정신』. 박종선 옮김. 세계.

베버(Max Weber). 2002.『탈주술화과정과 근대: 학문, 종교, 정치』. 전성우 옮김. 나남출판.

베버(Max Weber). 2003. "사회과학 및 사회정책적 인식의 객관성."『문화과학과 사회과학의 방법론』 (1). 염동훈 옮김. 일신사. 243-318쪽.

벡 · 벡-게른샤임(Ulich Beck and Elisabeth Beck-Gernsheim). 1999.『사랑은 지독한 그러나 너무나 정상적인 혼란』. 강수영 · 권기돈 · 배은경 옮김. 새물결.

벤야민(Walter Benjamin). 2005.『아케이드 프로젝트 1』. 조형준 옮김. 새물결.

벤야민(Walter Benjamin). 2006.『아케이드 프로젝트 2』. 조형준 옮김. 새물결.

송재룡. 1997. "포스트모던 성찰성과 신공동체주의." 『사회과학논총』 15: 375-415. 경희대학교.

송재룡. 1998. "성찰적 모더니티의 한계와 새 공동체주의의 대안." 『현상과 인식』 22(3): 155-174.

송재룡. 2000. "바우만의 포스트모던 윤리론: 함의와 한계." 『현상과 인식』 24(4): 15-36.

송재룡. 2001. 『포스트모던 시대와 공동체주의』. 철학과현실사.

송재룡. 2004a. "사이버 공동체의 한계: 공동체주의 관점에서." 『현상과 인식』 28(1/2): 53-73.

송재룡. 2004b. "한국 사회의 '삶의 정치학' 과 아버지." 『현상과 인식』 94: 38-61.

송재룡. 2005 "포스트모던 성찰성과 '문화적 전환' : 종교 이해의 새로운 전망을 위한 시론." 『사회이론』 27: 91-114.

쇼펜하우어(Arthus Schopenhaur). 1994. 『의지와 표상으로서의 세계』. 곽복록 옮김. 을유문화사.

스미스(Philip Smith). 2007. "코드와 갈등: 전쟁을 의례로 보는 이론을 향하여." 최종렬 편역. 『뒤르케임주의 문화사회학: 이론과 방법론』. 이학사. pp.75-126.

에코(Umberto Eco). 1985. 『기호학 이론』. 서우석 옮김. 문학과 지성사.

우실하. 2005. "포스트모더니즘 논의가 지닌 오리엔탈리즘적 성격." 『동양사회사상』 12: 35-77.

우천식 · 김훈 · 설광언 · 서경란. 2005. 『경제구조 변화와 양극화』. 한국개발연구원.

윌리엄스(Ramond Williams). 1988. 『문화와 사회: 1780-1950』. 이화여대출판부.

유팔무 · 김정훈. 2001. 『시민사회와 시민운동 2』. 한울.

유팔무 · 김호기. 1995. 『시민사회와 시민운동』. 한울.

윤선구. 2003. "신자유주의적 세계화의 원인과 대안." 『사회와철학』 5: 155-188.

윤평중. 1992. 『포스트모더니즘 철학과 포스트마르크스주의』. 서광사.

이내황 · 하준경 · 강태수 · 임철재. 2004. "경제양극화의 원인과 정책과제." 『금융경제연구』 184호. 한국은행.

이성균. 2006. "미국의 신자유주의와 경제적 불평등." 『문화과학』 47: 171-185.

이영찬. 2001. 『유교사회학』. 예문서원.

이진우. 1993. 『포스트모더니즘의 철학적 이해』. 서광사.

이황직. 2004. "한국 사회운동의 참여자의 문화적 습속." 『현상과 인식』 94: 85-111.

이황직. 2007. 『독립협회, 토론공화국을 꿈꾸다: 민주주의 실험 천 일의 기록』. 프로네시스.

장노현. 2002. 『하이퍼텍스트 서사에 관한 연구』. 한국학중앙연구원 한국학대학원 박사 학위논문.

전상인. 2008. "조선시대의 사회자본: 양반의 연대, 연계, 연줄." 류석춘 · 전상인 · 장미혜 · 정병은 · 최우영 · 최종렬 공저. 『한국의 사회자본: 역사와 현실』. 백산출판사, 75-104쪽.

정수복. 2002. 『시민의식과 시민참여: 문명전환을 꿈꾸는 새로운 시민운동』. 아르케.

정정호 · 강내희. 1991. 『포스트모더니즘의 쟁점』. 도서출판 터.

정철희 · 고동현 · 박병영 · 박선웅 · 신진욱 · 이선미 · 이희영 · 장상철. 2007. 『상징에서 동원

으로: 1980년대 민주화운동의 문화적 동학』. 이학사.

정철희. 2003. 『한국 시민사회의 궤적: 1970년대 이후 시민사회의 동학』. 아르케.

정태석. 2002. "벡의 재귀적 현대화 이론과 개인화의 딜레마."『경제와 사회』 55: 246-271.

정태석. 2005. "시민사회와 NGO에 관한 최근 논의의 비판적 검토."『경제와 사회』 68: 161-189.

조혜인. 1993. "조선 향촌질서의 특성과 그 정착과정."『한국의 사회와 문화』 21: 149-184.

짐멜(Georg Simmel). 2005. 『짐멜의 모더니티 읽기』. 김덕영·윤미애 옮김. 새물결.

짐멜(Georg Simmel). 2007. 『게오르그 짐멜의 문화이론』. 김덕영·배정희 옮김. 길.

참여연대. 2006. 『도박게임 사태 책임 규명 보고서』.

최종렬. 1999. 『타자들: 근대 서구 주체성 개념에 대한 정신분석학적 탐구』. 백의

최종렬. 2003a. "포스트모던 미국 사회학의 문화 연구: 정치경제학과 담론이론의 학제적 연구를 향하여."『한국사회학』 37(1): 201-229.

최종렬. 2003b. "포스트모던: 모던에 대한 미학적 도전."『사회와 이론』 2(1): 207-258.

최종렬. 2004a. "뒤르케임의 『종교생활의 원초적 형태』에 대한 담론이론적 해석: 신뒤르케임주의 문화사회학을 넘어."『한국사회학』 38(2): 1-31.

최종렬. 2004b. "계몽주의, 대항계몽주의, 반계몽주의."『사회와 이론』 3(2): 123-181.

최종렬. 2004c. "텔레커뮤니케이션과 사회적인 것의 미학화."『사회이론』 25: 143-184.

최종렬. 2005a. "사회이론, 왜 문화적 전환을 이루어야 하는가?"『사회이론』 27: 9-56.

최종렬. 2005b. "고전 유럽사회학의 지적 모체: 19세기 유럽 지성계의 지형."『사회와 이론』 5(1): 35-81.

최종렬. 2005c. "고전 유럽 사회학: 계몽주의의 독단에 대한 대항 계몽주의의 비판과 보완."『현상과 인식』 29(4): 139-170.

최종렬. 2006a. "상징체계로서의 유교와 탈현대."『동양사회사상』 13: 161-204.

최종렬. 2006b. "탈상품화, 재성화, 재주술화: 도덕, 정서, 신념의 회귀."『사회이론』 29: 329-363.

최종렬 편역. 2007. 『뒤르케임주의 문화사회학: 이론과 방법론』. 이학사.

카이유와(Roser Caillois). 1996. 『인간과 성(聖)』. 권은미 옮김. 문학동네.

톰슨(E. P. Thompson). 2000a. 『영국 노동계급의 형성』. 나종일 외 옮김. 창작과비평.

톰슨(E. P. Thompson). 2000b. 『영국 노동계급의 형성』. 나종일 외 옮김. 창작과비평.

한국게임산업개발원. 2005. 『아케이드게임 이용자 현황』.

한태선. 1997. "한국 시민사회의 문화적 특성과 그 이해."『한양대 사회과학논총』 16: 289-316.

한형조. 1996. 『주희에서 정약용으로: 조선 유학의 철학적 패러다임 연구』. 세계사.

현대경제연구원. 2006. 『카지노 자본주의의 폐해』.

홍승표. 2005. 『동양사상과 탈현대』. 예문서원.

홍윤선. 2002. 『딜레마에 빠진 인터넷』. 굿인포메이션.

Adorno, Theodor. 1991. *The Culture Industry*. London: Routledge.

Agger, Ben. 1989. *Fast Capitalism: A Critical Theory of Significance*. Urbana: University of Illinois Press.

Agger, Ben. 1991. "Critical Theory, Poststructuralism, Postmodernism: Their Sociological Relevance." *Annual Review of Sociology* 17: 105-31.

Agger, Ben. 1992a. *Cultural Studies as Critical Theory*. Washington, DC: The Falmer Press.

Agger, Ben. 1992b. *The Discourse of Domination: From the Frankfurt School to Postmodernism*. Evanston, IL: Northwestern University Press.

Agger, Ben. 1993. *Gender, Culture and Power: Toward a Feminist Postmodern Critical Theory*. Westport, CT: Praeger.

Agger, Ben. 2000. *Public Sociology: From Social Facts to Literary Acts*. Lanham, MD: Rowman & Littlefield Publishers.

Aktürk, Sener. 2002. "Market Liberalism and Social Protection: Hayek, Durkheim and Polanyi in Theoretical Perspective," *Akademik Araçtirmalar Dergisi* 14: 17-32.

Alexander, Jeffrey (ed.). 1988. *Durkheimian Sociology: Cultural Studies*. New York: Cambridge University Press.

Alexander, Jeffrey. 1990. "Analytic Debates: Understanding the Relative Autonomy of Culture." pp. 1~27 in Jeffrey C. Alexander and Steven Seidman (eds.). *Culture and Society: Contemporary Debates*. New York: Cambridge University Press.

Alexander, Jeffrey. 1991. "Sociological Theory and the Claim to Reason: Why the End Is Not in Sight." *Sociological Theory* 9(2):147-153.

Alexander, Jeffrey. 1992. "General Theory in the Postpositivist Mode: The 'Epistemological Dilemma' and the Search for Present Reason." pp. 322-368 in Steven Seidman and David G. Wagner (eds.). *Postmodernism and Social Theory: The Debate over General Theory*. Cambridge, MA: Blackwell.

Alexander, Jeffrey. 1995. *Fin de Siècle Social Theory: Relativism, Reduction, and the Problem of Reason*. London: Verso.

Alexander, Jeffrey. 2003. *The Meanings of Social Life: A Cultural Sociology*. Oxford: Oxford University Press.

Alexander, Jeffrey and Philip Smith. 1993. "The Discourse of American Civil Society: A New Proposal for Cultural Studies." *Theory and Society* 22: 151-207.

Alexander, Jeffrey and Philip Smith. 1999. "Cultural Structures, Social Action, and the Discourses of American Civil Society: A Reply to Battani, Hall, and Powers." *Theory and Society* 28: 455-461.

Alexander, Jeffrey and Philip Smith. 2005. "Introduction: The New Durkheim." pp. 1-38 in Jeffrey Alexander and Philip Smith (eds.). *Cambridge Company to Durkheim*. New York, NY: Oxford University Press.

Alexander, Jeffrey, Bernhard Giesen, Richard Münch, and Neil J. Smelser (eds.). 1987. *The Micro-Macro Link. Berkeley*. CA: University of California Press.

Alexander, Jeffrey, Ron Eyerman, Bernhard Giesen, Neil J. Smelser, and Piotr Sztompka (eds.). 2004. *Cultural Trauma and Collective Identity*. Berkeley, CA: University of California Press.

Allan, Kenneth and Jonathan H. Turner. 2000. "A Formalization of Postmodern Theory." *Sociological Perspectives* 43(3): 363-385.

Althusser, Louis. 1971. *Lenin and Philosophy and Other Essays*. New York: Monthly Review Press.

Amsden, Alice. 1990. "Third World Industrialization: 'Global Fordism' or a New Model?" *New Left Review* 182(Jul/Aug).

Anderson, Benedict. 1983. *Imagined Communities: Reflections on the Origin and Spread of Nationalism*. London: Verso.

Appadurai, Arjun. 1996. *Modernity at Large: Cultural Dimensions of Globalization*. University of Minnesota.

Arendt, Hannah. 1958. *The Human Condition*. Chicago: The University of Chicago Press.

Bataille, Georges. 1985. "The Notion of Expenditure." pp. 116-129 in *Visions of Excess: Selected Writings, 1927~1939*. Minneapolis, MN: University of Minnesota Press.

Bataille, Georges. 1986. *Erotism: Death and Sensuality*. San Francisco, CA: City Lights Books.

Bataille, Georges. 1991. *The Accursed Share*, Volume 1. New York: Zone Books.

Baudrillard, Jean. 1975. *The Mirror of Production*. St. Louis: Telos Press.

Baudrillard, Jean. 1983. *In the Shadow of the Silent Majorities*. New York, NY: Semiotext(e).

Baudrillard, Jean. 1990a. *Seduction*. New York: St. Martin's Press.

Baudrillard, Jean. 1990b. *Fatal Strategies*. New York, NY: Verso.

Baudrillard, Jean. 1993. *Symbolic Exchange and Death*. London: Sage.

Baudrillard, Jean. 1994. *Simulacra and Simulation*. Ann Arbor: The University of

458

Michigan.

Bauman, Zigmunt. 1992. *Intimations of Postmodernity*. London, Routledge.

Bauman, Zygmunt. 1993. *Postmodern Ethics*. Oxford: Blackwell.

Bauman, Zygmunt. 1998. "What Prospects of Morality in Times of Uncertainty?" *Theory, Culture & Society* 15(1): 11-22.

Beck, Ulich. 1992. *Risk Society: Toward a New Modernity*. London: Sage.

Becker, Carl L. [1932] 1963. *The Heavenly City of the Eighteenth-Century Philosophers*. 9th edition, Clinton, Massachusetts: The Colonial Press.

Bell, Daniel. 1976. *The Cultural Contradiction of Capitalism*. New York: Basic Books.

Bellah, Robert, Robert Madsen, William W. Sullivan, Ann Swidler and Steven M. Tipton. 1996. *Habits of the Heart: Individualism and Commitment in American Life*. Berkeley: University of California Press.

Bellah, Robert. 1970. *Beyond Beliefs: Essays on Religion in a Post-Traditional World*. New York: Harper.

Berlin, Isaiah and Ramin Jahanbegloo. 1992. *Conversations with Isaiah Berlin*. New York: Charles Scribners Sons.

Berlin, Isaiah. 1976. Vico and Herder: *Two Studies in the History of Ideas*. New York: The Viking Press.

Berlin, Isaiah. 1969. *Four Essays on Liberty*. Oxford University Press.

Berlin, Isaiah. 1979. *Against the Current*. New York: The Viking Press.

Berlin, Isaiah. 1991. *The Crooked Timber of Humanity: Chapters in the History of Ideas*. New York: Alfred A. Knopf.

Berlin, Isaiah. 1993. *The Magus of the North: J.G. Hamann and the Orgins of Modern Irrationalism*. New York: Farrar, Straus and Giroux.

Berlin, Isaiah. 1999. *The Roots of Romanticism*. Princeton, NJ: Princeton University Press.

Bertens, Hans. 1995. *The Idea of The Postmodern: A History*. New York: Routledge.

Best, Steven and Douglas Kellner. 1991. *Postmodern Theory: Critical Interrogations*. New York: The Guilford Press.

Blumer, Herbert. 1969. *Symbolic Interactionism: Perspective and Method*. Berkeley and Los Angeles, CA: University of California Press.

Bourdieu, Pierre. 1977[1972]. *Outline of a Theory of Practice*. Cambridge: Cambridge University Press.

Bourdieu, Pierre. 1984[1979]. *Distinction: A Social Critique of the Judgement of*

Taste. Cambridge, MA: Harvard University Press.

Bourdieu, Pierre. 1988[1984]. *Homo Academicus*. Cambridge: Polity Press.

Bourdieu, Pierre. 1993[1968-1987]. *The Field of Cultural Production*. Cambridge: Polity Press.

Brantlinger, Patrick. 1990. *Crusoe's Footprints: Cultural Studies in Britain and America*. New York, NY: Routledge.

Brooker, Will. 1998. *Cultural Studies*. Lincolnwood, IL: Teach Yourself Books.

Brown, Richard Harvey. 1989. *Social Science as Civic Discourse: Essays on the Invention, Legitimation, and Uses of Social Theory*. Chicago: The University of Chicago Press.

Budd, Mike, Robert M. Entman and Clay Steinman. 1990. "The Affirmative Characteristic of U.S. Cultural Studies." *Critical Studies in Mass Communication* 7: 169-184.

Burrow, John Wyon. [1966] 1970. *Evolution and Society*. Cambridge: Cambridge University Press.

Bury, J. B, 1920. *The Idea of Progress: An Inquiry into Its Origin and Growth*. London: Macmillan and Co., Limited.

Caillois, Roger. 2001. *Man and the Sacred*. Urbana and Chicago: University of Illinois Press.

Calhoun, Craig. 1991. "Indirect Relationships and Imagined Communities: Large Scale Social Integration and the Transformation of Everyday Life." pp. 95-121 in Pierre Bourdieu and James S. Coleman (eds.). *Social Theory for a Changing Society*. Boulder, CO: Westview Press.

Carroll, David. 1987. *Paraesthetics: Foucault, Lyotard, Derrida*. New York: Methuen.

Cassirer, Ernst. 1979. *The Philosophy of the Enlightenment*. Princeton, NJ: Princeton University Press.

Cho, Hein. 1997. "The Historical Origin of Civil Society in Korea." *Korea Journal* 37(2): 24-41.

Choi, Jongryul. 2004. *Postmodern American Sociology: A Response to the Aesthetic Challenge*. Lanham, ML: University Press of America.

Clarke, John, Stuart Hall, Tony Jefferson and Brian Roberts, 1991. "Subcultures, Cultures and Class: A Theoretical Overview." pp. 9-74 in Stuart Hall and Tony Jefferson (eds.). *Resistance Through Rituals: Youth Subcultures in Post-War Britain*. London: HarperCollinsAcademic.

Clifford, James. 1992. "Travelling Cultures." pp. 96-116 in Grossberg, Lawrence,

Cary Nelson and Paula Treichler (eds). *Cultural Studies*. London: Routledge.

Clough, Patricia Ticineto. 1992a. *The End(s) of Ethnography: From Realism to Social Criticism*. Newbury Park, CA: Sage.

Clough, Patricia Ticineto. 1992b. "Rhetoric of Sexual Difference and Narrative Construction of Ethnographic Authority." *Studies in Symbolic Interaction* 13: 3-17

Clough, Patricia Ticineto. 1996. "A Theory of Writing and Experimental Writing in the Age of Telecommunications: A Response to Steven Seidman." *The Sociological Quarterly* 37(4): 721-733.

Clough, Patricia Ticineto. 2000. *Autoaffection: Unconscious Thought in the Age of Teletechnology*. Minneapolis, MN: University of Minnesota Press.

Cohen, Stanley. 1973. *Folk Devils and Moral Panics*. London: Paladin.

Collins, Randall. 2004a. *Interaction Ritual Chains*. Princeton, NJ: Princeton University Press.

Collins, Randall. 2004b. "Rituals of Solidarity and Security in the Wake of Terrorist Attack." *Sociological Theory* 22(1): 53-87.

Condorcet, Marquis De. 1976. *Condorcet: Selected Writings*. Keith Michael Baker(eds), Indianapolis, IN: The Bobbs-Merrill Company.

Crane, Diana (ed.). 1994. *The Sociology of Culture: Emerging Theoretical Perspectives*. Oxford, UK: Blackwell.

Crocker, Lester G. 1959. *An Age of Crisis: Man and World in Eighteenth Century French Thought*. Baltimore, ML: The Johns Hopkins Press.

Dean, Jodi. 2008. "Enjoying Neoliberalism," *Cultural Politics* 4(1): 47-78.

Deleuze, Giles and Félix Guattari. 1983. *Anti-Oedipus: Capitalism and Schizophrenia*. Minneapolis, MN: University of Minnesota Press.

Deleuze, Giles and Félix Guattari. 1987. *A Thousand Plateaus: Capitalism and Schizophrenia*. Minneapolis, MN: University of Minnesota Press.

Denzin, Norman K. 1991. "Empiricist Cultural Studies in America: A Deconstructionist Reading." *Current Perspectives in Social Theory* 11: 17-39.

Denzin, Norman K, 1992. *Symbolic Interactionism and Cultural Studies: The Politics of Interpretation*. Cambridge, MA: Blackwell.

Denzin, Norman K. (ed.). 1996. "Forward: Opening Up Cultural Studies." pp. xv-xxx in *Cultural Studies: A Research Volume*. Greenwich, CT: Jai Press.

Derrida, Jacques. 1978. "Structure, Sign and Play in the Discourse of the Human Sciences." *Writing and Difference*. London: Routledge and Kegan Paul.

Derrida, Jacques. 1982a. "Différance," pp.1-27 in *Margins of Philosophy*. Chicago: The University of Chicago Press.

Derrida, Jacques. 1982b. "Signature, Event, Context." pp. 307-330 in *Margins of Philosophy*. Chicago: The University of Chicago Press.

Derrida, Jacques. 1994. *Specters of Marx: The State of the Debt, the Work of Mourning, and the New International*. New York: Routledge.

Dickens, David R. 1990. "Deconstruction and Marxist Inquiry." *Sociological Perspectives* 33(1): 147-158.

Dickens, David R. 1994. "Cultural Studies in Sociology." *Symbolic Interaction* 17: 99-105.

Dickens, David R. 1996. "Postmodernism, Cultural Studies, and Contemporary Social Inquiry." pp. 27-36 in Norman K. Denzin(ed.). *Cultural Studies: A Research Volume*. Greenwich, CT: Jai Press.

Dickens, David R. 2000. "Attitudes and Platitudes: Postmodernism and Interactionist Thought." *Studies in Symbolic Interaction* 23: 71-92.

Dickens, David R. and Andrea Fontana (eds.). 1994. *Postmodernism and Social Inquiry*. New York: The Guilford Press.

Dickens, David R. and Andrea Fontana. 1996. "On Nostalgic Reconstruction in Interactionist Thought - Or, Realism as the Last Refuge of a Scoundrel." *Studies in Symbolic Interaction* 20: 181-192.

Dienst, Richard. 1994. *Still Life in Real Time*. Durham: Duke University Press.

DiMaggio, Paul. 1977. "Market Structure, the Creative Process and Popular Culture: Toward and Organizational Representation of Mass-Culture Theory." *Journal of Popular Culture* 11(2): 436-452.

DiMaggio, Paul. 1982. "Cultural Capital and School Success: The Impact of Status Culture Participation on the Grades of U.S. High School Students." *American Sociological Review* 47(1): 1898-201

Dor, Joöl. 1997. *Introduction to the Reading of Lacan: The Unconscious Structured Like a Language*. Northvale, NJ: Jason Aronson.

Dosse, François. 1997a. *History of Structuralism Volume 1: The Rising Sign, 1945-1966*. Minneapolis, MN: University of Minnesota Press.

Dosse, François. 1997b. *History of Structuralism Volume 2: The Sign Sets, 1967-Present*. Minneapolis, MN: University of Minnesota Press.

Douglas, Mary and Baron Isherwood. 1996. *The World of Goods: Toward an Anthropology of Consumption*. London, Routledge.

Douglas, Mary. 1970. Purity and Danger: *An Analysis of the Concepts of Pollution and Taboo.* New York: Praeger.

Durkheim, Emile. 1984. *The Division of Labor in Society.* New York: The Free Press.

Durkheim, Emile. 1992. *Professional Ethics and Civic Morals.* New York: Routledge.

Durkheim, Emile. 1995[1912]. *The Elementary Forms of Religious Life.* New York : The Free Press.

Eliasoph, Nina and Paul Lichterman. 2003. "Culture in Interaction." *American Journal of Sociology* 108: 735-794.

Featherstone, Mike. 1990. *Consumer Culture and Postmodernism.* London: Sage.

Fine, Gary Alan and Kent Sandstrom. 1993. "Ideology in Action: A Pragmatic Approach to a Contested Concept." *Sociological Theory* 11(1): 21~38.

Fine, Gary Alan. 1992. "The Culture of Production: Aesthetic Choices and Constraints in Culinary Work." *American Journal of Sociology* 97(5): 1268-1294.

Fink, Bruce. 1995. *The Lacanian Subject: Between Language and Jouissance.* Princeton, NJ: Princeton University Press.

Fink, Bruce. 1997. *A Clinical Introduction to Lacanian Psychoanalysis: Theory and Technique.* Cambridge, MA: Harvard University Press.

Flanagan, Kieran. 1996. *The Enchantment of Sociology: A Study of Theology and Culture.* New York: St. Martin's Press.

Foucault, Michel. 1995. *Discipline and Punish: The Birth of the Prison.* New York: Vintage Books.

Frye, Northrop. 1971. *The Anatomy of Criticism.* Princeton, NJ: Princeton University Press.

Garfinkel, Harold. 1984. *Studies in Ethnomethodology.* Malden, MA: Polity.

Garnham, Nicholas. 1995. "Political Economy and Cultural Studies: Reconciliation or Divorce?" *Critical Studies in Mass Communication* 12: 62-71.

Geertz, Clifford. 1973. *The Interpretation of Cultures.* New York: Basic Books.

George, Susan. 1999. "A Short History of Neoliberalism," Paper presented at the Conference on "Economic Sovereignty in a Globalizing World," March 24-26. Available at http://www.globalpolicy.org/globaliz/econ/histneol.htm.

Giddens, Anthony. 1990. *The Consequences of Modernity.* Cambridge: Polity.

Giddens, Anthony. 1992. *The Transformation of Intimacy: Sexuality, love & Eroticism in Modern Societies.* Stanford, CA: Stanford University Press.

Gilroy, Paul. 1992. "Cultural Studies and Ethnic Absolutism." pp. 187-198 in

Lawrence Grossberg, Cary Nelson and Paula Treichler (eds.). Cultural Studies. New York: Routledge.

Goffman, Erving. 1959[1956]. *The Presentation of Self in Everyday Life*. New York: Doubleday.

Goffman, Erving. 1967. *Interaction Ritual*. Chicago: Aldine.

Goffman, Erving. 1968[1961]. *Asylums*. London: Penguin.

Goffman, Erving. 1974. *Frame Analysis: An Essay on the Organization of Experience*. New York: Harper and Row.

Gordon, Scott. 1991. *The History and Philosophy of Social Science*. New York: Routledge.

Gottdiener, M. 1995. *Postmodern Semiotics: Material Culture and the Forms of Postmodern Life*. Oxford, UK: Blackwell.

Grafton, Anthony. 1991. *Defenders of the Text: The Traditions of Scholarship in an Age of Science, 1450-1800*. Cambridge, MA: Harvard University Press.

Green, Michael. 1996. "The Center for Contemporary Cultural Studies." *What is Cultural Studies?: A Reader*. New York: Arnold.

Griffin, David Ray (ed.). 1988. *The Reenchantment of Science: Postmodern Proposals*. Albany, NY: State University of New York.

Grisword, Wendy. 1987. "The Fabrication of Meaning: Literary Interpretation in the United States, Great Britan, and the West Indies." *American Journal of Sociology* 92: 1077-1117.

Grisword, Wendy. 1994. *Cultures and Societies in a Changing World*. Thousand Oaks, CA: Pine Forge Press.

Grossberg, Lawrence. 1983-1984. "The Politics of Youth Culture: Some Observations on Rock and Roll in American Culture." *Social Text* 8: 104-126.

Grossberg, Lawrence. 1984. "I'd Rather Feel Bad than Not Feel Anything at All: Rock and Roll, Pleasure and Power." *Enclitic* 8(1/2): 94-111.

Grossberg, Lawrence. 1989. "MTV: Swinging on the (Postmodern) Star." pp. 254-268 in I. Angus and S. Jhally (eds.). *Cultural Politics in Contemporary America*. New York: Routledge.

Grossberg, Lawrence. 1993. "The Formations of Cultural Studies: An AMerican in Birmingham." pp. 26-66 in Blundell, Valda, John Shepherd and Ian Taylor (eds.). *Relocating Cultural Studies: Developments in Theory and Research*. New York: Routledge.

Habermas, Jürgen. 1995. *The Philosophical Discourse of Modernity*. Massachusetts,

MA: The MIT Press.

Habermas, Jürgen. 1998. *The Structural Transformation of the Public Sphere.* 9th Edition, Cambridge, MA: The MIT Press.

Hall, Catherine. 1996. "Histories, Empires and the Post-Colonial Moment." pp. 65-77 in Iain Chambers and Lidia Curti (eds.). *The Post-Colonial Question.* New York, NY: Routledge.

Hall, Stuart and Tony Jefferson. 1976. *Resistance through Rituals: Youth Subcultures in Post-War Britain.* London: Hutchinson.

Hall, Stuart, Chas Critcher, Tony Jefferson, John Clarke and Brian Roberts (eds.). 1978. *Policing the Crisis: Mugging, the State, and Law and Order.* London Macmillan.

Hall, Stuart, Dorothy Hobson, Andrew Lowe and Paul Wills (eds.). 1992[1980]. *Culture, Media, Language: Working Papers in Cultural Studies, 1972-79.* New York: Routledge.

Hall, Stuart. 1980. "Cultural Studies: Two Paradigms." *Media, Culture and Society* 2: 57-72.

Hall, Stuart. 1986. "Encoding/decoding." pp. 128-138 in The Centre for Contemporary Cultural Studies. *Culture, Media, Language: Working Papers in Cultural Studies, 1972-79.* London: Routledge.

Hall, Stuart. 1992. "Cultural Studies and the Centre: Some Problematics and Problems." pp. 15-47 in Stuart Hall, Dorothy Hobson, Andrew Lowe and Paul Wills (eds.). *Culture, Media, Language: Working Papers in Cultural Studies, 1972-79.* New York: Routledge.

Hall, Stuart. 1997a. "The Work of Representation." pp. 13-74 in Stuart Hall (ed.). *Cultural Representations and Signifying Practices.* London: Sage.

Hall, Stuart. 1997b. "The Local and the Global: Globalization and Ethnicity." pp. 19-40 in Anthony D. King (ed.). *Culture, Globalization and the World-System: Contemporary Conditions for the Representation of Identity.* Minneapolis, MN: The University of Minnesota Press.

Hall, Stuart. 1997c. "Old and New Identities, Old and New Ethnicity." pp. 41-68 in Anthony D. King (ed.). *Culture, Globalization and the World-System: Contemporary Conditions for the Representation of Identity.* Minneapolis, MN: The University of Minnesota Press.

Halwachs, Maurice. 1980. *Collective Memory.* New York: Harper and Row.

Harms, John B. and David R. Dickens. 1996. "Postmodern Media Studies: Analysis or Symptom?" *Critical Studies in Mass Communication* 13: 210-227.

Harris, Errol E. 1995. *The Substance of Spinoza*. Atlantic Highlands, NJ: Humanities Press.

Harvey, David. 1989. *The Condition of Postmodernity*. Oxford: Blackwell.

Harvey, David. 2006. "Neo-liberalism as Creative Destruction," *Geografiska Annaler* B(2): 145-158.

Held, David. 1980. *Introduction to Critical Theory: Horkheimer to Habermas*. Berkley, CA: University of California Press.

Hinkle, Roscoe. 1980. *Founding Theory of American Sociology, 1881~1915*. Boston: Routledge & Kegan Paul.

Hinkle, Roscoe. 1994. *Developments in American Sociological Theory, 1915~1950*. Albany, NY: State University of New York.

Hirsch, Paul M. 1972. "Processing Fads and Fashions: An Organization-Set Analysis of Cultural Industry Systems." *American Journal of Sociology* 77: 639-659.

Hoggart, Richard. 1998[1957]. *The Use of Literacy*. New Brunswick: Transaction Publishers.

Howarth, David, Aletta J. Norval and Yannis Stavrakakis (eds.). 2000. *Discourse Theory and Political Analysis: Identities, Hegemonies and Social Change*. New York: Manchester University Press.

Howarth, David. 2000. *Discourse*. Philadelphia, PA: Open University Press.

Hulme, Peter and Ludmilla Jordanova. 1990. "Introduction." pp. 1-15 in Peter Hulme and Ludmilla Jordanov (eds.). *The Enlightenment and its Shadow*. New York: outledge.

Illouz, Eva. 1997. *Consuming the Romantic Utopia: Love and the Cultural Contradictions of Capitalism*. Berkely and Los Angeles, CA: University of California Press.

Illouz, Eva. 1999. "The Lost Innocence of Love: Romance as a Postmodern Condition," Mike Featherstone (ed.), *Love and Eroticism*. London: Sage. pp. 161~186.

Inglis, Fred. 1993. *Cultural Studies*. Cambridge: Blackwell.

Jacobs, Ronald and Philip Smith. 1997. "Romance, Irony, and Solidarity." *Sociological Theory* 15(1): 60-80.

Jacobs, Ronald. 1996. "Civil Society and Crisis: Culture, Discourse, and the Rodney King Beating." *The American Journal of Sociology* 101(5): 1238~1272.

Jacobs, Ronald. 2004. "Narrative, Civil Society and Public Culture." pp. 18-35 in Andrews, Molly, Shelly Day Sclater, Corinne Squire, and Amal Treacher (eds.). *The Uses of Narrative: Explorations in Sociology, Psychology, and Cultural Studies*. New Brunswick: Transaction Publishers.

Jameson, Fredric. 1984. "Postmodernism or the Cultural Logic of Late Capitalism." *New Left Review* 146: 53-93.

Jameson, Fredric. 1985. "Periodizing of the Sixties," pp. 178-209 in Sonya Sayres, et al. (eds). *The Sixties without Apologies*. Minneapolis, MN: University of Minnesota Press.

Jameson, Fredric. 1988. "Cognitive Mapping." pp. 347-360 in Cary Nelson and Lawrence Grosberg (eds.). *Marxism and Interpretation of Culture*. Urbana and Chicago: University of Illinois Press.

Jay, Martin. 1973. *The Dialectical Imagination: A History of the Frankfurt School and the Institute of Social Research, 1923-1950*. Boston: Little Brown.

Johnson, Chalmers. 1982. *MITI and the Japanese Miracle: The Growth of Industrial Policy, 1925-1975*. Stanford: Stanford University Press.

Johnson, Richard. 1979a. "Culture and the Historians." pp. 41-71 in Clake, John, Chas Critcher and Richard Jonhson (eds.). *Working-class Culture: Studies in History and Theory*. London: Hutchinson.

Johnson, Richard. 1979b. "Three Problematics: Elements of a Theory of Working-class Culture.." pp. 201-237 in Clake, John, Chas Critcher and Richard Jonhson (eds.). *Working-class Culture: Studies in History and Theory*. London: Hutchinson.

Johnson, Richard. 1996. "What Is Cultural Studies Anyway?" pp. 75-114 in Story, John (ed.). *What Is Cultural Studies?: A Reader*. New York: Amold.

Jones, Paul. 1994. "The Myth of 'Raymond Hoggart': On 'Founding Fathers' and Cultural Policy." *Cultural Studies* 8(3): 394-416.

Kant, Immanuel. 1951. *Critique of Judgment*. New York, NY: Hafner Press.

Kant, Immanuel. 1993. *Critique of Practical Reason*. New York, NY: St. Martin's Press.

Keane, John. 1988. *Democracy and Civil Society*. London: Verso.

Kellner, Douglas. 1989. *Critical Theory, Marxism, and Modernity*. Baltimore, ML: The Johns Hopkins University Press.

Kellner, Douglas. 1997. "Overcoming the Divide: Cultural Studies and Political Economy." pp. 102-120 in Marjorie Ferguson and Peter Golding(eds.). *Cultural Studies in Question*. Thousand Oaks, CA: Sage.

King, Anthony D. (ed.) 1997. *Culture, Globalization and the World-System: Contemporary Conditions for the Representation of Identity*. Minneapolis,

MN: The University of Minnesota Press.

Kloppenberg, James T. 1986. *Uncertain Victory: Social Democracy and Progressivism in European and American Thought 1870-1920*. Oxford: Oxford University Press.

Kopytoff, Igor. 1986. "The Cultural Biography of Things: Commoditization as Process." pp. 64-91 in Arjun Appadurai (ed.). *The Social Life of Things: Commodities in Cultural Perspective*. Cambridge: Cambridge University Press.

Kuhn, Thomas. 1970[1962]. *The Structure of Scientific Revolutions*. Chicago, The University of Chicago Press.

Lacan, Jacques. 1977. "The Agency of the Letter in the Unconscious or Reason since Freud." pp. 146-178 in *Ecrits: A Selection*. New York: W. W. Norton & Company.

Lacan, Jacques. 1981. *The Fundamental Concepts of Psycho-Analysis*. New York, NY: W · W · Norton & Company.

Lacan, Jacques. 1993. *The Seminar of Jacques Lacan Book III: The Psychoses 1955-1956*. New York: W · W · Norton & Company.

Laclau, Ernesto. 1996. *Emancipation(s)*. London: Verso.

Lamont, Michele. 1987. "How to Become a Dominant French Philosopher: The Case of Jacques Derrida." *American Journal of Sociology* 93: 584-622.

Landow, George P. 1992. *Hypertext: The Convergence of Contemporary Critical Theory and Technology*. Baltimore, ML: Johns Hopkins University Press.

Lash, Scott. 1990. *Sociology of Postmodernism*. London and New York: Routledge.

Laurent, Eric. 1995. "Alienation and Separation (1) & (2)." pp. 19-38 in Richard Feldstein, Bruce Fink, and Maire Jaanus (eds.). *Reading Seminar XI Lacan's Four Fundamental Concepts of Psychoanalysis*. Albany, NY: State University of New York Press.

Lebowitz, Michael. 2004. "Ideology and Economic Development," *Monthly Reviews* 56(1): 14-24.

Lemaire, Anika, 1977. *Jacques Lacan*. London: Routledge & Kegan Paul.

Lembo, Ron. 1997. "Situating Television in Everyday Life: Reformulating a Cultural Studies Approach to the Study of Television Use." pp. 203-233 in Elizabeth Long (ed.). *From Sociology to Cultural Studies*. Malden, MA: Blackwell.

Lewis, David J. and Richard L. Smith. 1980. *American Sociology and Pragmatism: Mead, Chicago Sociology, and Symbolic Interaction*. Chicago: The University of Chicago Press.

Long, Elizabeth (ed.). 1997. *From Sociology to Cultural Studies: New Perspectives.* Malden, MT: Blackwell.

Lovejoy, Arthur O. 1964. *The Great Chain of Being: A Study of the History of an Idea.* Cambridge, MA: Harvard University Press.

Lukacs, Georg. 1971. *History and Class Consciousness: Studies in Marxist Dialectics.* Cambridge, MA: The MIT Press.

Lyotard, Jean-François. 1984. *The Postmodern Condition: A Report on Knowledge.* Minneapolis, MN: University of Minnesota Press.

Lyotard, Jean-François. 1992. *The Differend: Phrases in Dispute.* Minneapolis, MN: University of Minnesota Press.

Lyotard, Jean-François. 1993. *The Postmodern Explained.* Minneapolis, MN: University of Minnesota Press.

Macdonell, Diane. 1986. *Theories of Discourse.* Cambridge, MA: Basil Blackwell.

MaCracken, Grant. 1988. *Culture and Consumption: New Approaches to the Symbolic Character of Consumer Goods and Activities.* Bloomington and Indianapolis: Indiana University Press.

Mandel, Ernest. 1993. *Late Capitalism.* London: Verso.

Mandrou, Robert. 1979. *From Humanism to Science: 1480-1700.* Atlantic Highlands, New Jersey: Humanities Press.

Marcuse, Herbert. 1964. *One−Dimensional Man: Studies in the Ideology of Advanced Industrial Society.* Boston: Beacon Press.

Martindale, Don. 1966. *Institutions, Organization, and Mass Society.* Boston: Houghton Mifflin Company.

Massumi, Brian. 1996. *A Users Guide to Capitalism and Schizophrenia: Deviations for Deleuze and Guattari.* Cambridge, MA: The MIT Press.

Maus, Heinz. 1962. *A Short History of Sociology.* New York: The Citadel Press.

Mauss, Marcel. 1974. *The Gift: The Form and Reason for Exchange in Archaic Societies.* London: Routledge.

McCall, Michal M. and Howard Becker, 1993. "Introduction." pp. 1-15 in Howard Becker and Michal M. McCall (eds). *Symbolic Interaction and Cultural Studies.* Chicago: University of Chicago Press.

McCauley, Robert. 2003. "Capital Flows in East Asia since the 1997 Crisis." *BIS Quarterly* 2003(June): 41-55.

McGuigan, Jim. 1992. *Cultural Populism.* London: Routledge.

Mead, George Herbert. 1929. "The Nature of Past." pp. 235-242 in John Coss (ed.). *Essays in Honor of John Dewey.* New York: Henry Holt.

Messner, Michael and Jeffrey Montez de Oca. 2005. "The Male Consumer as Loser: Beer and Liquor Ads in Mega Sports Media Events," *Signs: Journal of Women in Culture and Society* 30(3): 1879-1909.

Mukerji, Chandra and Michael Schudson. 1986. "Popular Culture." *Annual Review of Sociology* 12: 44-61.

Mulvey, Laura. 1975. "Visual Pleasure and Narrative Cinema." *Screen* 16: 6-18.

Nietzsche, Friedrich. 1968. *The Will To Power.* New York: Vintage Book.

Nietzsche, Friedrich. 1989. *On the Genealogy of Morals and Ecce Homo.* New York: Vintage Book.

Osler, Margaret J. 1994. *Divine Will and the Mechanical Philosophy: Gassendi and Descartes on Contingency and Necessity in the Created World.* New York: Cambridge University Press.

Parsons, Talcott and Edward Shils. (eds.). 1962[1951]. *Toward a General Theory of Action.* New York: Harper and Row.

Parsons, Talcott. 1968 [1937]. *The Structure of Social Action I, II.* New York: Free Press.

Pecharroman, Ovid. 1977. *Morals, Man and Nature in the Enlightenment: A Study of Baron d'Holbach's Work.* Washington, D.C.: University Press of America.

Pescosolido, Bernice A., Elizabeth Graduerholz, and Melissa A. Milkie. 1997. "Culture and Conflict: The Portrayal of Blacks in U.S. Children's Picture Books Through the Mid- and Late-Twentieth Century." *American Sociological Review* 62: 443-464.

Peterson, Richard (ed.). 1976. *The Production of Culture.* Beverly Hills, CA: Sage.

Peterson, Richard. 1994. "Cultural Studies Through the Production Perspective: Progress and Prospects." pp. 163-190 in Diana Crane (ed.). *The Sociology of Culture: Emerging Theoretical Perspectives.* Cambridge, MA: Blackwell.

Peterson, Richard and David Berger. 1975. "Cycles in Symbol Production: The Case of Popular Music." *American Sociology Review* 40: 158-173.

Peterson, Richard A. and N. Anand. 2004. "The Production of Culture Perspective." *Annual Review of Sociology* 30: 311-334.

Polanyi, Karl. 1957. "The Economy as Instituted Process." 243-270 in Karl Polanyi, Conard M. Arsenberg and Harry W. Pearson (eds.). *Trade and Market in the Early Empires: Economies in History and Theory.* Glencoe, IL: The Free Press.

Polanyi, Karl. 2001. *The Great Transformation: The Political and Economic*

Origins of Our Time. Boston: Beacon Press.

Poster, Mark. 1989. *Critical Theory and Poststructuralism: In search of a Context.* Chicago: The University of Chicago Press.

Poster, Mark. 1990. *The Mode of Information.* Berkeley, CA: University of California Press.

Prosser, Tony. 2006. "Regulation and Social Solidarity," *Journal of Law and Society* 33: 364-387.

Randall, John Herman Jr. 1954. *The Making of the Modern Mind.* Cambridge, MA: The Riverside Press.

Richardson, Laurel. 1994. "Writing: A Method of Inquiry." pp. 516-529 in Norman K. Denzin and Yvonna S. Lincoln (eds.). *Handbook of Qualitative Research.* Thousand Oaks, CA: Sage.

Ritzer, George. 1993. *The McDonaldization of Society: An Investigation Into the Changing Character of Contemporary Social life.* Thousand Oaks, CA: Pine Forge Press.

Robins, Kevin. 1995. "Cyberspace and the World We Live In." pp. 135-155 in Mike Featherstone and Roger Burrows (eds.). *Cyberspace, Cyberbodies, Cyberpunk: Cultures of Technological Embodiment.* London: Sage.

Ryan, Michael. 1982. *Marxism and Deconstruction: A Critical Articulation.* Baltimore, ML: The Johns Hopkins University Press.

Sahlins, Marshall. 1976. *Culture and Practical Reason.* Chicago: University of Chicago Press.

Saiedi, Nader. 1993. *The Birth of Social Theory: Social Thought in the Enlightenment and Romanticism.* Lanham, MD: University Press of America.

Sawhney, Deepak Narang. (eds.) 1999. *Must We Burn Sade?* Amherst, NY: Humanity Books.

Schroeder, Ralph. 1992. *Max Weber and the Sociology of Culture.* London: Sage.

Schutz, Alfred. 1967. *The Phenomenology of the Social World.* Evanston, IL: Northwestern University Press.

Schwartz, Barry. 1991. "Social Change and Collective Memory: The Democratization of George Washington." *American Sociological Review* 56: 221~236.

Schwartz, Barry. 1996. "Memory as a Cultural System: Abraham Lincoln in World War II." *American Sociological Review* 61:908-927.

Schwarz, Bill. 1994. "Where Is Cultural Studies?" *Cultural Studies* 18: 377-393.

Seidman, Steven. 1983a. "Modernity, Meaning, and Cultural Pessimism in Max Weber." *Sociological Analysis* 44(1): 267-278.

Seidman, Steven. 1983b. "Modernity and the Problem of Meaning: The Durkheimian Tradition." *Sociological analysis* 46: 109-130.

Seidman, Steven. 1983c. *Liberalism and the Origins of European Social Theory.* Berkeley and Los Angeles, CA: University of California Press.

Seidman, Steven. 1991. "The End of Sociological Theory: The Postmodern Hope." Sociological Theory 9(2): 131-146.

Seidman, Steven. 1992. "Postmodern Social Theory as Narrative with a Moral Intent." pp. 47-81 in Steven Seidman and David G. Wagner (eds.). *Postmodernism and Social Theory: The Debate over General Theory.* Cambridge, MA: Blackwell.

Seidman, Steven. 1994. *Contested Knowledge: Social Theory in the Postmodern Era.* Cambridge, MA: Blackwell.

Seidman, Steven. 1996. "Relativizing Sociology: The Challenge of Cultural Studies." pp. 3-25 in Norman K. Denzin (ed.). *Cultural Studies: A Research Volume.* Greenwich, CT: Jai Press.

Sewell, William. 1992. "A Theory of Structure: Duality, Agency and Transformation." *American Journal of Sociology* 98(1): 1-30.

Shalin, Dmitri. 1986. "Pragmatism and Social Interactionism." *American Sociological Review* 51: 9-29.

Shils, Edward. 1975. *Center and Periphery: Essays in Macrosociology.* Chicago, IL: University of Chicago Press.

Shils, Edward. 1981. *Tradition.* Chicago, IL: University of Chicago Press.

Simmel, Georg. 1997. *Simmel on Culture.* London: Sage.

Smith, Philip. 1991. "Codes and Conflict: Toward a Theory of War as Ritual." *Theory and Society* 20: 103-138.

Somers, Margaret. 1995. "Narrating and Naturalizing Civil Society and Citizenship Theory." *Sociological Theory* 13(3): 229-274.

Sparks, Colin. 1996. "The Evolution of Cultural Studies⋯." pp. 3-25 in Story, John (ed.). *What Is Cultural Studies?: A Reader.* New York: Amold.

Sprague, Rosamond Kent. 1972. *The Older Sophists.* New York: Hackett Publishing.

Stephanson, Anders. 1989. "Regarding Postmodernism-A Conversation with Fredric Jameson." pp.43~74 in Douglas Keller (ed). *Postmodernisn / Jameson / Critique.* Washington, D.C.: Maisonneuve Press.

Storey, John. 1993. *An Introductory Guide to Cultural Theory and Popular Culture*. Hemel Hempstead: Harvest Wheatsheaf.

Stratton, Jon and Ien Ang. 1996. "On the Impossibility of a Global Cultural Studies: British Cultural Studies in an International Frame." pp. 361-391 in David Morley and Kun-Hsing Chen (eds.). *Stuart Hall: Critical Dialogues in Cultural Studies*. New York, NY: Routledge.

Swidler, Ann. 1986. "Culture in Action: Symbols and Strategies." *American Sociological Review* 51: 273-286.

Swidler, Ann. 2001. *Talk of Love: How Culture Matters*. Chicago: University of Chicago Press.

Tarnas, Richard. 1991. *The Passion of the Western Mind: Understanding the Ideas That Have Shaped Our World View*. New York: Ballantine Books.

Taylor, A. E. 1955. *Aristotle*. New York: Dover Publications.

Taylor, Mark C. and Esa Saarinen. 1994. *Imagologies*. London: Routledge.

Thompson, Kenneth. 2004. "Durkheimian Cultural Sociology and Cultural Studies." *Thesis Eleven* 79: 16-24.

Tomlinson, John. 1999. *Globalization and Culture*. Chicago: The University of Chicago Press.

Torfing, Jacob. 1999. *New Theories of Discourse: Laclau, Mouffe and Zizek*. Malden, MA: Blackwell.

Toulmin, Stephen. 1982. *The Return to Cosmology: Postmodern Science and the Theology of Nature*. Berkeley, CA: University of California Press.

Toulmin, Stephen. 1990. *Cosmopolis: The Hidden Agenda of Modernity*. Chicago: University of Chicago Press.

Turner, Bryan S. 1996. "Introduction." pp. 1-19 in Bryan S. Turner (ed.). *The Blackwell Companion to Social Theory*. London: Blackwell.

Turner, Graeme. 1990. *British Cultural Studies: An Introduction*. New York: Routledge.

Turner, Victor. 1969. *The Ritual Process*. London: Routledge and Kegan Paul.

Turner, Victor. 1974. *Dramas, Fields and Metaphors*. Ithaca: Cornell University Press.

Ulmer, Gregory. 1985. *Applied Grammatology*. Baltimore, ML: Johns Hopkins University Press.

Valdez, J. 1995. Pinochet's Economists: *The Chicago School in Chile*. New York: Cambridge University Press.

Veblen, Thorstein. 1994. *The Theory of the Leisure Class*. New York: Dover

Publications.

Vico, Giambattista. 1968. *The New Science of Giambattista Vico.* Ithaca, NY: Cornell University Press.

Virilio, Paul. 1993. "The Third Interval: A Critical Transition." Verena Andermatt (ed.). *Rethinking Technologies.* Minneapolis: University of Minnesota Press.

Vitanza, Victor J. 1997. *Negation, Subjectivity, and the History of Rhetoric.* Albany: State University of New York.

Vitzthum, Richard C. 1995. *Materialism: An Affirmative History and Definition.* Amherst, NY: Prometheus Books.

Wagner-Pacifici, Robin and Barry Schwartz. 1991. "The Vietnam Veterans Memorial: Commemorating a Difficult Past." *American Journal of Sociology* 97: 376-420.

Weber, Max. 1951. *The Religion of China.* New York: Free Press.

Weber, Max. 1958a. "The Social Psychology of the World Religions." pp. 267-301 in H. Gerth and C. Wright Mills (eds.). *From Max Weber: Essays in Sociology.* New York: Routledge & Kegan Paul.

Weber, Max. 1958b. "Religious Rejections of the World and Their Directions." pp. 323-359 in H. Gerth and C. Wright Mills (eds.). *From Max Weber: Essays in Sociology.* New York: Oxford University Press.

Weber, Max. 1968. *Economy and Society: An Outline of Interpretive Sociology.* Berkeley, CA: University of California Press.

Wiener, Philip P. 1965. *Evolution and the Founders of Pragmatism.* New York: Harper Torchbooks.

Wolff, Janet. 2002. "Cultural Studies and the Sociology of Culture." *Invisible Culture* [online journal, cited Oct. 31, 2002].

Women's Studies Group. 1978. Women Take Issue: *Aspects of Women's Surbordination.* London: Hutchson.

Wuthnow, Robert and Marsh Witten. 1988. "New Directions in the Study of Culture." *Annual Review of Sociology* 14: 49-67.

Wuthnow, Robert. 1987. *Meaning and Moral Order: Explorations in Cultural Analysis.* Berkeley, CA: University of California Press.

Yodanis, Carrie. 2006. "A Place in Town: Doing Class in a Coffee Shop." *Journal of Contemporary Ethnography* 35(3): 341-366.

Zeuner, Lilli. 2003. *Cultural Sociology from Concern to Distance.* Denmark: Copenhagen Business School Press.

474

색인

사회학의 문화적 전환

과학에서 미학으로, 되살아난 고전 사회학

초판 인쇄 | 2009년 5월 21일
초판 발행 | 2009년 6월 2일

지은이 | 최종렬
펴낸이 | 심만수
펴낸곳 | (주)살림출판사
출판등록 | 1989년 11월 1일 제9-210호

주소 | 413-756 경기도 파주시 교하읍 문발리 파주출판도시 522-2
전화 | 대표 031)955-1350 기획·편집 031)955-1364
팩스 | 031)955-1355
이메일 | book@sallimbooks.com
홈페이지 | http://www.sallimbooks.com

ISBN 978-89-522-1168-2 93330

책임편집·교정 : 이기선

값 25,000원